Alexander
Fest
Verlag

MANFRED CLAUSS

Das Alte Ägypten

Alexander Fest Verlag

Inhalt

SECHSTES KAPITEL

Das Neue Reich I

SIEBTES KAPITEL

Kunst und Literatur

ACHTES KAPITEL

Das Neue Reich II

NEUNTES KAPITEL

Der Alltag

ZEHNTES KAPITEL

Die Spätzeit

ANHANG

EINFÜHRUNG

Ägypten und Europa

Seit jeher hat Ägypten die Europäer in besonderer Weise fasziniert. Diese Faszination beginnt spätestens mit Homer, dem berühmtesten Dichter der Griechen, der die Gegend des späteren Alexandria durch den spartanischen König Menelaos loben läßt: »Da liegt eine Insel im brandenden Meer, Ägyptens Strom gerade gegenüber, die Menschen nennen sie Pharos ... Sie birgt einen Hafen, wohlgeeignet zum Landen.«[1]

Mit der Geschichte um die schöne Helena, ihren Gatten Menelaos und ihren Geliebten Paris war Ägypten in die Sagenwelt und damit in den Erfahrungshorizont der Griechen aufgenommen. Rasch wurde zumindest Nordägypten den griechischen Seefahrern so vertraut, daß immer mehr Söldner und Kaufleute, aber auch Wissenschaftler sich für dieses Gebiet interessierten, das ihnen allen ungeheuren Gewinn versprach. Bereits in jener frühen Phase der Auseinandersetzung mit der ägyptischen Kultur entstand auf ›europäischer‹ Seite die Ansicht, das Land am Nil sei die Quelle aller Weisheit, eine Tradition, die der Ägyptologe Erik Hornung als »Ägyptosophie« bezeichnet.[2]

Seit Herodot in der zweiten Hälfte des 5. vorchristlichen Jahrhunderts Ägypten besucht und seine Erfahrungen und Erkenntnisse im zweiten Buch seiner ›Historien‹ dargelegt hat, reißt das Interesse an den von ihm vorgegebenen ägyptischen Themen nicht mehr ab: Er pries die dank des Nil ans Wunderbare grenzende Fruchtbarkeit des Landes, die weise Gesetzgebung, die Wissenschaften und vor allem die Religiosität; die Ägypter hätten als erste das Wesen der Götter bestimmt, ihre Kulte festgesetzt und sie anderen Völkern vermittelt. In der Tat sollten die im Laufe einer langen Geschichte immer wieder umgeformten Mythen um das Götterpaar Isis und Osiris (S. 105) die größte Wirkung im außerägyptischen Kulturraum erzielen.

In Herodots Bericht erfassen wir die griechische Sichtweise Ägyptens ebenso wie die ägyptische Selbstdarstellung. Die neugierigen Fragen, mit denen sich die reisenden Intellektuellen an die Einheimischen – besonders die Priester – wandten, regten eine verstärkte Beschäftigung mit der eigenen Vergangenheit und der eigenen Kultur an. Heliodor, ein griechischer Schriftsteller des 3./4. nachchristlichen Jahrhunderts, beschreibt diese Wechselbeziehung, indem er einen ägyptischen Priester sagen läßt: »Sie (die Fremden) erörterten die unterschiedlichsten Fragen. Der eine wollte wissen, wie wir die Götter unseres Landes verehren, der andere, warum hier diese, dort jene Tiere für göttlich gelten und was für Geschichten von ihnen erzählt werden. Man fragte nach dem Bau der Pyramiden und nach den Irrgängen der Syringen (labyrinthartige unterirdische Grabanlagen). Mit einem Wort: Nicht eine der Merkwürdigkeiten Ägyptens blieb unerörtert, denn von Ägypten erzählen zu hören ist für das Ohr der Griechen von unendlichem Reiz.«[3]

Einen weiteren, von den griechisch-römischen Autoren unabhängigen Traditionsstrang bildete das Alte Testament – um die christliche Terminologie für die Heilige Schrift der Juden zu verwenden. Jedem Leser der Bibel war das sogenannte geschichtliche Credo der frühen Hebräer im Gedächtnis: »Ein umherirrender Aramäer war mein Vater, der zog hinab nach Ägypten.«[4] Weitere Themen waren: »Die Flucht aus Ägypten« der Hebräer wie die spätere

»Flucht nach Ägypten« der Heiligen Familie vor den Verfolgungen des Herodes. Während allerdings Herodot Ägypten als »Geschenk des Nil« gepriesen hatte, erschien der Strom in den jüdischen Erzählungen vom Exodus als eine ungenießbare und unfruchtbare Brühe, in der es zudem von Fröschen nur so wimmelte. Ägypten als Land der Mücken-, Bremsen- und Heuschreckenplage, seine Bewohner ein pestverseuchtes Volk, von aufbrechenden Geschwulstbeulen gezeichnet: Diese Vorstellung, aus einigen der zehn Plagen zusammengefaßt, verbanden die Juden mit jenen Siegesmeldungen, die in dem Refrain gipfelten: »Singet dem Herrn, denn hocherhaben ist er, Pferd und Reiter warf er ins Meer.«[5] Auch wenn hier ein ganz anderes Bild gezeichnet wird als in den griechischen Texten – Ägypten blieb im Gespräch.

Neben den Erfahrungen von ägyptischer Religion, Wissenschaft und Kultur riefen auch die Bauwerke der einstigen Weltmacht am Nil zu allen Zeiten Staunen und Bewunderung hervor. Für die Römer etwa waren die Obelisken – wegen ihres ehrwürdigen Alters, ihrer religiösen und astronomischen Symbolkraft und wegen der technischen Leistungen, von denen sie Zeugnis ablegten – nicht weniger interessant und faszinierend als die Pyramiden. Während sie diese nachbauten – die Cestius-Pyramide ist das bekannteste heute noch zu bestaunende Exemplar in Rom –, ließen sie Obelisken als Originale in die Hauptstadt des neuen Weltreiches transportieren. Der erste römische Kaiser, Augustus, der Sieger über Kleopatra (S. 459), hatte damit begonnen: Er veranlaßte, daß als Zeichen der Eroberung Ägyptens ein Obelisk in Rom als Zeiger einer gigantischen Sonnenuhr eingesetzt wurde; weitere Exemplare fanden ihren Weg nach Rom und anderswohin. Sie blieben als Zeugnisse ägyptischer Kultur vertraut und hielten die Erinnerung an das Land am Nil aufrecht.

Im Zusammenhang mit der Schilderung der Schwierigkeiten, welche die Römer damit hatten, derartige Obelisken über das Meer an den Tiber zu transportieren, bietet der lateinisch schreibende Historiker des 4. nachchristlichen Jahrhunderts Ammianus Marcellinus eine griechische Übersetzung von Obelisken-Inschriften, die Jahrhunderte später Furore machen sollten.[6] Mit der Renaissance wandte sich nämlich der Blick Europas wieder verstärkt Ägypten zu. Insbesondere dessen Weisheitslehren erregten Aufsehen, auch wenn sich die Begeisterung gelegentlich gegenüber Texten äußerte, die, im nachhinein betrachtet, wenig Ägyptisches tradierten. Auf der Suche nach ›neuen‹ antiken Zeugnissen durchforschte man systematisch die Archive nach alten Handschriften und entdeckte so beispielsweise ebenjenen Ammianus Marcellinus, dessen Werke erstmals 1474 in Rom publiziert wurden. Seine ›Römische Geschichte‹ – sie setzt sich hauptsächlich mit der von ihm erlebten Zeitspanne auseinander – ist reich an Exkursen, welche die fortlaufende chronologische Erzählung unterbrechen: »In knapper Form sollen daher, da es der Augenblick meiner Ansicht nach erfordert, die ägyptischen Angelegenheiten behandelt werden« – so leitet er, nachdem er gerade das Schreiben eines Statthalters von Ägypten erwähnt hat, den entsprechenden Abschnitt ein.[7] Die Entdeckung solcher Texte beförderte die wissenschaftliche und künstlerische Beschäftigung mit dem alten Ägypten, der allerdings noch mehrere Jahrhunderte lang die Kenntnis der ägyptischen Schrift verborgen blieb.

Die Ägyptenbegeisterung der Renaissance führte namentlich zu einer Hieroglyphen-Leidenschaft, die rasch ganz Europa erfaßte. Ausgangspunkt war ein anderes zu Beginn des 15. Jahrhunderts entdecktes Werk: die Studie des Horapollon, eines ägyptischen Schriftstellers des 5. nachchristlichen Jahrhunderts, der in koptischer Sprache eine Abhandlung über die Hieroglyphen verfaßt hatte. Das Werk enthielt phantasievolle Erklärungen zu den Hieroglyphen, welche die Entzifferung der ägyptischen Schrift durch irreführende Deutungen erschwerten; seiner Popularität tat das aber keinen Abbruch. Die heiligen Zeichen der Ägypter wurden wegen ihres ästhetischen Wertes geschätzt und bald – etwa auf Schaumünzen – nachgeahmt. Es sind dies die Anfänge einer Ägyptomanie, die in Napoleonischer Zeit nochmals an Intensität übertroffen werden sollte.

Vorbereitet war das Interesse Napoleons und seiner Umgebung unter anderem durch die immer stärkere Abkehr von christlichen Vorstellungen, eine Tendenz, die bereits vor der Französischen Revolution einsetzte und die unter anderen Jean-Jacques Rousseau (1712–1778) mit seiner Hinwendung zur Antike gefördert hatte. Auf der Suche nach neuen Vorbildern wurde man auch in Ägypten fündig, wo beispielsweise Charles-François Dupuis (1742–1809) die Wiege aller Religion vermutete. Bald sah man in Isis geradezu die Schutzgöttin von Paris, und ägyptische Formen wie Pyramide, Obelisk und Sphinx wurden ungeheuer populär. Es soll hier genügen, auf die ägyptischen Motive hinzuweisen, die massenhaft Porzellan oder Sitzmöbel zierten.[8]

Das Werk, mit dem man gewöhnlich die Geschichte der modernen Ägyptologie beginnen läßt, steht im Zusammenhang mit diesem Ägypteninteresse an der Wende vom 18. zum 19. Jahrhundert: In den 26 Prachtbänden der ›Description de l'Égypte‹ wurden zwischen 1809 und 1829 die Ergebnisse der Expedition Napoleons an den Nil aus dem Jahre 1798 veröffentlicht,[9] bei welcher der französische Kaiser – vergleichbar Alexander dem Großen – von einem Stab von Forschern umgeben war. Im Verlauf des Unternehmens kam bei der Stadt Rosette ein Basaltstein zum Vorschein, der knapp ein Vierteljahrhundert später dank der ingeniösen Leistung eines jungen Franzosen endgültig die moderne Wissenschaft vom Alten Ägypten einleiten sollte. Dieser »Stein von Rosette« enthält Schriftzeichen in drei unterschiedlichen Sprachen: 14 Zeilen Hieroglyphen, 32 Zeilen Demotisch – eine in der Form vereinfachte Hieroglyphenschrift, die damals ebenfalls noch nicht entziffert war – und

54 Zeilen Griechisch, die rasch gelesen werden konnten. Der Text des königlichen Dekrets ist unspektakulär – bis auf den letzten Satz; darin legt der Herrscher fest, daß sein Dekret in »heiligen Zeichen«, in »volkstümlichen Zeichen« und in »griechischen Zeichen« in Stein zu meißeln sei. Somit stand fest, daß alle drei Texte denselben Inhalt hatten.

Mit der Entzifferung der Hieroglyphen durch Jean-François Champollion (1790–1832) im Jahre 1822 waren die schriftlichen Quellen Ägyptens zum Sprechen gebracht, und die in der Folgezeit verstärkt durchgeführten Ausgrabungen vermehrten die Anzahl der Texte enorm. Noch 1843 faßte der deutsche Universalhistoriker Friedrich Steger in seiner ›Allgemeinen Weltgeschichte für das deutsche Volk‹ die Kenntnisse über Ägypten wie folgt zusammen: »Bis hierher, etwa bis zum Jahre 714 v. Chr., beruht die ägyptische Geschichte auf Sagen und Erzählungen der Priester, die natürlich keinen unbedingten Glauben verdienen. Von jetzt aber beginnt die geschichtliche Zeit, in der sich bestimmte Thatsachen und Ereignisse mit Gewißheit unterscheiden lassen.«[10] Damit räumte er lediglich für die Zeit seit der fünfundzwanzigsten Dynastie (S. 421) die Möglichkeit historischer Erkenntnisse ein.

Ein halbes Jahrhundert später war diese Grenze bereits erheblich nach hinten gerückt. 1891 stellte einer der damals führenden Ägyptologen, Heinrich Brugsch, fest: »Es ist eine unleugbare Thatsache, daß über die Zeit des Pyramidenkönigs Snfrw (Snofru; zur Schreibweise der Namen vgl. S. 490) hinaus, uns keine zuverlässige Spur gleichzeitiger Denkmäler seiner Vorgänger auf dem Throne Aegyptens erhalten geblieben ist.«[11] Hatte sich der geschichtliche Horizont damit gleichsam in 50 Jahren um anderthalb Jahrtausende erweitert, so ist er inzwischen, nach nochmals einem Jahrhundert Forschung, auch über diese Schwelle hinaus. Hand in Hand mit den im 19. Jahrhundert verstärkt einsetzenden Ausgrabungen und den durch sie zur Verfügung stehenden Texten mußten über viele Generationen liebgewonnene Vorstellungen einer Revision unterzogen werden: An der Faszination des Gegenstandes hat dies allerdings nichts geändert.

Der Nil

Ohne ihn hätte die so bewunderte Kultur Ägyptens nicht entstehen können; er ist einer der längsten Ströme der Erde und einer der ältesten Wasserwege der Menschheit, und er zählt zu den fruchtbarsten Flüssen überhaupt: der Nil. In der großen, einsamen, lange unerkundeten und unzugänglichen Wildnis Äquatorialafrikas liegt sein geheimnisvolles Ursprungsgebiet. Jahrtausende hindurch forschten die Menschen nach diesen Quellen. Schon für die Römer bedeutete der Ausdruck *caput Nili quaerere* – die Quelle des Nil suchen – soviel wie »sich um etwas Vergebliches bemühen«.[12] Erst gegen Ende des 19. nachchristlichen Jahrhunderts drangen Entdecker bis in jene Regionen vor und zeichneten den Lauf in ihre neuen Karten ein.

Mit seiner Länge von 6.670 Kilometern bildet der Nil die Nabelschnur Afrikas. Im Innersten des Kontinents entspringt der sogenannte Weiße Nil; der Blaue Nil hingegen, der zweite Hauptarm des Stromes, kommt aus dem mehr als 2.700 Meter hohen vulkanischen Gebirge Abessiniens, wo Gewitter und schwere Wolkenbrüche seinen Lauf begleiten. Viele Zuflüsse gleichen die gewaltigen Wassermengen aus, die der Strom an die glutheiße Atmosphäre und an den Boden verliert.

Jeder der beiden Quellflüsse hat an dem Segen, den der Nil in Ägypten spendet, seinen Anteil. Schon Aristoteles erkannte, daß hauptsächlich der Blaue Nil den befruchtenden Schlamm bringt, der den Nil bis heute zum »Geschenk« macht;[13] denn in der Zeit von Mai bis August entladen sich an den Steilflanken des abessinischen Hochlandes gewaltige Wolkenbrüche, die abgeschwemmte vulkanische Tuffe in ihren Fluten mit sich wälzen. Das äquatoriale Quellgebiet des Weißen Nil hingegen empfängt Niederschläge ohne wesentliche Unterbrechungen, und daher hält der Weiße Nil den Strom auch während des Winters über Niedrigwasser.

In jedem Frühjahr zur selben Zeit beginnt mit wunderbarer Regelmäßigkeit ein beeindruckendes Schauspiel: die Nilflut. Zunächst gibt der 1.800 Meter hoch gelegene Tana-See von seinem vulkanischen Schlamm an den Blauen Nil ab, und viele kleinere Zuflüsse bringen weitere Mengen dieses Materials mit sich; immer mehr davon wird ihm auf seiner Wanderung zugetragen. Durch den Schlamm verfärbt er sich, und dadurch erst wird er zum Blauen Nil, zum dunklen Fluß. In Khartoum, der heutigen Hauptstadt des Sudan, trifft er mit der dreifachen Wassermenge auf den Weißen Nil. Hier vereinen sich die beiden Arme und fließen als ein einziger gewaltiger Strom gegen Ägypten. Dieser Strom ist Ägypten, oder um mit Herodot zu sprechen: Ägypten ist ein Geschenk des Nil.[14] Man kann die Geschichte des Landes nur verstehen, wenn man die Besonderheiten seiner Lebensader kennt.

Der Nil erreicht nach der Vereinigung seiner Quellflüsse die Landschaft Nubien, das altägyptische Kusch. Seine Wasser graben ein tiefes Bett in den nubischen Sandstein, doch wo sie auf Granit treffen, können sie sich nicht in den Fels einschneiden, so daß sie in Stromschnellen darüber hinwegfließen müssen. Sechs solcher Katarakte erschweren den Lauf. Man zählt sie – der Erschließung des Niltales durch den Menschen folgend – von Assuan an stromaufwärts. Zwischen dem fünften und sechsten Katarakt, 300 Kilometer nördlich von Khartoum, liegt die Mündung des Atbara. Von hier an, auf einer Strecke von 2.700 Kilometern, gibt es bis zum Mittelmeer keine Zuflüsse und so gut wie keinen Regen mehr.

Hat der Nil dann die Sahara, den größten Wüstengürtel der Erde, in ihrem Ostflügel durchquert, mehren sich an den Ufern die

Zeugnisse ehemaliger ägyptischer Herrschaft. Unterhalb des vierten Katarakts, an strategisch wichtiger Stelle, lag Napata. Reste alter Tempel, einzelne Säulen mit ägyptischen Kapitellen, Statuen ägyptischer Götter und Könige sowie Hieroglyphen erinnern daran, daß der König Thutmosis III. um 1450 seine Herrschaft bis hierher ausdehnte (S. 259). Nubische Sklaven holten für die ägyptischen Könige (insbesondere des Neuen Reiches) Gold aus den Bergen, und lange Zeit beruhte die Macht der Pharaonen vor allem auf den Minen dieses Landes.

Schon von jeher gilt der Besitz von Gold als gleichbedeutend mit Reichtum, und darin übertraf Ägypten alle seine Nachbarn bei weitem. Die östliche Wüste war an diesem kostbaren Metall so reich, daß man es jahrhundertelang nicht nötig hatte, südlich von Koptos danach zu suchen. Erst als die dortigen Vorkommen allmählich erschöpft waren oder die Erzgewinnung zu schwierig wurde, legte man in Nubien neue Bergwerke an.

Das unwegbare Land zwischen dem dritten und zweiten Katarakt ist unbesiedelt und ohne Verkehrswege. Allmählich nähert sich der Nil nun der heutigen ägyptischen Grenze. Auch im Altertum fand ungefähr hier die Herrschaft Ägyptens ihr Ende: Der Pharao Sesostris III. (1878–1841) legte in dieser Gegend Festungen an.

Bis zur Fertigstellung des Assuan-Hochdamms im Jahre 1971 wiederholte sich zur Zeit der Nilschwelle das immer gleiche Phänomen: Ewigblauer Himmel, kein Regentropfen fiel nieder, und dennoch stieg der Pegel mehr und mehr. Alljährlich warteten die Bewohner des 1.100 Kilometer langen schmalen Niltales voller Sehnsucht auf das Eintreffen der Fluten; denn sie bedeuteten Nahrung und Leben für Mensch, Tier und Pflanze – ohne sie wäre das Tal dem Tod geweiht gewesen. Die Verehrung für den Fluß steigerte sich bis zur religiösen Ekstase; er wurde zu einem heiligen, segenspendenden höheren Wesen, das den Ägyptern die fruchtbare dunkle Erde brachte, nach der sie ihre Heimat benannten: Kemet, das schwarze Land (S. 326). Hiervon unterscheiden sich sowohl die Wüstengebiete, deren goldgelbe Sanddünen teilweise bis dicht an das Nilufer heranreichen, als auch die ockerfarbenen und rötlichen Hügelketten auf beiden Seiten des Stromes: das rote Land. Noch heute heißt das Meer, das an das Rotland grenzt, Rotes Meer.

Der Name »Ägypten« stammt von den Griechen; es ist jedoch trotz aller Forschung nicht zu entscheiden, was er eigentlich bedeutet. Vielleicht – aber dies ist eher eine Vermutung – ist er vom Fluß auf das Land übertragen worden. Das Kernland des Alten Ägypten umfaßte ungefähr dasselbe Gebiet wie das heutige: Auf einer Fläche von beinahe einer Million Quadratkilometern, von denen nur rund 3,5 Prozent bewohnt und landwirtschaftlich nutzbar sind, erstreckt es sich über mehr als siebeneinhalb Breitengrade und ist von alters her in zwei Hälften aufgeteilt: Unterägypten (das 24.000 Quadratkilometer große fruchtbare Marschland des Nildeltas vom heutigen Kairo bis zur Meeresküste) und Oberägypten (das Niltal von Kairo bis Assuan). Im Norden stößt es ans Mittelmeer, im Osten an das Rote Meer, und im Süden liegt die Grenze auf der Höhe des ersten Katarakts. Im Westen dagegen gibt es – wegen der endlosen unbewohnbaren Wüstenregionen – keine natürlich vorgegebene Trennungslinie zum benachbarten Libyen. Auch hier prägte die Landschaft Grundvorstellungen des altägyptischen Denkens: Die Idee vom Totenreich im Westen hat ihren Ursprung nicht nur in der Analogie zum Untergangspunkt der Sonne, sondern sie findet ihre sinnfällige Bestätigung in der westlichen Wüste mit all ihren Schrecken, die den Ägyptern ein Bild des Unbekannten, Unbegrenzten, gleichsam Chaotischen (S. 98) darbot.

Die Bedingungen des regenlosen Landes machen es erklärlich, daß die Menschen darauf bedacht sein mußten, die Kulturfläche zu vergrößern, um Nahrungsraum zu schaffen. Ein imposantes Beispiel hierfür ist die »Oase« Fayûm; es ist keine Oase im eigentlichen Sinn, da sie nicht dem Grund- und Oberflächenwasser ihre Vegetation verdankt, sondern der künstlichen Bewässerung, gespeist von einem »Sohn« des Nil, der von Assiut aus in vielfachen Windungen in dieses Gebiet fließt (S. 172). Vor allem aber ging man schon früh an die planvolle Ausnutzung der alljährlichen Nilschwelle. Dem arabischen Autor des 10. nachchristlichen Jahrhunderts Al-Masūdī verdanken wir eine besonders anschauliche Beschreibung der Fruchtbarkeit Ägyptens: »Ein Weiser hat Ägypten folgendermaßen beschrieben: Drei Monate ist es eine weiße Perle, drei Monate schwarzer Moschus, drei Monate ein dunkelgrüner Smaragd und drei Monate ein Barren roten Goldes.

Eine weiße Perle ist Ägypten in den Monaten Juli, August und September, wenn es von den Fluten überschwemmt ist, wenn die von allen Seiten vom Wasser umgebenen Dörfer auf ihren Hügeln und Erhebungen über dem weiß schimmernden Land den Sternen gleichen und wenn man nur noch mit Booten von einem zum anderen Ort gelangen kann. Schwarzer Moschus ist Ägypten in den Monaten Oktober, November und Dezember, wenn das Wasser in das Bett des Nil zurückfließt und einen schwarzen Boden hinterläßt, der von den Bauern bestellt wird und einen Duft ausströmt, der dem des Moschus gleicht. Ein grüner Smaragd ist Ägypten in den Monaten Januar, Februar und März, wenn die überall sprießenden Gräser und Pflanzen ihm den Glanz dieses Edelsteins verleihen. Und ein Barren roten Goldes ist Ägypten in den Monaten April, Mai und Juni, wenn die Saat reift und das Gras rötliche Farbe annimmt, so daß das Land sowohl vom Anblick wie vom Nutzen her dem Golde gleicht.«[15]

Das Wunder der Flut begann mit großer Regelmäßigkeit Anfang Juni in Assuan und einen Monat später in Unterägypten, also zu einer Zeit, in der in Europa die Flüsse sinken. Dies erklärt unter anderem das Erstaunen vieler antiker Geschichtsschreiber aus ebenjenem ›europäischen‹ Bereich. Für Ägypter hingegen war der Nil – was Flüsse betrifft – das Maß aller Dinge: Als sie Euphrat und Tigris kennenlernten, flossen diese ihrer Meinung nach in die verkehrte Richtung – von Norden nach Süden; so sehr bestimmte der Nil im Wortsinne die Richtung des Denkens.

Selbst heute kann man das jeweilige Ausmaß der Nilschwelle nicht genau vorausberechnen. Weder die Stärke der Monsune, die sich am abessinischen Hochland brechen, noch die der Schneeschmelzen und des äthiopischen Passatregens lassen sich vorhersagen und damit auch nicht die Höhe der Flutwelle, die der Blaue Nil und der Atbara heranbringen. Der Weiße Nil kommt, wie erläutert, erst in zweiter Linie in Betracht. Über drei Monate hinweg strömen die schlammigen Massen dem Meer zu und erreichen in Unterägypten Anfang Oktober ihren Höchststand. Dann fällt der Pegel und läßt die fruchtbaren Sinkstoffe auf den Feldern zurück.

Der Nil hat im Mai und Juni den niedrigsten Wasserstand. In Kairo betrug der Unterschied zwischen Hoch- und Niedrigwasser durchschnittlich acht Meter. Obwohl die Nilschwelle sehr ergiebig war, gab es doch Schwankungen. Blieb sie nur einen Meter unter der Normalhöhe, so bedeutete das Dürre und Hungersnot. Stieg sie zu hoch an, kam es zu Dammbrüchen und Verwüstungen der Fel-

1. ›Vater Nil‹ und seine 16 Kinder

der. Deshalb betete man für das ideale Maß von 16 Ellen (etwa sieben Meter); dafür stehen auch die 16 Kinder der Marmorgruppe des Nil im Vatikanischen Museum (Abb. 1). Der Nil mußte über elf Ellen – die »Ellen des Todes« – ansteigen. Plinius der Ältere drückte die schicksalsvollen Maße in typisch römischer Knappheit so aus: »Bei zwölf Ellen Hunger, bei dreizehn Genüge, bei vierzehn Freude, bei fünfzehn Sicherheit, bei sechzehn Überfluß.«[16]

Wegen der enormen Bedeutung des Wasserstandes schritt man frühzeitig zur Messung mit dem Nilometer; die Feststellung der jeweiligen Nilhöhe war außerdem wichtig, weil nach ihr der Steuersatz berechnet wurde. Zwanzig solcher Instrumente sind von Assuan bis Kairo entdeckt worden; eines von ihnen befand sich in der Festung Semna am zweiten Katarakt. Hier konnte man am frühesten die Wasserstände kontrollieren und nach Unterägypten melden. Die bekanntesten Nilometer aber befinden sich auf der Insel Elephantine bei Assuan und auf der Südspitze der Flußinsel Roda bei Kairo. Es sind Brunnen, in denen das Wasser des Nil genauso aufsteigt wie im Strombett. In die Felswand sind die Pegelmarken gehauen, an denen man die Wasserhöhe ablesen kann. Der Treppenschacht in Elephantine ist noch so erhalten, wie ihn einst Strabo beschrieben hat, der selbst die Stufen hinabging.[17] In den Tagen vor der Nilschwelle kontrollierten Beamte von früh bis spät die Nilometer. Sobald man das erste Ansteigen registrierte, wurde die Bevölkerung durch Rauchsignale informiert.

Ferner war der Nil Hauptverkehrs- und Transportweg, und so traf es sich günstig, daß entlang seiner Ufer die wichtigsten Steinbrüche für jene Bauten lagen, die bis heute unser Bild von Ägypten prägen und denen wir wesentliche Erkenntnisse über die Geschichte des Landes verdanken. Dabei blieben die kostbareren und zumeist auch weniger leicht zu bearbeitenden Steine den Sarkophagen der Könige und der Oberschicht vorbehalten. In den antiken Steinbrüchen im Südosten von Assuan (wörtlich: »Marktplatz«) wurde Granit gebrochen; am meisten schätzte man dessen rotschimmernde Variante vom ersten Katarakt, der auch eine andere, grauschwarze Sorte lieferte, und der Name des Gesteins Syenit erinnert an die Stadt Syene, die in der ptolemäischen Zeit auf dem Boden des heutigen Assuan stand. Weiter flußabwärts tritt an die Stelle des Granits der gelbe Kalkstein der Wüstenberge, das gängigste Baumaterial; es kam vor allem aus den Steinbrüchen gegenüber den Pyramiden von Giza. Diesen Kalkstein verwendete man, sofern die Bauten nicht aus sonnengetrockneten Ziegeln errichtet oder in die Felshänge gehauen wurden.

Wo das Gebirge den Strom zu einer großen Westschleife zwingt, liegt die Hauptstadt der gleichnamigen Provinz Kena. Ihre Bedeutung verdankte sie dem dortigen Vorkommen von Ton mit einem hohen Prozentsatz an Kalziumkarbonat, der ein vorzügliches Material für die porösen Wasserkrüge lieferte und dort verarbeitet wurde. Bei Koptos am Nilknie fließt der Strom am nächsten zum Roten Meer; hier zweigte ein Karawanenweg ab, auf dem man – durch das Wadi Hammamât und über die 800 Meter hohe Wasserscheide – in fünf bis sechs Tagen das 173 Kilometer entfernte Meer erreichen konnte. Von der Küste aus wurden Handelsbeziehungen geknüpft, etwa zum sagenumwobenen Land Punt. Am Weg zum Meer lagen Steinbrüche, in denen man schwarzen und grünen Basalt sowie Porphyr abbaute; hier fanden sich auch Halbedelsteine wie Amethyst oder Karneol. Wie sehr man die in der östlichen Wüste auf der Höhe von Koptos gebrochene Grauwacke schätzte, geht aus den Felsinschriften des Wadi Hammamât hervor. Weiter nördlich wurde der durchscheinende Alabaster abgebaut, der für Krüge und Gefäße aller Art Verwendung fand, und nordöstlich von Kairo der rötliche Quarzit, eine der härtesten Gesteinsarten.

Um das Leben in diesem langgestreckten Niltal zu verstehen, muß man sich kurz die klimatischen Bedingungen vergegenwärtigen. Im Delta herrscht eine Durchschnittstemperatur von 13 °C, in

Oberägypten von 19 °C. Nachts ist es immer kühl, selbst im Sommer, wenn die mittlere Tagestemperatur im Norden 28 °C beträgt und, je weiter man nach Süden gelangt, bis 50 °C steigen kann. Im Delta ist also das Klima nicht so unerträglich heiß, bei Assuan dagegen läßt es sich den Sommer über nur dank der Trockenheit der Luft aushalten. Gewöhnlich wird allerdings die Mittagshitze durch den »sanften Hauch des Nordwindes« gemildert, wie die Ägypter sich ausdrückten. Von März bis Mai kommen statt des Nordwindes von Süden oder Südwesten häufiger Sandstürme auf. Diese Jahreszeit ist fast ebenso ungesund wie früher die Phase nach der Überschwemmung, wenn die Ausdünstungen des vom Nilschlamm getränkten Bodens die Ausbreitung von Krankheiten begünstigten.

Die unterschiedlichen klimatischen Bedingungen des Deltas und Oberägyptens lassen sich am Zustand der archäologischen Denkmäler ablesen. Zwar findet man selbst im Delta, wo die Überschwemmungserde und vor allem die zahlreichen militärischen Auseinandersetzungen vieles zerstört haben, noch eine erstaunliche Zahl von Denkmälern – gerade diese Region hat in jüngster Zeit die spektakulärsten archäologischen Entdeckungen geliefert –, aber wenn noch heute der Hauptstrom der Touristen in das obere Tal reist, dann hängt das damit zusammen, daß die trockene Luft, verbunden mit fast völliger Regenlosigkeit, zu einem im Mittelmeerraum unerreichten Erhaltungszustand der archäologischen Funde geführt hat.

Zum Aufbau des Buches

Ramses II. regierte als dritter Herrscher der neunzehnten Dynastie von 1279 bis 1213 (alle Angaben beziehen sich, soweit nicht anders vermerkt, auf die vorchristliche Zeit; zur Chronologie vgl. S. 475). Unter den zahlreichen Bauten, die er überall in Ägypten hinterlassen hat, ist sein Totentempel einer der wichtigsten. In diesem sogenannten Ramesseum sind im Reliefschmuck der Wände zentrale Themen der herrscherlichen Propaganda dargestellt. Hierzu zählt unter anderem die enge Anbindung des amtierenden Königs an seine Vorgänger, anders gesagt seine Einbindung in eine seit unvordenklichen Zeiten bestehende Traditionskette.

Eine Wand des Ramesseums zeigt eine Prozession der Pharaonen der Vergangenheit. Diese ›Ahnengalerie‹ wird von einer Liste ergänzt, auf der jedem König sein Name beigeschrieben ist. Vor einer ähnlichen Darstellung der herrscherlichen Vorgänger steht hier Ramses II. als Kronprinz (Abb. 2) – mit der für Kinder typischen Knabenlocke – und rezitiert Hymnen aus einem Papyrus, den er vor sich hält. An solchen Aufreihungen läßt sich feststellen, daß Menes, Montuhotep I. und Ahmose herausgehoben sind. In der neunzehnten Dynastie galten diese drei Könige als Gründer des Alten, Mittleren und Neuen Reiches. Das Konzept der Reiche ist ägyptisch, der Begriff selbst stammt aus dem 19. Jahrhundert und wurde mit Blick auf das preußische Reich gebildet; die Ägypter kannten einen entsprechenden Namen nicht. Die Bezeichnung Altes, Mittleres und Neues Reich folgt der traditionellen Einteilung der europäischen Geschichte in Altertum, Mittelalter und Neuzeit; für das erste vorchristliche Jahrtausend hat sich der Begriff Spätzeit eingebürgert. Gerade diese äußerst unruhige Epoche, in der Ägypten von einer Fremdherrschaft in die andere geriet, läßt die Zeit des Alten, Mittleren und Neuen Reiches nochmals in einem besonderen Licht erscheinen.

Die Ägypter verwiesen jene, die nach den Anfängen ihrer Geschichte fragten, auf König Menes, in dem sie eine historische Person sahen. Für uns stellt sich die Entwicklung des Königtums als langsamer Prozeß dar, der erst an seinem Ende vorsichtig mit einigen Persönlichkeiten verbunden werden kann. Diesen Prozeß zu erhellen, dienen einige Überlegungen zur Vor- und Frühgeschichte.

2. Königsliste aus dem Tempel Sethos' I. in Abydos

Es handelt sich dabei eher um Mosaiksteine als um ein geschlossenes Bild, ein Merkmal, das mehr oder weniger so auch für die ›Geschichte‹ des Alten Reiches gilt.

Die von der Tradition vorgegebene Abfolge der Dynastien und der Herrscher gibt auch den Leitfaden meiner Darstellung ab. Wenn auch die Entstehung Ägyptens durch die sagenhafte Gestalt des Menes sowie die Neuanfänge durch Montuhotep und Ahmose vermerkt sind, so markieren die Listen Ramses' II. die heute so genannten Zwischenzeiten nicht anders als andere Epochen. Denn Zeiten ohne einen König, in denen sich die Macht auf viele kleine, autonome Fürstentümer verteilte, widersprachen dem Modell einer starken, zentralisierten Monarchie und werden deshalb in der offiziellen ägyptischen Geschichtsschreibung nicht berücksichtigt. Ich nutze die so entstehenden Einschnitte, um ausführliche systematische Überlegungen zu Religion, Institutionen, Kunst und Literatur sowie Alltag einzufügen.

Als das Land am Nil im Laufe des letzten vorchristlichen Jahrtausends in das Blickfeld der Griechen und später der Römer geriet, hinterließ vor allem die Religion der Ägypter einen tiefen Eindruck. War die Haltung gegenüber den Tiergottheiten auch zwiespältig, so galten doch die Priester als Träger einer uralten Weisheit. Durch Schöpfungsmythen erklärten sich die Ägypter die Welt, die lange Zeit die Welt des Niltals blieb, und sie versuchten die Übersicht über die Vielzahl der Götter zu gewinnen, die aus zahllosen regionalen Traditionen erwachsen waren, ehe die Reichseinigung auch ein mehr oder weniger geordnetes Götterpantheon erforderte. Tempel und Tempelkult, an denen Wohl und Wehe des Landes hingen, werden in dem entsprechenden Kapitel ebenso dargestellt wie die Jenseitsvorstellungen mit dem Totengericht, auf das ein ewiges Leben im Binsengefilde oder die endgültige Vernichtung im Höllenfeuer folgen konnte. Die persönliche Frömmigkeit wurde durch diese Perspektive geprägt und suchte angesichts einer derart beängstigenden Bedrohung, wie sie der endgültige zweite Tod nach dem Gericht des Osiris bedeutete, ihr Heil in Magie und Zauber, die freilich auch im Alltag manche Probleme – sei es unerfüllte Rache oder verschmähte Liebe – lösen sollten.

Ägypten war zwar durch die überströmende Fruchtbarkeit des Nil gesegnet, aber das Gedeihen der Landwirtschaft war in gleichem Maße von der Koordination der bäuerlichen Arbeit abhängig, galt es doch – um nur einen Aspekt herauszugreifen –, alljährlich die Bewässerungskanäle freizuhalten, eine Aufgabe, welche das Organisationstalent der ägyptischen Verwaltung regelmäßig forderte. Vom König über den Wesir lief ein Instanzenzug bis in die einzelnen Ortschaften, um die notwendigen Anweisungen möglichst zügig in jedes Dorf tragen zu können. Den umgekehrten Weg konnten Rechtsstreitigkeiten nehmen, die im Ausnahmefall sogar vom Pharao selbst entschieden wurden. Das jedenfalls suggeriert die Erzählung des redegewandten Bauern, von der ausgehend das Rechtswesen erläutert werden soll. Wenn im Zusammenhang mit der Verwaltung auch das Heerwesen angesprochen wird, trägt dies der Tatsache Rechnung, daß militärische Aufgaben lange Zeit in den Händen derjenigen Beamten lagen, die beispielsweise auch die Beschaffung des Baumaterials für die Pyramiden oder Tempelbauten oder die Massen von Statuen zu organisieren hatten.

Der Reichtum Ägyptens ist neben vielem anderen auch der Reichtum seiner Kunstschätze, die seit über zwei Jahrhunderten ihren Weg in alle großen Museen der Welt gefunden haben. Die Statuen der Könige oder Schreiber wecken nicht selten ein erstes Interesse an ägyptischer Kunst, deren wichtigste Entwicklungslinien anhand der Bildhauerei und Malerei aufgezeigt werden sollen. Einen Schatz ganz anderer Art stellen die Lebensweisheiten dar, in Ägypten wie in vielen vorderasiatischen Gesellschaften ein wichtiges Material zum Verständnis der Denk- und Lebensgewohnheiten auch der einfachen Menschen, die nicht die Möglichkeit hatten, sich in prachtvollen Gräbern ein ähnlich komfortables Leben nach dem Tod zu sichern und damit heutzutage noch Aufmerksamkeit zu erregen. In den Texten der ägyptischen Literatur schließlich lernen wir Geschichten von großen Zauberern kennen, erfahren, daß der Mensch seinem Geschick nicht entrinnen kann, und hören gleichzeitig, daß es doch gelegentlich Wunder gibt, durch die sein Leben eine positive Wendung zu nehmen vermag; solche Erzählungen boten den ägyptischen Bauern ein wenig Abwechslung in der Monotonie des Arbeitsalltags.

Dieser Alltag, in der Landwirtschaft oder in den Städten, ist das Thema des vierten systematischen Kapitels. Anhand der Malereien, mit denen die Vornehmen ihre Gräber ausschmückten, um bereits auf Erden ein Abbild des Paradieses zu besitzen, lassen sich die wichtigsten Abläufe der Landwirtschaft rekonstruieren. Zugleich informieren solche Bilder – ebenso wie die Ergebnisse archäologischer Grabungen – über die Bedingungen städtischen Lebens einer

Gesellschaft, in der nur wenige das Privileg genossen, sich in die Privatheit einer häuslichen Umgebung zurückziehen zu können. Eine – allerdings gut dokumentierte – Sonderrolle nahmen jene Facharbeiter ein, die für die Könige und die höchsten Beamten die Gräber auf dem thebanischen Westufer erbauten. Tausende von Tonscherben mit Notizen unterschiedlichster Art verraten viel über die Arbeitsbedingungen und die alltäglichen Sorgen dieser Menschen, deren letzter Ausweg aus mancherlei Versorgungsproblemen Streik oder Grabraub waren. Ein eigener Abschnitt ist der Rolle der Frau in Ägypten gewidmet, deren – relative – Selbständigkeit in griechischen und römischen (männlichen) Augen ein Skandal war.

Im Zentrum jedweder Darstellung des Alten Ägypten muß die Person des Königs stehen, dessen historische Existenz für uns – und sicherlich auch für die Zeitgenossen – vor allem in seinen Bauten faßbar ist. Krieger und Baumeister – das sind die wichtigsten Funktionen des Königs, die eng mit seiner Rolle als Schöpfergott auf Erden zusammenhängen. Den weitaus spektakulärsten Bautyp stellen die Grabbauten dar und unter ihnen wiederum die Pyramiden, die bereits in der Antike zu den Weltwundern gezählt wurden. Im Laufe einer fast dreitausendjährigen Entwicklung waren sie allerdings nur eine von vielen Möglichkeiten des ägyptischen Grabbaus, der für jeden Herrscher – wie für das gesamte Reich – von enormer Bedeutung war, denn schließlich ging es darum, den Leib des Königs für die Ewigkeit zu bewahren. Daher soll gerade dieser Aspekt der Architektur gleichsam den roten Faden bilden, der die Darstellung der ägyptischen ›Reiche‹ durchzieht.

ERSTES KAPITEL

Vorgeschichte

Vorzeit

Spuren menschlicher Besiedlung lassen sich an den Talrändern des Nil, ehe das Niltal selbst bewohnbar war, schon für die Zeit vor etwa 2 Millionen Jahren nachweisen. Feuersteingeräte, wie sie überall in ähnlicher Form zu finden sind, bezeugen menschliche Existenz. Die Jagdgeräte verfeinerten sich immer mehr, doch einen Durchbruch bedeutete vor allem, daß in der Zeit vor und um 10 000 erste Versuche des Getreideanbaus gelangen. Damit waren die Voraussetzungen für eine seßhafte Lebensweise geschaffen.

Das Niltal in seiner heutigen Gestalt ist erdgeschichtlich gesehen relativ jung. Vor ca. 6 Millionen Jahren hatte sich der Fluß in Höhe Kairos etwa 900 Meter tief in die Kalksteinsedimente des ausgetrockneten Vorgängers des Mittelmeeres eingegraben. Unter starken Klima- und Meeresspiegelschwankungen füllte sich das Tal bis gegen 10 000 zu seinem historischen Niveau auf. Es ist kein Zufall, daß der Prozeß der Seßhaftwerdung genau zu dieser Zeit einsetzte; dabei ging er nicht punktuell an einigen wenigen Stellen vor sich, sondern wurde von allen Anwohnern des Niltals vollzogen.

Viele Jahrtausende, die durch keine schriftlichen Zeugnisse erhellt werden, haben in der Vorzeit also jene Elemente geformt, welche die geschichtliche Kultur Ägyptens trugen und bestimmten. Da ist zunächst die Landschaft mit ihrer klaren Gliederung: einerseits

3. Vorgeschichtlicher Terrakottakopf

schmales Fruchtland voll üppigen Wachstums, durchströmt von der alljährlich anschwellenden und wieder versiegenden Nilflut, an das sich das fruchtbare, von mehreren Nilarmen durchzogene und langsam dem weichenden Meer nachwachsende Delta anschließt, andererseits eine im Norden flache und sandige, im Süden gebirgig-felsige Wüste, die mit ihrer öden Unermeßlichkeit das Leben bedrohte, aber auch Schutz bot. Weiterhin ist das Klima zu nennen: Noch bis in die jüngere Steinzeit hinein äquatorial-afrikanischen Charakters, feuchtheiß mit reichen Regenfällen, entspricht es erst seit dem Alten Reich dem heutigen trockenen Wüstenklima. Und nicht zuletzt der Mensch: Er trat schon in der Altsteinzeit im Niltal auf, stieg während der allmählichen Austrocknung vom Wüstenplateau Stufe um Stufe ins Niltal hinab und zivilisatorisch zugleich

Stufe um Stufe empor, wurde seßhaft, trieb Ackerbau und züchtete Haustiere.

Heute rückt die Vorgeschichte Ägyptens[1] immer stärker ins Blickfeld der Wissenschaft, unter anderem weil die Feldforschung sich – angesichts der akuten Bedrohung der archäologischen Stätten des Niltals und der Randwüsten durch Bewässerungs-, Industrie- und Siedlungsprojekte – von den spektakulären Denkmälern der Pharaonenzeit mehr und mehr den gefährdeten Bodenfunden zuwendet. Seit dem späten Neolithikum – um 6500 – gibt es in Oberägypten sowie im Delta bei Merimde (S. 34) die ersten Spuren einer dorfähnlichen Lebensweise. Aus Merimde stammt die bislang älteste bekannte Rundplastik aus Ägypten, ein ovaler Terrakottakopf (Abb. 3). Die Gesichtszüge, wie die leicht vorspringende Nase, sind aus rötlichem Lehm nur grob modelliert, während die tiefen, weiten Augenhöhlen auffallen. Auf der Oberfläche fanden sich Spuren von Ockerfarbe. Rings um den Kopf sieht man kleine Bohrungen, die möglicherweise dazu dienten, Haarbüschel einzusetzen, um ihm ein realistisches – männliches – Aussehen zu geben. Am Hals befindet sich ein tiefes Loch, so daß der Kopf auf einen Zeremonialstab aufgesetzt werden oder als Szepter dienen konnte. Es ist durchaus möglich, daß dieser Kopf in einem uns unbekannten Zeremoniell früher verwendete echte menschliche Köpfe ersetzt hat.

Etwa gleichzeitig (wenn man das bei einem halben Jahrtausend Unterschied sagen darf), um 6000, breiteten sich auch im Zweistromland die dörflichen Siedlungen aus. Dort lebten die Menschen zwar noch von Jagd und Fischfang, schufen aber bereits künstliche Bewässerungssysteme für den Ackerbau. Im Donautal existierte in diesem siebten Jahrtausend in Lepenski Vir, das durch zahlreiche Sonderausstellungen bekannt geworden ist, schon eine entwickelte Stadtkultur.

Um 6000 betrieb man im südlichen Ägypten Ackerbau, wobei man heimische Wildpflanzen kultivierte. Mehr als 40 Pflanzenarten sind jüngst an prähistorischen Feuerstellen in der Gegend um das heutige Abu Simbel nachgewiesen worden: Hirsearten, Hülsenfrüchte, Nüsse und Knollen. In den nächsten Jahrhunderten verfeinerten die Bewohner Ägyptens ihre Geräte und versahen ihre Toten für die Reise ins Jenseits mit Beigaben. Götter schienen sich dem Menschen zu offenbaren, und in Dingen wie in Tieren vermutete er magische Kräfte. Dies alles war ein langer, aber kontinuierlicher Prozeß; die spätere Reichseinigung hatte keine ›Kulturexplosion‹ zur Folge, sondern sammelte und vereinigte längst Vorhandenes.

In der Mitte des fünften Jahrtausends setzte das sogenannte Chalkolithikum, die Kupfer-Stein-Zeit, ein. Neben Werkzeugen aus Stein begannen die Menschen auch solche aus gehärtetem Kupfer zu verwenden. Der Ackerbau wurde um Erbsen, Linsen und Flachs erweitert; vielleicht kultivierte man damals bereits den Ölbaum und den Weinstock. Eine wichtige Epoche jenes Jahrtausends ist nach dem Fundort Badari benannt und durch ihre Keramikproduktion – eine rotpolierte Ware mit schwarzgeschmauchtem Rand – gekennzeichnet. Dieses eigenständige Kulturgebiet umfaßte das ganze Oberägypten südlich von Badari bis weit nach Nubien hinein; es handelt sich wohl um einen großräumigen, homogenen Wandlungsprozeß. Der Gestaltungswille des Menschen formte erste Bildwerke aus Holz, Stein, Elfenbein, Ton und eben auch Kupfer. Auffallend sind Tierfiguren als Schmuck auf Elfenbeinkämmen und -löffeln, als Gefäße sowie rundplastische idolartige Menschenfiguren.

Zu dieser Entwicklungsphase gehören Gräberfelder mit charakteristischen Besonderheiten. Die Bestattung auf einem Friedhof, abseits vom heimischen Dorf, bedingte die Beigabe von Speisen und Gerätschaften für das Fortleben der Toten im Jenseits (S. 136). Nicht selten wurden die in Hockerstellung Bestatteten in Tierfelle gehüllt – offenbar ein Vorgriff auf die im pharaonischen Ägypten geläufige Vorstellung von der Wiedergeburt aus einem göttlichen

Tierleib heraus. Die Leichen liegen schon auf der Seite, mit Blick zum im Westen gedachten Totenreich, in dem auch die Sonne zur Ruhe geht. Ein weiteres Detail weist auf spätere Zeiten voraus und demonstriert die Kontinuität der Entwicklung: die Beigabe von Schminkpaletten aus Schiefer. Auf ihnen wurden Materialien zu Pulver verrieben, um als Schminke benutzt zu werden. Später sollten die Salbung des Götterbildes, die Reinigung und das Schminken der Priester vor der Begegnung mit der Gottheit feste Bestandteile des Kultbildrituals sein.

Es folgt um 4000 die Nagade-I-Kultur, nach einem Fundort El-Amra bei Abydos gelegentlich Amratien genannt, mit dem Zentrum in der Gegend von Abydos. Der andere namengebende Fundort, Nagade, Ende des 19. nachchristlichen Jahrhunderts ausgegraben, liegt nördlich von Theben an einer geopolitisch bedeutsamen Stelle: Dort zweigt der Wüstenweg zum Roten Meer im Osten ab. Die Nagade-I-Kultur reichte ebenfalls über das südliche Oberägypten bis nach Nubien und ins Wadi Hammamât, wo sie sich in Felsbildern dokumentiert.

Die Keramik von Badari lebte zwar weiter, wurde nun aber ergänzt durch eine rotpolierte Ware mit gelblichweißer Bemalung, deren Motive von einer bewußten Auseinandersetzung des Menschen mit seiner Umwelt künden. Zwischen zu Dreiecken stilisierten Bergen steht die Sonne im Strahlenkranz, der Nil als lebenspendendes Element umfließt in Wasserlinien die Gefäße, allenthalben sprießen Pflanzen hervor. Ferner zeigen die Keramikbilder Jagdszenen, in denen der Mensch auftritt und in die Natur eingreift: ein Jäger mit seinen Hunden an der Leine, Jagdhelfer beim Ausbreiten von Fangnetzen, Fallensteller. Vielfältig ist die dargebotene Tierwelt: Antilopen, Giraffen, Elefanten, Schafe, Hunde, Rinder, Esel, Ziegen, Hasen, Nilpferde, Krokodile, Fische – alles mit knappen Strichen skizziert. Neben dem Ackerbau blieb die Jagd zunächst wichtig; darauf deutet die große Menge an Speer- und Pfeilspit-

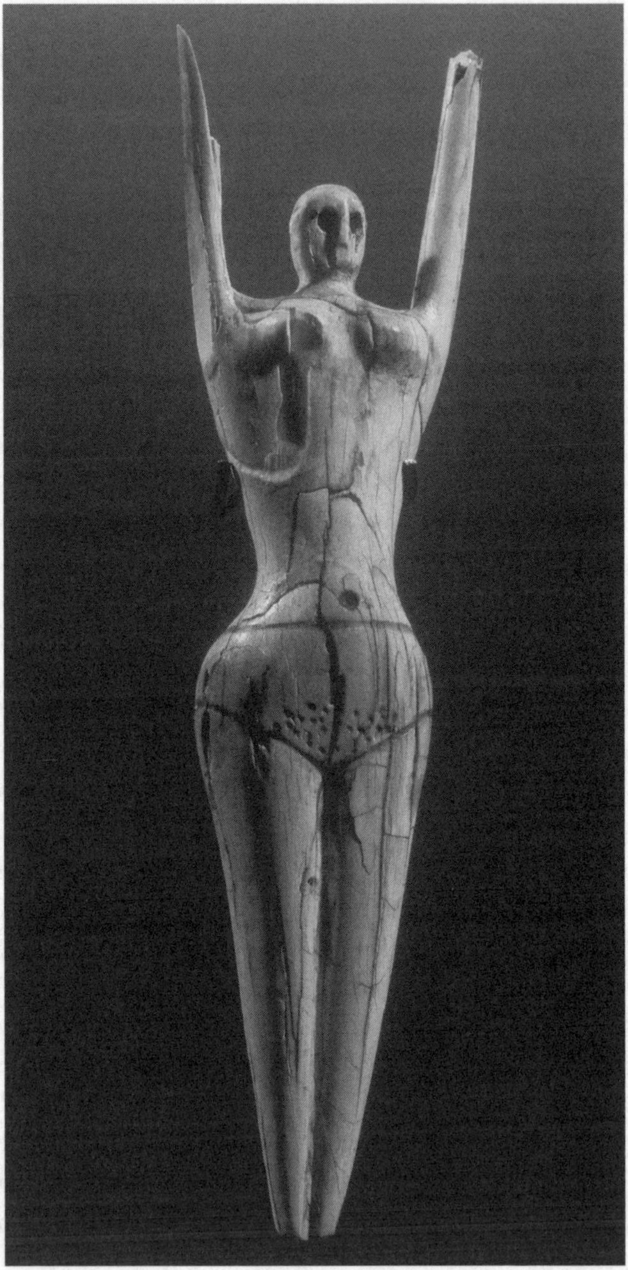

4. ›Tänzerin‹

zen, Knochenharpunen und sogenannten Tellerkeulen, Keulen mit einem konischen, nach oben ausladenden Kopf mit tellerartigem Rand. Schmuckstücke, Waffen und Nadeln wurden nun vermehrt aus Kupfer hergestellt.

Rundplastische Arbeiten umfassen ein breites Spektrum von Motiven: Modellboote, Tierfiguren sowie Statuen von Männern und Frauen, die noch sehr grobschlächtig wirken. Frauenfiguren mit hochgereckten Armen können als Tänzerinnen wie als Beterinnen gedeutet werden (Abb. 4). Sie sind aus Elfenbein geschnitzt oder aus Basalt gearbeitet, nur wenige Zentimeter hoch, und es ist ungemein schwierig, sie exakt zu datieren. Viele von ihnen fanden sich nämlich nicht in Gräbern, sondern in sogenannten *cachettes*, Kultgruben, in denen Weihegaben kultisch bestattet wurden; dabei gerieten Zeugnisse unterschiedlicher Phasen zusammen und durcheinander.

Um 3500 schließt sich im südlichen Oberägypten eine Nagade-II-Kultur an – auch Gerzen nach einem der Hauptfundplätze genannt. In ihrer Endphase erstreckte sie sich weit ins Delta hinein, so daß sich Ägypten bereits in der zweiten Hälfte des vierten Jahrtausends als kulturelle Einheit präsentiert. Es entstand damit ein homogener Bereich, der zwar politisch noch nicht geeint war, zwischen dessen Hauptorten aber offenbar ein intensiver wirtschaftlicher und kultureller Austausch herrschte.

Auffälligerweise fehlen bis heute Anzeichen für die Herausbildung rivalisierender politischer Zentren ebenso wie Darstellungen von Kämpfen oder militärischen Auseinandersetzungen. Wenn man bedenkt, daß sich die Kultur vom Delta bis nach Nubien erstreckte, ist eine solche anscheinend friedliche Entwicklung erstaunlich. Stadtähnliche Bevölkerungskonzentrationen traten nicht auf; bei den Siedlungen, soweit überhaupt greifbar, handelte es sich um unbefestigte, dörfliche Ansammlungen von Hütten. Offenkundig galt das Augenmerk mehr der reichen Ausstattung eines Grabes. Infolgedessen beruht unser Bild dieser wie der späteren Epochen auf dem Studium der Friedhöfe.

Die Gefäße der Zeit zeigen auf ockerfarbenem Grund braunrote Bemalung in Form von Tierreihen, die bereits erwähnten sogenannten Tänzerinnen und geometrische Muster. Welche Funktion die zahlreichen Schiffsmodelle und entsprechende Abbildungen erfüllten, ist schwer zu sagen. Die Tatsache, daß Boote damals bereits die wichtigsten Verkehrsmittel auf dem Nil, seinen Seitenarmen und Kanälen waren, kann nach dem Ägyptologen Eberhard Otto kaum genügen, um das Auftreten von Schiffsdarstellungen auch auf den vom Fluß weit abgelegenen Felsenbildern zu erklären.[2] Vielleicht wohnt ihnen ein religiöser Sinn inne. Später jedenfalls sollte der Tote, begleitet vom Sonnengott, den Himmel in einer Barke überqueren (S. 138).

Für diese Zeit sind Beziehungen zu Vorderasien, vor allem nach Palästina, unbestreitbar; sie weisen auf jahrtausendelange spätere Kontakte voraus. Stein- und Tonerzeugnisse gelangten von dort als Importware nach Ägypten. Die Vorliebe für tiergestaltige Gefäße dürfte ebenfalls aus diesem Raum stammen.

Wir sind noch bei der Aufzählung der Fundgegenstände: Es gibt vollendet schöne Steinobjekte, Schminkpaletten in Tierform und solche, die mit Reliefdarstellungen versehen sind. In die Gräber gelangte eine Vielfalt von Steingefäßen, die als besondere Kostbarkeiten für den jenseitigen Gebrauch reserviert waren. Mehr und mehr fand Kalzit Verwendung, ein kristalliner Kalkstein, der frisch gebrochen leicht zu bearbeiten ist und dann erst aushärtet.

Mit ihrem Vordringen ins Delta begann die oberägyptische Nagade-II-Kultur die dortige, bis ins fünfte Jahrtausend zurückreichende und hauptsächlich bäuerlich geprägte Zivilisation zu überlagern, die in der Kultur von Merimde besonders gut sichtbar ist; deren Getreidesilos zeugen von Vorratswirtschaft, wobei unter anderem Emmer, eine Weizenvorform, angebaut wurde. Als Haustiere hielt man Rinder, Schafe, Ziegen, Hunde und Schweine, und die Jagd auf Nilpferd, Krokodil oder Antilope sowie der Fischfang ergänzten das Nahrungsangebot. Die Gräber – Hockerbestattungen ohne Beigaben – lagen innerhalb der bäuerlichen Dorfsiedlung. Manchmal waren die Toten sogar in den Hütten beigesetzt worden. In diesen Fällen läßt sich der Mangel an Grabbeigaben wohl dadurch erklären, daß die Verstorbenen aufgrund der räumlichen Nähe zu den Lebenden an deren Mahlzeiten ›teilnahmen‹.

Daß die Nagade-II-Kultur sich auch über das Delta erstreckte, ist eine recht neue Erkenntnis. Um 1950 waren im Kunsthandel Objekte aufgetaucht, die zweifellos der späten Nagade-Zeit angehörten. Als ihr Fundort wurde ein Gebiet im Ostdelta angegeben, um El-Munagat, nordöstlich des späteren Bubastis. Seit 1978 wird an dieser Stelle ein Friedhof ausgegraben, der bis in die Zeit der Reichseinigung benutzt wurde. Dort waren in den reinen Sand des Hügels rechteckige Grabgruben gesenkt worden, deren Ausmaße heute nur daran erkennbar sind, daß die Binsenmatten, mit denen die Gräber ausgelegt wurden, als dunkle Verfärbungen im Sand sichtbar bleiben. Man begrub die Toten in Hockstellung liegend, auch hier mit Blick nach Westen, und ordnete die Beigaben – meist sind es Tongefäße – rings um den Leichnam an, offenbar in seiner Reichweite, konzentriert in den Bereichen um den Kopf und um die Füße; in einem Fall hält der Verstorbene ein Gefäß umklammert, das er zum Mund führt. Ihm wurde also für das Leben im Jenseits all das mitgegeben, was er dort benötigte (S. 136).

Aus beschrifteten Gefäßen ergibt sich die präzise Datierung der typologisch spätesten Gräber des vorgeschichtlichen Friedhofs. Ritzinschriften zeigen Königsnamen in einer für den Beginn der Schriftentwicklung typischen Form: Ein Falke hockt geduckt auf einem stehenden Rechteck, in das Hieroglyphen geschrieben sind – die Frühform des Horus-Namens, des ersten Elements der mehrteiligen Königstitulatur (S. 199). Die bisher zutage getretenen Namen sind wahrscheinlich als »Horus Skorpion« und »Horus Narmer« zu lesen, gehören also den ältesten historisch belegten ägyptischen Königen um 3000, und das neben dem Horus-Namen stehende Schriftzeichen dürfte Hem, »Diener«, bedeuten, so daß die Inschrift im Zusammenhang lautet: Diener des Königs. Möglicherweise erhielten geschätzte Beamte solche Gefäße als Gunstbeweise des Hofes und als Bestallungsdokumente.

Es ist trotz aller Fülle und Vielseitigkeit des Materials nicht möglich, eine ägyptische Vorgeschichte zu rekonstruieren. Wir wissen nicht, welche Organisationsform hinter den einzelnen ›Kulturen‹ stand. Wir wissen nichts über das gesellschaftliche und religiöse Leben, nicht einmal, ob ›Götter‹ in einem einigermaßen präzisen Sinn existierten. Und wir wissen nicht, ob historische Ereignisse die Ablösung der Zivilisationen bedingten oder aus deren gegenseitiger Berührung folgten. Wir können lediglich zwei Grundtypen menschlicher Gesellschaftsformen überhaupt in spärlichen, aber deutlichen Anzeichen erkennen, die nicht das historische Geschehen der vorgeschichtlichen Entwicklung im einzelnen zu erklären vermögen, wohl aber seine Dynamik deutlich werden lassen. Es handelt sich um die Kulturformen des seßhaften Bauerntums und des darüber hinaus jagenden oder viehzüchtenden Nomadentums.

Offenbar lieferte die Nagade-II-Kultur, die von Süden her die Lebensformen des Deltas überlagerte, den letzten Anstoß zu einer Einheit des Nillandes. Aus einer Vielzahl lokaler Kulturen ging die Entwicklung nahtlos in die historische Zeit über. Häuptlinge traten hervor, sammelten politische Macht und möglicherweise religiöses Ansehen, bis es einem von ihnen gelang, aus dem Niltal ein einheitliches Reich zu formen.

Frühzeit

Am Anfang der Geschichte nahezu jeden Volkes steht ein Stadt- oder Reichsgründer, dessen Existenz sich in der Mythen- und Sagenwelt verliert. Das ist bei den Ägyptern nicht anders als bei den Hebräern, Spartanern, Athenern oder Römern, um nur einige zu nennen. Allerdings unterscheiden Moses, Lykurg, Theseus oder Romulus sich in einem Punkt von jenem Menes, der seit der achtzehnten Dynastie als Reichsgründer galt: Ihm, dem Menes, schrieb die spätere Überlieferung außer den ›normalen‹ historischen auch Schöpfungstaten zu. Er soll den Ursumpf trockengelegt, die erste Stadt, Memphis, gegründet und die Menschheit mit der zuvor unbekannten Kultur und Zivilisation vertraut gemacht haben. Menes war die Verkörperung des geschichtlichen Anfangs, des Übergangs der Herrschaft von den Göttern auf die Menschen.

Gegen solche Vorstellungen, wie sie unter anderem Manetho (S. 479) verbreitete, sprechen allerdings die uns zur Verfügung stehenden Zeugnisse der Archäologie. Daher verliert sich der Ursprung der ägyptischen Kultur für uns nicht im Archetypischen, sondern kann in der geschichtlichen Wirklichkeit des beginnenden dritten Jahrtausends verfolgt werden. Langsam wuchsen damals aus der Nagade-Kultur Königtum, Verwaltung, Schrift, Kunst und Religion heraus.

Die Einigung der Gebiete entlang des Nil zu einem Reich zog sich über mehrere Generationen hin; dieser Prozeß ist in der Zeit um 3000 anzusetzen, als sich aus vorgeschichtlichen Kulturen der ägyptische Staat formte. An der politischen Einigung des Landes war eine Reihe von Königen beteiligt, welche die Ägypter erst seit dem Neuen Reich zur Idealgestalt des einen Königs Menes zusammenzogen. Vor allem zwei Herrscher scheinen diese Phase geprägt zu haben: Narmer, »der wütende Wels«, und Aha, »der Kämpfer«. Sie treten in den zeitgenössischen Quellen als erste bedeutende

Könige der ägyptischen Geschichte hervor, die bereits beide die später so genannten Landeshälften kontrollierten; mit Aha beginnt wohl die Reihe der historischen Könige auf dem Annalenstein von Palermo. Wichtige Grundlagen hat der ihnen vorangehende König »Skorpion« gelegt, dem wir die ersten gesicherten Schriftdenkmäler verdanken. Ihm widmete der englische Literaturnobelpreisträger William Golding seinen Essay ›The Scorpion God‹, welcher einfühlsam und humorvoll das Verhalten eines Pharao reflektiert.[3]

Der Machtbereich der ersten Könige[4] scheint sich von der Gegend des heutigen Edfu bis ins Delta hinein erstreckt zu haben. Da die Steinbrüche bei Assuan seit der späten Vorgeschichte ausgebeutet wurden und deren lokale Gottheiten häufig in Personennamen der Frühzeit erscheinen, muß auch dieses Gebiet bald unter die Herrschaft der ersten Dynastie gekommen sein. Bereits unter König Narmer stießen Steinbruch-Expeditionen in die gebirgige Ostwüste zwischen Nil und Rotem Meer vor, und Handelsverbindungen liefen hinüber nach Palästina, wo Tonscherben mit seinem Namen gefunden worden sind. Mit König Aha beginnt dann die Reihe der Dynastien ägyptischer Pharaonen. Für seine Regierungszeit sind Verbindungen mit dem syrisch-palästinensischen Raum belegt, der das wertvolle, im Niltal fehlende Bauholz lieferte.

Von den Herrschern Narmer und Aha kennen wir die Grabanlagen, und der älteste Friedhof am Rande der fruchtbaren Zone in Abydos enthält sehr wahrscheinlich schon Gräber ihrer unmittelbaren Vorgänger. Dort befinden sich rechteckige, in den Boden versenkte und mit Ziegeln ausgemauerte Kammern, deren Maße zwar im Vergleich mit späteren Zeiten bescheiden anmuten (drei mal fünf bis fünf mal acht Meter), die gegenüber den schlichten Gruben der Vorzeit (S. 35) aber eine neue Phase des Grabbaus einleiten. Als Form der nicht mehr vorhandenen Oberbauten vermutet man eine Mastaba – so genannt nach dem arabischen Wort für »Bank« –, einen rechteckigen Grabhügel mit geböschten Seitenwänden.

Zur königlichen Grabanlage gehörten ferner große, von Ziegelmauern eingefaßte Höfe, die im Innern allerdings keine festen Bauten aufwiesen. Es kann nur vermutet werden, daß diese Höfe für jene Erneuerungsfeste der frühen Könige bestimmt waren, die sie auch im Jenseits begehen sollten. Bereits die frühesten Zeugnisse der ersten Dynastie berichten von der Feier solcher Sed-Feste, bei denen der alt gewordene König seine Kräfte regenerierte und zugleich den Antritt seiner Herrschaft wiederholte.

Das Königtum war aus einem magischen Häuptlingstum erwachsen. Der Häuptling galt, wie der spätere König, als Garant der Wohlfahrt des Volkes und als göttlicher Heilsbringer schlechthin. Da derartige Fähigkeiten an ein kräftiges Mannesalter gebunden waren, ist vorstellbar, daß ein alt und schwach gewordener Herrscher beseitigt und durch einen jüngeren ersetzt wurde. Spuren eines solchen »Königsmordes« lebten im »Dreißigjahrfest« der geschichtlichen Zeit fort.

Dieses Erneuerungsfest, Sed-Fest genannt, war von Anfang an mit der Idee des ägyptischen Königtums verbunden. Die Grundvorstellung war die, daß der König, von dem ja Wohl und Wehe, Heil und Fruchtbarkeit des Landes abhingen, magische Kräfte – wir verwenden dafür heute den Begriff »Mana« – besaß, die sich im Laufe einer langen Regierungszeit abnutzten. Sie sollten in den Zeremonien des Festes rituell erneuert werden: In der Form einer Statue wurde der ›alte‹ König begraben, und der verjüngte ›neue‹ König wiederholte seine Thronbesteigung. Die meisten Pharaonen regierten nicht lange genug, um dieses Fest, das zum ersten Mal im 30. Regierungsjahr und anschließend in kürzeren Abständen begangen wurde, noch zu Lebzeiten feiern zu können. Und da die fortgesetzte Erneuerung die irdische Zeitspanne ohnehin überdauern sollte, schuf man die eben erwähnten Möglichkeiten, um die Zeremonien auch nach dem Tod abhalten zu können.

Aha errichtete zudem knapp 20 Kilometer südlich des heutigen

Kairo eine zweite gewaltige Grabanlage. Dahinter stand wahrscheinlich die Idee, daß der Pharao als »König von Ober- und Unterägypten« in beiden Landeshälften ein Grab haben müsse – freilich konnte nur eines davon den Leichnam beherbergen. Über fünf unterirdischen, aus dem Felsen gehauenen Kammern wurde ein rund 40 mal 15 Meter großer Oberbau aus luftgetrockneten Nilschlammziegeln aufgemauert und reich gegliedert. Es war die erste Grabanlage jener Totenstadt, die seit der sechsten Dynastie den Namen Memphis führte und in der über drei Jahrtausende lang Könige, Beamte und heilige Stiere begraben wurden. Hier, an der Nahtstelle zwischen Ober- und Unterägypten, befand sich das politische Herz des Reiches. Demnach liegt es nahe, die sagenhafte Gründung von Memphis durch Menes unter König Aha anzusetzen, der das Zentrum des Staates dorthin verlagerte. Oberägypten behielt in Abydos für die Zukunft einen eher religiösen als politischen Schwerpunkt.

Eine zweite wichtige Neuerung, die in die Regierungszeit Ahas zu fallen scheint, war die Einführung einer offiziellen Jahreszählung (S. 476). Jetzt wurden die einzelnen Jahre erstmals durch typische Ereignisse beschrieben. Eines der Regierungsjahre Ahas wird beispielsweise durch das »Schlagen des Nubierlandes«, einen Kriegszug im Gebiet des ersten Kataraktes, bestimmt. Notizen solcher Art ritzte man auf Täfelchen aus Holz, die Ölkrügen zur Kennzeichnung des Jahrgangs mitgegeben wurden – das hing wohl mit der zentralen Regelung der Wirtschaft zusammen. Die Regierung führte turnusmäßige Bestandsaufnahmen durch, schuf die Voraussetzung für Lagerhaltung und exportierte vielleicht bereits die Überproduktion. Für uns besitzen diese Etiketten wegen der Art der Datierung und Beschriftung den Wert von Annalen. Sammellisten – eine davon hat sich auf dem berühmten »Palermo-Stein« (S. 480) fragmentarisch erhalten – ermöglichten es, den zeitlichen Abstand zwischen zwei Jahresnamen zu bestimmen.

Unter Ahas Nachfolger Djer (um 2870/50) sind neue Kämpfe gegen Stämme des libyschen Gebietes am Deltarand überliefert. Die Bedeutung dieses Königs läßt sich daran ablesen, daß sein Andenken bis in die Spätzeit lebendig geblieben ist: Seit dem Wiederaufbau Ägyptens nach der Hyksos-Zeit in der Mitte des 16. Jahrhunderts wurde sein Grab in Abydos als dasjenige des Osiris verehrt. Rings herum lagen über dreihundert Nebengräber von Haremsfrauen, Handwerkern, Dienern, Zwergen und sogar Hunden, alle mit kleinen, roh gearbeiteten Stelen ausgestattet; sie scheinen die aus Mesopotamien bekannte Sitte zu bezeugen, daß Angehörige des königlichen Hofstaates ihrem Herrn bei seinem Begräbnis in den Tod folgten, um ihm auch im Jenseits dienen zu können. Im Gegenzug wurden sie so ewiger Versorgung teilhaftig. Mir scheint das nur dann verständlich zu sein, wenn sich das tatsächliche Grab des Königs dort befunden hat. Daß diese Personen mit dem Ableben des Herrschers zugleich getötet wurden, ist zwar wahrscheinlich, aber nicht zu beweisen. Auf jeden Fall bleibt eine solche Massenbestattung des Gefolges in Ägypten auf die erste Dynastie beschränkt.

Djers Nachfolger, König Uadji, »Schlange« (um 2840), wurde durch seine Grabstele im Louvre, die seinen Namen trägt, zum bekanntesten König der Dynastie (Abb. 5). Die Qualität ihrer Ausführung beweist, welches Niveau die Reliefkunst in wenigen Generationen erreicht hatte. Das Relief entstand dadurch, daß der Künstler den Hintergrund der Figur ausmeißelte und dabei einen Rahmen beließ. Im Doppelpalast, in dem man zwei Tore für Ober- und Unterägypten erkennt, steht der Name des Königs, und Horus in Gestalt eines Falken schützt ihn. Dieser Falke wurde rasch zum majestätischen Symbol.

Aus der Zeit des Königs »Schlange« kennen wir die erste jener bedeutenden Frauengestalten der ägyptischen Monarchie, denen wir noch oft begegnen werden. Die genaue zeitliche und politische Einordnung jener Königin Meritneith ist allerdings noch nicht

5. Stele des Königs »Schlange«

gelungen. Manches spricht dafür, daß sie die Gattin des Königs und damit die Mutter seines Nachfolgers Dewen (2836–2794) war. Obwohl sie keine Königstitulatur trug, erhielt sie wie ihr Mann zwei Grabanlagen in Abydos und Memphis, vielleicht weil sie als Regentin eine Zeitlang die Herrschaft für ihren unmündigen Sohn ausgeübt hatte. Jener König Dewen, mit dem Horus-Namen »Schwingenspreizer«, führte als erster den Titel »König von Ober- und Unterägypten«. Was die historischen Ereignisse während seiner Regierungszeit angeht, erfahren wir aus den eben beschriebenen Annalentäfelchen vom »Schlagen des Ostens«; gemeint sind Kämpfe gegen Beduinenstämme der Sinai-Halbinsel. Bildlich dargestellt werden derartige Erfolge auf einer Statuenbasis mit Gefangenenköpfen.

Unter Dewen taten die Architekten einen bedeutsamen Schritt zu den großartigen Steinbauten der Pyramidenzeit, indem sie das Grab des Königs in Abydos mit einem Fußboden aus Rosengranit und mit Stelen aus Diorit versahen. Waren bisher aus diesen harten Steinen nur Gefäße hergestellt worden, so sammelte man nun bei ihrer großflächigen Nutzung als Bauelemente Erfahrungen, von denen die Architekten der Pyramidenzeit profitieren konnten. Der gewandelte Einsatz des Steinmaterials ist auch darauf zurückzuführen, daß die Erfindung der Töpferscheibe einen neuen Formenreichtum ermöglichte, so daß die Keramik rasch die Steingefäße verdrängte. Im Hinblick auf die Metallverarbeitung blieb Ägypten allerdings weiter in der Kupfer-Stein-Zeit, die am Anfang des vierten Jahrtausends begonnen hatte, da nur Kupfer und Gold Verwendung fanden.

Die bisherige Entwicklung, die sich für uns einigermaßen geradlinig darstellt und für eine hohe Leistungsfähigkeit des Königtums und seines Apparates spricht, scheint nach König Dewen von politischen Wirren unterbrochen worden zu sein. Erstmals bezeugen die Quellen die Tilgung von Königsnamen; dieses Phänomen spiegelt

Auseinandersetzungen im Königshaus wider, die einen Dynastiewechsel ankündigen. Wichtiger für die Wandlung der Idee des Königtums ist aber, daß aus den Namen der letzten drei Könige der ersten Dynastie das bisher bevorzugte tierhafte Element verschwindet. Darin zeigt sich eine bedeutsame religiöse Entwicklung der Frühzeit, für die man den Begriff »Vermenschlichung der Mächte« geprägt hat.[5] Indem man die ›Mächte‹, deren Existenz das menschliche Leben nach wie vor stark beeinflußte, nicht mehr ausschließlich in der Umgebung oder in Tieren repräsentiert sah, wurde es möglich, sie als göttliche, menschenähnliche Wesen zu deuten: Für die Vorgeschichte wohnte das Göttliche in Tiergestalten oder in Fetischen; der Frühzeit offenbarte es sich auch in menschlicher Gestalt, die in der Darstellung häufig einen Tierkopf trug, mit dem ihr einstiges tierisches Wesen angedeutet wurde. Diese Götter erhielten bald auch ihre erzählbare Geschichte, und so kam es zur Bildung von Mythen.

Ein für die Folgezeit bedeutendes Ereignis aus dem Beginn der zweiten Dynastie war die Aufgabe des sogenannten Zweitgrabes in Abydos. Für die Königsgräber fand man nun einen neuen Platz in Memphis. Offensichtlich wurde der bisherige Schwerpunkt im Süden vernachlässigt, eine Entwicklung, die nicht ohne Folgen bleiben und nach einigen Generationen zu einer Reaktion aus Oberägypten führen sollte.

In der fast fünfzigjährigen Regierungszeit des Königs Ninetjer (2726–2680) zeigten sich allerdings noch keine Veränderungen. Von ihm ist die erste mit einem Königsnamen versehene Sed-Fest-Statue erhalten. Angesichts der langen Regierungszeit des Herrschers darf man annehmen, daß Ninetjer das Erneuerungsfest sogar mehrere Male gefeiert hat. Die Statuette zeigt ihn in dem auch für die Folgezeit typischen Ornat, der zu diesem Fest gehörte, einem enganliegenden Mantel.

Zu der angedeuteten Abkehr von der bisherigen Auffassung und

Tradition des Königtums kam es nach dem Tod Ninetjers; sie bedrohte zugleich erstmals die staatliche Einheit. Derartige Veränderungen sind für uns an eher symbolischen Gesten ablesbar. Hatten sich die Könige bislang als Inkarnation des falkengestaltigen Horus darstellen lassen, so setzte Peribsen (2680–2666) Seth über seinen Namen und gab sich damit als Verkörperung dieses Wüstengottes zu erkennen. Gleichzeitig verlegte er das Königsgrab wieder nach Abydos; damit knüpfte er nicht nur an eine seit langem abgerissene Tradition an, sondern distanzierte sich vor allem von seinen unmittelbaren Vorgängern. Mit dem Rückgriff auf die Vergangenheit und auf vergessen geglaubte Sitten sind zu allen Zeiten Veränderungen gerechtfertigt worden, wobei wir in diesem Fall allerdings nichts über die Hintergründe wissen. Auch die Tradition des Zweitgrabes scheint Peribsen wieder zum Leben erweckt zu haben, kennen wir doch aus Memphis einen bis in die vierte Dynastie (2575–2465) reichenden Totenkult. Die Betonung des Seth und des alten oberägyptischen Kultzentrums Abydos kann nicht nur als Rückgriff auf die Vergangenheit interpretiert werden, sondern auch als Abgrenzung gegenüber Unterägypten, das zur gleichen Zeit unter einem autonomen Herrscher gestanden zu haben scheint.

Diese Teilung des Landes zog Auseinandersetzungen nach sich, die keineswegs auf unterschiedliche Grabtraditionen beschränkt blieben. Es folgte eine Zeit voller Kämpfe, dokumentiert durch die Lücke in der Dynastie-Liste. Erst am Ende der Dynastie gelang es Chasechemui (2655–2628), die staatliche Einheit aufs neue zu festigen. Vereinzelte Hinweise auf Objekten aus seiner Regierungszeit lassen eine erfolgreiche und kraftvolle Außenpolitik vermuten. Auf Standplatten seiner Sitzstatuetten sind die Bilder geschlagener »Nordleute« eingeritzt, deren Zahl mit 47.209 angegeben wird, und in Byblos kamen Fragmente eines Alabastergefäßes mit seinem Namen zutage, was auf erste ägyptische Handelsbeziehungen mit dieser Hafenstadt hindeutet. Später, im Alten Reich, sollte sie den

Mittelpunkt des ägyptischen Einflußgebietes im syrisch-palästinensischen Raum bilden.

Es ist nicht gerade viel, was wir den Funden der Königsgräber an geschichtlichen Informationen entnehmen können. Aus den in Form von Siegelabdrücken auf uns gekommenen Beamtentiteln läßt sich keine klare Vorstellung von der Staatsverwaltung gewinnen. Der König hatte wohl selbst alle Fäden in der Hand und betraute seine Söhne oder andere Verwandte von Fall zu Fall mit der Wahrnehmung bestimmter Aufgaben. Solche Strukturen kennen wir aus vergleichbaren Situationen in anderen Monarchien, beispielsweise bei der Staatswerdung der Hebräer. Zu jenen Aufgaben gehörten die amtliche Feststellung der jährlich erreichten Nilhöhen zum Zwecke der Besteuerung, die Einnahme, Lagerung und Verteilung der Staatseinkünfte und schließlich der Einsatz der Bevölkerung für Pflege und Ausbau der Kanäle und Deiche.

Nach der Überwindung seiner Konkurrenten versöhnte Chasechemui die Gegensätze, die sich in langen Jahrzehnten aufgetan hatten, indem er in seinem Horus-Seth-Namen den Horusfalken und das Sethtier einträchtig nebeneinander über den Königsnamen setzte. Auf Versöhnung zielte auch der Name selbst ab, der mit seinen »beiden Mächten« (Sechemui) ebenfalls auf Horus und Seth anspielte. Chasechemui hatte somit in Wort und Bild die geläufige Vorstellung aufgegriffen, wonach der König die miteinander streitenden Mächte in seiner Person vereint und zum Ausgleich bringt. Dieser Ausgleich der feindlichen Kräfte sicherte die Einheit des Staates nicht nur politisch, sondern auch religiös. Deshalb läßt die Forschung mit der dritten Dynastie das Alte Reich beginnen.

ZWEITES KAPITEL

Altes Reich

Reichseinigung

An der Wende von der zweiten zur dritten Dynastie treffen wir auf eine Königin, die der alten Dynastie entstammte, damit göttlicher Herkunft war und so der neuen Dynastie Legitimität verlieh. Ohne daß wir die Wurzeln der Entwicklung wirklich kennen – es ist gelegentlich von einer mutterrechtlichen Familienordnung die Rede –, wird deutlich, daß die Legitimität des Herrscherhauses durch die Königin gesichert werden konnte; dies wird uns noch öfters begegnen. Zu Beginn des Alten Reiches stellte Nimaathap – wahrscheinlich eine Tochter des Chasechemui und Mutter des Djoser, genannt »Mutter der Königskinder« und »Mutter des Königs von Ober- und Unterägypten« – diese Kontinuität her. Als ihr Gatte käme der zwischen beiden Königen anzusetzende Nebka in Frage, doch das ist reine Vermutung.

Wenn die Forschung mit der dritten Dynastie eine neue Epoche beginnen läßt, dann liegt das nicht nur an den politisch-religiösen Veränderungen, sondern auch an den Umwälzungen auf dem Gebiet der Architektur – Pyramidenbau – und der Plastik. Daher muß den baulichen Überresten bei der Beschäftigung mit dem Alten Reich mehr Platz als sonst eingeräumt werden. Die Ausgestaltung der monumentalen Steinbauten entwickelte sich nun in atemberaubendem Tempo. Hatten die königlichen Architekten die Residenzen bislang eher aus Ziegeln, Holz und Matten errichtet, so entstand nun um die Stufenpyramide von Sakkara/Memphis herum eine gewaltige aus Stein errichtete Totenresidenz. Zu Beginn der dritten Dynastie faßten König Djoser (2624–2605) und sein Bauleiter Imhotep die bisher getrennten Elemente des Königsgrabes in einer einzigen monumentalen Anlage zusammen; gleichzeitig knüpfte man an frühere Erfahrungen mit der Bearbeitung von Stein an und verwendete ihn zum erstenmal in großem Stil als dauerhaftes und damit der Ewigkeit angemessenes Baumaterial.

In den königlichen Werkstätten fertigten die Künstler erste lebensgroße Steinplastiken und verfeinerten das Flachrelief. Eine spätere Besucherinschrift des Neuen Reiches bezeichnet Djoser, dessen Name »Goldener Re« bedeutet, als Urheber dieser technischen und künstlerischen Leistungen, als denjenigen, »der den Stein geöffnet hat«. Sie schrieb dem Pharao also die Erschließung dieses neuen Materials zu, dessen Haltbarkeit man nach Jahrhunderten noch vor Augen hatte; von daher galt Djoser den Ägyptern als Schöpfer einer neuen Epoche.

Die im Wortsinn zeitüberdauernde Bedeutung des Herrschers läßt sich an einer Inschrift der ptolemäischen Epoche demonstrieren, deren Inhalt entfernt an die sogenannte Konstantinische Schenkung erinnert. Der Inschrift zufolge hatte Djoser das nubische Land von der ersten Stromschnelle bis zur Insel Sehel dem Gott Chnum geschenkt, ein Gebiet von etwa 20 Kilometer Länge. Es war offen-

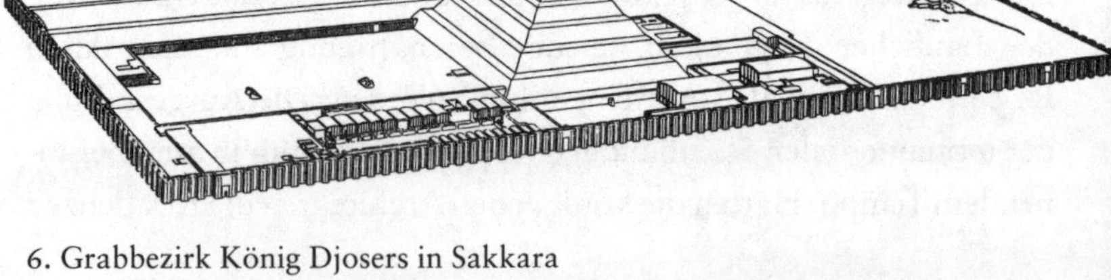

6. Grabbezirk König Djosers in Sakkara

bar eine Fälschung, mit welcher man Besitzansprüche des Tempels ›beweisen‹ wollte, indem man sich auf einen bekannten Pharao berief.[1]

Oberhalb der Residenz Djosers entstand auf dem Wüstenplateau von Sakkara, südlich des Königsfriedhofs der ersten Dynastie, ein 544 Meter langes und 277 Meter breites Areal mit einer über 10 Meter hohen Umfassungsmauer aus leuchtendweißem Kalkstein: die »Stadt der weißen Mauern« (Abb. 6). Der tote König erhielt nicht nur Grab, Tempel und Festhof, sondern eine ganze Residenz aus dauerhaftem Stein; selbst Deckenbalken und halboffene Türen wurden aus dem neuen Material gebildet, und die kannelierte Dreiviertelsäule war gleichfalls steinerne Verwandlung der bisherigen Bauweise aus Holz und Schilfrohr. Allerdings zeigte sich die Unerfahrenheit der Architekten etwa daran, daß die Säulen keine tragenden Elemente waren, sondern mit den Wänden in Verbindung standen, da man mit ihrer Statik noch nicht vertraut war. Von 14 Toren führt nur eines in die Empfangshalle hinein; alle übrigen sind Scheintore. Im Innern befindet sich ein Festhof, umsäumt von kleinen Tempeln ober- und unterägyptischer Götter, die den König begleiten sollten. Wiederum sind die weitaus meisten dieser Bauten, wie einige Verwaltungsgebäude, nur Attrappen und nicht wirklich betretbar.

In der Mitte der Anlage, als wirkungsvoller Abschluß eines großen Hofes mit zwei Altären, erhebt sich in sechs Stufen die 60 Meter hohe Pyramide über dem unterirdischen Grab des Königs. Sie steht über einem 28 Meter tiefen Schacht, der zur Grabkammer führte. Diese Pyramide wird gelegentlich »Stufenmastaba« genannt, weil ihr Grundriß rechteckig, aber nicht quadratisch ist. Sie ist zugleich steingewordenes Abbild des »Urhügels«, der bei der Schöpfung als Basis der Weltordnung aus den chaotischen Urgewässern auftauchte (S. 91), und eine monumentale Steigerung des normalen Grabhügels.

7. Statue König Djosers

Dieser erste Pyramidenbau wurde zum weithin sichtbaren Wahrzeichen der Totenstadt von Memphis; die nachfolgenden Anlagen waren alle kleiner. Im Südosten ist dieser ältesten Pyramide ein von den eben genannten kleinen Tempeln umgebener Festhof vorgelagert. Dort sollte der tote Pharao im Jenseits eine ewige Kette von Erneuerungsfesten feiern. Der König amtiert und wacht immerwährend über sein Volk als Standbild in einem zugemauerten Raum (Serdab). Nur durch zwei Löcher in Augenhöhe konnte man die steinerne Statue sehen (Abb. 7).

Der König sitzt, in jener blockhaften Stellung, die lange Zeit für alle bildhaften Darstellungen Verwendung fand (vgl. Abb. 27, S. 155), aufrecht auf seinem Thronsessel. Er hält den rechten Arm vor der Brust angewinkelt. Ein enganliegendes, von den Schultern bis zu den Füßen reichendes Gewand zwingt die Arme an den Körper und hält die Beine aneinander. Den Kopf umrahmt die Nemes über einer wulstigen Perücke, die über die Schultern auf die Brust hinunterreicht. Sie gemahnt an einen Löwen mit mächtiger Mähne, weckt die Vorstellung übermenschlicher Stärke und erinnert an die Geisterwelt der tierköpfigen Symbolgestalten. Die tiefliegenden Augenhöhlen, in denen die heute fehlenden Augen aus Halbedelsteinen lagen, die eckigen Backenknochen, die aufgewölbten Lippen und der lange, quergerippte künstliche Kinnbart geben dem Gesicht eine unheimliche, dämonische Wirkung.

In der Nähe der Stufenpyramide lagen die Beamtengräber; mit ihren Inschriften und Grabreliefs liefern sie wichtige Informationen über historische Vorgänge der Zeit. Nun setzen die zahllosen Beamten-Biographien ein, die bis in die Spätzeit als postumer Rechenschaftsbericht im Grabe niedergeschrieben wurden. Der König ließ die Werkstätten seiner Residenz auch für seine Beamten arbeiten; dadurch entwickelte sich eine reiche Privatplastik, darunter bereits der Typus des hockenden Schreibers (S. 283), der sich bis in späteste Jahrhunderte großer Beliebtheit erfreute. Jeder Beamte war ja in erster Linie »Schreiber« des Königs und wollte diese Funktion in einer Grabstatue bewahren, die seiner Lebenskraft (Ka) eine Fortexistenz über den Tod hinaus ermöglichte (S. 310).

Spätere Zeiten erinnerten sich möglicherweise daran, daß in der Zeit Djosers die Institution des Schreibers erheblich ausgeweitet wurde. Vor allem Imhotep blieb der Nachwelt als eine Art Urvater des Schreiberstandes im Gedächtnis. Seine hohen Rangtitel und das Vorhandensein seines Namens auf einer Statuenbasis Djosers lassen vermuten, daß er ein naher Verwandter des Königs war und den Bau der eben beschriebenen Grabanlage leitete. Manetho verehrte ihn als großen Baumeister; er nennt ihn den Erfinder des Bauens mit behauenen Steinen, einen Arzt und Weisen und schreibt ihm die Abfassung der ältesten, leider verlorenen Weisheitslehre zu. Imhotep wurde der Schutzherr aller Schreiber, und es entstand der Brauch, ihm vor Beginn der Arbeit aus dem Wasserbehälter des Schreibzeugs eine Spende zu weihen. Schließlich verehrte man Imhotep auch als Heilgott; die Griechen setzten ihn daher mit Asklepios gleich.[2]

Trotz jener Beamten-Biographien bleiben die Nachrichten über die Könige nach wie vor spärlich und äußerst selektiv. Da der Bau der Grabanlage das wichtigste Projekt jedes Herrschers war, sind wir darüber noch am besten unterrichtet. Die Nachfolger Djosers hatten mit ihren Vorhaben kein Glück; keines davon konnte fertiggestellt werden. König Sechemchet (2590–2583) begann südwestlich der vollendeten Stufenpyramide von Sakkara eine ähnliche Anlage. Ihre Umfassungsmauer umschloß einen wesentlich kleineren Bezirk als die Djosers, bestand jedoch aus größeren Steinblöcken. Für diese Totenresidenz war ebenfalls eine Stufenpyramide vorgesehen; doch als der Pharao verstarb, waren nur die unterirdischen Anlagen und ein sieben Meter hoher Teil der Pyramide fertig.

Unter dem letzten Herrscher dieser Dynastie, Huni (2583 bis 2575), bemühten sich die königlichen Bauleiter um neue Formen. Die Stufenbauten wurden verkleidet wie bei der 50 Kilometer südlich von Sakkara gelegenen Pyramide von Medum. Auch sie blieb aufgrund der kurzen Regierungszeit unvollendet. Beide Vorhaben verdeutlichen, wie lange an einer derartigen Anlage normalerweise gebaut werden mußte. Nach einer auf der Nilinsel Elephantine gefundenen Inschrift hat Huni dort eine Festung gegründet und damit die Südgrenze Ägyptens am ersten Katarakt zusätzlich gesichert. Doch bleibt diese Nachricht der einzige Einblick in das politische Geschehen der Zeit.

Mit Snofru (2575–2551) beginnt eine neue Dynastie. Seine Gattin Hetepheres war vermutlich eine Tochter Hunis – man folgert dies aus ihrem Titel »Tochter des Gottes« – und damit Trägerin der Legitimität (S. 402). Ihr Grab ist die einzige bis in unsere Zeit intakt gebliebene Ruhestätte einer Angehörigen des Herrscherhauses aus dem Alten Reich. Daraus stammt unter anderem ein Tragsessel mit eingelegten goldenen Hieroglyphen, die besagen: »Mutter des Königs von Ober- und Unterägypten, die dem Horus (König) folgt, Führerin des Königs, erste Gemahlin, sie, der jedes ihrer Worte erfüllt wird, Tochter des Gottes, Hetepheres.« Sie wurde die Mutter des Cheops.

Der Name Snofrus – er bedeutet wohl »Herr der Wahrheit« – ist mit drei Pyramiden verknüpft. Zunächst ließ der König am Projekt von Medum weiterarbeiten, gab die Anlage aber vor der Vollendung zugunsten einer eigenen auf. Gerade weil die Pyramide von Medum also ein Torso geblieben ist, hat sie der Bauforschung wichtige Aufschlüsse gegeben. Hier war zum erstenmal eine ›echte‹ Pyramide geplant, bei der um den stufenförmigen Kern ein glatter, geböschter Außenmantel aus poliertem Kalkstein gelegt wurde. Es handelt sich insofern um eine Weiterentwicklung der Stufenpyramide, als man nun auch die Zwischenräume der Stufen mit Steinen ausfüllte.

Einen solchen neuen Pyramidentyp hat Snofru dann in Dahschur, zwischen Medum und Sakkara, gleich zweimal errichten lassen (der Grund für diese Doppelung bleibt sein Geheimnis): die »Knickpyramide« und die »Rote Pyramide«. In beiden Fällen übernahm Prinz Kanofer die Bauleitung. Auch bleibt es ein Rätsel, weshalb die Knickpyramide im oberen und unteren Teil verschiedene Böschungswinkel und dadurch ihre eigentümlich geknickten Kanten hat. Zunächst war eine sehr steile Neigung vorgesehen, die sich wohl nicht durchhalten ließ, weil der Bau abzurutschen drohte; möglicherweise wollte man nach einiger Zeit auch rascher fertig werden.

Erst in der »Roten Pyramide« wurde die Gestalt der Pyramide, wie sie bald darauf in den Bauten von Giza bis heute dauernden Weltruhm erlangen sollte, verwirklicht. Hier wurde der von den Königen der dritten Dynastie bevorzugte geschlossene Grabbezirk aufgegeben: Die Pyramide steht nicht mehr inmitten einer großen Anlage, sondern sie ist von einer Umfassungsmauer umgeben, die nur noch einen schmalen Streifen um die Pyramide herum frei läßt. An der Ostseite sind die Bauten für den Totenkult vorgelagert. Vom Totentempel aus, in dem die Riten für den Verstorbenen zelebriert und die Opfergaben dargebracht wurden, führte ein zunächst noch offener, in späteren Zeiten überdachter Aufweg zu einem weiteren Tempel im Tal, der häufig an der Grenze zur Wüste lag.

Dieser Taltempel war mit reichem Statuen- und Reliefschmuck versehen. Überlebensgroße Figuren des Königs standen in den Nischen der Wände, und in der Eingangshalle befand sich eine Serie von Frauengestalten, welche die königlichen Besitzungen in den einzelnen Bezirken personifizierten. Immer häufiger treffen wir von jetzt an auf Darstellungen von Kulthandlungen wie Gründungszeremonien und Szenen des Erneuerungsfestes. Und erstmals stellen die Künstler den Pharao dar, wie er von einer Gottheit umarmt wird, ein Motiv, das zum Standardrepertoire der Tempel und Gräber des Mittleren und Neuen Reiches werden sollte.

Die spätere ägyptische Literatur feierte Snofru als einen äußerst beliebten Herrscher, dessen Milde im Gegensatz zur tyrannischen Art seines Sohnes Cheops gestanden haben soll. Besonders im Mittleren Reich lebte sein Andenken fort. Seine Popularität läßt sich etwa daran ablesen, daß zahlreiche Ortschaften seinen Namen trugen. Ferner zeugen eine Reihe von Personennamen wie »Snofru ist gut«, »Snofru ist gnädig« von seiner Beliebtheit. Daß sich darin allerdings ein patriarchalisches Verhältnis des Snofru zu seinen Untertanen ausdrückt,[3] ist zu bezweifeln.

Aus seiner Regierungszeit sind wir vor allem über maritime Unternehmungen informiert. So erhielt Snofru 40 Schiffsladungen Holz, das als Baumaterial für Paläste, Grabanlagen und Schiffe unentbehrlich war. Nach wie vor pflegte Ägypten enge Kontakte zu Byblos; dort fanden sich Objekte mit dem Namen der Mutter des Cheops, Hetepheres. Byblos war Ausfuhrhafen für die »Zedern« des Libanon, die auch dem hebräischen König Salomo anderthalb Jahrtausende später beim Umbau seines berühmten Tempels in Jerusalem zur Verfügung standen. Mehrfach wird der Bau von hundert-elligen Schiffen – das entspricht etwa 50 Metern Länge – erwähnt, und so dürfen wir für diese Zeit einen regen Schiffsverkehr zwischen Ägypten und dem Libanon annehmen. In einem Friedhof bei Abydos wurde eine Flotte von zwölf 16 bis 20 Meter langen Totenschiffen gefunden; sie dienten wohl nur der Bestattung.

Die Pyramidenbauten stellten die Verwaltung des Pharao vor immer größere und komplexere Aufgaben. Kann man für die frühe Monarchie eher von Einzelämtern ausgehen, erforderte nun die Vielzahl der Aufgaben ganze Stäbe von Schreibern. Büros und eine hierarchisch abgestufte Bürokratie wurden eingerichtet, an deren Spitze der sogenannte Wesir stand; er leitete nicht nur die gesamte Verwaltung, sondern auch die Rechtspflege und die staatliche Wirtschaft und war allein dem König verantwortlich (S. 203). Offenbar schufen bereits die Pharaonen der dritten Dynastie dieses Amt, doch beginnt die kontinuierliche Folge bekannter Wesire erst mit den Söhnen Snofrus. In Anlehnung an ältere Gepflogenheiten blieb dieses höchste Staatsamt – anders als die übrige Verwaltung – noch eine Zeitlang den Angehörigen des Königshauses vorbehalten.

Eine nach Bezirken (Nomoi – die von Ägyptologen zumeist verwendete Bezeichnung »Gau« gefällt mir nicht) geordnete Liste der königlichen Stiftungsgüter im Taltempel der Knickpyramide zeigt, daß diese Einteilung des Landes zumindest für Oberägypten bereits ihre bleibende Gestalt gewonnen hatte. Nur im Delta sollten sich noch Veränderungen ergeben, bevor die klassische Gesamtzahl von 42 Bezirken erreicht wurde. Das verwaltungstechnische Zentrum derartiger Bezirke bildete ein königlicher Gutshof, in dem die Naturalabgaben magaziniert und an die entsprechenden Abteilungen der Residenz weitergeleitet wurden. Wir können den Lebensläufen ihrer Verwalter entnehmen, daß sie vom König ernannt und häufig von einem Gutshof zum anderen versetzt wurden. Neben diesen Leitern der Gutshöfe treffen wir gelegentlich auf Sonderbevollmächtigte, die der Herrscher bei bestimmten Aufgaben aussandte. Noch ist das weitgehend selbständige Bezirksfürstentum nicht in Sicht, das am Ende des Alten Reiches zum Teil dessen Untergang mit herbeiführen sollte. Allerdings demonstrieren die Beamten durch immer aufwendigere Grabanlagen ihre zunehmende politische Bedeutung.

Pyramidenzeit

Im Jahre 2551 folgte Cheops (2551–2528) seinem Vater Snofru auf den Thron. Sein Name ist für alle Zeiten mit der Cheopspyramide in Giza, 14 Kilometer nördlich von Sakkara, verknüpft, dem größten antiken Bauwerk überhaupt und dem ältesten der Sieben Weltwunder, 2.000 Jahre älter als die nächstfolgenden, aber als einziges erhalten. Es ist eine Ironie der Geschichte, daß wir lediglich eine Statue des Cheops besitzen, die gerade einmal 9 Zentimeter mißt.

Kaum ein anderes antikes Bauwerk hat dermaßen zu Rechenkunststücken herausgefordert wie die Cheopspyramide. Am Ende waren in dem Riesenbauwerk mit 230 Meter Seitenlänge, das sich zu 146/147 Meter Höhe erhebt, 2,3 Millionen Kalksteinblöcke von je rund einem Kubikmeter Inhalt verbaut worden. Aus der Multiplikation des Volumens mit dem spezifischen Gewicht des Baumaterials ergibt sich ein Gesamtgewicht von 5.955.000 Tonnen. Damit könnte man fünf Lastzüge beladen, jeder von ihnen so lang wie die Strecke Wien–Paris, und wäre der Bau hohl, so paßte die Peterskirche bequem hinein; sie würde nirgends herausragen oder auch nur die Oberfläche berühren. Napoleon errechnete, daß sich aus den Steinen eine drei Meter hohe Mauer um ganz Frankreich bauen ließe. Kalkulationen wie diese vermitteln einen Eindruck von der Arbeitsleistung, die ein solch gigantisches Projekt erforderte. Bis zu welchen Abstrusitäten sich aber Spielereien mit tatsächlichen oder vermeintlichen Zahlenanalogien treiben lassen, kann man in zahllosen Darstellungen nachlesen.[4] Umberto Eco hat die Beliebigkeit derartiger Rechenübungen am Beispiel eines Vergleichs der Cheops-Pyramide mit einem Zeitungskiosk karikiert.[5]

In den Planungen des königlichen Bauleiters Hemiun und seines Stabes fand die Pyramidenanlage des Alten Reiches unter Cheops ihre endgültige, vierteilige Form. Zu ihr gehörte zunächst der am Rand des Fruchtlandes gelegene Taltempel. Über einen schrägen Aufweg erreichte man von hier aus den Totentempel auf der Ostseite, der bereits reicher ausgestaltet war als die Anlagen Snofrus. Dahinter erhob sich, von einer Mauer umschlossen, der eigentliche Grabbau, die Pyramide. Und um sie herum befanden sich schließlich noch Nebenanlagen: abgesehen von drei kleinen Nebenpyramiden fünf aus dem Felsen gehauene Wannen zur Aufnahme jener Totenschiffe, mit denen der Verstorbene das Himmelsgewässer durchfahren sollte (S. 101). Eines dieser Schiffe wurde unter einer mächtigen Steinplatte gefunden; seine Rekonstruktion aus über

600 Einzelteilen hat wichtige Details der Bautechnik erkennen lassen. So waren die einzelnen Planken mit Hanfseilen verbunden, die im Wasser aufquollen und den Rumpf abdichteten.

Die vor allem im letzten vorchristlichen Jahrtausend immer zahlreicheren Ägypten-Besucher aus allen Regionen des östlichen Mittelmeeres konnten sich nur vorstellen, daß Sklavenheere die Bauten des Cheops ausgeführt hätten; deshalb galt seine dreiundzwanzigjährige Regierung bei den antiken Schriftstellern als Zeit der Unterdrückung, so zum Beispiel bei Herodot: »Cheops hat das Land ins tiefste Unglück gestürzt ... Er hat alle Ägypter gezwungen, für ihn zu arbeiten. Die einen mußten aus den Steinbrüchen im arabischen Gebirge Steinblöcke bis an den Nil schleifen. Über den Strom wurden sie auf Schiffe gesetzt, und andere mußten die Steine weiterziehen bis hin zu den sogenannten libyschen Bergen ... Cheops war ein so verruchter Mensch, daß er in seiner Geldnot die eigene Tochter in ein Bordell brachte und ihr eine bestimmte Geldsumme – wieviel, sagten die Priester mir nicht – anzuschaffen befahl. Sie brachte die verlangte Summe zusammen und faßte auch den Entschluß, ebenfalls ein Denkmal für sich zu errichten. Jeden Mann, der sie besuchte, bat sie, ihr einen Stein für den großen Bau zu schenken.«[6] Wenn man bedenkt, wie schwer die Bausteine waren, muß das Mädchen eine ausnehmende Schönheit gewesen sein.

Vermutlich wurde hauptsächlich während des Nilhochwassers an der Pyramide gearbeitet; die Zeit von drei Monaten geistert noch durch die Schilderungen Herodots. Weil dann auf den Feldern nichts zu tun war, konnten die Arbeiter unter der Bevölkerung problemlos und ohne wirtschaftliche Verluste rekrutiert werden. Damit war der Pyramidenbau ein religiöses Gemeinschaftswerk aller Ägypter, die in vielfacher Abhängigkeit vom Pharao und den anderen göttlichen Mächten standen; und indem der König sie zur Arbeit verpflichtete, sorgte er zugleich für ihre Verpflegung. Außerdem konnte man die Steinblöcke bei Hochwasser von den Laderampen der Steinbrüche auf Kähnen durchgehend bis an den Fuß des Wüstenplateaus transportieren. Von hier aus wurden sie dann mit Menschenkraft, Zugtieren und speziellen Hilfsmitteln wie Ziegelrampen, hölzernen Schlitten und Rollen zur Pyramide geschleift und dort verbaut.

In jüngster Zeit fand man in der Nähe der Pyramide eine »Große Stadt« genannte Ansiedlung, in der sich Cheops während der Bauarbeiten gelegentlich aufgehalten haben mag. Auch der Aufweg, der den Totentempel über eine Länge von 825 Metern mit dem Taltempel am Fuß des Plateaus von Giza verband, wurde entdeckt, und schließlich kamen Arbeitergräber mit Grabsteinen in Form von kleinen Pyramiden zutage. Einige der exhumierten Skelette weisen vom Tragen schwerer Lasten deformierte Wirbelsäulen auf, andere lassen auf einen Sturz aus großer Höhe schließen. Einer der Verstorbenen trägt den Titel »Vorsteher der Nekropolenarbeiter«.

Die gewaltige Pyramide des Cheops gehört noch in die Experimentierphase zu Beginn der vierten Dynastie. Anstelle einer einzigen unterirdischen Grabkammer und eines Zweitgrabs im Süden des Reiches sollten nun zwei Kammern in der Mitte der Pyramide das alte Prinzip der Dualität in einer neuen Form verwirklichen, doch blieb dies eine einmalige Lösung. Auch die heute bewunderte große Galerie mit ihren gefugten Blöcken findet sich so in keiner anderen Pyramide. Das alles erklärt, warum man der Cheops-Pyramide immer wieder eine Sonderstellung zuweisen wollte und sich an ihrer angeblichen ›Zahlenmystik‹ berauschte.

Da fast alle sonstigen Kultbauten des Alten Reiches verschwunden oder ersetzt worden sind, fällt es schwer, das einseitig monumentale Bild der Pyramiden-Kunst[7] zu korrigieren. Und da auch die Annalen dieser Zeit fehlen, bleibt die politische Geschichte für uns im dunkeln. Wir sollten uns allerdings stets vor Augen führen, daß der ungeheure Aufwand nicht der Verherrlichung des jeweiligen Herrschers selbst diente. Der König war Träger und Garant der

Wohlfahrt des Staates; seine schöpferischen Kräfte hielten die Weltordnung zusammen, und daher sollten sie über die Schwelle des Todes hinaus bewahrt werden: »Eine Treppe zum Himmel ist für den Pharao gebaut worden, auf daß er auf ihr zum Himmel emporsteigen möge«, heißt es in einem späteren Pyramidentext.[8]

Baumaßnahmen wie diejenigen des Cheops setzten eine straffe Organisation des Staatswesens zur Konzentration aller Kräfte auf die eine gewaltige Aufgabe voraus und bedingten einen verstärkten Ausbau der Verwaltung. Deren Stellenwert läßt sich daran ablesen, daß hohe Beamte die Erlaubnis erhielten, westlich der Pyramide ihre Privatgräber anzulegen. Das war in mehrfacher Hinsicht ein Gunstbeweis des Pharao, denn zum einen gehörten dem Herrscher – wie alle Bodenschätze – die Steinbrüche, aus deren Material vermehrt die Grabbauten der Beamten und ihrer Frauen errichtet wurden, und zum anderen kamen die Totenstiftungen des Königs auch den Gräbern seiner Beamten zugute: Zum materiellen Fortbestand aller Toten gehörte ihre ständige Versorgung mit, wie es in den Totensprüchen heißt, »Tausend an Brot und Bier, Tausend an Rindern und Geflügeln, Tausend an Salbe und Kleidern«.[9]

Aus Liebe, oder wohl eher aus Sorge um den Toten oder aus Furcht vor ihm, übertrug man die Kult- und Grabpflege speziell dafür zuständigen Personen. Ihr Einkommen wurde in sorgfältig ausgearbeiteten Kontrakten festgelegt und aus den Stiftungen bestritten, die der Verstorbene eigens dafür hinterlassen hatte. So war etwa das Grab Nekures, eines Sohnes des Königs Chephren (2520 bis 2494), mit den Einkünften aus zwölf Städten ausgestattet, ein Palastbeamter aus der Zeit Userkafs (2465–2458) bestimmte acht Totenpriester zur Bedienung seines Grabes, und ein Bezirksfürst aus Oberägypten vermachte dem seinen den Ertrag von elf Dörfern und Siedlungen. In einem Fall war das Gehalt eines Totenpriesters so hoch, daß er es sich wiederum leisten konnte, das Grab seiner Tochter in ähnlicher Weise auszustatten. Und der Aufwand bei den Königsgräbern war unvergleichlich größer.[10] Solche Stiftungen schufen also die materielle Grundlage für die kultische Versorgung und für die Entlohnung der dafür erforderlichen Priester. Faktisch gingen somit die staatlichen Güter und ihre Erträge mehr und mehr in private Nutznießung über.

Das hier geschilderte Verfahren betraf nicht die Tempel allein: Jegliche Bezahlung von seiten des Herrschers geschah in Form von Naturalien, den hohen Reichsbeamten dagegen wies der König Güter zu. Ein solches (nennen wir es) »Lehen« hatte – ähnlich wie beispielsweise im Mittelalter unter Konrad II. – die Tendenz, erblich zu werden, und so entstand nahezu zwangsläufig eine neue Gesellschaftsform. In Ägypten wurde eine derartige Entwicklung insbesondere durch das eben geschilderte System der Totenpflege gefördert: Jeder Vater war bemüht, seinem ältesten Sohn nicht nur Amt und Besitz zu vererben, sondern ihn gleichzeitig zu verpflichten, den Totendienst zu übernehmen. Ins Zentrum der testamentarischen Verfügung rückte zunehmend die Totenstiftung, in der man mit einem Totenpriester, zumeist dem eigenen Sohn, einen Vertrag schloß, wonach diesem das Land mit der Auflage überlassen wurde, es nicht zu teilen oder zu verkaufen, damit der aufwendige Totenkult für alle Zukunft möglich waren. Um die Versorgung der Gräber noch sicherer – und die Aufgabe attraktiver – zu machen, bemühten sich die hohen Beamten, vom König die Befreiung von staatlichen Abgaben und Dienstleistungen zu erwirken.

Die Bedeutung der Entwicklung ist an den zahlreich erhaltenen »Königsdekreten« ablesbar. Sie liegen seit dem Ausgang der vierten Dynastie, seit Schepseskaf (2471–2467), vor und häufen sich auffällig in der sechsten; immer mehr Grundstücke und vor allem Tempel wurden von allen Lasten freigestellt.[11] Ein beträchtlicher Rückgang der Steuereinnahmen und eine Aufsplitterung der Zentralgewalt waren die unausweichliche Folge. Dadurch wiederum erhöhte sich die Steuerlast der im Staatseigentum verbliebenen

Güter. Ägypten konnte aber nur gedeihen, wenn ein zentral gelenkter Arbeitseinsatz die Wasserbauarbeiten sicherstellte und die Einkünfte des Königs hinreichten, um die Ernährung der Bevölkerung auch in Jahren schlechter Ernten zu gewährleisten; außerdem mußten Mittel für die Staatsaufgaben bereitstehen. Aus all diesen Gründen wurde das »Feudalsystem« – wie sich rasch zeigen sollte – zu einer Gefahr für das Land.

Nach dem Tod des Cheops bestieg sein Sohn Djedefre den Thron (2528–2520). Sein Name fand sich auf Blöcken, mit denen die neugefundene Schiffs-Höhlung bei der Cheopspyramide verschlossen war; er hat die Grablegungszeremonie seines Vaters geleitet. Ausgehend vom Prinzip der Erweiterung des Bestehenden, wollte Djedefre die Grabanlage des Cheops noch übertreffen, vor allem durch die Wahl des Ortes: Auf dem 150 Meter hohen Felsrücken von Abu Roasch, 8 Kilometer nördlich von Giza, hätte seine Pyramide das Niltal und die Plateaus von Giza und Sakkara weit überragt; ihr Name »Zum Firmament gehörig ist Djedefre« hätte selbst bei bescheidenen Ausmaßen die Situation der gesamten Anlage zutreffend beschrieben. Doch der frühe Tod des Königs bereitete den Plänen ein abruptes Ende. Der Bau der Grabanlagen geriet häufig zu einem Wettlauf mit dem Tode, den mancher König verlor, und so mahnte denn auch ein Weisheitsspruch: »Säume nicht, dir ein Grab in der Metropole anzulegen, denn du kennst ja nicht die Spanne deines Lebens.«[12]

Bereits die Veränderungen, die Snofru und Cheops an Grundriß und Ausgestaltung der Pyramidentempel vorgenommen hatten, machen einen Wandel im Verständnis des Bestattungsrituals deutlich: Die Beisetzung eines Königs geriet immer stärker zur Inszenierung, eine Entwicklung, die auf politische und religiöse Veränderungen zugleich verweist. Solche Tendenzen sind bereits am Namen Djedefres ablesbar: Er enthält denjenigen des (in Kreuzworträtseln so beliebten) Sonnengottes Re beziehungsweise Ra, der bisher keine wesentliche Rolle gespielt hatte. Seit der Pyramidenzeit beobachten wir jedoch, wie Re alle anderen Gottheiten, auch den Himmels- und Königsgott Horus, zurückdrängt, und bei Regierungsantritt Djedefres hatte der Sonnengott eine derartige Bedeutung für das Leben von Volk und Staat erlangt, daß das Verhältnis des Königs zu ihm klar bestimmt werden mußte. Die Sonne, ein in der Antike männlicher Gott, nimmt als weltbewegende Kraft eine Stelle ein, die zuvor der König innehatte. Das zeigt sich beispielsweise in dem neuen Titel »Sohn des Re«, den Djedefre als erster König führte. Hatte man den Herrscher bislang als Inkarnation des Horus verstanden, so wurde er nun zum Sohn des Re. Dies bedeutet keine Beeinträchtigung der Göttlichkeit des Königs, aber innerhalb des Götterpantheons ordnet er sich mythologisch älteren Göttern nach.

Die göttliche Macht manifestiert sich allerdings nicht in einer einzigen Gottheit, sondern in einer ganzen Reihe von Göttergestalten, welche die Verantwortung für den Lauf der Welt trugen. Daß sich jetzt vor allem der Sonnengott als Schöpfer allen Lebens auf der Erde offenbarte, hängt mit einer weitreichenden geistigen Bewegung zusammen, einem Wandel des Denkens und einer Hinwendung zu den sinnlichen Naturerscheinungen, wie sie etwa in Reliefs aus der sogenannten Weltkammer des Sonnenheiligtums Niuseres (2420–2396) greifbar werden, in denen wir das bunte Leben der Natur in den Jahreszeiten und damit das segensreiche Wirken des Sonnengottes dargestellt finden. Es war dies ein Prozeß, der sich in den unterschiedlichen Regionen des Vorderen Orients zu unterschiedlichen Zeiten so oder ähnlich vollzog; über die chaldäische Theologie gelangte er in die griechische Philosophie und in die römische Religion. In Ägypten ereignete sich ebenfalls ein Wechsel vom Denken zum Anschauen oder von einem transzendenten zu einem immanenten Gottesbegriff, wie es in der berühmten Studie des Ägyptologen Siegfried Morenz heißt.[13]

Auch der Name des Chephren (2520–2494) – ein Bruder oder

8. Der große Sphinx von Giza

Halbbruder Djedefres, dessen Söhne noch vor ihrem Vater verstarben – schließt denjenigen des Sonnengottes ein: »Re ist sein Glanz«. Zudem führte er wie sein Vorgänger das Beiwort »der wie Re ewiglich lebt«, von dem die Pharaonen bis in die römische Zeit Gebrauch machen sollten. Chephren verzichtete auf die Fortführung des Königsfriedhofs in Abu Roasch und ließ seine Grabanlage wieder in Giza, unmittelbar südwestlich der Cheopspyramide, errichten. Da er einen höheren Baugrund wählte, überragt seine Pyramide die seines Vaters, obgleich sie etwas kleiner ist. Erst Chephren beendete die Versuchsphase und fand zu einer ausgewogenen Anordnung, die in den jüngeren Anlagen fortwirkte: Die unterirdische Grabkammer und eine kleine Zweitpyramide innerhalb der Umfassungsmauer setzten sich als bleibende Elemente durch, die Monumentalität des Grabhügels begann zurückzutreten, und der Schwerpunkt verlagerte sich auf die Kultbauten mit ihrem Statuen- und Reliefschmuck. Immer reicher entfaltete sich von nun an die Dekoration, doch sind nur aus wenigen Anlagen Beispiele erhalten geblieben.

Innerhalb des 600 Meter langen, gedeckten Aufweges vom Talbau zum Totentempel standen vor Granitmauern, deren Farbe mit dem alabasternen Fußboden kontrastierte, ursprünglich 23 Statuen aus Diorit. Die bekannteste von ihnen läßt in der Verbildlichung des Königsdogmas den Falkengott Horus das königliche Haupt umfassen (Abb. 32, S. 195). Hohe Symbolkraft eignet auch einer anderen Figur aus der Zeit Chephrens, der zugleich größten Statue eines ägyptischen Herrschers: dem großen Sphinx von Giza, 75 Meter lang, 20 Meter hoch.

Neben dem genannten Aufweg war als Rest eines Steinbruchs, aus dem man die Blöcke für das innere Mauerwerk der Pyramiden gewonnen hatte, ein Felskern stehengeblieben, den die königlichen Bildhauer zum Sphinx ausgestaltet haben (Abb. 8). Chephren ist hier als Löwe dargestellt, eine Vorstellung, die aus den magischen

Anschauungen der Vorzeit herrührt. Der Löwe soll feindliche Mächte abhalten, und als König, mit menschlichem Haupt und dem Kopftuch als Amtszeichen, bewacht der Pharao selbst seinen Pyramidenbezirk. Aufgrund der ungeschützten Lage wurde der Körper der Figur immer wieder von Sand bedeckt, so daß die Besucher, die es schon früh in der Antike gab, meist nur den Kopf betrachten konnten.

Aus dem Baumaterial der Statuen Chephrens, dem Diorit, läßt sich etwas über die Ausdehnung des Reiches erschließen: Der Diorit wurde bei Toschka in Nubien gebrochen, und Königssiegel dieser Zeit fand man bei der Festung Buhen am zweiten Katarakt. Der König kontrollierte also das Gebiet zwischen dem ersten und zweiten Katarakt, das mit seinen Steinbrüchen und Goldadern wesentlich zur Pracht ägyptischer Bauwerke beitrug.

Chephrens Sohn, Mykerinos (2490–2471), baute nochmals eine Pyramide in Giza, die mit 66 Meter Höhe jedoch weit hinter denen des Cheops und des Chephren zurückbleibt. Dahinter politische und religiöse Gründe zu sehen scheint mir problematisch. Vielleicht war inzwischen deutlich geworden, daß ein Riesenbau wie die Cheopspyramide nicht in jeder Regierungszeit errichtet werden konnte, ohne die wirtschaftlichen Möglichkeiten Ägyptens zu überfordern.

Dennoch mehrten sich die Anzeichen des allmählichen Machtverfalls der königlichen Zentralgewalt, von dem bereits die Rede war und der nach Jahrhunderten zum Zusammenbruch des Alten Reiches führen sollte. Diese Schwächung der Zentrale brachte vielen Menschen ein größeres Maß an Individualität und stärkte vor allem das Selbstbewußtsein der Beamten und Priester. Unter Mykerinos wird die wachsende Autonomie der Landesteile gegenüber der Residenz in Ansätzen auch in einer neuen Grabkultur greifbar: Aus dieser Zeit stammt das älteste uns bekannte provinzielle Felsengrab. Hohe Würdenträger, die im Auftrag des Königs in der Provinz wirkten, ließen sich von nun an nicht mehr unbedingt um den Herrscher herum bestatten, sondern in ihrem Amtsbereich. Bald darauf, unter Neferirkare (2446–2427), regierte zum Beispiel im sogenannten Hasenbezirk um Hermopolis eine Dynastie von Bezirksfürsten, die sich einen eigenen Familienfriedhof anlegte, unabhängig von einem königlichen Grabplatz. Die Beamten fühlten sich mit ihren eigenen Provinzen weitaus stärker verwachsen als mit der fernen Zentrale. Es entstand das sogenannte Bezirksfürstentum, das sich auch kultisch in den Schutz lokaler göttlicher Mächte stellte und wie geschildert gegen das Ernennungsrecht des Königs allmählich die automatische Erblichkeit der einmal errungenen Ämter durchsetzte. Nach anderthalb Jahrhunderten brach Schepseskaf (2471–2467) abermals mit der Tradition und ließ sein Grab nicht in Form einer Pyramide, sondern als riesige Mastaba im Südfriedhof von Sakkara errichten. Seine Schwester war die Mutter der ersten Könige der fünften Dynastie. Spätere Wundererzählungen gaben diesen Kindern den Sonnengott Re zum Vater, der mit einer irdischen Frau königlicher Abkunft den Thronfolger gezeugt haben soll, und verliehen den Herrschern so eine doppelte Legitimität (S. 306). Damit war zugleich der eben beschriebene Durchbruch des Sonnengottes dynastisch untermauert.

Dem Vorrang des göttlichen Vaters vor seinem irdischen Sohn, dem König, verleihen die Sonnenheiligtümer der fünften Dynastie auch architektonisch Ausdruck. Sie sind den Pyramidenanlagen mit Talbau, Aufweg und Kulttempel nachempfunden, doch hinter diesem erhebt sich keine Pyramide, sondern auf hohem Sockel zunächst nur ein Pfeiler, seit Neferirkare dann ein Obelisk. Auf seiner Spitze sollten sich bei Tagesanbruch die ersten Strahlen der Sonne sammeln, und als seit dem Mittleren Reich der obere Teil des Obelisken vergoldet war, symbolisierte er weithin sichtbar die Verbindung zur Sonne. Solche Tempel trugen Namen wie »Lieblingsplatz des Re« oder »Genugtuung des Re«. Hier opferte man dem am Himmel erkennbaren Sonnengott auf einem offenen Altar. Der

König nahm – vertreten durch seine Priester – als einziger Mittler zwischen Göttern und Menschen an allen Kulthandlungen des Landes teil, und da er als Sohn des Sonnengottes galt, war diese Teilhabe bei den Sonnentempeln naturgemäß besonders wichtig.

Erneut griff die Vorstellung von der Erweiterung des Vorhandenen rasch um sich; bald ließ jeder König ein eigenes Heiligtum anlegen, dessen Kult selbst dann weiterbestehen blieb, wenn der jeweilige Herrscher bereits zur »Sonne« geworden war. Gegenüber derartigen Tempelbauten verlor das Königsgrab immer mehr an Bedeutung, was sich schon an den Größenverhältnissen ablesen läßt: Userkaf (2465–2458), der erste König der fünften Dynastie, blieb mit seiner nur 49 Meter hohen Pyramide selbst hinter Mykerinos weit zurück, und die Grabanlagen seiner Nachfolger waren kaum größer.

Auch für die Zeit der fünften Dynastie sind Quellen für historische Ereignisse im engeren Sinne rar. Dem Bruder Userkafs, Sahure, schreiben die Annalen des Palermo-Steins die erste bekannte Expedition in das sagenumwobene Weihrauchland Punt an der Somaliküste zu. Die Lage des Landes ist anhand der Tierarten bestimmt worden, die in Bildern von dem Unternehmen zu erkennen sind: Mantelpavian und Giraffe. Außerdem zeigen Reliefs aus dem Totentempel Sahures die Rückkehr einer Handelsflotte von der syrischen Küste, die unter anderem Bären für den Zoo des Königs mit sich führte. Kriegerische Auseinandersetzungen sind dagegen kaum überliefert.

In religiöser Hinsicht vollzog sich unter Neferirkare und seinem Nachfolger Niusere (2420–2396) allmählich eine Entwicklung, die dem Durchbruch der Sonnenverehrung vergleichbar ist: Neben Re, dem Gott des Lebens, trat Osiris, der Herrscher der Unterwelt, immer stärker in den Vordergrund. Das Wesen des Osiris war vielgestaltig; königliche und naturhafte Züge vereinigen sich im Mythos von seiner Ermordung durch Seth und seinem Wiederaufleben, der das jährliche Wiedererwachen der Vegetation aufgreift und verständlich macht (S. 105). Es war sein gewaltsames und zugleich menschliches Todesschicksal, das Osiris zum Totengott für breiteste Schichten prädestinierte. Im Totengebet der Privatgräber löste er im Laufe der Zeit Anubis ab und verschmolz vielerorts mit lokalen Totengöttern.

War Osiris zum Herrscher der Toten geworden, so mußte sein Verhältnis zum verstorbenen Pharao geklärt werden, der als Toter eigentlich der Herrschaft des Osiris unterstehen müßte. Die Lösung, die man fand, wird der Paradoxie des göttlichen und endlichen Aspekts des Königs gerecht: Sterbend wiederholte jeder Pharao das mythische Schicksal des Gottes und wurde als »Osiris-N.N.« zum Jenseitsherrscher; er wurde ein weiteres Mal rituell vergottet: Die Zeremonien der Thronbesteigung machten ihn zum Horus, die Begräbnisriten zum Osiris.

In dieser Zeit dokumentieren die Zeugnisse neben dem menschlichen Aspekt des Königs auch dessen enges persönliches Verhältnis zu seinen Beamten. So schreibt Asosi (2388–2355) seinem Wesir: »Meine Majestät hat dieses sehr schöne Schreiben gesehen, das du aus dem Palast bringen ließest an diesem schönen Tage, an dem das Herz des Asosi wirklich, wirklich erfreut wurde durch das, was er wirklich, wirklich gern hat. Meine Majestät liebt es mehr als alle Dinge, dieses dein Schreiben zu sehen.« Einem anderen teilt er mit: »Gott hat dich wahrlich zur Freude des Asosi geschaffen.«[14] Hier wie in vielen anderen ähnlichen Texte scheinen persönliche Gefühle zum Ausdruck zu kommen.

Die beiden letzten Könige der fünften Dynastie, Asosi und Unas (2355–2325), schlossen die Entwicklung der Pyramidenanlagen für das Alte Reich ab. Unter Unas wurde der gedeckte Aufweg, der den Talbau mit dem Totentempel verband, nochmals auf jetzt 700 Meter verlängert. Immer größeren Wert legten die Könige auf dessen Ausgestaltung. Die Seitenwände aus Rosengranit weisen außer den

9. Pyramidentexte aus der Grabkammer des Königs Unas

traditionellen auch höchst ungewöhnliche Motive auf. So wird neben Szenen der Jagd, der Landwirtschaft und des Markttreibens auch der Transport mächtiger Säulen-Monolithe abgebildet. Eine oft reproduzierte Szene stellt in realistischem Stil hungernde Beduinen dar, denen Ägypten schon damals als »Land der Fleischtöpfe«, um es in der Bibelsprache Luthers zu sagen,[15] erschien. Außerdem sehen wir Kämpfe gegen asiatische Nomaden, die immer wieder von der Sinaihalbinsel oder vom südlichen Palästina aus die Gebiete des östlichen Deltas bedrohten.

Von nun an blieb der Grundriß des Totentempels bis in die zwölfte Dynastie hinein nahezu unverändert, wobei die vermehrt angelegten Magazinräume auf die gewachsene Bedeutung der materiellen Beigaben für das jenseitige Fortleben hinweisen. Dazu paßt die Tatsache, daß man verstärkt Ritualsprüche gleichsam in Materie umsetzte: In den unterirdischen Kammern seiner Pyramide hat Unas, mit dem die Dynastie endete, Sprüche des königlichen Bestattungsrituals einmeißeln lassen, die sicher längst vertraut waren und seinen Vorgängern auf Papyrus mitgegeben wurden. Die sorgfältig ausgeschlagenen und blau eingefärbten Texte befinden sich in einem ausgezeichneten Erhaltungszustand (Abb. 9). Möglicherweise hängt aber der Entschluß, die überlieferten Worte in Stein zu hauen, mit einer Neuordnung des Rituals zusammen. Mit ihrer Verewigung in unvergänglichem Material erhielten die Gebete eine längere Wirksamkeit; ähnliche Gründe hatten ja auch zum Wechsel von der Ziegel- zur Steinbauweise geführt. In diesen Pyramidentexten des 24. und 23. Jahrhunderts besitzen wir die älteste religiöse Spruchsammlung überhaupt.[16]

Es handelt sich dabei um über 700 verschieden lange Inschriften, die das Bestattungsritual des Königs beschreiben, mit dessen Hilfe er von den Toten auferstehen, Gefahren abwenden und ein neues Leben im Jenseits beginnen sollte. Die Sprüche sind unter dem Gesichtspunkt ihrer magischen Wirksamkeit und ihres rituellen Zwecks zusammengestellt: Sie sollten die ungehinderte Auffahrt ins himmlische Reich des Königsvaters, des Sonnengottes Re, ermöglichen und den Toten bei seinem Ziel unterstützen, dort, im jenseitigen Himmel, die Herrschaft unter den Göttern zu erringen, selbst zum obersten Gott zu werden. Im sogenannten Kannibalenspruch werden die Konsequenzen eines solchen Anspruchs ungemein realistisch ausgemalt: Der König verspeist die Himmelsbewohner und eignet sich so deren Zauberkräfte an.

Das Jenseits lag für den Pharao also am Himmel bei Re, aber auch in der Tiefe bei Osiris, dem leidenden, getöteten und doch wiederauflebenden Herrschergott, dem Bruder und Gemahl der Isis. Man fand für den Widerspruch eine Lösung: Der Leichnam des Toten gehörte ins Grab und in die Unterwelt, wohingegen seine Seelenkräfte ins Reich der Gestirne, zum Himmel, gelangten.

Die sechste Dynastie

Da Unas offensichtlich keinen Sohn hinterlassen hatte, fiel die Herrschaft bei seinem Tod an Teti (2325–2300), der die sechste Dynastie begründete und den Thron vermutlich seiner Heirat mit der Königstochter Iput verdankte. Bei den Grabdenkmälern gab es keine wesentlichen Neuerungen: Der Friedhof blieb in Sakkara, und die Kammern der Königspyramide wurden bis ans Ende des Alten Reiches mit den immer gleichen Sprüchen des Begräbnisrituals versehen, deren Auswahl und Anordnung freilich variierten.

Trotz der beschriebenen Tendenz zum Bau eigener Gräber legten noch immer viele hohe Beamte Wert darauf, in der Nähe der Königspyramide bestattet zu werden. Es fällt allerdings auf, daß der Reliefschmuck in solchen Privatgräbern sich immer stärker an königlichen Mustern orientiert; die Grabkammer des Unas wurde zum oft kopierten Vorbild. Gleichwohl wuchsen in den Bezirken die Macht der dortigen Fürsten und ihr Selbstwertgefühl unvermindert an. Die Bedeutung einiger dieser Lokalherrscher kann man daran ablesen, daß sie – auch dies nach königlichem Vorbild – bis ans Ende des Mittleren Reiches göttliche Verehrung genossen. Bei manchen Beamten läßt sich deutlich verfolgen, welcher Wandel sich in ihrer Einstellung zum König vollzog. In keiner der früheren im Sinai hinterlassenen Siegesinschriften waren die Führer der Expeditionen auf den Gedanken gekommen, ihren eigenen Namen neben dem des Königs zu nennen oder ihre Verbindung zu dem Unternehmen überhaupt anzudeuten. Immer sehen wir auf den Felsreliefs, wie der Pharao Feinde erschlägt, als wäre er selbst dort gewesen. Isi von Edfu vermerkt als erster unter einem solchen Siegesrelief, daß die Expedition unter seinem Kommando durchgeführt wurde. Die Familiengeschichte dieses lokalen Machthabers verdeutlicht die inzwischen errungene Erblichkeit des Amtes: Ihm folgte sein Sohn Quar. Bald wird der alte Titel »Bezirksfürst«, der die Zuordnung zum Pharao als dem Herrn aller Bezirke anklingen läßt, verschwinden und nur noch vom »Großen Herrn« die Rede sein.

Aus heutiger Sicht betrachtet, könnte man in den Problemen, die es bei der Nachfolge Tetis gab, und in manchen Phänomenen der Zeit erste Vorboten grundsätzlicher Veränderungen erkennen. Ehe Tetis Sohn Phiops I. (2300–2268), genannt Pepi (die Pharaonen der sechsten Dynastie pflegten in ihre Titulatur einen Kosenamen aufzunehmen, wie ihn Privatleute offenbar schon lange für die Könige verwendeten), die Regierung antrat, herrschte nämlich kurzzeitig ein gewisser Userkare. Unter Phiops I. erhielt die Residenz der ägyptischen Könige ihren bleibenden Namen von der abgekürzten Bezeichnung seiner Pyramidenanlage: mn-nfr-(Pepi) »bleibend und vollkommen (ist Phiops)«, griechisch Memphis.

Die zunehmende Betonung des menschlichen gegenüber dem göttlichen Aspekt der Könige zeigt sich in Kunst und Politik gleichermaßen. Phiops I. ließ sich als erster König beim Opfer vor den Göttern kniend darstellen; das bedeutete aber keinen grundsätzlichen Abschied von der Vorstellung, der Herrscher sei auch Gott. Bemerkenswert ist in dieser Hinsicht eine Statue des Herrschers, bei der um einen Holzkern herum Kupferplatten gelegt und mit Kupferstiften befestigt sind; die Augen sind mit Kalkstein und Obsidian eingelegt (Abb. 10). Für die Ägypter war Kupfer das Material der Sterne. Eine solche Statue nahm also gleichsam die zukünftige stellare Existenz des Pharao vorweg.

Kennzeichen einer Schwäche des Königtums, das immer stärker in Abhängigkeit von mächtigen Provinzfürsten geriet, mehren sich. Hierzu gehört die Heirat Pepis mit zwei Töchtern des oberägyptischen Bezirksfürsten Chui aus Abydos, dessen Familie nun einen starken Einfluß auf den Herrscher und die Politik gewann. Ein Bruder dieser beiden Königinnen, Djau, stieg später zum Wesir auf. Er stellte unter Pepi II. eine Statue in einem Tempel auf, ein Privileg, das bislang nur den Herrschern vorbehalten gewesen war.

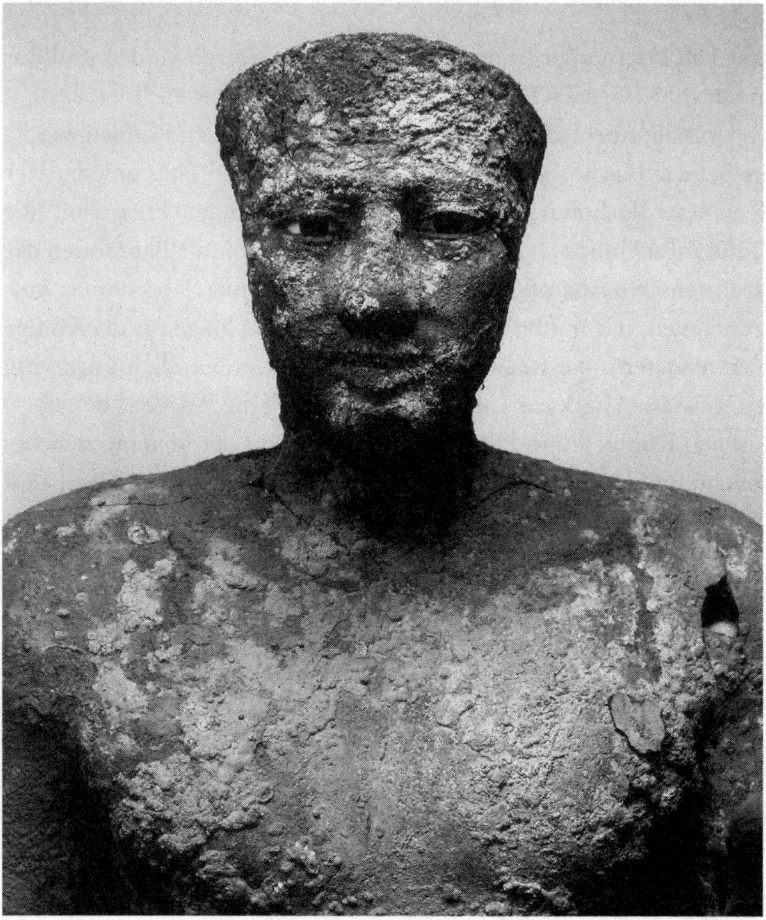

10. Kupferstatue König Phiops' I.

Eine zentrale Quelle zum Verständnis der Zeit und zu wesentlichen politischen Ereignissen ist die berühmte biographische Inschrift eines gewissen Uni, der Phiops I. um das Baumaterial für seine Grabausstattung gebeten hatte. Uni, dessen Lebenszeit in die Regierungen Tetis, Phiops' I. und Merenres fällt, führt uns in der Inschrift seines Provinzgrabs in Abydos wichtige Züge des staatlichen Gemeinwesens vor Augen. Er begann seine Laufbahn in der

Residenz, und zwar in der Verwaltung der königlichen Domänen. Unter Phiops I. erfüllte er gleichzeitig die Aufgaben eines Prophetenvorstehers in der Pyramidenstadt, eines Richters und eines Vorstehers der königlichen Domänenpächter, wobei er sich die zuletzt genannte Würdenstellung – sie war offenbar am höchsten dotiert und verlieh ihrem Träger weite Machtbefugnisse – verschaffte, indem er vier Vorgänger verdrängte. Der naive Stolz auf die eigene Leistung, der aus jeder Zeile des Textes spricht, paßt durchaus in das Bild der Zeit. Hier drückt sich recht unmißverständlich das Selbstbewußtsein einer Schicht hoher Würdenträger aus, die zwar die vermehrten Aufgaben des Staates bewältigten, aber andererseits zur Lockerung des Gesamtgefüges beitrugen.

Die Aufgaben, die Uni in seiner Stellung zu erfüllen hatte, waren vielfältig und lassen klar erkennen, wie sehr im Staatsaufbau des Alten Reiches sachliche Ressorts ineinander übergingen. Einmal erhielt er den heiklen Sonderauftrag, in einem Haremsprozeß gegen eine »königliche Gemahlin« das Verhör zu leiten. Bei einer derart prekären Angelegenheit verwundert es nicht, daß über Anlaß und Ausgang des Prozesses nichts vermerkt und der Name der angeschuldigten Königin verschwiegen wird; erstaunlich genug (und wohl ebenfalls ein Zeichen der Zeit), daß der Vorfall überhaupt Erwähnung findet.

Mag ein Auftrag wie dieser zu den normalen Obliegenheiten eines hohen Beamten zählen, der das Vertrauen des Königs genoß, so ist die Fülle der sonstigen Pflichten des Uni erstaunlich; es handelt sich vielfach um eindeutig militärische Aufgaben. Seiner Lebensbeschreibung verdanken wir die wenigen Informationen über das Heerwesen im Alten Reich, die wir besitzen. Uni leitete Feldzüge ins Land der »Sandbewohner«, also der Beduinen auf der Sinai-Halbinsel, und einen Vorstoß nach Südpalästina; ausdrücklich betont er, daß ihm mit seinem Amt als »Vorsteher der königlichen Domänenpächter« der Oberbefehl über das Heer übertragen worden sei. Aus dessen Zusammensetzung[17] läßt sich der unkriegerische Charakter des Alten Reiches deutlich entnehmen (S. 223).

Der Feldzug nach Palästina, durchgeführt, um den Transport von Hölzern aus dem Libanon zu sichern, stellte eine beachtliche logistische Leistung dar. Es handelte sich um ein kombiniertes Unternehmen, bei dem die eine Hälfte des Heeres zu Lande, die andere auf Schiffen nach einer »Nase des Gazellenkopfes« genannten Örtlichkeit – möglicherweise das Vorgebirge des Karmel – zog, wo sie sich offenbar trafen. So gelangten sie in den Rücken der Feinde. Als Militäraktion wird der Feldzug nirgends geschildert, und das bleibt im Grunde während der ganzen älteren Zeit so.

Denselben Uni treffen wir unter Phiops' Sohn Merenre I. (»von Re geliebt«; 2268–2254) im Amte eines »Vorstehers von Oberägypten« mit dem weiteren Titel »Wächter des Südtores« an – Südtor nannte man die Gegend um den ersten Katarakt. In dieser neuen Eigenschaft war Uni für alle Expeditionen in die Ostwüste und nach Nubien verantwortlich. In seinem Bericht liest sich das so:

»Dieses Heer kehrte in Frieden zurück, nachdem es das Land der Wüstenbewohner zerstört hatte.
Dieses Heer kehrte in Frieden zurück, nachdem es das Land der Wüstenbewohner geplündert hatte.
Dieses Heer kehrte in Frieden zurück, nachdem es ihre Befestigungen zerstört hatte.
Dieses Heer kehrte in Frieden zurück, nachdem es ihre Feigen und Weinstöcke abgeschnitten hatte …
Dieses Heer kehrte in Frieden zurück, nachdem es dort Truppen zu Zehntausenden abgeschlachtet hatte.
Dieses Heer kehrte in Frieden zurück, nachdem es sehr viele Truppen von dort als Gefangene mitgebracht hatte.«[18]

Im Zusammenhang mit derartigen Unternehmungen wurde der erste Katarakt schiffbar gemacht. Auch dafür war Uni zuständig: Er ließ nacheinander fünf Kanäle durch die Granitbarrieren des Kataraktes führen, der damit bei Hochstand des Wassers für größere Schiffe passierbar geworden war.

In seinem fünften Jahr tat Merenre etwas, was vorher offenbar noch kein ägyptischer König getan hatte: Er erschien persönlich am ersten Katarakt, um Huldigungen entgegenzunehmen. Felsinschriften verewigen diese Inspektionsreise des jungen Königs, bei der ihm Tribute der nubischen Häuptlinge überreicht wurden, und ein in die Granitfelsen gehauenes Relief zeigt, wie die Nubier sich vor dem auf seinen Stab gestützten Pharao beugen. Eine jener Inschriften deutet das Beispiellose des Ereignisses an: »Der König kam selbst und erschien hinter dem Bergland (des Kataraktes), um, was im Bergland ist, zu sehen. Und die Häuptlinge von Masoi (später »Matoi«, das ägyptische Wort für »Soldat«), Irtet und Wawat (S. 240) leisteten ihm Gehorsam und priesen ihn sehr.«[19]

Was zur Zeit des Alten Reiches in Nubien geschah, ist größtenteils aus Grabtexten von Beamten bekannt, die in Elephantine die Südgrenze Ägyptens beaufsichtigten. Nur ganz knapp, meist bloß unter Nennung von Zielort, Dauer und Ergebnis, werden dort kurze Raubzüge erwähnt – aber aus solch dürren Angaben besteht ohnehin der größte Teil des historischen Materials aus dieser Zeit. Während Merenres Regierung stieß der Bezirksfürst Herchuf von Elephantine im Laufe von drei Expeditionen über die Karawanenwege der Westwüste tiefer in nubisches Gebiet vor, bis in die Gegend des dritten Kataraktes. Vielleicht steht diese Expedition bereits im Zusammenhang mit der Bildung eines größeren Staatswesens in Nubien, das mit zur Schwächung und zum Untergang des Alten Reiches beitragen sollte.

Nach dem Tod Merenres, dessen Mumie die älteste bis heute erhaltene eines ägyptischen Königs ist, bestieg sein Halbbruder Phiops II. (2254–2160) den Thron. Die unglaublich lange Regierungszeit von 94 Jahren, die ihm Manetho zuschreibt – er habe im Alter von 6 Jahren zu regieren begonnen und es auf 100 Jahre gebracht –, wird nicht nur durch den Turiner Königspapyrus bestätigt, sondern auch durch Hinweise, daß unter seiner Herrschaft in manchen Bezirken mehrere Generationen einer Familie die Stellung der dortigen Fürsten bekleidet haben. Daß Phiops als Kind inthronisiert wurde, ist sicher; so stellen ihn auch die Künstler dar. Man konnte sich auf das mythische Vorbild des Horusknaben berufen, der ja ebenfalls bereits als Kind zur Herrschaft gekommen war (S. 107).

Die kindliche Freude und Neugier des jungen Königs lernen wir in jenen Texten kennen, in denen er sein Interesse für einen »Zwerg«, wahrscheinlich einen Pygmäen, bekundet, den der bewährte Herchuf aus Nubien in einer Depesche als Expeditionstrophäe angekündigt hatte. Solche kleinwüchsigen Menschen erinnerten die Ägypter an ihren Gott Bes, und ihre Tänze galten als ungemein ergötzlich. Sofort schrieb der junge König eine Antwort an Herchuf, der das ganze Dokument als Zeichen seiner Anerkennung auf dem Westufer, hoch über dem Nil, in den Fels hauen ließ. In diesem Text ist einiges von der Persönlichkeit seines Verfassers zu spüren und in einer Art mitgeteilt, wie sie uns sonst selten begegnet. Aus dem Drängen des noch jungen Pharao klingt seine spontane Begeisterung und Neugierde heraus. Wir können wohl verstehen, warum Herchuf dies alles festhalten und damit auch der Nachwelt überliefern wollte.

Die Textform entspricht einem auf Papyrus geschriebenen Brief und beginnt mit der charakteristischen Adreßformel, die eine Datumsangabe enthält: »Jahr 2, Monat 3, Tag 15.« Nachdem er den Empfang der Depesche und ihren Inhalt bestätigt hat, fährt der König fort: »Du sagtest in dieser Deiner Depesche, Du habest einen Zwerg gebracht ... Wie der Zwerg, den der Gottessiegler Bawerded zur Zeit des Königs Isesi aus dem Land Punt brachte. Und Du sagtest zu meiner Majestät, daß kein einziger, der in früheren Zeiten nach Jam gekommen ist, je einen wie ihn mitgebracht hat ... Komme sofort nach Norden zurück in die Residenz! Eile, und bringe diesen Zwerg mit Dir! ... Und wenn er mit Dir ins Schiff steigt, so sorge dafür, daß zuverlässige Männer um ihn sind, auf beiden Seiten des Schiffes, um zu verhüten, daß er ins Wasser fällt. Wenn er des Nachts schläft, so sorge dafür, daß zuverlässige Männer bei ihm sind in seinem Zelt! Kontrolliere zehnmal pro Nacht! Meine Majestät wünscht diesen Zwerg zu sehen mehr als all das, was man vom Minenland (gemeint ist der Sinai) oder aus Punt bringt. Wenn Du in der Residenz anlegst, und dieser Zwerg befindet sich bei Dir – lebend, wohlbehalten und gesund –, so werde ich noch mehr für Dich tun, als was damals für den Gottessiegler Bawerded zur Zeit des Isesi getan worden ist.«[20]

In den neun Jahrzehnten der Regierung Phiops' II. kündete sich rückblickend gesehen der Zusammenbruch des Alten Reiches an. Die Schwäche der Staatsmacht läßt sich besonders deutlich daran ablesen, daß die stets unruhigen Grenznachbarn Ägyptens sich immer häufiger Übergriffe erlaubten: Asiatische Beduinen überfielen eine Werft am Roten Meer, auf der ein Schiff für eine Puntfahrt gebaut werden sollte, wobei sie den Leiter des Unternehmens samt seinen Leuten töteten; ein Bezirksfürst von Elephantine, Mechu, kam auf einem Zug nach Nubien ums Leben, doch seinem Sohn Sebni gelang es, die Leiche zu bergen und den Vater in Arzuon rituell zu bestatten. Dafür bot er selbst die Soldaten auf, meldete dem Pharao den Vorfall per Boten und marschierte mit 100 Eseln nach Süden. Als Sebni bei seiner Rückkehr wieder am Katarakt ankam, fand er den Boten, einen Brief des Königs und ein ganzes Heer von Balsamierern, Leichenbestattern, Klagemännern und Totenpriestern vor, die sofort im Auftrag des Königs mit der Einbalsamierung der Leiche begannen.

Wägt man jedoch die äußeren und die inneren Ursachen für den Zusammenbruch des Alten Reiches gegeneinander ab, so dominieren zweifellos die inneren. Da ist zunächst die lange Regentschaft zu nennen, in der die Mutter des Königs und ihre Bezirksfürstenfamilie die Politik bestimmten. Dies dürfte eine weitere Schwächung der Zentralinstanz zur Folge gehabt haben. Wir können zwar beobachten, daß die königliche Verwaltung, die während der Blütezeit des Alten Reiches viele staunenswerte und heute noch bewunderte Leistungen vollbracht hatte, in wesentlichen Bereichen ihren Aufgaben nicht länger gewachsen war, aber die Ursachen dieser Entwicklung bleiben weitgehend im dunkeln. Ein Grund dafür mag die ständig wachsende Zahl von königlichen Immunitätsdekreten gewesen sein, welche die Wirtschaftskraft des Staates belasteten und den verbliebenen Steuerzahlern immer größere Abgaben auferlegten. Sicher ist lediglich, daß am Ende Katastrophen, Hungersnöte und der Kampf ums nackte Überleben standen. Diese Situation wird in der nun einsetzenden »Umsturzliteratur« drastisch geschildert; paradoxerweise führte die Auseinandersetzung mit diesen Katastrophen, mit der sichtbaren Wiederkehr des wohl nur scheinbar gebannten Chaos und seiner zerstörenden Mächte, zu einer Blüte der Literatur.

Die Botschaft dieser Texte ist eindeutig: Die in der Frühzeit errungene Ordnung der Dinge hat sich in ihr Gegenteil verkehrt, das Land sinkt in jenen Zustand der Unordnung, das Chaos, zurück, aus dem die Welt in der mythischen Vorzeit entstanden ist. Schonungslos wird der Zusammenbruch geschildert, und die dafür verantwortlichen Mächte, selbst die Götter, werden namentlich aufgeführt – der bislang so genannte »göttliche Hirte« hat seine Herde im Stich gelassen, ja selbst der Trost eines besseren Lebens im Jenseits gerät ins Wanken, wenn man sieht, wie die Totenkulte verkommen.

Anstelle der königlichen Zentralmacht nahmen nun die lokalen Fürsten das Heft in die Hand, um wenigstens für den eigenen Einflußbereich Reste von Verwaltung, funktionierender Wirtschaft und sozialer Ordnung zu retten. Ihre ›Politik‹ erschöpfte sich allerdings oft darin, die nötigsten Lebensmittel für sich und ihre Untertanen zu beschaffen, häufig durch Plünderungszüge in benachbarte Gebiete oder gewaltsame Eintreibungen bei den Bauern, die sich daraufhin zusammenrotteten und so den Unmut nur noch weiter schürten. Vor diesem Hintergrund verlagerte sich die Initiative zunehmend in die befestigten Residenzen und dort auf eine gesellschaftliche Schicht, die man das Bürgertum nennen könnte. Das war eine ungemein wichtige Entwicklung, denn von nun an wurden die Städte zu politischen Zentren, auf die sich die Sorge der neuen Machthaber konzentrierte. Insofern ging aus den Trümmern des Alten Reiches manches Neue hervor.

Wir sollten uns an dieser Stelle vor Augen führen, daß wir bereits ein Jahrtausend ägyptischer Geschichte durchschritten haben.

Zwischenzeit

Nach dem Tode Phiops' II. im Jahre 2160 regierte sein Sohn Merenre II. Antiemsaf nur kurze Zeit. Ihm folgten in raschem Wechsel mindestens ein Dutzend Könige, die zwar noch in Memphis residierten und nominell das ganze Land beherrschten, aber immer weniger echte Macht besaßen. Sowohl der Turiner Königspapyrus als auch Herodot und Manetho lassen übereinstimmend die sechste Dynastie mit einer Königin Nitokris enden, von der es bei Manetho heißt, sie sei »die edelste und lieblichste der Frauen ihrer Zeit gewesen«.[21] Sie muß im Gedächtnis des Volkes ihren Platz behalten haben, denn noch Herodot erzählt eine Geschichte von ihr, in der allerdings nur Allerweltsmotive aufscheinen: Mord, Rache, Selbstmord.[22]

Danach setzt Manetho eine siebte Dynastie an, deren Könige so rasch wechselten, daß er 70 von ihnen nur je einen Tag lang regieren läßt, und der Verfasser des Turiner Königspapyrus verzichtet bei sechs Herrschern darauf, auch nur den Namen anzuführen. Ähnlich kurz und wohl auch unbedeutend war die Herrschaft der vier oder fünf Könige, die als achte Dynastie gezählt werden und sich auf höchstens 25 Jahre verteilen; ihre (allerdings bescheidenen) Pyramiden stehen in Sakkara. Doch wenigstens formal erhielten diese Herrscher die Einheit des Landes aufrecht; sie verliehen ihrem Anspruch auf Oberägypten dadurch Ausdruck, daß sie mit der Regierung vor Ort eine in Koptos ansässige Bezirksfürstenfamilie betrauten, die sich durch Heirat mit dem Königshaus verband. Mit dem Untergang der achten Dynastie dann war der vorläufige Schlußpunkt der Entwicklung erreicht: Die Einheit Ägyptens war beendet, Memphis nicht mehr länger Residenz des Pharao. Die Königslisten markieren einen entsprechend deutlichen Einschnitt: den Untergang des Alten Reiches.

Was sich zu jener Zeit in Memphis zugetragen hat, bleibt weitgehend unklar. Lediglich das Jahr – um 2134 – ist einigermaßen sicher, da es aufgrund des Turiner Papyrus vom Beginn der zwölften Dynastie zurück errechnet ist. Die ehemalige Hauptstadt des Reiches stand unter der Kontrolle einer Bezirksfürstenfamilie, die in Herakleopolis, südlich des Fayûm, residierte und die Königswürde übernahm. Manetho zählte diese Herrscher als neunte und zehnte Dynastie, die je 19 Könige umfaßt haben sollen. Ihnen entspricht im Turiner Papyrus nur eine einzige Dynastie von 18 Herrschern; die Verdoppelung bei Manetho geht wohl auf spätere falsche Listen zurück. Der bekannteste dieser Könige ist Merikare (um 2050) – weniger wegen seiner kleinen Pyramide in Sakkara, unweit des Grabmals Tetis (2325–2300), als wegen der bedeutenden ›Lehre für König Merikare‹, in der angeblich sein Vater eine Reihe von Gedanken und Geboten für den künftigen Herrscher zusammengestellt hat. Wie viele Könige mit Namen Cheti es gab, läßt sich nicht genau sagen; möglicherweise waren sie sogar alle oder wenigstens einer von ihnen mit Merikare identisch. Der Herrschaftsbereich der Herakleopoliten beschränkte sich zunächst auf den Norden, wo es galt, das Delta gegen eingedrungene Beduinen zu sichern.

In Theben entstand zur selben Zeit ein zweites Machtzentrum, das nach Norden hin bis in die Gegend von Koptos und im Süden bis Elephantine reichte. Wie fest es die Region wirklich kontrollierte und wie weit sein Einfluß bis in das nubische Gebiet hineinreichte, wissen wir nicht, es fällt jedoch auf, daß später nubische Söldner einen entscheidenden Anteil an den militärischen Auseinandersetzungen um die erneute Reichseinigung haben sollten. Dieses thebanische Geschlecht nahm gleichzeitig mit den Herrschern in Herakleopolis die Königstitulatur an. Als sein Gründer galt ein Montuhotep (»Month ist zufrieden«) mit dem Horusnamen »Vorfahr, Vater der Götter«. Da er aber den Königstitel wohl noch nicht getragen hat, läßt man die als elfte gezählte Dynastie mit seinem Sohn Antef I. (2134–2118; auch Intef genannt) beginnen. Sein Horusname, »der die beiden Länder zufriedenstellt«, läßt erkennen, daß Antef I. Anspruch auf das ganze Land erhob. Lange Zeit dürfte es bei dem Anspruch geblieben sein, und auch sein Bruder Antef II. (2118–2069), der fast ein halbes Jahrhundert Zeit hatte, seine Stellung zu konsolidieren, wird sich zunächst kaum über den thebanischen Bezirk hinaus durchgesetzt haben. Erst als an der Jahrhundertwende um 2100 der Bezirksfürst Anchtifi von Edfu gestorben war, der gleichfalls Thronambitionen hatte, konnte Antef II. seinen Einflußbereich weiter nach Süden bis zum ersten Katarakt ausdehnen. Es waren allerdings nicht die beiden Königsfamilien allein, die wichtige Teile Ägyptens kontrollierten. So vermochten es etwa die Bezirksfürsten von Siut (heute Assiut) geraume Zeit, weitere Expansionsbestrebungen Antefs nach Norden zu unterbinden.

Zwischen den beiden Königreichen blieb das immer wichtiger werdende Kultzentrum des Osiris in Abydos lange umstritten, da es ständig an Bedeutung gewann. Schließlich scheint aber doch eine

Art Stillhalteabkommen zwischen den beiden Dynastien getroffen worden zu sein; man war zu sehr mit den Problemen im Innern und den nahezu permanenten wirtschaftlichen Schwierigkeiten beschäftigt, um sich auf Dauer ›Außenpolitik‹ leisten zu können. So verlief auch die kurze Regierungszeit Antefs III. (2069–2061) im Südreich weitgehend friedlich. Bei einem seiner Beamten erscheint übrigens zum ersten Mal der Name Amenemhat (»Amun ist an der Spitze«), den später vier Könige der zwölften Dynastie trugen.

Die Herkunft des auf diese Weise erstmals an prominenter Stelle erscheinenden Gottes Amun läßt sich nicht mehr mit Sicherheit ermitteln. Im Laufe der Jahrhunderte hat er das Wesen anderer Götter in sich aufgenommen, wie Fruchtbarkeitsaspekte, vor allem aber die Schöpferrolle des Sonnengottes. Auf diese Weise wurde er zum Weltenlenker Amun-Re. Mit seinem Auftreten hatte das ägyptische Götterpantheon auf lange Zeit endgültige Gestalt gewonnen.

Erst als die Herrscher des Südens über mehrere Generationen hinweg ihre Dynastie stabilisiert hatten, wagte es einer von ihnen, die Eroberung des Nordens in Angriff zu nehmen: Der Sohn Antefs III., Montuhotep I. (2061–2010), war zwei Jahrzehnte in kriegerische Auseinandersetzungen mit dem von Merikare regierten Nordreich verwickelt. Merikare hatte offenbar versucht, die Gegend um Abydos wieder in seinen Besitz zu bringen, die seit langem von Theben kontrolliert wurde, und der gescheiterte Versuch führte zum Gegenstoß und zur Eroberung von Siut/Assiut, wo bislang die vom Norden abhängigen Bezirksfürsten mit Namen Cheti regiert hatten. Nachdem Merikare Siut eingebüßt hatte, suchten die Fürsten der nördlich anschließenden Bezirke, »Hasenbezirk« und »Antilopenbezirk«, Kontakt zu Montuhotep, um einen Krieg zu vermeiden, und so konnte der thebanische Herrscher über Hermopolis hinaus bereits bis vor die Residenz Herakleopolis vorstoßen. Der Nachfolger Merikares, dessen Name wir nicht kennen, verlor schließlich mit seiner Hauptstadt den Thron. Nach der Eroberung von Herakleopolis fielen das Gebiet um Memphis und das Delta kampflos in die Hände Montuhoteps. Damit unterstand Ägypten etwa seit dem Jahre 2040 wieder einer Zentralregierung.

Will man die Empfindungen der Menschen während dieser ersten Zwischenzeit verstehen, dann muß man sich klarmachen, daß der Zerfall des Alten Reiches weit mehr als den Zusammenbruch der politischen Stabilität bedeutete: Ein auf die Ewigkeit ausgerichtetes Weltbild war zerbrochen. Bisher waren religiöses und staatliches Denken untrennbar miteinander verflochten gewesen, so daß der Verlust des einheitlichen Königtums die Menschen in tiefe Verwirrung und Zweifel an der Weltordnung stürzte.

Aber gerade durch die Auseinandersetzung mit den neuentstandenen Problemen wurde diese Epoche, wie gesagt, zur großen Zeit der ägyptischen Literatur. Da sind beispielsweise die ›Mahnworte eines ägyptischen Weisen‹ zu nennen. Das Werk schildert die im Land eingezogene Unordnung und Unsicherheit: »Das Land ist voll von Banden. Man geht zum Pflügen mit dem Schild bewaffnet. Das Land dreht sich wie eine Töpferscheibe. Groß und klein sagt: Ich wünschte, ich wäre tot. Man fährt heute nicht mehr nach Byblos. Was sollen wir tun, um Zedern für unsere Mumien zu bekommen (um Särge zu machen)? Das Korn fehlt überall. Man ist entblößt von Kleidern, Wohlgerüchen und Öl. Seht, es ist soweit gekommen, daß das Land des Königtums beraubt worden ist durch ein paar unverständige Leute. Die Residenz ist in einer Stunde zusammengestürzt. Seht, wer nichts vom Harfenspiel verstand, besitzt jetzt eine Harfe. Die, welche ihr Gesicht im Wasser besah, besitzt jetzt einen Spiegel. Seht, kein Amt ist mehr an der richtigen Stelle, sie sind wie eine aufgescheuchte Herde ohne Hirten.«[23]

Es ist das Klagelied eines Angehörigen der bisher kulturtragenden Schicht, ein Klagelied vom Untergang der alten Gesellschaftsordnung und vom Hochkommen des Neureichen, der schon als komische Figur thematisiert wird. Vieles wird rasch zum Typus, und daher dürfen wir diese Texte nicht ohne weiteres in allen Einzelheiten als Geschichtsquelle lesen. Bertolt Brecht holte sich hier Anregungen für sein ›Lied vom Chaos‹, das er den Dorfschreiber Azdak im ›Kaukasischen Kreidekreis‹ singen läßt; der allerdings versteht diese Vorgänge als Befreiung.[24]

Die Menschen stürzten aus über Generationen vertrauten Lebensgewohnheiten in eine neue Unsicherheit, die zum Nachdenken über den Sinn des Lebens und vor allem über das Leben nach dem Tode zwang. Dem Leben, das so lange sicher unter göttlichem Schutz gestanden zu haben schien, drohten nun überall Gefahren, die Götter waren ihrer Aufgabe offensichtlich nicht mehr gewachsen. Aus dieser Einsicht erwächst der ›Vorwurf an Gott‹: Die mißratene Schöpfung wird durch die Schuld des Schöpfers immer weiter fortgesetzt und damit neues Unheil erzeugt.[25]

Mit dem alltäglichen Leben wird auch das Jenseits in Frage gestellt. Überall konnte man beobachten, daß Gräber, die für die Ewigkeit errichtet waren, zerfielen oder geplündert wurden. Damit schienen auch die bisherigen materiellen Aufwendungen zugunsten eines Fortlebens im Jenseits vergebens; der Totendienst kam zum Erliegen. Man registrierte sicherlich mit Verwunderung, daß der Aufwand für die Grabausstattung keine Rolle spielte: Die Auflösung der staatlichen Ordnung machte Arme und Reiche gleich. Wenn aber die Versorgung der Toten in ihrem jenseitigen Leben unterbrochen war, dann lag die Frage nahe, ob es überhaupt ein Jenseits gab. Sobald die Skepsis einmal erwacht war, konnte der Gedanke aufkommen, daß es vielleicht besser sei, nach Kräften das Diesseits zu genießen. »Feiere den frohen Tag!« – das ist der Tenor des sogenannten Harfnerliedes, das angeblich aus dem Grab eines der Antef-Könige stammt und aus dem Neuen Reich überliefert ist.[26]

In dieser anscheinend hoffnungslosen Situation gab es einige, die nach Auswegen suchten. So rät die erwähnte ›Lehre für König

Merikare‹: »Darum mach Dein Haus an der Ruhestätte der Toten schön und Deinen Sitz in der Totenstadt herrlich als ein rechter Mann, einer, der das Rechte getan hat; das ist es, was der Seele Ruhe verschafft. Die Tugend des Rechtschaffenen nimmt Gott lieber entgegen als den Ochsen des Unrechttuenden.«[27] Wenn Staat und Gemeinschaft dem einzelnen keinen Halt mehr bieten konnten, dann suchte man diese Sicherheit in einer ganz persönlichen Annäherung an die Götterwelt. Die etwas in den Hintergrund gedrängte Vorstellung des individuellen Totengerichts verbreitete sich erneut. Dafür bietet ebenfalls Merikare einen eindrucksvollen Beleg: »Was ein Mann war, bleibt nach seinem Tod übrig, und seine Taten werden zuhauf neben ihn gelegt ... Wer zu ihnen (den Totenrichtern) kommt, ohne daß er gesündigt hat, der wird im Totenreich wie ein Gott sein, frei schreitend wie die seligen Toten.«

Selbstverständlich diskutierten nur wenige solche Fragen; die Masse des Volkes suchte ihr Heil in der Magie. Eine Vorstellung der Ausmaße magischer Praktiken können die sogenannten Sargtexte geben, die man auf die Sargwände schrieb und so dem Toten mit auf den Weg gab.[28] Alte, jahrhundertelang tradierte Symbole königlicher Herrschaft wie Kronen und Szepter begleiteten den Verstorbenen als Bilder ins Grab. Jene Symbole, einst Zeichen für die Macht des Pharao, verstand man nun als Zaubermittel, die den Toten schützen sollten. Sogar das Begräbnis selbst wurde nach dem Vorbild der Könige gestaltet, indem sich die als Totenpriester auftretenden Verwandten Hoftitel beilegten und hinter dem Sarg eine Prozession bildeten, die einen König zu Grabe zu geleiten schien. Offenbar forderten die unteren Schichten Gleichheit aller auch für das Jenseits und trugen auf diese Weise zur Entstehung einer Volksreligion bei.

DRITTES KAPITEL

Die Religion

Mythen

Nichts hat auf das Denken und Handeln des antiken Menschen einen so starken Einfluß ausgeübt wie die Vorstellung von übernatürlichen Mächten.[1] Religiöse Ideen helfen dem Menschen, die Welt zu verstehen, die ihn umgibt, religiöse Furcht beherrscht ihn und läßt ihn beherrschbar werden, die Hoffnung auf ein besseres Leben nach dem Tod oder auf eine ausgleichende göttliche Gerechtigkeit tröstet ihn.

Um sein eigenes Dasein und dasjenige der ihn umgebenden Welt zu verstehen, fragt er nach dem Sinn und damit zugleich nach dem Anfang aller Existenz. Die Antwort findet er in Schöpfungsmythen, denen deshalb in allen Kulturen große Bedeutung zukommt.[2] Gelegentlich entstehen im Laufe der Generationen umfassende Entwürfe von der Erschaffung der Welt, zum Beispiel die Genesis; ein vergleichbares Konzept gab es in Ägypten bis zum Ende der Pharaonenzeit nicht. Statt dessen stoßen wir auf eine Vielzahl von Einzelaussagen aus unterschiedlichen Zeiten und verschiedenartigen Quellengattungen. Der Grund liegt darin, daß solche Mythen weitgehend mündlich tradiert wurden und äußerst selten zum Schulpensum gehörten, also nicht aus Schülerhandschriften – einer unserer wichtigsten Quellen – bekannt sind. Zu den wenigen Textfragmenten treten bildliche Darstellungen, die vor allem die Trennung von

Himmel und Erde zeigen. Erst in ptolemäischer und römischer Zeit entwickeln sich durch Einflüsse aus dem östlichen Mittelmeergebiet zusammenhängende Darstellungen der Kosmogonie. Trotz der geschilderten Schwierigkeiten lassen sich vielfältige Vorstellungen von der Schöpfung aufzeigen, die mit einer Vielzahl von Schöpfungsmythen Hand in Hand gehen.

Immer wieder suchten die Ägypter neue Wege, das eigentlich Unsagbare zu sagen und in Symbole umzusetzen. Machte man sich Gedanken über den Anfang allen Seins, dann mußte zuerst erklärt werden, wie das Sein aus dem Nichtsein erwachsen konnte, wie der Schöpfer entstand. Hatte man hierfür eine Lösung gefunden, ergab sich als nächstes das Problem, wie aus diesem einen Schöpfer das Viele, nämlich jene Vielzahl von Erscheinungsformen entstehen konnte, die wir Menschen wahrnehmen. So läßt der Mythos den Schöpfer nach der einen Auffassung aus seinem Samen, nach einer anderen durch sein Wort oder durch seine gestaltenden Hände zum ersten Mal Menschen, Tiere und Dinge erschaffen.

Mit der Bezeichnung »das erste Mal« charakterisiert der Ägypter mit Vorliebe die Schöpfung.[3] Entscheidend ist, daß dieses erste Mal nicht das einzige Mal bedeutet, sondern nach einem zweiten Mal, nach Wiederholung und Wiederkehr, verlangt. Schöpfung wird daher nicht als einmaliger und abgeschlossener Vorgang angesehen, sondern ist auf permanente Aktualisierung angelegt, eine Vorstellung, mit der sich eine ungeheure Hoffnung verbindet: Der Schöpfer gestaltete die Welt beim ersten Mal vollkommen, und dieser Zustand kann – trotz aller zwischenzeitlichen Veränderungen – stets wiederhergestellt werden. Darin liegt die Hoffnung für den Menschen, und zugleich entsteht eine Maxime für sein Handeln in der Welt; dem Aufruf Folge zu leisten war vor allen Dingen Aufgabe des Königs, der die entsprechenden Möglichkeiten besaß.

Etwas erschaffen bedeutet etwas ins Leben rufen; das Erschaffene – und dazu gehört ebenfalls die Welt – hat folglich einen Anfang.

Demnach ist die Erde nicht nur räumlich, sondern auch zeitlich begrenzt. Diese Grenzen verschwimmen allerdings für den antiken Menschen in Millionen von Jahren, und die Ausdehnung der Erde verliert sich für ihn fast im Unendlichen. In dieser Hinsicht sind wir noch auf dem gleichen Weg, indem wir Jahr für Jahr immer weiter entfernte und immer ältere Teile des Weltalls kennenlernen.

Die Erde entstammt der Urfinsternis und der Urflut, die sich der Ägypter als miteinander vermischt vorstellte, um auf diese Weise das noch Ungeschaffene anschaulich zu machen. Daraus folgt bereits, daß Schöpfung – wie in der Genesis – im Trennen des Vermischten besteht, im Voneinander-Abgrenzen. Der Urzustand der Welt vor der Schöpfung kann eigentlich aus menschlicher Perspektive nur negativ beschrieben werden: als Verneinung aller bekannten Phänomene, welche die geschaffene Welt auszeichnen. Der Ägypter bedient sich dazu einer Verbalform mit der Bedeutung: als dies oder jenes »noch nicht war«. Götter und Menschen waren noch nicht entstanden, geschweige denn voneinander unterschieden. Himmel und Erde, Tag und Nacht ruhten noch ungetrennt in der Urfinsternis. Es gab weder Raum noch Zeit, weder Leben noch Tod. In immer wieder neuen Formulierungen ringt der Ägypter um das Verständnis eines Zustands und eines Vorgangs, der menschliches Begreifen übersteigt. In dieser ›Zeit‹ gab es noch keine Bewegung und keinen Streit, gab es noch nicht zwei Dinge, also nur das undifferenzierte Eine.

In dieser »Ursuppe«, einer Materie, die meist als Wasser gedacht ist, dem Nun, treibt der Schöpfer dahin, ohne jenen festen Halt zu erlangen, den er für sein Schöpfungswerk braucht. Doch wo Wasser ist, ist auch Schlamm, und der Schlamm dieser Urflut sammelt sich zum Urhügel, der schließlich aus den Fluten herausragt. Es war ein Bild, das dem Ägypter seit frühester Kindheit jeden Herbst vor Augen stand, wenn die Wasser der alljährlichen Nilüberschwemmung zurückwichen und das Land wieder freigaben. Auf solch

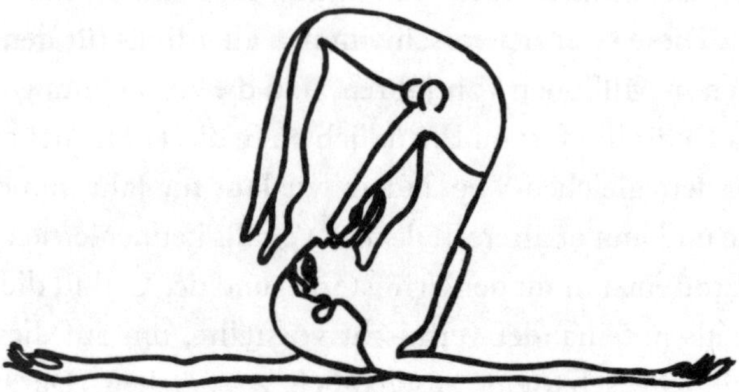

11. Der Gott Atum erzeugt den ersten Samen

festem Boden kann dann der Gott endlich Stand und damit Halt finden und sein Schöpfungswerk beginnen.

Mit stets anderen Wendungen versucht das Denken, die Geheimnisse dieses Anfangs zu begreifen. Das aus der Urflut erschienene Land wird mit einem Erdhügel verglichen, dessen monumentales Abbild die Pyramiden darstellen. Ebenso beliebt und einprägsam ist das Bild des Lotus, der aus der schlammigen, dunklen Tiefe des Wassers, also dem Urmeer, auftaucht. Ist er dann erblüht, symbolisiert die Blüte, die sich des Nachts schließt – nach ägyptischer Meinung sogar im Wasser untertaucht –, um sich bei Tageslicht neu zu öffnen, die Sonne, deren Lauf sie folgt.

Aus den Wüstenregionen kam die Vorstellung, der Himmel sei eine Frau, deren Füße im Osten und deren Fingerspitzen im Westen den Horizont berührten, so daß sie eine schützende Laube bildete. Wieder anderen erschien der Himmel als ein Meer, das hoch über der Erde auf vier Stützpfeilern ruhte. Eine weitere sehr alte Tradition läßt aus der Urflut eine gewaltige Kuh hervorgehen, welche die Sonne zwischen ihren Hörnern trägt. Für die ersten ägyptischen Hirten und Ackerbauern war sie die Himmelskuh, die mit dem Kopf im Westen über der Erde stand, während ihr mit Sternen besetzter Leib den Himmelsbogen bildete. Als Gottheit hat sie später unterschiedliche Erscheinungsformen angenommen; in einigen Gegenden heißt sie Hathor. Seit der Zeit der Sargtexte gilt diese Himmelskuh als Mutter des Sonnengottes Re, den sie täglich gebiert. Urhügel, Urlotus oder Urkuh – all das sind Umschreibungen für den tragenden Grund der Schöpfung. Sie entstammen einer Denkweise, die ihre Bilder der bekannten Natur entlehnt. Auf dem so geschaffenen Fundament – oder aus einem Ei – steigt die Sonne empor und gestaltet Raum und Zeit: Ihre Helligkeit läßt den Raum sichtbar werden, ihr Lauf bestimmt auf der Erde Tag und Nacht.

Unter den vielen Gestalten, in denen der Mensch sich den Schöpfer vergegenwärtigt, finden sich ebenfalls Vorstellungen einer menschenähnlichen Figur. Atum, ein männlicher Gott, erzeugt mit seiner Hand oder mit seinem Mund den ersten Samen oder speit das erste Götterpaar aus (Abb. 11). Dieses muß, nicht anders als Adam und Eva, notwendig ungeschlechtlich entstanden sein, ohne daß dies allerdings bei den Ägyptern derartige Auswirkungen auf die Sexualmoral hatte wie später im Christentum. In Ägypten bilden Schu und Tefnet dieses erste Paar. Mit ihren Kindern Geb und Nut kann die natürliche Fortpflanzung beginnen, und mit den vier Gottheiten der nächsten Generation – Osiris, Isis, Seth und Nephthys – ist das System der »Neunheit« abgeschlossen (S. 103).

Auch die aus dem Neuen Testament bekannte Formulierung »Am Anfang war das Wort« hat in der ägyptischen Religion Parallelen. Der Sonnengott wirkt in den entsprechenden Vorstellungen durch magische Sprüche oder wirksamen Zauber. In der Gestalt der Neith tritt uns schließlich ein weiblicher Schöpfergott entgegen; ihre enge Verbindung mit der Urkuh führt uns zur Vorstellung von der Himmelskuh zurück, welche die Sonne und alle Gestirne trägt.

Die verschiedenen Anschauungen über die Schöpfung und den Schöpfer sind im Laufe vieler Jahrhunderte an unterschiedlichen Orten entstanden. Mit der Reichseinigung haben sie Verbreitung in ganz Ägypten gefunden, ohne daß man sie in ein chronologisches

Gerüst preßte. So blieben unterschiedliche Traditionen nebeneinander bestehen, durchdrangen und ergänzten sich und ermöglichten es, die Entstehung der Welt facettenreich zu erklären. Die Zusammenschau der vielfältigen Anschauungen wurde dadurch erleichtert, daß es einen allen Mythen gemeinsamen Erzählkern gab: Der Schöpfer ist von selbst entstanden; er hat somit weder Vater noch Mutter und gehört in eine Zeit, als es die geschlechtliche Differenzierung in Mann und Frau noch nicht gab. Da aus ihm aber die Geschlechter hervorgegangen sein sollen, wird er als »Vater und Mutter« in einem gesehen, als ein Mannweib. In vielen Schilderungen ist er der »Eine«, neben dem zunächst nichts anderes existiert, aus dem aber alles entsteht. Aus dem Einen wird die Vielzahl, die sich der Ägypter als Million oder auch als Neunheit dachte.

In einer solchen Vorstellung des anfänglich Einen besteht der sogenannte Urmonotheismus der Ägypter. Damit will man zum Ausdruck bringen, daß in allen Schilderungen des Anfangs die Gestalt des einen Schöpfergottes eine zentrale Bedeutung hat, die durchaus an monotheistische Vorstellungen erinnert. Seine Rolle wird in Wendungen umschrieben, die dem Außergewöhnlichen des Vorgangs wie der Gestalt des Gottes durch einprägsame Definitionen Rechnung tragen: Er ist »der Eine, der seinen Erzeuger erzeugte, der seine Mutter hervorbrachte, der seine Hand erschuf« – letzteres in Anspielung auf das Werk des Atum, der mit seiner Hand den ersten Samen hervorbrachte.[4] Der Vorgang der Schöpfung aus dem Nichts ist so ungeheuerlich, daß er nur als Paradox verstanden werden kann.[5] Und das eigentlich Paradoxe der Situation ist: Der Schöpfer, der alles ist und alles kann, befindet sich im Nichts, wenn er das Sein ins Leben ruft. Ausdruck findet dieses Phänomen im Namen des Atum selbst: Er ist Umschreibung für »nicht sein«, aber auch für »vollendet sein«.

Nachdem das Nichts einmal überwunden worden ist, wird die Schöpfung durch Zerteilungen vorangetrieben. Zunächst entstehen auf diese Weise Himmel und Erde, indem Schu, der Sohn des Atum, die Himmelsgöttin Nut vom Erdgott Geb trennt und dabei den Himmel hochhebt. Auf diese Weise wird aus der zunächst ungeformten Masse der Lebensraum der Menschen geschaffen, der nach außen abgegrenzt und im Innern vielfältig gegliedert wird. Die ägyptische Vorstellung des Separierens bezieht sich keineswegs ausschließlich auf die Natur mit den Unterschieden von Fruchtland/Wüste, Tag/Nacht oder den Bereichen Wasser/Erde/Luft, sondern sie umfaßt gleichfalls die sozial-politische Welt: Mann/Frau, Völker, Sprachen, Hautfarben, genauso wie die soziale Trennung der Bevölkerung in Arm und Reich.

Es fällt auf, daß in den bisher geschilderten Mythen von der Entstehung des einen Gottes und der dann möglichen Erschaffung der Welt das Auftauchen des Menschen keine besondere Rolle spielt. Der Mensch ist zwar da und bevölkert mit all den anderen Wesen die Erde, aber er ist nach ägyptischen Vorstellungen nicht Mittelpunkt oder gar Gipfel der Schöpfung, sondern an kaum herausgehobener Stelle lediglich in die Schöpfung eingebettet.

Meist werden Götter und Menschen parallel genannt, denn beide sind vom Urgott erschaffen. Am Anfang wohnten Götter und Menschen sogar zusammen auf der Erde, unter der Herrschaft einer Götterdynastie, die den historischen Königen voranging; anders als unter der Regierung eines Königs mochte sich der Ägypter das Leben nicht vorstellen. So stand an der Spitze der Gemeinschaft aus Göttern und Menschen der Sonnengott Re. Auf diese Weise herrschte zu Beginn gewissermaßen ein Idealzustand, da sich die Menschen unaufhörlich an der Sonne erfreuen konnten, gab es doch noch keinen Wechsel zwischen Tag und Nacht, keinen Tod und keine Unterwelt. Dies war das ›Goldene Zeitalter‹ der Ägypter – mit Hesiod zu sprechen –, die selige Urzeit, in der die Maat (S. 109) zu den Menschen kam und deren Leben bestimmte.

Das Buch von der Himmelskuh schildert, wie dieser ideale Anfangszustand eines Tages zu Ende ging. Die Erzählung vertieft das Verständnis der Schöpfung ebenso wie das Verständnis des irdischen Königtums: Alles Leben ist dem Prozeß der Alterung unterworfen, auch die Götter besitzen, anders als die der Griechen, kein ewiges Leben, nachdem sie einmal da sind; daher altert selbst die Sonne. Alterung aber bedeutet – dies kann jeder am eigenen Leibe spüren – Schwächung, und die Schwäche des Sonnengottes ermutigte die Menschen, sich gegen ihn aufzulehnen. Ihre Anschläge gegen Re blieben zwar wirkungslos, zogen allerdings seine Rache nach sich.

Er entsandte seine Tochter, die Göttin Hathor, um das undankbare Geschlecht für seinen Frevel zu vernichten. Hathor wurde bei diesem Rachezug von Sechmet unterstützt: Die Menschen flohen aus Angst in die Wüste, wo diese blutrünstige Göttin sie zerfleischte. Nach einiger Zeit bereute Re seine Entscheidung, aber es gelang ihm letztlich nur durch eine List, die Göttin von der völligen Ausrottung der Menschheit abzuhalten. Um die Menschen zu retten, gossen die Götter Bier von roten Granatäpfeln aus, das Sechmet im Glauben, es handele sich um Menschenblut, schlürfte, bis sie davon trunken wurde und ihre Opfer nicht mehr erkannte. Anschließend nahm die Himmelskuh den tiefgekränkten Re auf ihren Rücken und entführte ihn in den Himmel, damit er die Welt und ihre undankbaren Bewohner vergessen konnte. So entgingen die Menschen zwar der völligen Vernichtung, aber es war eine schlimme Strafe, daß der Gott sich von der Erde zurückzog.

Zum ersten Mal wurde es nämlich finster, was zur Folge hatte, daß die Menschen nichts mehr sahen und sich in ihrer Blindheit gegenseitig erschlugen. Mit der Unterscheidung von Tag und Nacht entstand die Zeit und das Altern, es entstanden der Tod und die Unterwelt, über die Osiris die Herrschaft übernehmen sollte. Krieg und Gewalttat bestimmten fortan das Leben der Menschen, die das anfängliche ›Paradies‹ durch eigene Schuld eingebüßt hatten. Doch

12. Das Stützen der Himmelskuh. Nachzeichnung aus dem Grab Sethos' I.

dem einzelnen bleibt noch ein Ausweg: Weil jener Anfang einmal existiert hat, gibt es auch einen Weg dorthin zurück – allerdings erst nach dem Tod.

Die zuletzt geschilderten Entwicklungen zeigen die Gefahren, die für die Schöpfung bestehen: Sie ist aufhebbar. Daraus folgt die Angst des Ägypters davor, daß das Weltgebäude in sich zusammenbrechen, der Himmel auf die Erde stürzen kann. Deshalb sind viele Personen unablässig bemüht, die Himmelskuh zu stützen (Abb. 12).

Die Schöpfung trägt also den Keim des Verfalls in sich – das ist ihre ständige Bedrohung. Wenn sie sich verändern kann, besteht allerdings auch die Möglichkeit, daß sie sich regeneriert und verjüngt. Das wiederum ist zugleich Hoffnung und Aufgabe der ägyptischen Kultur: Die Schöpfung ist kein einmaliger Akt, nach dessen Abschluß man sich zur Ruhe setzen kann; statt dessen haben die

Menschen – an ihrer Spitze der König – die ständige Verpflichtung, an der »Vermehrung der Schöpfung« mitzuarbeiten, und es ist eine Aufgabe, bei welcher der Pharao jeder möglichen Hilfe bedarf bis hin zur Magie, indem er zum Beispiel mit Hilfe von Amuletten der Schöpfung Dauer und Wirksamkeit zu verleihen sucht.

Der Mensch lebt also letzten Endes in einer gefährlichen Welt – im Kleinen, weil viele ihrer Bereiche lebensfeindlich sind, im Großen, weil sie das Chaos umgibt, der Nun, das Nichtsein, das die Welt zu verschlingen droht und in das sie jederzeit wieder versinken kann. Dennoch ist diese ›Umwelt‹ unentbehrlich, denn das Sein verbraucht sich, und alles Geschaffene altert. Die notwendige Erneuerung aber ist nur außerhalb der Schöpfung zu finden, von dort kommt die Zufuhr frischer Lebenskräfte. Diese Grundgegebenheit symbolisiert einmal mehr der allgegenwärtige Nil: Alljährlich im Sommer gehen seine Fluten zurück, und er benötigt neue Wasserzufuhr. Ganz ähnlich ermüdet der Mensch allabendlich und gewinnt neue Lebenskraft im Schlaf, in dem er in den Nun eintaucht; die Nacht, die Dunkelheit ist die Quelle, aus der dem Schläfer neue Kräfte erwachsen.[6]

Da Raum und Zeit als Grenzen und Begrenztes der geschaffenen Welt angehören, kommt der Schläfer, wenn er in den Nun eintaucht, in eine Welt ohne Zeit und Raum. Deshalb ist es möglich, daß wir im nächtlichen Traum die räumlichen und zeitlichen Begrenzungen des Alltäglichen aufheben. So kann man Fernes und Zukünftiges, aber auch Vergangenes – Verstorbene etwa – im Traum erblicken; entsprechende Vorstellungen spielen im Totenglauben eine entscheidende Rolle.

Für den Ägypter wiederholt sich die Schöpfung mit jedem Sonnenaufgang, der ein Hervortreten des Schöpfergottes darstellt. Jeder neue Tag gibt der Welt ihre anfängliche Kraft zurück. Das sprachliche Bild vom Schöpfergott als dem »Einen und Einzigen mit vielen Händen« hat Echnaton im Gottessymbol des Aton anschaulich gemacht: Die Strahlen der Sonnenscheibe, des Aton, laufen in Hände aus, die den König und seine Angehörigen schützen und beleben (Abb. 49, S. 318). Neben dem Sonnenaufgang ist es der Anfang eines neuen Jahres, der die Welt regelmäßig erneuert und die Schöpfung wiederholt. Das Jahr heißt ägyptisch »das sich Verjüngende«; an jedem Neujahrstag fängt es neu an.

Der Forderung nach dieser ständigen Regeneration des Seienden hat das Königtum durch die Einrichtung von Erneuerungsfesten entsprochen. Nach dem Ablauf einer Generation, nach ungefähr dreißig Jahren, war die Alterung des Königs so weit fortgeschritten, daß sie die Ausübung der Herrschaft bedrohte. Man brauchte einen neuen oder zumindest einen erneuerten König, um den Bestand der Welt zu sichern. In einer Statue wurde der alte König begraben, und die folgenden Rituale des Sed-Festes gaben seiner Herrschaft die Jugendfrische des Anfangs zurück.

Götterwelt

Wie alle Völker der Antike sahen die Ägypter ihre Umwelt von zahllosen Gottheiten bewohnt: Bäume und Quellen, Felsen und Berggipfel, Vögel und andere Tiere erschienen ihnen bisweilen besessen von unheimlichen Gewalten, über die sie keine direkte Macht hatten. Von den zahlreichen Geistern, die überall lebten, waren einige ihre Freunde, die ihnen halfen und Schutz gewährten; andere schienen nur auf eine Gelegenheit zu warten, ihnen zu schaden. Aber nicht nur für die diesseitige Welt, sondern auch für den Himmel über ihnen und das Totenreich unter der Erde entwickelten die Menschen Vorstellungen vom Walten göttlicher Kräfte. Die dort angesiedelten Gottheiten waren an keinen bestimmten irdischen Platz gebunden und führten ein erhabeneres Dasein als jene Geister oder gar der Mensch selbst.

Durch ihre Jahrtausende währende relativ isolierte Lebensweise wurden die bäuerlichen Ägypter im Niltal ebenso geprägt wie die Nomaden durch die daran anschließenden Wüsten. Beide Landschaften waren gegensätzlich, und diese Gegensätze spiegeln sich in dem Glauben wider, auf dessen Grundlage die Fragen nach den Ursachen der Welt und des Geschehens beantwortet wurden.[7]

Auf die frühen Zeiten menschlicher Existenz am Nil und in seiner Umgebung verweisen die Gestalten und Symbole, mit denen die Ägypter ihre Gottheiten versahen: Die Götter halten einen Stab wie die Beduinen, die Göttinnen einen Schilfstengel in der Hand; ihre Kronen sind aus Riedgras geflochten, oft tragen sie nur ein paar Straußenfedern oder die Hörner der ihnen heiligen Tiere. Die Verehrung derartiger Göttertiere ist sehr alt und begegnet uns in der gesamten Zeit der ägyptischen Geschichte. Viele von den Göttern, die in solchen Sagen und Erzählungen auftreten, sind stets mythologische Gestalten geblieben; sie führten im Volksglauben und im späteren System der Theologen ihr Dasein, ohne einen Tempel oder eine eigene Stätte der Verehrung zu besitzen. Andere wurden zu den großen Göttern Ägyptens.

Die Versuche, die disparaten Traditionen in ein – wenngleich keineswegs geschlossenes – System zu bringen, können auch als Überwindung des ›Chaotischen‹ gedeutet werden, als der Ägypter sich daranmachte, die Vielzahl der Götter in eine Ordnung zu bringen; dies bot sich vornehmlich bei einer Gottheit an, deren ›Erscheinung‹ jedermann täglich vor Augen stand: der Sonne.

In einem Land, in dem kein Regen fiel, hinterließen ihre Strahlen an einem stets klaren Himmel bei den Menschen einen unauslöschlichen Eindruck. So spielte sie bald im täglichen Leben, im Denken und in den religiösen Vorstellungen der Ägypter in unterschiedlichen Erscheinungsweisen die führende Rolle, und ihre Verehrung findet sich über das ganze Niltal verbreitet.

Durch die Reichseinigung gerieten die lokalen religiösen Ansichten allmählich in eine untrennbare Vermischung: Einige sahen in der Sonne einen Falken, der täglich seine Flugbahn über den Himmel zog; auf dieser Vorstellung beruht das Bild der Sonnenscheibe mit ausgebreiteten Falkenflügeln, das sich zu einem der gebräuchlichsten Symbole der ägyptischen Religion entwickelte. Einer anderen Tradition zufolge wurde die Sonne jeden Morgen als Kind neu geboren und fuhr dann in einer himmlischen Barke über das Firmament, bis sie als alter Mann, der dem Grabe zuwankt, im Westen unterging.

War der Himmel ein riesiger Ozean, auf dem die Sonne tagaus, tagein ihren Weg von Osten nach Westen nahm, dann mußte ein zweiter Wasserweg vorhanden sein, auf dem sie wieder zu ihrer Ausgangsposition gelangen konnte – wäre sie nämlich auf dem gleichen Weg zurückgekehrt, hätte man sie auch des Nachts gesehen. Folglich dachte man sich unter der Erde einen zweiten Fluß – selbstverständlich ebenfalls einen Nil –, der ein langes Tal mit finsteren Höhlen durchfloß und auf dem die Sonnenbarke dahinglitt, um frühmorgens im Osten wieder zu ihrer oberirdischen Fahrt zu erscheinen.

Dieser unterirdische Strom trat beim ersten Katarakt aus zwei Quellen zutage, um als ›zweiter Nil‹ seinen lebenspendenden Weg bis ins Mittelmeer zu beginnen. Als diese Sage entstand, war für die damaligen Ägypter die Welt am ersten Katarakt zu Ende; dahinter vermuteten sie ein ungeheures Meer, das im Süden mit dem Nil verbunden war und in das der Strom im Norden mündete. Dieses Meer, das die Ägypter den »großen Kreis« nannten, umschloß also ihre ganze Erde. Die Griechen übernahmen später diese Vorstellung und gaben dem »großen Meer« den Namen Okeanos – Ozean. Am Anfang existierte nur dieses »große Meer«. Doch eines Tages erschien auf ihm ein Ei, andere behaupteten, es sei eine Blume gewesen, und daraus ging der Sonnengott hervor.

Die Sonne schien zwar über dem gesamten Niltal, aber die religiösen Vorstellungen seiner Bewohner betonten jeweils verschiedene Aspekte; jede Stadt, die einen Sonnentempel besaß, betrachtete sie als einen besonderen Gott, der gleichsam ihr allein gehörte. Als sich im Zuge der Reichseinigung die Beziehungen der Landschaften zueinander intensivierten, verschmolzen die teilweise widersprüchlichen Traditionen zu einem System komplizierter Mythen, von denen ich nur wenige Beispiele gegeben habe; es entstand ein Synkretismus, der das ägyptische Pantheon beständigen Veränderungen unterwarf. Als Muster dafür, wie die Priester einer Stadt darangingen, die vielfach abweichenden Anschauungen einzelner Gebiete miteinander zu harmonisieren, sei die Entwicklung der im Delta gelegenen Stadt On genannt, welche die Griechen als Heliopolis, als »Sonnenstadt«, kannten.

In diesem Hauptsitz des Sonnenkultes verehrte man die Gottheit in unterschiedlichen Gestalten je nach ihrer Stellung im Tageslauf: Chepre, der hieroglyphisch als Käfer dargestellt wurde, symbolisierte die Sonne in der Jugendkraft ihres Aufstiegs, Re war die strahlende, Atum die untergehende Sonne. Sie überquerte auf einer Barke den Himmel, und wenn sie abends auf einer anderen in die Unterwelt einfuhr, erfreute sie dort die als körperlose Schatten existierenden Toten. Im Tempel von Heliopolis stand als bleibendes Symbol ihrer Gegenwart ein gewaltiger Obelisk.

Die Priester von Heliopolis waren es auch, welche die wichtigsten Götter in ein System brachten, dessen Grundlage die Familienstruktur bildete und in dem Re selbstverständlich der älteste Gott war. Für die sich anschließende Generation griffen sie auf vier Gottheiten zurück, die an anderen Orten selbständig gewesen waren und nun alle als Nachkommen des Re oder als Ehepaar – das wiederum zwei Kinder hatte – in die Götterfolge eingegliedert wurden. So gab es die Vorstellung, daß Re aus sich selbst vier Kinder zeugte: Schu und Tefnet, Geb und Nut. In einer anderen Tradition waren es nur zwei gewesen, Schu und Tefnet. Tefnet war die Frau, die zum ersten Mal in der Welt geboren hatte, so daß ihr Kinder folgten: die männliche Erde Geb und der weibliche Himmel Nut.

An diese Generationenabfolge wurde anschließend die Familie des Osiris angefügt, allerdings nur dieser selbst und seine Gattin Isis, nicht aber Horus, von dem doch wenigstens einige Aspekte in Re aufgingen. Am Ende integrierte Heliopolis ein weiteres Ehepaar: aus dem Nordosten des Deltas Seth, der längst ein Landesgott Unterägyptens geworden war; ihm gab man als Gemahlin die Nephthys bei. Damit war eine Dynastie von neun Gottheiten geschaffen, die »Große Neunheit von Heliopolis«, die sich ebenso in den anderen Bezirken durchsetzte und schließlich den Mittelpunkt der ägyptischen Religion bildete; dies schloß nicht aus, daß neben diesen ›Hauptgöttern‹ eine nahezu endlose Zahl anderer, meist regionaler Gottheiten Verehrung fand.

Das Modell, sich die ersten Götter nach dem Muster einer großen Familie vorzustellen, sollte auf die spätere Theologie einen prägenden Einfluß haben. Immer wieder ließ der Mythos aus einem Schöpfergott ein Ehepaar entstehen – die so miteinander Verbundenen hatten allesamt ursprünglich nichts miteinander zu tun –, bis im Laufe der Jahrhunderte jeder Tempel eine solch künstlich geschaffene Dreiheit besaß. In einem der Sargtexte aus dem Mittleren Reich begegnet man einer Aussage, die als älteste Formulierung einer Dreieinigkeit gedeutet wurde. Es heißt dort vom Urgott Atum: »... als er Schu und Tefnet gebar in Heliopolis, als er Einer war und als er zu Dreien wurde.«[8] Durch den Anschluß weiterer Paare konnten diese Triaden zu Neunheiten ausgebaut werden. Symbolisierte die Dreiheit bei den Ägyptern die Vielzahl, so galt die Neunheit als potenzierte Dreiheit, gleichsam als eine unendliche Zahl.

Eine bislang nicht erwähnte Facette des vielgestaltigen Weltbildes leitet zu einer der wichtigsten Gottheiten über, die Ägypten der Nachwelt hinterlassen hat. Diese Vorstellung deutete die Erde als einen am Boden liegenden Mann, der den Acker trug und zugleich

13. Ex voto des Osiris

die treibende Kraft war, die aus seinem Innern die Samen zum Keimen brachte, auf seinem Rücken die Pflanzen wachsen und das Getreide reifen ließ. In Unterägypten hieß er Osiris. Dort stellte man Rahmen in Form seiner Silhouette her, füllte sie mit Erde, um in ihnen Körner grünen zu lassen, und schuf so ein Bild der Wiederauferstehung der Natur, die man Osiris verdankte (Abb. 13).

Die Gestalten von Osiris und seiner Gemahlin Isis waren sowohl für die Ägypter als auch für das Erbe Ägyptens an die Antike die wichtigsten; über sie hat der griechische Historiker und Philosoph Plutarch aus dem 2. nachchristlichen Jahrhundert eine zusammenfassende Erzählung hinterlassen:

Osiris war ein Sohn des Sonnengottes, so wird berichtet, und in der Vorzeit ein wohltätiger König, der seinem Volk die Kultur, den Ackerbau, den Gottesdienst und die Gesetze brachte. Er hatte drei Geschwister, allerdings von drei unterschiedlichen Vätern: Isis, Seth und Nephthys. Von Seth heißt es, er sei weder zur rechten Zeit noch am rechten Ort geboren, denn er sei seiner Mutter aus der Flanke gesprungen; diese irreguläre Geburt deutet auf das Unrecht voraus, das durch Seth in die Welt kommen sollte: Er verfolgt seinen Bruder, und es gelingt ihm, diesen durch eine List zu ermorden. Seth verschafft sich nämlich heimlich die Körpermaße des Osiris und läßt einen genau passenden, anthropomorphen und überaus kostbaren Sarg anfertigen. Bei einem Gastmahl verspricht er den Sarg als Belohnung demjenigen, der hineinpaßt. Als Osiris sich zur Probe hineinlegt, schließen die Komplizen Seths den Deckel und werfen den Sarg in den Nil, der ihn mit sich hinwegführt.

Über das Meer gelangt der Sarg schließlich nach Byblos, wo er von einem jungen Baum aufgefangen wird. Da der Baum nun den Gott des Wachstums in sich birgt, schießt er ungewöhnlich schnell empor. Das Wunder ruft den König von Byblos auf den Plan, der den Baum fällen und in seinen Palast holen läßt – von dem Sarg weiß er allerdings nichts. Isis, die sich auf die Suche nach ihrem

Bruder und Gatten gemacht hat, erfährt schließlich von dem wunderbaren Wachstum des Baumes, erkennt die Zusammenhänge und nimmt die Stellung einer Wärterin des königlichen Prinzen im Palast an. Nach mancherlei Irrungen und Wirrungen gelingt es ihr, den Sarg nach Ägypten zurückzubringen. Dort angelangt, beklagt sie den verstorbenen Gatten und bereitet ihn mit Hilfe des schakalköpfigen Anubis – einer der alten Unterweltgötter – für die Bestattung vor.

Nachdem alles für das Begräbnis fertig ist, spricht Isis so wirkungsvolle Zauber über den Leichnam, daß ihr verstorbener Gatte ins Leben zurückkehrt – wenn auch nur vorübergehend zu einem Teilleben. Den ›sichtbaren‹ Beweis ihrer magischen Kräfte stellt ihr Sohn Horus dar, den sie in dieser Zeitspanne empfängt und nach dem endgültigen Tod ihres Gatten zur Welt bringt. War es Osiris auf Dauer also nicht mehr möglich, sein irdisches Leben und seine irdische Herrschaft fortzuführen, so wurde er nun zum – lebenden – Herrscher der Verstorbenen. Als Totengott ist er in das gesamte Reich bis in die entlegensten Winkel vorgedrungen. Die Wiederbelebung des Osiris nach seinem ersten Tod war der bei weitem am stärksten berührende Zug des Mythos; sie wurde zum großen Vorbild für die Auferweckung aller Toten. Es entstanden Mysterien in Abydos, die den Gedanken an die Erlösung von Sünde mit dem Glauben an die Auferstehung des Körpers und die Belohnung im Jenseits verbanden.

Horus, der Sohn des Osiris, muß zunächst als Waisenkind in den Sümpfen des Deltas aufwachsen, wo ihn Isis versteckt hält und durch zahlreiche Zaubersprüche aus ebenso vielen Gefahren errettet. Das Bild der stillenden Göttin wurde zum Prototyp der Mutterliebe. Isis, die treue Gattin des Osiris und Mutter des Horuskindes, war das Ideal aller Frauen und Mütter, und in Horus erblickte man die Verkörperung der Eigenschaften eines guten Sohnes. Selbst in einer Zeit, in der in Ägypten Familiendarstellungen eher selten blieben, hatte ein Darstellungstyp rasch Erfolg: die Mutter, die ihr Kind säugt. Solche Privatporträts imitieren Isis, die ihren Horusknaben nährt; Beispiele gibt es in nahezu jedem Museum. Die vergoldete Bronzefigur zeigt die Göttin selbst mit ihrem Sohn (Abb. 14). Isis trägt auf ihrem Haar die Geierhaube, darauf einen Untersatz mit Schlangenkranz, in ihm ruht die Sonne zwischen Kuhhörnern. Horus hat an der rechten Schläfe den Knabenzopf und an der Stirn die Uräus-Schlange des (zukünftigen) Herrschers.

Erwachsen geworden, tritt Horus für seinen Vater und dessen Rechte ein. Osiris kann jedoch nicht noch einmal zu irdischem Leben erweckt werden, und so erhält er zwar – wie erwähnt – die Herrschaft zurück, aber es ist diejenige über die Unterwelt mit all ihren Verstorbenen. Das irdische Erbe seines Vaters, die Königsherrschaft, tritt dagegen Horus an.

Die weitere Geschichte des Mythos ist geprägt vom Streit zwischen Horus und Seth, der in den unterschiedlichen Erzählsträngen teilweise als Zweikampf, der von einem Ende der Welt bis zum anderen tobte und bei dem beide entsetzlich verstümmelt wurden, teilweise als Gerichtsverhandlung geschildert wird. Seth war, wie betont, bereits bei seiner Geburt aus dem Rahmen des Normalen gefallen, und sein ganzes Leben lang überschreitet er immer wieder die vorgegebenen Grenzen: Er stellt Mädchen und Frauen nach, bei denen er stets den kürzeren zieht, hat aber zugleich eine homosexuelle Veranlagung. Er ist der Gott des Grenzlandes zwischen Fruchtland und Wüste. Vor allem jedoch ist Seth ein Gott der Kraft und Gewalt, und damit befindet er sich im Gegensatz zum zarten Horus, auf dessen Seite allerdings das Recht steht.

Das Brüderpaar verkörpert im Mythos das ewig problematische Verhältnis von Macht und Recht,[9] von denen keines ohne das andere auskommt. Macht und Recht bekämpfen sich und bedürfen doch einander, und zwar in einem ganz bestimmten Verhältnis. Dieses Verhältnis stellt der Mythos heraus: Die Macht (Seth) muß dem

14. Isis und Horus

Recht (Osiris) unterstellt werden, damit sie keinen Schaden anrichtet. Dazu muß das Recht freilich eine Machtposition innehaben, und diese Machtposition verlegt der Mythos in das Unterweltsreich des Osiris, von wo der Tod sogar die Götter und damit Seth bedroht. Darf man die Moral des Mythos weiterspinnen? Auf Erden setzt sich die Macht durch, im Jenseits wird es das Recht sein. So hofften es die Menschen, die dem Mythos folgten und sich in die Mysterien einweihen ließen. Aus der Geschichte des Osiris schöpften sie ihre Hoffnung auf den Sieg der gerechten Sache – allerdings in einer anderen Welt.

Von solchen Göttergestalten abgehoben ist die Maat, die als Personifikation einer reinen Idee das Gleichgewicht repräsentierte, dank dessen die Welt nicht untergeht.[10] Sie ist die Norm, nach der Götter und Menschen handeln, und dank ihr können beide die ihnen gestellten Aufgaben erfüllen. In vielen Kulten, wie beispielsweise im täglichen Mittelpunkt der Amun-Verehrung, opferte man der Maat, wobei der Priester einen Hymnus rezitierte, der jene Vorstellungen präzisierte, die man sich von ihr machte. Sie gehörte zu jedem Gott, und jede Gabe, die ein Gott, in diesem Fall Amun, erhielt, war zugleich eine Gabe an sie. »Die Maat ist bei dir (Amun-Re), sie ging aus dir hervor, sie verwirklicht sich nach deinem Gebot.«[11]

Auf diese Weise wurde eine göttliche Existenz untrennbar mit den moralischen Anforderungen an die menschliche Natur verbunden. In der Maat erfassen wir den Ausdruck einer metaphysischen Realität: auf der einen Seite die Abstraktion der Gedanken, auf der anderen Seite die Bilder, welche ebendiese Idee wiedergeben. Denn die Maat kann auch ins Bild gesetzt werden wie in dem dargestellten Fall (Abb. 15) durch den Pharao Sethos I. (1293–1279). Hierbei richtet der Pharao seine Worte an den Sonnengott Re:

»Re, Herr der Maat!
Re, der von der Maat lebt!
Re, der über die Maat jubelt!

Re, der die Maat liebt!
Re, der sich mit der Maat vereinigt!
Ich bin zu dir gekommen.
Ich bringe dir die Maat.
Du lebst von ihr.
Du jubelst über sie.
Du nährst dich von ihr.
Du bist stark durch sie.
Du dauerst durch sie.
Du bist heil durch sie.
Du schmückst dich mit ihr.
Du gehst auf mit ihr.
Du leuchtest mit ihr.
Du gehst unter mit ihr.
Sie vereinigt sich mit deiner Stirn,
sie vereinigt sich mit dir.
Sie wirft deine Feinde zu Boden.
Froh ist dein Herz, wenn du sie siehst!
Deine Mitgötter jubeln, wenn sie Maat in deinem Gefolge sehen.«[12]

Die Maat wird im allgemeinen als Tochter des Re betrachtet, dann allerdings auch als seine Mutter, und dies gelegentlich in ein und demselben Kontext. Dahinter steht das Bemühen des jeweiligen Autors, die wechselseitige Bindung des Gottes und jene moralischen Grundlagen herauszustellen, welche die Existenz der Welt und des menschlichen Lebens garantieren. Die Maat stellt somit die Idee einer alles – die Welt der Menschen, der Dinge, der Natur und der kosmischen Erscheinungen – umgreifenden sinnhaften Ordnung dar. Sie kennzeichnet den Sinn der Schöpfung, die Form, in der sie vom Schöpfergott gemeint ist. Insofern ist sie Symbol dessen, was eingangs dieses Abschnitts festgestellt wurde: der Durchdringung des gesamten menschlichen Lebens mit religiösen Vorstellungen.

15. Sethos I. bringt die Maat dar. Nachzeichnung aus seinem Tempel in Abydos

Tempel und Tempelkult

Die frühesten Zeugnisse von ägyptischen Heiligtümern stammen aus der Vorzeit. Es waren bescheidene Anlagen, in denen sicher keine Steine verwendet wurden, sondern gebrannte Lehmziegel, Holz und Schilfmatten. Manche Götter besaßen ein Zelt als Kultstätte, und der Tempel von Elephantine entwickelte sich aus einem Höhlenheiligtum. Selbst während des Alten Reiches blieben die Wohnstätten der Götter bescheiden. Das sollte sich erst im Mittleren Reich ändern, als die Tempel allmählich den königlichen Gräbern angeglichen wurden, die früh schon zu imponierenden und reichdekorierten Anlagen herangewachsen waren.[13]

Einen wichtigen Schritt hin zu einer repräsentativen baulichen Gestaltung der Heiligtümer markierte die ›Erfindung‹ des Pylons, jenes monumentalen Doppelturms, der den Eingang zum Tempel umrahmt. Doch erst zur Zeit des Neuen Reiches gewann der Axialtempel seine endgültige Form, mit festen Elementen, die sich an jedem Grundriß ablesen lassen: große Toranlage, offener Tempelhof, Säulensaal, Opfertischsaal, Barkensaal und Allerheiligstes. Der Tempel selbst wurde inzwischen längst aus Stein errichtet, umgeben von einer hohen Umfassungsmauer (wie der Plan des Totentempels Ramses' III. illustriert) und ergänzt durch Priesterwohnungen, Magazine und andere Wirtschaftsgebäude; zum festen Bestand gehörte auch ein heiliger See innerhalb der Mauern (Abb. 16).

Obwohl wir vom Aussehen ägyptischer Städte wenig wissen, läßt sich doch annehmen, daß sie außer den Tempeln keine irgendwie herausragenden Gebäude enthielten – sofern es sich nicht um Hauptstädte mit königlichem Palast handelte. Somit repräsentierten die Tempel – insbesondere der Haupttempel des jeweiligen Stadtgottes – den Stadtcharakter der Siedlung. Die hohen Umfassungsmauern und die Pylontürme ragten dabei weithin sichtbar aus dem flachen Land hervor.

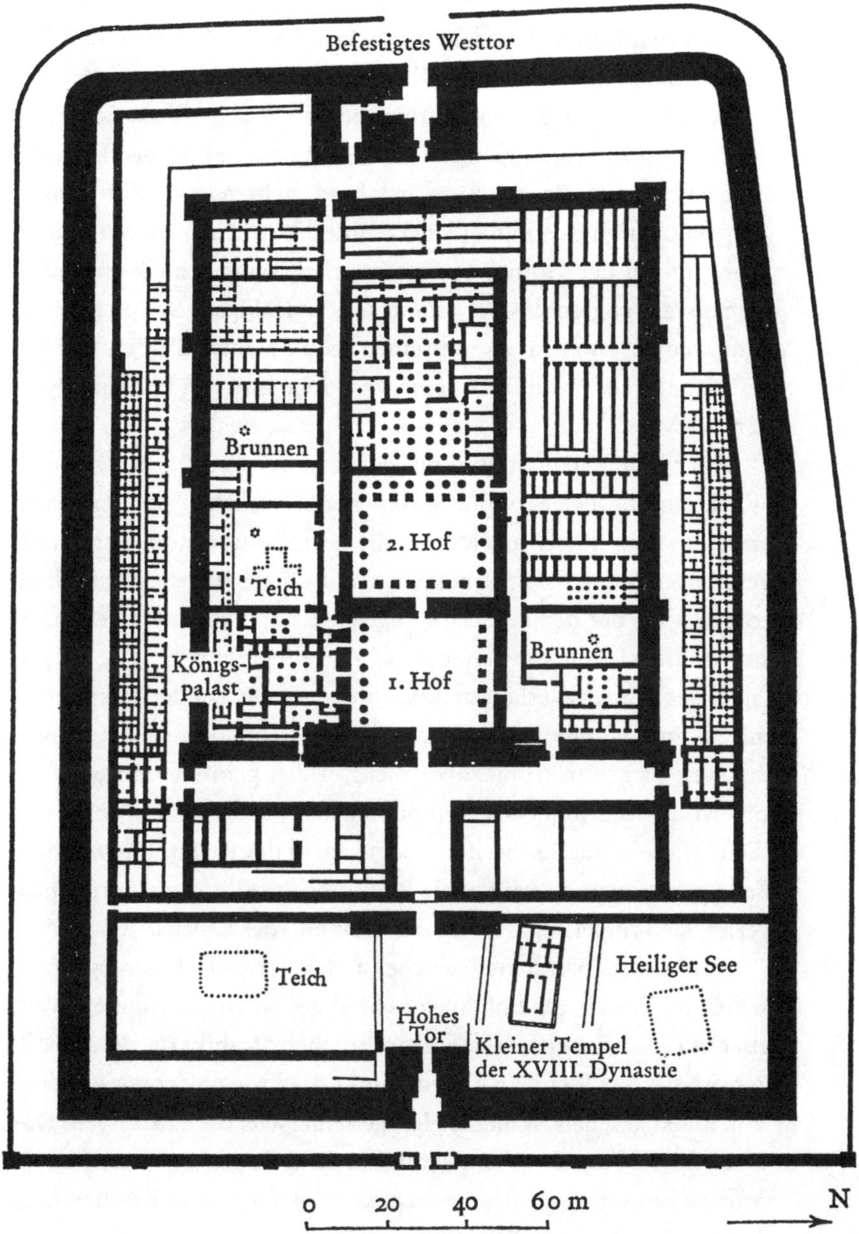

16. Tempel Ramses' III. in Medinet Habu. Grundriß

Es entwickelte sich zum Kennzeichen des Axialtempels, daß fast jedes seiner architektonischen Elemente nahezu beliebig wiederholbar war. Da zu den zentralen Aufgaben des Königs die Erneuerung des Schöpfungswerks gehörte, die unter anderem in der Erweiterung bestehender Bauten Ausdruck fand, richteten sich die entsprechenden Aktivitäten immer stärker auf die stets größer werdenden Wohnstätten der Götter. Ein ägyptischer Tempelbau kann daher niemals als abgeschlossen gelten. Das auffälligste Beispiel ist der Amuntempel von Karnak mit seinen zehn Pylonen, aber viele andere Tempel weisen zumindest eine Verdoppelung von Hof und Pylonen auf.

Jeder Tempelbau stellte mit seinen jeweiligen Bauphasen eine Wiederholung der Schöpfung dar. Beim Ausheben der Baugrube erreichte man das Grundwasser, die Urflut Nun; Sand wurde aufgeschüttet und ließ den Urhügel neu entstehen. Wie die Welt selbst, so war auch der heilige Bezirk abgegrenzt und von allen Seiten gesichert: Eine Umfassungsmauer aus Ziegeln umgibt ihn. Die Ziegellagen der Mauern verlaufen dabei nicht gerade, sondern wellenförmig, denn sie symbolisieren ebenfalls die Urflut, die den Tempel wie die Welt zwar umströmt, aber nicht in den geordneten Bezirk im Innern hineindringt. Der Tempel wächst aus dem Nun, und wer seine Mauern durchschreitet, badet sich in der Urflut, um anschließend gereinigt und verjüngt die Wohnung der Götter zu betreten. So geriet der Tempel zum Abbild der Welt und des Lebens.

Von außen betrachtet, erscheint der Tempel als streng abgeschirmter Bezirk, als Enklave des Heiligen in einer profanen Welt, ein fest verschlossenes Gefäß der göttlichen Strahlkraft, die sich auf geheimnisvolle Weise an diesem Punkt der Erde niedergelassen hat. Von innen gesehen ist dieses Heilige seinerseits die ganze Welt: Das Götterbild erfüllt den Tempel mit der Strahlkraft göttlicher Gegenwart so wie der Gott den ganzen Kosmos mit seiner Erscheinung. Ägyptische Festlieder bringen diese Vorstellung zum Ausdruck:

»Sein Gesicht wird enthüllt in seinem Tempel,
sein Ruhm, er dringt bis ans Ende der Erde.
Sein Fest ereignet sich in diesem Heiligtum,
sein Wohlgeruch durchzieht den Ozean.
Herr des Erscheinens innen in Theben,
seine Ehre ist in den Fremdländern,
Himmel und Erde sind voll von seiner Schönheit,
überschwemmt vom Gold seiner Strahlen.«[14]

Nähert man sich einem solchen Tempel, so fällt von weitem die Fassade ins Auge; in Karnak beispielsweise erhebt sie sich zu einer Höhe von 44 Metern. Ihre Dekoration dient der Abwehr feindlicher Mächte, und hierbei begegnet uns vor allem das zeitlose Bild des Pharao, der die Feinde niederschlägt. In die geböschten Wände der beiden Pylontürme sind hohe Nischen eingelassen, in denen je zwei oder vier Flaggenmaste aufragten, hohe Edeltannenstämme, die aus Asien herbeigebracht werden mußten – ein Grund mehr für das große Interesse, das Ägypten an der Küste des Libanon hatte. An der Spitze der teilweise vergoldeten Maste wehten als Wimpel kleine, dreieckige farbige Stoffstücke. Vor vielen Pylonen stehen noch heute kolossale Statuen ihres königlichen Bauherrn, die seine Macht zum Schutz des Heiligtums vergegenwärtigen sollten.

Hinter dem Eingang liegt der offene Tempelhof, der große Festhof, der im Ägyptischen als »Hof der Menge« bezeichnet wird. Seinen Namen erhielt er, weil hier bei den großen alljährlichen Götterfesten die Öffentlichkeit einbezogen wurde, damit sie die Erscheinung der Gottheit miterleben konnte. An solchen Festtagen verließ der Gott, anwesend in seinem Götterbild, das Allerheiligste; auf den Schultern seiner Priester zeigte er sich den Menschen, denen er damit die Möglichkeit gab, ihm ihre Sorgen und Bitten unmittelbar vorzutragen. Rings um den Tempelhof befinden sich Räume für den Kult der ›Gastgötter‹, die durch ein ständiges Kultbild vertreten waren und ebenfalls das tägliche Ritual genossen.

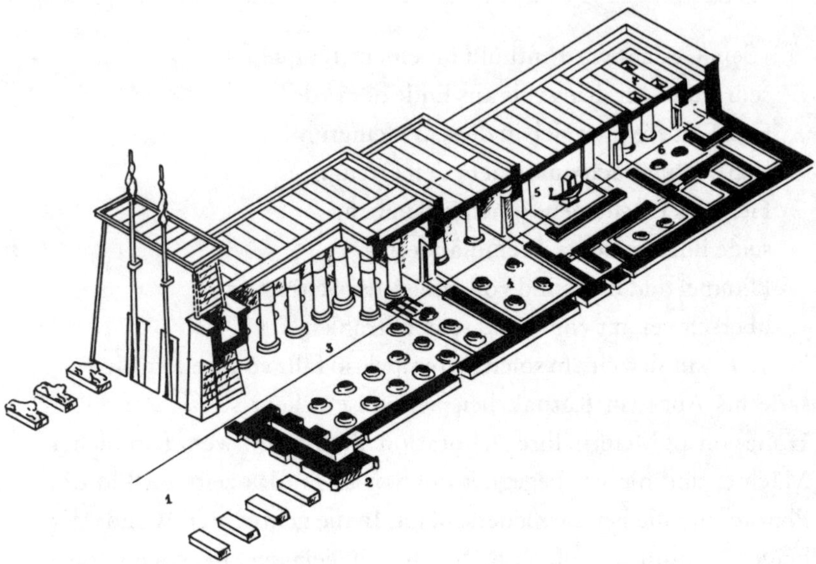

17. Chons-Tempel in Karnak

Aus der Helligkeit des offenen Hofes (Abb. 17, A) tritt man in das Dämmerlicht des Säulensaales (B). Mit dem Licht wechselt auch die Szenerie; während die Abbildungen außen den Tempel schützen sollen, werden im Innern Szenen des eigentlichen Kultes dargestellt. Nicht von ungefähr geschieht in solchen Bildern überall das gleiche: Wir sehen den König, der die Gottheit anbetet oder Opfer darbringt. Diesem Darstellungsprinzip liegt die Idee zugrunde, daß jegliche Kulthandlung allein vom Herrscher ausgeht. Nur der Pharao ist fähig, mit den Göttern zu verkehren und – da er selbst göttlich ist – ihrer gewaltigen Wirkkraft standzuhalten. Um an diesem Schutz, wie ihn nur der König genießt, teilzuhaben, müssen sich die Priester, die im Alltag in Hunderten von Tempeln den Kult vollziehen, vor der Gottheit als Stellvertreter des Königs ausweisen.

Die Säulen des Saales stehen sehr eng aneinander – nicht aus statischen Gründen, sondern vielmehr weil sie als steingewordene Papyruspflanzen einen Sumpf abbilden, durch den der Weg zum

Allerheiligsten (E) – Symbol des Urhügels – führt. Dieser Weg folgt der geraden Mittelachse (D, C) und steigt langsam über Stufen und Rampen empor; gleichzeitig wird die Decke immer niedriger, die Räume wirken dunkler und enger.

In einem solchen Tempel hält sich der Gott als Gast bei den Menschen auf; hier hat er eine irdische Wohnung, die ihn zum Verweilen einladen soll. Denn schon seine bloße Anwesenheit überschüttet die Menschen mit Wohltaten: Den Göttern verdanken sie die Luft zum Atmen und das Leben, das ägyptische Gottheiten als Attribut in ihren Händen halten. Alle Opfer, die der Pharao darbringt und die im Opfertischsaal zusammengetragen werden, sind lediglich ein schwacher Ausdruck des Dankes, den die Menschen den Göttern für deren Dasein schulden.

Ein Text in Edfu beschreibt, wie sich die Götter freudig mit ihren Abbildern vereinen, die sie überall im Tempel vorfinden. So erfüllen sie das Gebäude mit ihrer Gegenwart. Das Heiligtum ist ein Himmel, der ihnen in Ägypten bereitet ist, und da sie in Barken über den Himmel fahren, steht ihr Bild im Schrein einer Kultbarke. Bei den Festprozessionen schwebt diese über den Köpfen der Priester, die sie tragen, und zeigt sich der Menge vor dem Tempel. Normalerweise ruht sie jedoch auf einem Untersatz, der als Himmel gestaltet ist. Hinter dem Barkenraum (C) dann folgt das Allerheiligste. Hier steht, auf der höchsten Stelle des Raumes, das Kultbild des Gottes. Nur der Priester darf es (und damit die Gottheit) schon als Lebender schauen.

Am Morgen wird der Gott mit einem seit der Vorzeit feststehenden Hymnus geweckt, nachdem der über Nacht verschlossene und versiegelte Schrein seines Kultbildes geöffnet worden ist. Anschließend werden seine Kleider gewechselt, Priester räuchern ihm, er wird gesalbt und gespeist. Dieses Ritual, das seit dem Neuen Reich täglich in allen ägyptischen Heiligtümern mit nur geringen Abweichungen vollzogen wurde, ist auf den Wänden mehrerer Tempel sowie auf Papyri erhalten; daher kennen wir die einzelnen Handlungen und die sie begleitenden Worte der Priester.

Die große Morgenliturgie für den käfergestaltigen Horus in Behdet, mit deren Rezitation der am Himmel erscheinende Gott beziehungsweise das im Tempel erwachende Kultbild begrüßt wird, zählt in der Form einer Litanei alles auf, was den Gott und seine Wirkung ausmacht:

»Erwache in Frieden, mögest du friedlich erwachen,
Horus von Behdet erwacht in Frieden.
Die Götter stehen früh auf, deinen Ba zu verehren,
du erhabener geflügelter Käfer, der im Himmel aufgeht!
Er ist es, der ›die Kugel öffnet‹ in der Himmmelsgöttin,
der die Erde mit Goldstaub erfüllt,
der auflebt im Ostgebirge und kopfüber zur Tiefe steigt
im Westgebirge,
der schläft in Behdet Tag für Tag.«[15]

Diesem 78mal zu wiederholenden Refrain folgen nacheinander: 26 theologische Aspekte des Horus, die Namen der zehn Mitgötter und die Beschreibung der Falkenmumie des heiligen Vorgängertieres, der toten Götter-Vorfahren, der Körperteile des Gottes, der Embleme, Kronen und Insignien seines Ornats und schließlich der Stadt und des Tempels mit seinen Hallen, Kapellen, Pfeilern, Toren, Bildern, Reliefs und dem Barkenschrein.

Hinter sämtlichen Kulthandlungen steht letztlich immer der Pharao. Allein mit Amun-Re, faßt Amenophis III. im Allerheiligsten des Tempels von Luxor sein Staunen und seine Andacht in die Worte: »Wie schön ist dein Erscheinen.« Nur andeuten kann er damit, sprachlos und überwältigt, wie die göttliche Gegenwart hier im innersten Raum des Tempels wirkt. All dies ist ein Anlaß zur Freude, die sich auch in der ehemals leuchtenden Farbigkeit von Wandreliefs und Säulen ausdrückte, die wir heute vor Ort kaum noch zu erkennen vermögen.

Von der regelmäßigen Pflege des Kultes hing das Wohl des ganzen Landes ab. Was geschieht, wenn sie vernachlässigt wird, schildern vor allem Texte aus der Zeit nach Echnaton (1353–1336): Die Götter verlassen die Menschen und kommen nicht wieder, selbst wenn man sie ruft. Ägypten ist nicht mehr »voll von Tempeln«, sondern »voll von Gräbern«, nicht mehr »voll von Göttern«, sondern »voll von Leichen« (S. 326). Und dieser Kult hatte seinen Preis: Die Durchführung der täglichen Rituale erforderte einen hohen Aufwand an Personal, das zu versorgen, und an Material, das bereitzustellen war; es mußten stets Opfergaben zur Verfügung stehen, Vorräte und Kultgeräte aufbewahrt sowie zahlreiche Kultdiener ernährt werden. Der ägyptische Tempel wurde zum Wirtschaftsbetrieb, und im Laufe der Zeit kam diesem Aspekt neben der religiösen Funktion ein immer stärkeres Gewicht zu. Deshalb hatte etwa die rege Bautätigkeit der Ramessiden auch insofern eine ökonomische Dimension, als jeder neuerbaute Tempel mit neuem Besitz ausgestattet werden mußte. Wenn wir in diesem Zusammenhang besonders unter Sethos I. (1293–1279) und Ramses II. (1279–1213) ausdrücklich von Schenkungen aus den nubischen Besitzungen hören, so liegt die Vermutung nahe, daß damals vor allem dort noch freier Besitz zur Verfügung stand und neue Einkünfte zu erschließen waren.

Über die Schenkungen, die Sethos I. seinem großen Tempel in Abydos machte, sind wir durch mehrere Inschriften unterrichtet. Sie enthalten zwar keine Zahlenangaben über die Größe des Tempelbesitzes in Nubien, aber er muß beträchtlich gewesen sein, da er unter anderem Erträge aus den dortigen Goldminen umfaßte. Weder der Vizekönig von Kusch noch Beamte und Offiziere, die auf Dienstreisen das Kolonialland betraten, durften Tempelbesitz requirieren (S. 333).

Der Wert des nubischen Goldes mußte gerade in dieser Zeit besonders ins Gewicht fallen, da es sozusagen den entscheidenden

Aktivposten in der Politik der Dynastie darstellte. Mit welcher Intensität damals Nubien erschlossen wurde, zeigen die Brunnenstationen, die den Verkehr zu den meist vom Nil abgelegenen Bergwerksanlagen erleichterten. Und so werden auch die berühmten Tempelbauten Ramses' II. in Nubien – ich nenne nur Abu Simbel – nicht bloß als Siedlungskerne und Festungsanlagen von Bedeutung gewesen sein, sondern auch als Verwaltungs- und Wirtschaftszentren der das Land besitzenden Götter. Zwar läßt sich zahlenmäßig nicht belegen, ein wie großer Anteil der Einkünfte aus der nubischen Provinz den neuen und alten Tempeln zukam, doch man braucht sich nur einmal zu vergegenwärtigen, wie vielseitige Phänomene sich hinter dem Begriff der ›Tempel‹ verbargen: Religion und Kult selbstverständlich, Grund- und Menschenbesitz, Wirtschaft und Handel, Handwerk und Technik – dies alles zusammengefaßt in der Hand des Gottes als des eigentlichen Besitzers. Damit wird jede verwaltungsmäßige Unkorrektheit oder gar jede Übertretung der Bestimmungen zum Sakrileg, und zu den vom Staat ausgesetzten Strafen gesellt sich die Androhung religiöser Verfolgung durch den Gott.

Gerade die Formulierungen der Ramessidenzeit weisen auf das weltliche und religiöse Doppelgesicht wirtschaftlicher Bestimmungen hin. Sethos I. begründet sein Stiftungsdekret über das dem Tempel zugewiesene Gold: »Das Gold, der Leib der Götter, das ist nichts, was euch (den Menschen) zugehört!« Und er beschließt einen solchen Erlaß mit der Drohung: »Jeder, der taub sein wird gegen diesen Befehl, den wird Osiris verfolgen. Isis wird seine Frau verfolgen und Horus seine Kinder! Alle Gerichtsherren der Nekropole (die Totenrichter) werden mit ihnen ins Gericht gehen.«[16] In solchen Passagen wird deutlich, daß auch die ägyptischen Höllenschilderungen durchaus einen ›Sitz im Leben‹ (S. 134) haben.

Über Tempelzuweisungen im ägyptischen Kernland sind wir nur sporadisch unterrichtet. Was die in Theben-West errichteten

Totentempel an Land, Menschen und Einkünften besessen haben, wissen wir nicht, auch nicht, aus welchen Mitteln und in welchem Umfang die in der Ramses-Stadt Tanis neu errichteten Tempel dotiert wurden. Immerhin veranschaulicht ein Lied über diesen Ort die Bedeutung der Tempel: Sein westlicher Teil ist der Tempel des Amun, sein südlicher Teil der Tempel des Seth. Astarte erscheint an seiner Ostseite und Utho an seiner Nordseite (S. 336).

Über die wirtschaftlichen Verhältnisse eines Tempels sind wir vor allem durch den sogenannten Großen Papyrus Harris informiert, auch das allerdings nur in Ausschnitten. Wenigstens stoßen wir hier auf genaue Zahlenangaben: Der Papyrus listet alles auf, was Ramses III. (1184–1153) einigen Tempeln des Landes neu gestiftet hat.[17] An erster Stelle stehen die eigenen Tempelbauten des Pharao, dann folgen die Zuwendungen für Abydos, die Ramses-Stadt und so fort. Es werden Schenkungen an Menschen, Land – unter anderem auch Ortschaften in Syrien und Nubien – und Gold unterschieden. Hier kann die Verteilung nicht im einzelnen aufgeschlüsselt werden; der Löwenanteil, außer an Gold, fiel jedoch den thebanischen Tempeln zu. Die Zahlen sind ungeheuer groß; allein der Grundbesitz des Amun-Tempels hätte zur Versorgung von fast 900.000 Menschen ausgereicht:

Art	*insgesamt*	*Theben (Amun)*
Menschen	107.615	81.322
Land (qkm)	2.961	2.393
Tiere	476.953	421.362
Gold (kg)	332	16,7

Zu den hier genannten Mengen kommen die Einnahmen durch Abgabenerhöhung, Schenkungen des Königs an Metallen, Edelsteinen, Kleidern und vieles andere mehr. Aber damit ist der Besitz der Tempel noch keineswegs erschöpft. Sie besaßen nahezu eine halbe Million Stück Klein- und Großvieh, eine Flotte von 88 Fahrzeugen

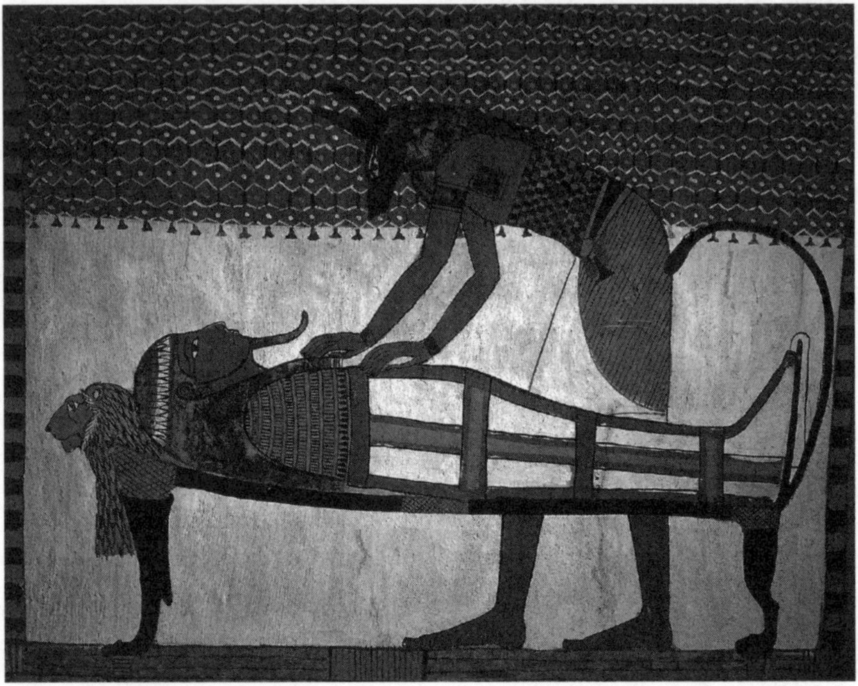

18. Anubis versorgt eine Mumie. Nachzeichnung vom Sarkophag des Chonsu

und etwa 53 Schiffswerften und Werkstätten, in denen ein Teil des erhaltenen Rohmaterials verarbeitet wurde. In Syrien, Nubien und Ägypten gehörten ihnen insgesamt 169 Städte. Diese Angaben beziehen sich freilich nur auf die neu zum Tempelbesitz hinzukommenden Dinge. Vielleicht dürfen wir sie als Verhältniszahlen über die bereits bestehende wirtschaftliche Bedeutung der einzelnen Heiligtümer nehmen. Jedenfalls muß sich ein großer Teil der wirtschaftlichen Möglichkeiten des Landes im Besitz der Tempel befunden haben.

Welches Verhältnis herrschte zwischen Staatswirtschaft und Tempelwirtschaft? Darüber schweigen die Zeugnisse. Es ist anzunehmen, daß der König die Möglichkeit hatte, einen Teil der Steuern auch des Tempellandes abzuzweigen. Dennoch: Ein nicht genau zu bestimmender, aber gefährlich großer Teil des heute so genannten Volksvermögens wurde unmittelbar von den Kultzentren verwaltet und war Eigentum des jeweiligen Gottes. Damit konnten sie zur Gefahr für die innere Stabilität des Königtums werden.

Diesem Reichtum entspricht die Prachtfülle, mit der das Ritual der großen Götter täglich ausgeübt wurde. Zur Herstellung der Waagen, auf denen in Heliopolis die Opfer für Re gewogen wurden, verwendete man nahezu 212 Pfund Gold und 461 Pfund Silber. In Theben wurden Amun allein zu seinen Festen jährlich 105.000 Sack Getreide als Opfergabe dargebracht. Wenn man bedenkt, daß ein Arbeiter in Deir El-Medine 5½ Sack als Monatsration erhielt (S. 393), dann entsprach dies der Jahresration für 132 Arbeiter.

Jenseitsvorstellungen

Der Schritt über die Schwelle des Todes führte den Ägypter zunächst ins Balsamierungshaus.[18] Dort, unter der Aufsicht von speziell ausgebildeten Priestern und Handwerkern, wurde sein Körper für die weite, gefahrvolle Reise ins Jenseits hergerichtet und in seiner äußeren Gestalt soweit wie möglich bewahrt, denn auch ihn wollte der Ägypter, im Sinne einer ganzheitlichen Auffassung vom Menschen, fortleben lassen. Selbst die verderblichsten Teile, die Eingeweide, wurden zwar aus der Leiche entfernt, aber in vier Krügen, den Kanopen, getrennt behandelt, eingewickelt und mit bestattet. Schutzherr all dieser Arbeiten war der schakalköpfige Anubis, der in einer häufigen und beliebten Grabszene letzte Hand an die aufgebahrte Mumie legte; das abgebildete Beispiel stammt vom Sarkophag eines Würdenträgers aus der Zeit der neunzehnten Dynastie (Abb. 18).

Die Ägypter waren vom Glauben durchdrungen, daß der Tod

Geist und Seele nicht vom Fleisch trenne. Der tote Körper war für sie keine abgenutzte Hülle, denn die Lebenskräfte Ka und Ba verlassen ihn nur vorübergehend. Später kehren sie wieder in ihren alten Körper zurück, doch dazu muß er gut erhalten sein; ansonsten werden sie ausgelöscht. Also mußte etwas geschehen, um die Verwesung zu verhindern, und so verfielen die Ägypter auf das Einbalsamieren, indem sie den Leichnam mit kostbaren Salben und teurem Mum einrieben – daher die Bezeichnung »Mumie«.[19]

Die Einbalsamierer waren Könner ihres Fachs; schließlich oblag ihnen die Verantwortung für die Erhaltung des sterblichen Körpers und die Schaffung der ewigen Hülle. Dennoch genossen sie – von wenigen Ausnahmen abgesehen – kein hohes Ansehen. Trotz seiner Notwendigkeit war ihr Berufsstand verachtet, wurde gemieden, und wer ihm angehörte, zählte zu den untersten sozialen Schichten. Er stand im Wortsinn in schlechtem Geruch.

War jemand verstorben, liefen viele Klagefrauen herbei. Sie beschmierten sich Kopf und Gesicht mit Nilschlamm und zogen jammernd und verzückt durch die Straßen zum Haus des Verstorbenen. Dann übergab man die Leiche dem »Haus des Todes«, wo sie feierlich einbalsamiert wurde. Im allgemeinen dauerte diese Prozedur 30 Tage, bei Vornehmen jedoch dehnte man sie – kosmischen Vorgaben folgend – auf 70 Tage aus. Der Aufwand, den man mit den Toten wie mit ihren Gräbern trieb, bezeugt eine erstaunliche Gewißheit, im Jenseits eine zwar vertraute, aber bessere Welt vorzufinden.

Die Behandlung des Toten war wie das Leben eine Frage der gesellschaftlichen Bedingungen und finanziellen Möglichkeiten. Bei hohen Persönlichkeiten begleiteten Priester den Vorgang des Einbalsamierens mit Gebeten. Zunächst entfernte man mit einem Draht das Gehirn durch die Nase und entnahm der Bauchhöhle die Eingeweide. Das Innere des Körpers wurde mit Wein und Kräutersud ausgewaschen, den Blutgefäßen Natron eingespritzt. Dann legte man die Leiche in eine Salzlösung. War sie nach einer bestimmten Zeit widerstandsfähig geworden, entzog man ihr die Feuchtigkeit. Da der Körper bekanntlich überwiegend aus Wasser besteht, war dies keine leichte Aufgabe. Man salbte die Bauchhöhle mit kostbaren Fetten und Zedernöl, füllte sie mit Myrrhe und weiteren aromatischen Essenzen und vernähte sie dann. Entsprechend wurde die Außenseite der Leiche bearbeitet: Die Kosmetiker schminkten das Gesicht, färbten Nägel und Lippen, Handflächen und Fußsohlen. Zeitweise wurden die Toten beiderlei Geschlechts rasiert, man hat aber auch Mumien in vollem Haarschmuck gefunden.

Nun zeigten die geschäftstüchtigen Bestattungsunternehmer den trauernden Hinterbliebenen verschiedene Mumienmodelle: primitive, schlichte, bessere oder von Malern farbenfreudig ausgeschmückte Stücke. Nach diesen Mustern konnte man, je nach Geldbeutel, das Make-up für die Leiche bestellen. Anschließend wickelte man den Körper in unzählige Meter feinstes Leinen, wobei man, um ihn beim festen Einwickeln nicht zu deformieren, an den Druckstellen Kissen einlegte. Soviel zu einem Begräbnis »erster Klasse«.

Über die Methode »zweiter Klasse« schreibt Herodot: »Wer die großen Kosten scheut, muß die Mittelart wählen. Hier füllen sie Klistierspritzen mit Öl vom Zedernbaum und füllen damit die Leiche. Sie machen keinen Einschnitt, nehmen nichts aus dem Leib heraus, sondern führen die Spritze in den After, versperren mit einem Korken dem Klistier den Rücktritt und legen die Leiche in die Lauge. Am letzten Tag lassen sie das Zedernöl wieder heraus, und dasselbe hat solche Kraft, daß die ganz aufgelösten Eingeweide herausdringen. Das Fleisch aber ist von der Natronlauge größtenteils aufgelöst, die Leiche nur noch Haut und Knochen.«[20]

Es gab viele »Häuser des Todes«, wie die Menschen eingeteilt in Klassen. In der »dritten Klasse« siegte die Massenabfertigung über die Pietät. Mit Fleischhaken packte man die Leiche und warf sie in ein großes Becken für fünf Personen. Hier lag sie 30 Tage in der

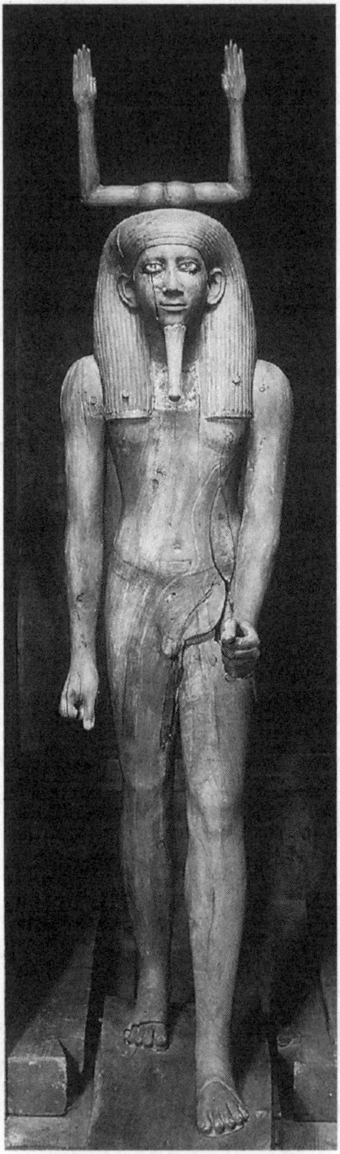

19. Der Ka des Königs Hor

Salzlösung. 30 Tage hatte der Monat, 30 Becken die Anstalt, für jeden Tag ein Becken, genau dem Ritus entsprechend. Natürlich wurden bei dieser Art der Mumifizierung nur billige Salbmittel verwendet. Und wer sich nicht einmal die Aufbewahrung in einer Massengruft leisten konnte, verscharrte die Mumie mit frommen Wünschen im Sand der Wüste. Oft grub man sie nachts in der Nähe eines fürstlichen Grabes ein, in der Hoffnung, daß vom Totenopfer des Reichen etwas für den Armen abfalle; das Aufbegehren gegen den Verfall einte alle Gesellschaftsschichten.

Was neben dem Körper das Wesen des Menschen ausmacht, trennt sich im Tode von ihm, soll sich aber im Jenseits wieder mit ihm zu einer neuen, lebendigen Ganzheit vereinen. Diese wirkende Kraft – eine Anhäufung von Energie, die durch materielle Zuwendung vermehrt werden kann – nannte der Ägypter Ka; sie läßt sich am ehesten mit »Seele« übersetzen. »Für deinen Ka« lautet der Segenswunsch, der jede Darbringung von Speise oder Trank begleitet. Ka regelt das Befinden des Menschen, seine seelische Gestimmtheit, während die aktiven Handlungen vom Herzen gesteuert werden. Die Toten »gehen zu ihrem Ka« und vereinigen sich im Jenseits wieder mit ihm.

Ins Bild gesetzt sehen wir den Ka des Königs Hor (Abb. 19), eines Herrschers der dreizehnten Dynastie aus der Mitte des 18. Jahrhunderts. Das Symbol dieser Kraft wurde hieroglyphisch in der Form zweier an den Ellbogen abgewinkelter und nach oben ausgestreckter Arme dargestellt, wie sie hier über der Kopftracht des Königs zu sehen sind. Auch bei dieser Holzfigur sind einzelne Teile separat geschnitzt und mit Zapfen am Körper befestigt (vgl. Abb. 44, S. 285). Der verstorbene König trägt eine lange Perücke sowie den künstlichen Bart – in diesem Fall denjenigen eines Gottes; die Augen sind in Bronze eingefaßt, die Pupillen aus Bergkristall gearbeitet, und ihr Weißes besteht aus Quarz. Die Figur hielt einst Szepter und Stab und war höchstwahrscheinlich nicht so nackt, wie sie sich

20. Totenbuch des Maiherperi

heute präsentiert: Sie war mit Stuck überzogen und vermutlich bemalt; man erkennt um die Hüfte Spuren eines Gürtels und unterhalb des Nabels Löcher, in denen wohl ursprünglich ein Schurz befestigt war. Die ›lebensnahe‹ Darstellung verdeutlicht, daß der Ka im Menschen nach dem Tod weiterleben kann, wenn der Körper erhalten geblieben ist.

Der Ka spielt in den Jenseitsbüchern allerdings keine besondere Rolle. Dort tritt der Ba des Menschen deutlicher hervor, das frei bewegliche Element aller Wesen, das ungehindert durch Raum und Zeit schweift. Während der Körper der Erde verhaftet bleibt, gehört der Ba zum Himmel und wird daher häufig als Vogel mit Menschenkopf und menschlichen Armen dargestellt. Die Vereinigung von Ba und Körper, die auch der Sonnengott jede Nacht vollzieht, ist der entscheidende Vorgang, der den Toten zu neuem Leben verhilft.

Der Papyrus, aus dem die abgebildete Vignette stammt, gehörte dem königlichen Beamten Maiherperi, einem »Wedelträger zur Rechten des Königs« aus der Zeit um 1450 (Abb. 20). Die darin enthaltenen Texte sind einem Totenbuch entnommen, also jener Sammlung von Sprüchen, welche helfen sollten, das Weiterleben des Verstorbenen im Jenseits zu sichern. Gemalte Vignetten illustrieren in solchen Texten mitunter wichtige Passagen der Reise ins Totenreich.

Links sehen wir das Wiegen des Herzens (S. 130). Vor dem Totenrichter Osiris, der auf seinem Thron sitzt, steht die große Waage. Auf ihren Schalen liegt links die Figur des Verstorbenen und rechts sein Herz. Der Gott der Weisheit in Gestalt eines Pavians und der zum Bild geschriebene Spruch sorgen dafür, daß die Waage im Gleichgewicht bleibt und Maiherperi diese Prüfung glücklich übersteht:

»Mein Herz meiner Mutter,
mein Herz meiner Mutter,
mein Herz meiner wechselnden Formen –
stehe nicht auf gegen mich als Zeuge,
tritt mir nicht entgegen im Gerichtshof,
mache keine Beugung wider mich vor dem Wiegemeister!«[21]

Rechts neben der Wiegeszene sehen wir, was geschieht, wenn man das Gericht des Osiris überstanden hat. Aus dem Grab, das mit wenigen Strichen skizziert ist, flattert die Seele Maiherperis als Ba-Vogel mit menschlichem Kopf. Das Bild illustriert einen Spruch, der dazu dient, das Grab für den Ba-Vogel zu öffnen, und helfen soll, daß der Schatten hervorgehen und seine Füße gebrauchen kann:

»Öffne, und du bist offen.
Schließe, und du bist geschlossen, Schlafender.
Öffne, und du bist offen,
für meinen Ba nach dem Befehl des Horus-Auges,
das mich fort nimmt und meine Vollkommenheit am Scheitel Res befestigt.
Ich bin weit ausgeschritten und habe die Knie gestreckt,
ich habe einen großen Weg gemacht, und mein Fleisch ist beruhigt.«[22]

In seiner Mumienhülle, durch Amulette, Zaubersprüche und viele andere Vorkehrungen geschützt, kann der Verstorbene also die weite, gefahrvolle Reise in das Totenland antreten, dem Gang der Sonne nach Westen folgend. Noch hat er – wie Maiherperi – das Gericht des Osiris, des Königs der Toten, vor sich, bei dem seine ganze Existenz auf dem Spiel steht. Fällt das Urteil günstig aus, dann wird der Tote von Osiris in die Gefilde der Seligen aufgenommen, wo sich das Leben immer wieder erneuert.

Das Unterweltsbuch ›Amduat‹ belehrt uns über »Gedeihende und Vernichtete«. Damit sind die beiden Kategorien jenseitiger Wesen gemeint, die durch das Totengericht voneinander getrennt werden. Bereits das Alte Reich kennt ein solches Tribunal, vor dem sogar Gans und Rind als Kläger auftreten können. Zunächst aber wird es nur auf Anklage hin tätig, um die Gerechtigkeit wiederherzustellen. Erst im Übergang vom Alten zum Mittleren Reich setzt sich der Gedanke eines allgemeinen Gerichts über alle Toten durch. In der ›Lehre für Merikare‹ (um 2050) heißt es: »Das Kollegium, das den Schuldigen richtet – du weißt, daß sie nicht milde sind am Tag des Richtens des Unglücklichen.«[23]

Mit der Zeit gewann die Idee des Jenseitsgerichts ihre bleibende Gestalt: Vor dem thronenden Osiris steht eine große Waage, in deren Schalen eine Figur des Verstorbenen gegen sein Herz abgewogen wird; im Gegensatz zu den anderen Organen belassen es die Einbalsamierer deshalb im Körper. Sprüche beschwören das Herz, sich dem Toten »nicht zu widersetzen im Totenreich«, vor Gericht nicht als Zeuge und Ankläger gegen ihn aufzutreten, sondern im Einklang mit ihm zu bleiben, so daß die Waage nicht aus dem Gleichgewicht gerät.

Seitdem gehört die Wägeszene zur Standardillustration der Totenbücher. Anubis, der bei der Präparation der Mumie den besten Einblick in ihr Inneres erhält, spielt den Wägemeister, während der ibisköpfige Thot die Ergebnisse protokolliert. Eindringlich bringt der Verstorbene vor dem Totenrichter und den Beisitzern sein »negatives Schuldbekenntnis« vor: »Ich habe nicht unrecht gegenüber Menschen gehandelt, habe mich nicht versündigt am Ort der Wahrheit, ich weiß nicht um Nichtswürdiges. Ich habe nichts Übles verschwiegen, habe nicht gelauscht, bin gegen ein wahres Wort nicht taub gewesen, habe nicht geschmäht, habe nicht gezankt, habe nicht gelogen, keinen Diener bei seinem Vorgesetzten angeschwärzt, habe Gott nicht verleumdet noch eine Tat des Königs. Ich habe keine betrügerischen Geschäfte abgeschlossen, habe mir nichts vom Tempelbesitz angeeignet, das Kornmaß nicht verringert noch vergrößert (S. 373), mit dem Ackermaß nicht betrogen, das Feldmaß nicht verringert, die Gewichte der Handwaage nicht vergrößert, das Lot der Standwaage nicht heruntergeschoben. Ich habe nicht gestohlen, habe keine Speise weggenommen, habe nicht hungern lassen, ich bin nicht habgierig gewesen und habe nicht geraubt. Ich habe die Milch nicht vom Mund des Säuglings weggenommen. Ich habe nicht Ehebruch begangen, nicht Frau oder Mann vergewaltigt. Ich habe nicht getan, was der Gott verabscheut, sondern was die Menschen loben und womit die Götter zufrieden sind.«[24]

Und so geht es weiter, zuletzt in einer langen Litanei, in der alle Beisitzer des Totenrichters Osiris mit Namen und Herkunft angerufen werden. Bei jeder konkreten Ableugnung von Unrecht fällt etwas an peinlichem Erdenrest dahin, und das Recht, die Maat, wird klarer herausdestilliert – mehr und mehr läutert sich der Tote zu jener Reinheit, ohne die es kein Dasein im Jenseits gibt. Viermal ertönt mit Nachdruck der Ruf »Ich bin rein«; erst dadurch kann der Verstorbene von allen bösen Handlungen befreit werden, die er begangen hat.

Hier ist die Macht des Wortes, hier ist Magie mit im Spiele. Sie soll allerdings nicht Ethik und richtiges Handeln ersetzen, sondern den Menschen als zusätzliche Kraft vor Gefahren schützen; denn beim Totengericht geht es um die furchtbarste Gefahr, die sich denken läßt: Das Fortleben im Jenseits steht auf dem Spiel, ewige Strafe und endgültige Vernichtung drohen. Dagegen wird auch der Zauber als stärkste Waffe aufgeboten.

Für diejenigen, die vor Osiris versagen, gibt es keine Rettung; wer im Totengericht nicht von seinen Sünden gereinigt worden ist, hat sich als Feind der Schöpfungsordnung erwiesen. Dabei spielt für die Härte der Strafen keine Rolle, worin die konkrete Schuld besteht: Ob Mörder, Lügner oder Diebe – sie werden alle gleich bestraft. Das Los derer, die im Totengericht keine Rechtfertigung erlangen, ist mit den Feinden »unter den Sohlen« des Osiris – ein Bild, das dem Ägypter vom Pharao, der seine Feinde zertrampelt (Abb. 55, S. 354), vertraut war – und mit dem Untier, das neben der Waage lauert, allerdings nur sehr allgemein angedeutet. Ausführlich wird ihr Schicksal in vielen Szenen der Unterweltsbücher beschrieben, welche die Strafen der Verdammten mit unermüdlicher Phantasie in allen Einzelheiten schildern. Auf seiner nächtlichen Fahrt[25] passiert der Sonnengott immer wieder die einzelnen Straforte, ohne daß die Bestraften allerdings den Gott hören und sehen können. Entsprechend heißt es in einer Gerichtsszene: »Ihr sollt euren Gott nicht sehen«, während den Seligen zugerufen wird: »Re ist in euren Augen, Atemluft in euren Nasen.« Das lebenspendende Licht dringt nicht bis zu den Bestraften vor, denen auch Wasser und Nahrung verweigert und die Atemluft abgeschnitten wird. Auf den Kopf gestellt, verspeisen sie ihren eigenen Kot. Sie erhalten keine frischen Kleider und werden oft gefesselt und nackt, also in völliger Wehrlosigkeit, dargestellt.

Doch die Dichter der Unterweltsbücher[26] begnügen sich keineswegs mit negativen Umschreibungen für das Schicksal und die Entbehrungen der Verdammten, sondern sie gehen ausführlich auf die verschiedenen Arten der Peinigungen ein und entfalten vor unseren Augen ein ganzes Szenario von Höllenstrafen, das wir vergleichbar erst wieder aus dem späten Mittelalter kennen. Drastisch werden die quälenden Dämonen beschrieben, die als Folterknechte und Henker ihr Werk verrichten. Im Spruch 17 des Totenbuches erfleht der Tote Rettung »vor jenem Gott, der das Gesicht eines Hundes hat und menschliche Augenbrauen, der von Schlachtopfern lebt, der Hüter jener Windung des Feuersees, der Leichen verschlingt und Herzen ausreißt, der Wunden zufügt, ohne gesehen zu werden ... Der die Seelen raubt und das Verweste verschlingt, der von Fäulnis lebt, der Genosse der Finsternis, der im Dunkel ist, vor dem sich die Todesmatten fürchten. Nicht sollen ihre Messer in mich eindringen, nicht soll ich in ihre Richtstätte eintreten, nicht soll ich ihren Schlachtblöcken (zum Opfer) fallen, nicht soll ich in ihren Fallen hausen, nicht werden mir Opfer bereitet werden von jenem, was die Götter verabscheuen.«[27] Andere, nicht weniger schreckliche Wesen trennen die Köpfe von den Hälsen, reißen die Herzen aus der Brust und widmen sich ähnlich blutrünstigen Aufgaben.

Die unglücklichen Toten werden gefesselt und so auf eine Stufe mit dem Schlachtvieh gestellt, das zum Opfer geführt wird. In einigen Szenen der Unterweltsbücher sind die Verdammten sogar an einen Marterpfahl gebunden. Das Pfortenbuch beschreibt, wie der Sonnengott in der siebenten Stunde der Nacht zu den sieben »Pfählen des Geb« gelangt, die jeweils von einem Schakalkopf bekrönt sind und an die gebunden die Feinde verschiedener Götter nach ihrer Verurteilung auf ihre Bestrafung warten. Daß sie gefesselt und eingesperrt werden, hat auch den Sinn, die Verdammten in der Tiefe der Erde festzuhalten, damit sie nicht mehr auf die Erde zurückkommen können, um dort Unheil anzurichten. Aber wie das Fesseln der Tiere auf Erden nur den Auftakt zum eigentlichen Schlachten bedeutet, so folgt auch dem Binden der Sünder die eigentliche, blutige Bestrafung. Das Ergebnis sehen wir in den Gräbern Ramses' VI. und Ramses' IX.; dort sind Sargkammer und Korridore mit ganzen Friesen von Gebundenen und bereits Geköpften ausgemalt, abwechselnd rot und blutig oder schwarz (und damit als nicht existent) dargestellt.

Im Höllenbuch ist den Sündern in mehreren Szenen der Kopf buchstäblich vor die Füße gelegt. Auch das erwähnte Herausreißen der Herzen wird mit brutaler Deutlichkeit abgebildet. Zu dieser Art der Hölle gehört darüber hinaus das nicht verlöschende Feuer als ewige Strafe: Flammen sprühen aus Zunge und Augen der Peiniger, und immer wieder stoßen Schlangen, die das Jenseits in riesigen Massen zu bevölkern scheinen, ihren giftigen Gluthauch aus. Nach einer Strafrede an die Übeltäter wendet sich der Gott Horus direkt an die Schlange und fordert sie auf: »Öffne dein Maul und klappe deine beiden Kiefer auf, damit du Feuer speist in die Feinde meines Vaters (Osiris)! Mögest du ihre Leichname in Flammen setzen und ihre Seelen kochen durch den Gluthauch deines Maules, durch die Feuerglut, die in deinem Leib ist!«[28]

Das Feuer als Strafe wird von den Künstlern gelegentlich dadurch symbolisiert, daß sie den Delinquenten eine brennende Fakkel an die Stelle des Kopfes malen, um die fortwährende Vernichtung anzudeuten. Wenn man bedenkt, wieviel Mühe in Ägypten darauf verwendet wurde, mit einem unversehrten Körper ins Jenseits zu gelangen, versteht man die Botschaft dieser Bilder. Das Verbrennen bedeutete die völlige Vernichtung und wurde als schlimmste Strafe, wenn auch selten, bereits im Diesseits gegen Übeltäter verhängt. Als die Grabräuber Feuer an die ausgeplünderten Mumien der Toten legten, wollten sie damit die Verstorbenen an der Verfolgung des Grabfrevels hindern (S. 397).

Im Zentrum aller Feuerstrafen steht der Feuersee. Statt aus Wasser besteht er aus Feuer, und entsprechend den blauen Wellen des Nil wird er mit roter Farbe gemalt. In diesen außerdem von Gestank erfüllten See werden die Bestraften hineingestoßen; die Seligen hingegen genießen göttlichen Wohlgeruch. Neben dem Feuersee spielen Kochkessel eine wichtige Rolle bei der Vernichtung der Übeltäter; einen der Strafdämonen bezeichnet das ›Amduat‹ als den, »der über seinen Kesseln ist«. Die Künstler stellen solche Kessel in vollem Einsatz dar: Köpfe, Herzen oder ganze Leichname sowie Seelen und Schatten der Bestraften werden in den siedenden Inhalt des Kessels geworfen, während Schlangen die Glut darunter anfachen oder Feuer in sie hineinspeien.

Das Ziel derartiger Maßnahmen ist nicht – wie in späteren christlichen Vorstellungen – die immerwährende Strafe als solche oder die Läuterung im Feuer, sondern die restlose Auslöschung der Existenz. Es gibt kein Entkommen aus dieser Stätte der Vernichtung, die den Menschen entweder durch die Bilder von Feuersee und Feuerkessel oder durch den Kontrast mit all dem veranschaulicht wird, was die Seligen erfahren: statt göttlichen Wohlgeruchs höllischer Gestank, statt strahlenden Lichts tiefe Finsternis, statt Wiedergeburt und Erneuerung totale Vernichtung der Existenz, ein zweiter Tod, den die ägyptischen Jenseitstexte als so verheerend ausmalen, weil es der endgültige Tod ist.

Um die andere, schönere Welt kennenzulernen, müssen wir nochmals zur Weggabelung des Pfades zum jenseitigen Leben zurückkehren: dem Totengericht. Hierbei wird der Verstorbene oft genug nicht als Mumie dargestellt, sondern in seiner irdischen Gestalt, und so treffen wir ihn auch stets im Jenseits an. In der

40. Szene des Pfortenbuches spricht der Sonnengott zu den Verstorbenen, die als Mumien auf einer schlangenförmigen Bahre liegen:

»Erheben soll sich für euch euer Fleisch, zusammenfügen sollen sich für euch eure Knochen, umfassen sollen sich für euch eure Glieder, vereinigen soll sich für euch euer Fleisch! Angenehmer Lufthauch an eure Nasen! Lösung für eure Mumienbinden, Enthüllung für eure Gesichtsmasken! Licht sei euren Gottesaugen, damit ihr mit ihnen das Leuchten seht! Aufrichten sollt ihr euch aus eurer Mattigkeit, damit ihr eure Äcker in Empfang nehmt.«[29]

Dieses Aufrichten und Wiederbeleben des Körpers, vom Wort des Gottes in Gang gebracht, vollzieht sich in mehreren Phasen. Zuerst liegen die Mumienhüllen starr auf ihrer Totenbahre oder stehen in verschlossenen Schreinen, deren Türen durch den Anruf des Sonnengottes aufgesprengt werden. So kann sein Licht eindringen und die Finsternis vertreiben. Sogleich kommt Bewegung in die todesmatten Körper; allmählich richten sich die Mumien auf.

Dann werden die Mumienbinden gelöst und entfernt, das Gesicht wird von der schützenden Maske befreit, die Gliedmaßen treten hervor und bewegen sich; die Beine schreiten ungehindert aus, der Phallus richtet sich auf und zeigt die wiederkehrende Potenz. Alle Fähigkeiten und Funktionen erwachen neu, aus der Mumienhülle steigt ein verklärter Jenseitsleib und vereint sich mit den anderen Elementen der menschlichen Person, vor allem dem Ba, zu jubelnder Anbetung des Gottes, der ihn aus dem Todesschlaf erweckt hat.

Mit seinem neuen Körper kann der auferstandene Tote nun frei und ungehindert durch die ihn umgebende, vertraute Landschaft der Seligen wandeln. Hier gedeiht alles, was er für seinen Unterhalt braucht. Denn auf materielle Nahrung sind auch der verklärte Körper und der Ba des Toten angewiesen. Seit den ältesten Grabreliefs steht vor den Seligen ein Opfertisch mit gehäuften Gaben – eine Art »Tischleindeckdich«, das niemals leer wird.

Dennoch ist dieses Jenseits kein Schlaraffenland, in dem einem gebratene Tauben in den Mund fliegen. Der Ägypter muß selbst Hand anlegen und sein Feld bestellen, sich unter die Bauern einreihen und im Binsengefilde arbeiten. Im Totentempel Ramses' III. kann man sogar den Pharao selbst bei dieser Beschäftigung erblikken. Allerdings möchte der Tote die unangenehme Fronarbeit – vor allem die niemals endende Bewässerung und das Düngen oder das Säubern der Felder vom Treibsand – nicht selber verrichten. Dazu läßt er sich im Alten Reich einzelne Skulpturen von Handwerkern und Dienern, später Holzmodelle von ganzen Wirtschaftsbetrieben mitgeben und seit dem Mittleren Reich unzählige Totenfiguren, die Uschebtis, die in kaum einem Grab fehlen. Im Grab des Meketre, eines hohen Beamten aus der Zeit Montuhoteps II. (2010–1998), hat sich ein besonders reicher Schatz solcher Modelle gefunden. Garten, Haus, Werkstätten, Boote und Viehherden Meketres bei der Zählung sind in verkleinertem Maßstab naturgetreu in Holz nachgebildet (Abb. 21); wie das Dienstpersonal, das bei unterschiedlichen hauswirtschaftlichen Tätigkeiten dargestellt wird, sollen alle diese Personen für ihren Herrn im Totenreich arbeiten, indem sie gleichsam die irdischen Verhältnisse ins Jenseits verlängern. Der Verstorbene beschränkte sich darauf, zu pflügen, zu säen und zu ernten, wofür er eigene Äcker erhält. Im Pfortenbuch treffen wir Götter mit einem Meßstrick, »die Äcker verteilen an die Seligen« und denen der Sonnengott zuruft: »Seid genau für die Seienden, seid ungenau für die Nichtseienden!« Immerhin: Ein wenig vom Paradies hat auch dieses Jenseits, denn auf den Feldern wächst das leuchtende Korn, dessen Glanz mit der Sonne verglichen wird, üppig in ungeahnte Höhen.

Große Bedeutung hat die Versorgung mit Kleidern, die vor allem im achten und neunten Kapitel des ›Amduat‹ im Mittelpunkt steht. Der verklärte Leib muß bekleidet werden, denn die Ägypter kennen keine paradiesische Nacktheit; der nackte Mensch ist der hilflose,

21. Holzmodell einer Viehzählung

der verurteilte Mensch. Feinde werden in Ägypten wie im gesamten Vorderen Orient nackt dargestellt. Auch der Prophet Jesaja lief – um den Hebräern die Gefahr vor Augen zu führen, die ihnen drohte, wenn sie nicht dem rechten Weg folgten – in der Kleidung der Gefangenen herum, nämlich nackt.

Die größte Wohltat für alle Toten ist das Licht der Sonne, das sie aus den Banden der Finsternis befreit. Immer wieder sprechen die Texte von der lösenden, ja erlösenden Wirkung des Lichts. Es wird in Form einer strahlenden Sonne über der starr daliegenden Mumie ins Bild gesetzt, die so aufgeweckt und mit Atemluft versehen wird. In jeder Nacht geschieht das Wunder aufs neue: Die Lichtstrahlen sprengen überall, wohin sie gelangen, die Fesseln des Todes. Türen tun sich auf, Licht dringt in die finsteren Grüfte, die Toten recken die Köpfe aus ihren Särgen, und die gesamte Unterwelt preist den Gott, der sie aus den Banden der Finsternis und des Todes befreit.

Persönliche Frömmigkeit

Die großen Götter Ägyptens waren in ihren Tempeln anwesend; dort fand ihr Kult statt, durchgeführt von Scharen von Priestern, die ihre Aufgaben als Stellvertreter des Pharao versahen. Solche Gottheiten, obgleich sie sich dem Volk nur selten zeigten, waren dennoch in der Vorstellungswelt breiter Schichten präsent. Die Vielzahl der Götter bedingte ihre Allgegenwart in sämtlichen Winkeln des Landes. Und die Verbreitung der Jenseitsvorstellungen veranlaßte die Menschen dazu, ängstlich alles und jedes unter göttlichen Schutz zu stellen. Dabei versuchte man die Götter zu binden, sei es durch Gebete und Opfer, sei es durch Zauber und Magie.[30] So wollten etwa die Eltern ihre Kinder durch die Namen, die sie ihnen gaben, in enge Beziehung zur Gottheit ihres Ortes setzen. Auf diese Weise band man den Menschen durch magische Kraft an die Existenz des Gottes, ja versuchte sogar, den Gott zum Schutz des Kindes zu verpflichten. Daher hießen die Ägypter »Geliebt von Gott Amon« (Meri-Amon), »Tochter der Göttin Bastet« (Sat-Bastet), »Sohn des Gottes Ptah« (Si-Ptah), »Der zum Gott Thot Gehörige« (Thoti), »Der Gott Amon gibt ihn« (Pete-Amon). Vielfach mögen solche Namen freilich auch aus Freude über die glückliche Geburt eines Kindes entstanden sein, verständlich angesichts einer hohen Kindersterblichkeit in der Antike.

Gebete der einfachen Gläubigen unterscheiden selten einzelne Götter, sondern rufen ganz allgemein den »Gott« an, womit meist die lokale Gottheit gemeint ist. Um seinem Gebet den gewünschten Erfolg zu sichern, bereitete sich der Gläubige zunächst durch Waschung und reine Kleidung vor. Auch die richtige Haltung, stehend oder kniend, die Hände flach ausgestreckt oder zu den Göttern erhoben, war wichtig. Bei diesen auf kleinen Altären, Denksteinen oder Ostraka dargestellten Gebetsszenen (vgl. Abb. 22, S. 142) fällt auf, daß sie sich oft eng an die Bekenntnisse der Unterweltsbücher anschließen. So versichert einer dieser Texte: »Ich tat die Wahrheit für den Herrn der Wahrheit, indem ich wußte, daß er sich darüber zu jeder Zeit freut.« Ein anderer: »Meine Abscheu war es, Lüge zu sprechen.« Gelegentlich erfahren wir von einer Art Bekehrung: »Ich ging gegen Amon an, indem ich sündig war, ich fand aber, daß ich meinen guten Vater nicht kannte. O ihr Götter von Ober- und Unterägypten! Der Herr der Wahrheit erhört den, der Amon anbetet, und er vernichtet den, der gegen ihn streitet.«[31]

Häufig genug berichten die Menschen von ihren Sünden und der Fürsorge der Götter. Die Büßenden, die ihre Fehler eingestehen, preisen die Macht und die Güte des Gottes, der sie gezüchtigt hat, um sie zu einer Sinnesänderung zu bringen und sie durch Verzeihung zu erretten. Offenbar sah man irdische Mißgeschicke als Strafe für begangene Untaten an – und Untaten wie Mißgeschicke sind etwas Alltägliches. »Strafe mich nicht wegen meiner vielen Sünden, denn ich bin einer, der sich selbst noch nicht erkannt hat. Ich bin ein törichter Mensch, der am Tag seinem Mund folgt wie ein Rind dem Gras.« Es ist schwer zu sagen, ob der Betreffende sein Leben oder seine Karriere durch zu vieles Essen ruiniert hat oder weil er seine Zunge nicht im Zaum halten konnte.

In den täglichen Gebeten umwarb man die Gottheiten mit Schmeicheleien, wie wir sie auch aus den Lebensweisheiten der Schreiber kennen (S. 299). So wendet sich ein Beamter an den Schutzgott von Hermopolis, den ibisköpfigen Thot, als rede er seinen Vorgesetzten an: »Herrlicher Ibis, du Gott, nach dem Hermopolis sich sehnt. Komm zu mir, damit du mich führst! Mein Haus freut sich, seit Gott in es eintrat, es gedeiht, und es ist wohlversehen, seit mein Herr es betrat. Thot, du süßer Brunnen für den, der in der

Wüste durstet. Der du das Wasser hinführst an einen fernen Ort, komme und errette mich!«

Stets wünscht sich der Beter, daß die Gottheit ihn erhört. Deshalb wurden gelegentlich Ohren zu den Gebeten gemalt, um einen magischen Zwang auszuüben, wie es Bai, Arbeiter aus Deir El-Medine, tat, als er seine Stele dem Amun-Re, dem guten Widder, weihte (Abb. 22). Der Gott selbst ist im oberen Teil zweimal dargestellt; zwischen den beiden Widdern, die mit der üblichen Doppelfeder Amuns bekrönt sind, steht auf einem Opfertisch ein Wassergefäß mit Ausguß. Darunter sehen wir den Bittsteller selbst, mit Perücke, Halsschmuck und Schurz. Bai wendet sich mit seinem Anliegen, das uns verborgen bleibt, an den Gott, der den Menschen »erhören« soll. Dies erreicht man am besten über die Ohren des Gottes, von denen hier gleich drei Paar in Dunkelblau, Gelb und Hellgrün gemalt sind. Die drei Farben verweisen auf unterschiedliche Aspekte Amun-Res, der mit der Luft (blau), der Sonne (gelb) und der Erde (grün) in Beziehung gesetzt und damit als universelle Gottheit verstanden wird.

Überhaupt gewann das Geregelte, Rituelle, ja Zwanghafte eine große Bedeutung. Nur als Beispiel sei hier die Vorstellung von guten oder schlechten Kalendertagen erwähnt: Plante man einen bedeutsamen Schritt im Leben, so tat man gut daran, dafür einen günstigen Tag auszusuchen. Vor allem die Priester zwängten sich oft genug selbst in ein enges Korsett. Wenn sie eine rituelle Handlung vorbereiteten, schlugen sie im Kalender der guten und schlechten Tage nach, um ein unbedenkliches Datum zu ermitteln. Die Schalttage am Ende des Jahres (Tag 361 bis 365; S. 477) galten immer als schlecht. In einem dieser Bücher werden die verbleibenden 360 Tage eingeteilt in 190 sehr gute, 132 ganz schlechte und 38 gemischte (das heißt, sie sind in der ersten Hälfte des Tages gut und in der zweiten schlecht). Für die Einschätzung der Tage gab es mythologische Erklärungen wie zum Beispiel die folgende für einen schlechten

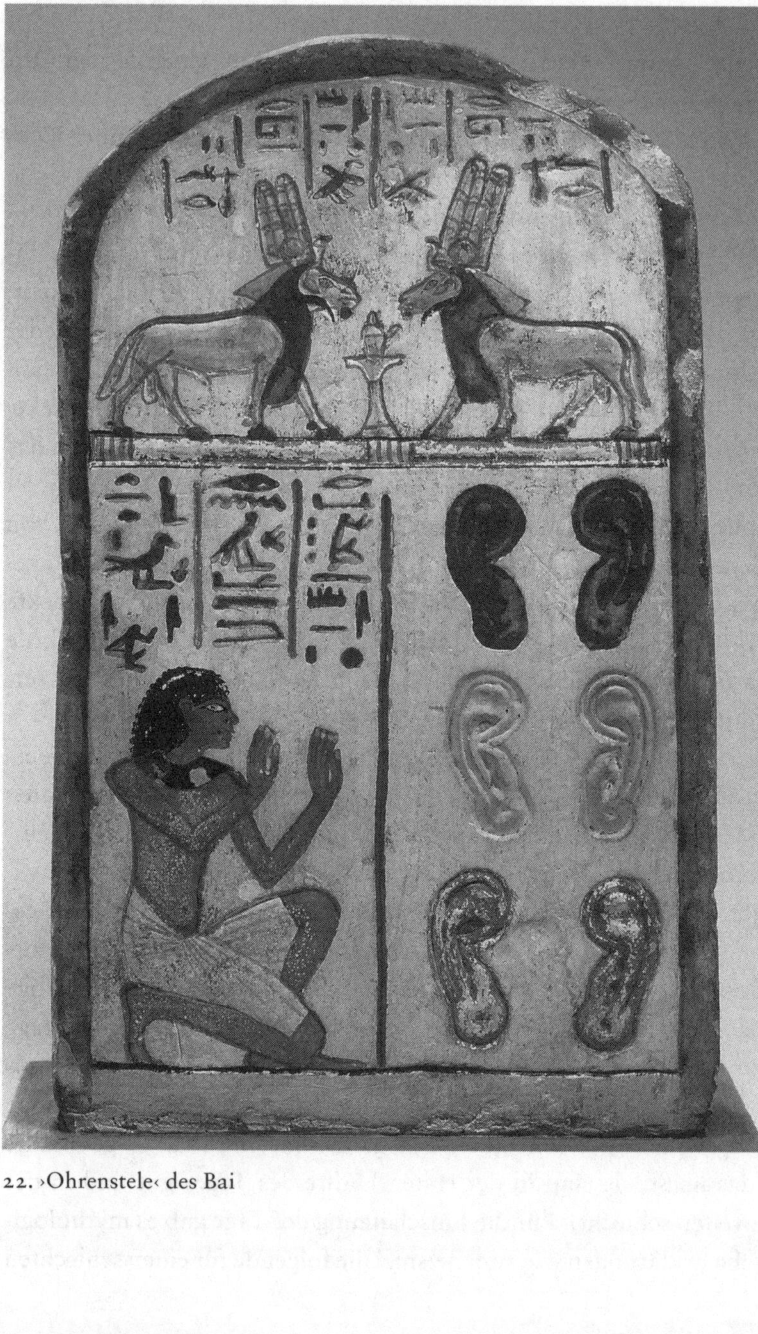

22. ›Ohrenstele‹ des Bai

Tag: Re habe einmal seine Feinde vernichtet, die zu Fischen wurden, während ihre Bas als Vögel zum Himmel flogen. Die notwendige Vereinigung von Körper und Ba war damit ausgeschlossen, die Feinde Res blieben für immer vernichtet. In solchen Kalendern deutet sich der Versuch an, durch feste Vorgaben und Regelungen, die rasch magischen Charakter annahmen, das unkontrollierbare Leben kontrollierbar zu machen. Auch hierbei kreisten viele Begründungen um den Tod.

Doch die Menschen beschäftigten beileibe nicht nur jenseitige Angelegenheiten; im Totengericht würde einmal eine Entscheidung fallen, und dann stand das ewige Schicksal fest. Aber hier auf Erden gab es Probleme genug, was die zeitlose Sehnsucht nach dem Blick in die Zukunft verständlich macht. Ein Orakelwesen breitete sich aus, mit dem man versuchte, die Zukunft berechenbar zu machen: Da das Los des Menschen letztlich in der Hand der Götter lag, welche die Zukunft kannten, mußte es auch Mittel geben, an deren Wissen teilzuhaben.[32]

Dabei geben uns die Fragen der Orakelbücher einen Einblick in die alltäglichen Probleme, Sorgen und Gedanken breiter Bevölkerungsschichten. Hier genügt die Nennung einiger Fragen, die man an Gottheiten richtete:[33]

Werde ich den Lohn erhalten?
Wird man mich als Sklaven verkaufen?
Werde ich von meinem Freund einen Vorteil haben?
Bekomme ich Urlaub?
Werde ich das Geld erhalten?
Bringt mir das Geschäft einen Gewinn ein?
Werde ich erfolgreich sein?
Werde ich eine Erbschaft erhalten?
Werde ich Ratsherr?
Werde ich von meiner Frau geschieden?
Bin ich vergiftet worden?

23. Priester tragen die Amun-Barke. Nachzeichnung

Solche Fragen wurden auf unterschiedliche Weise beantwortet. Man konnte sie an die Gottheit richten, wenn sich diese in der Öffentlichkeit zeigte. Wie erwähnt, trugen Priester das Götterbild in einer Barke auf den Schultern, damit der Eindruck entstand, die Gottheit gleite auf Wellen dahin (Abb. 23). In der Tat gerät die Barke so in eine schlingernde Bewegung. Ich kann nun beispielsweise die Augen schließen und in Gedanken meine Frage stellen: »Liebt N. N. mich?« Neigt sich die Gottheit nach links, bedeutet dies ja, neigt sie sich nach rechts, nein. Öffne ich dann die Augen, erhalte ich die Antwort.

Oder ich schreibe die Frage auf – beziehungsweise lasse sie aufschreiben – und lege sie am Rande des Prozessionszuges auf den Boden. Dann bestimmt die Stellung der Götterbarke, wenn sie meinen ›Zettel‹ passiert, die Antwort. An den großen Orakelstätten waren solche Verfahren – bei der Fülle von Anfragen – bald standardisiert, zumal die Fragen der Menschen sich stets wiederholten. Eine weitere Möglichkeit, die Entscheidung des Orakelgottes kennenzulernen, eröffneten die Träume. Traumbücher – für Männer und Frauen getrennt – sind erhalten[34] und belehren uns etwa darüber, daß eine Frau eine Wohltat vom Pharao zu erwarten hat, wenn sie im Traum mit einem Widder geschlechtlich verkehrt.

Zu großer politischer Bedeutung gelangte das Orakelwesen in der achtzehnten Dynastie, in der auf diese Weise Staatsentscheidungen, wie die Wahl eines Herrschers oder Kriegszüge, vom Gott befohlen wurden (S. 245). Ihren Höhepunkt erreichte diese Entwicklung zur Zeit des »Gottesstaates von Amun« während der einundzwanzigsten Dynastie, als sämtliche politischen Entscheidungen durch Orakel getroffen wurden.

Interessanter sind die zahllosen Sorgen und Gefahren, die das tägliche Leben mit sich brachte; sie waren nicht allein mit Gebeten und Orakeln zu meistern. Gebete bedeuten die völlige Hingabe an die Gottheit und deren Willen, ein passives Geschehenlassen. Daneben aber gab es eine Möglichkeit aktiven Handelns, indem man nämlich die göttlichen Mächte zum eigenen Vorteil zwang – durch Magie und Zauberformeln, durch deren Kräfte man Bilder zur Wirklichkeit machte:[35] Bilder von Gottheiten, Tieren oder Symbolen waren nämlich nicht einfach Nachahmungen der Realität, sondern sie konnten zu lebendigen Mächten werden. So hängte man sich beispielsweise einen kleinen steinernen Kopf des Stieres Buchis um den Hals, um an seiner Kraft teilzuhaben. Oder ein Spruch von erprobter Wirkung wurde auf ein Stück Papyrus geschrieben und dieses zusammengebunden als Amulett getragen. Zu den festen Bestandteilen der Zauberformeln gehörten ferner besondere Namen, die man kennen und deren richtige Aussprache man beherrschen mußte.

Mit Zauber halfen sich sogar die Götter selbst. Wenn Osiris auf seiner nächtlichen Fahrt mit der Sonnenbarke auf einer Sandbank strandete, konnte er sie durch Zauberformeln wieder flottmachen. Isis vermochte durch wirkkräftigen Zauber ihren Bruder und Gatten Osiris wieder ins Leben zurückzubringen – um nur zwei Beispiele zu nennen.

Aus der Urzeit, in der die Elefanten noch bis an die Grenze Ägyptens kamen, stammt ein Zaubergerät, das sich über Jahrtausende gehalten hat: ein gebogenes Stück Elfenbein mit eingeritzten Bildern (Abb. 24). Es zeigt zauberkräftige Schutzsymbole und heilige Tiere. Zwischen zwei solchen Symbolen schreitet, aufgerichtet wie ein Mensch, ein Pavian, der eines davon ergreift und in der anderen Hand einen Topf mit lodernder Flamme hält, wie er bei Zaubereien stets eine Rolle spielte. Es folgt das Tier des Gottes Seth, hier einem Windhund mit dem Kopf eines Ameisenbären ähnlich. An das zweite Schutzsymbol schließt sich ein Auge, ein Zauberschutz gegen den ›bösen Blick‹, an. Denn selbstverständlich konnte man einem Zauber durch Abwehrzauber – etwa mit Hilfe von Amuletten – begegnen.

Vor allem der Schadenszauber stammt noch aus den frühesten Zeiten menschlichen Nebeneinanders. Der Zauberer übte ihn aus, indem er einer Wachs-, Ton- oder Holzfigur des Gegners eine Beschädigung zufügte und durch seine magischen Formeln die Übertragung auf den Gegner selbst bewirkte. So brachte man dem Feind Wunden und Krankheiten bei und veranlaßte schließlich auf übernatürliche Weise aus der Ferne seinen Tod. Als später der Staat gegen feindliche Völker kämpfte, meißelte man Reliefbilder von ihrer Niederwerfung in die Tempelwände und hielt damit auf dauerhaftem Material auch die eigene Überlegenheit bleibend fest.

Den Einsatz solchen Sympathiezaubers auf höchster Ebene können wir im Zusammenhang mit dem Untergang der zwölften Dynastie und dem Zerfall des Mittleren Reiches in Form der sogenannten Ächtungstexte beobachten, die damals auftauchten.[36] Es handelt sich dabei um Listen, in denen Nubier, Asiaten, Libyer, aber auch

24. Zauberstab mit Schutzsymbolen. Nachzeichnung

Ägypter für den Fall verwünscht werden, daß sie sich gegen den Pharao wenden. Derartige Texte schrieb man auf Tongefäße, die man anschließend zerbrach. Mit Hilfe von Zauberkräften sollten die genannten Personen so vernichtet werden wie die Gefäße. Oder man ritzte Namen auf Tonfiguren von Gefangenen, denen die Arme auf dem Rücken zusammengebunden waren; diese Figuren wurden dann ebenfalls zerschlagen.

Die Langlebigkeit derartiger Praktiken, durch die man selbst innen-, vor allem aber außenpolitischen Schwierigkeiten mit dem Mittel der Magie beizukommen suchte, bezeugen fünf einst als Wandschmuck dienende Fayenceplättchen aus der Zeit Ramses III. (1184–1153) (Abb. 25). Sie zeigen Vertreter fremder Völker, die als Gefangene dargestellt werden. Die Reihe beginnt links mit einem Libyer, dessen Tätowierungen an den vor dem Körper gefesselten Armen und den Beinen deutlich auszumachen sind. Er trägt eine Fransenfrisur mit Zöpfchen sowie einen Spitzbart und ist mit Schurz und Mantel bekleidet. Neben ihm befindet sich ein Nubier mit rotem Kraushaar; an ihm fallen die aufwendige Halskrause sowie ein kurzer Schurz über einem langen plissierten Rock auf.

Dem mittleren Gefangenen hat man die Ellbogen in Schulterhöhe zusammengebunden. Er symbolisiert in seinem buntgewirkten Gewand einen typischen Asiaten aus dem syrischen Raum mit Spitzbart und dichtem schwarzem Haar, das von einem quastenbe-

25. Bemalte Fayencen mit Darstellungen von Gefangenen

setzten Käppchen bedeckt ist. Rechts davon sehen wir, die Handgelenke in Zwangseisen, einen Schasu-Beduinen aus derselben Region; sein ›Typus‹ wird charakterisiert durch Schnurr- und Spitzbart sowie die gerippte Mütze. Die Reihe beendet ein bartloser Hettiter mit blasser Hautfarbe, dessen langes, nach hinten geworfenes Haar von einem gestreiften Käppchen geziert wird. Zu einem kurzen Schurz trägt er einen auf der Schulter geknoteten Mantel, so daß die Fesselung der Arme auf dem Rücken zu erkennen ist. Wer auch immer zu den Nachbarn Ägyptens zählt, so lautet die Botschaft dieser Plättchen, ist dem König unterworfen.

Magische Praktiken sind schließlich auch auf jenem Gebiet wirksam, das für den Menschen von jeher zu den faszinierendsten zählt: Sexualität und Zeugung. Diese Phänomene waren für den antiken Menschen eines der zentralen Geheimnisse des Lebens, und Leben war die höchste Gabe der Götter. Leben, Liebe und Sexualität[37] gehören zusammen; daher beschäftigt sich ein großer Teil der ägyptischen Zaubersprüche mit der Erotik. Vielfach fanden sich kleine Tonplatten mit recht einfachen Reliefbildern nackter Frauen, häufig mit großer Perücke (Abb. 26). Sie liegen ausgestreckt da, bereit zur Liebe, deren Ergebnis auch gleich mit dargestellt ist. Der Besitzer des Täfelchens wünschte sich entweder eine Partnerin oder setzte seinen Kinderwunsch ins Bild.

Daß bestimmte Speisen und Getränke sexuell anregen, gehört zum jahrtausendealten Glauben der Menschen. Ungleich wirksamer stellte man sich allerdings Aphrodisiaka vor, die aus ungewöhnlichen Ingredienzen auf geheimnisvolle Weise zusammengebraut und dann noch richtig angewendet werden. Hier ein Rezept: »Du nimmst ein wenig Schuppen vom Kopf eines Mannes, der eines gewaltsamen Todes gestorben ist, zusammen mit sieben Gerstenkörnern, die im Grab eines Verstorbenen begraben sind. Du zerreibst das mit zehn Maß Apfelkernen. Du fügst das Blut einer Zecke

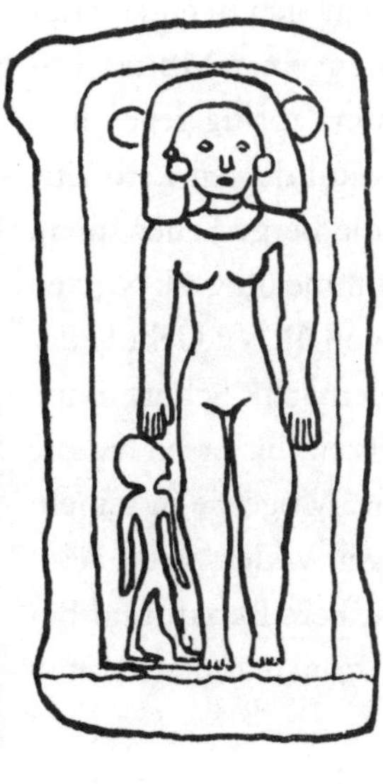

26. Zaubertafel. Nachzeichnung

eines schwarzen Hundes hinzu (die Zecke allerdings noch nicht wegwerfen), sowie einen Tropfen Blut vom Ringfinger deiner linken Hand und deinen Samen. Du zerreibst es zu einer kompakten Masse, tust es in eine Weinschale und gibst drei Maß von den ersten Feldfrüchten hinzu, von denen du noch nicht gekostet hast und die noch nicht für das Opfer verwendet worden sind. Du sprichst die Formel siebenmal darüber und gibst der Frau davon zu trinken. Und du wickelst die Haut der oben erwähnten Zecke in ein Stück Leinen und bindest es um deinen linken Arm.«[38]

Da im Jenseits Sexualität eine wichtige Rolle spielt, gab man den Särgen Texte wie den folgenden bei: »Was jeden Mann betrifft, der diesen Spruch kennt. Er wird zum Geschlechtsverkehr fähig sein ... und das Herz einer Frau wird zu ihm kommen, jedesmal wenn er geschlechtlich verkehrt.«[39]

Doch bleiben wir im Reich der Lebenden. Liebe und Sexualität sind schön und gut, wenn man sie selbst erfährt, aber sie schmerzen, wenn man sie bei jemandem beobachten muß, in dessen Lage man selbst gern wäre. Daher gibt es Mittel, einen Mann von einer Frau zu trennen: »Wehe, wehe! Feuer, Feuer! Geb hat sich in einen Stier verwandelt und hat wiederholt mit der Tochter seiner Mutter Tefnut geschlafen. Da wurde das Herz seines Vaters zornig gegen ihn. Der Zorn dessen, dessen Seele eine Flamme und dessen Leib eine Säule ist, erfüllte die Erde mit Feuer, so daß die Berge Feuer spien. Der Zorn jedes Gottes und jeder Göttin ... komme über N. N., den Sohn von N. N., und über N. N., die Tochter von N. N.! Gebt Feuer in sein Herz und Flammen in sein Schlafgemach! Schürt ohne Unterlaß das Feuer des Hasses in seinem Herzen, bis er N. N., die Tochter von N. N., aus seinem Haus vertreibe. Möge sie in seinem Herzen verhaßt sein, möge sie in seinen Augen widerwärtig sein! Veranlaßt für ihn, daß ständig Streit, Gezänk, Feindschaft und Beschuldigung zwischen ihnen seien, bis sie sich voneinander trennen und nie wieder versöhnen.«[40]

Doch mit derart haßerfüllten Sprüchen sollte ein Kapitel über die altägyptische Religion nicht enden. Es ging vermutlich darum, die auf diese Weise von ihrem Mann getrennte Frau an sich selbst zu binden, und so soll der letzte Spruch noch einmal die ›positiven‹ Züge des Liebeszaubers[41] anklingen lassen: »Anubis, Gott der Erde und der Unterwelt und des Himmels, Hund, Hund, Hund, sammle deine ganze Macht und deine ganze Kraft gegen N. N., Tochter der N. N.: Beende ihren Hochmut und ihre Vernunft und ihre Schamhaftigkeit. Führ sie zu mir her unter meine Füße, schmelzend in Liebesbegierde zu allen Stunden von Tag und Nacht. Immer denke sie an mich, wenn sie ißt, trinkt, arbeitet, spricht, ruht, im Schlaf und Traum liegt, bis sie – von dir gepeitscht – kommt, mich begehrend, mit vollen Händen, mit reichspendender Natur, sich und das Ihrige mir schenkend und vollbringend, was Frauen gegen Männer gebührt, und dienend meinem und ihrem Liebesverlangen ohne Zögern und ohne Scham, Schenkel an Schenkel, Leib an Leib pressend und ihr Schwarzes an mein Schwarzes, das höchste Wonne bringt.«[42]

VIERTES KAPITEL

Mittleres Reich

Nord und Süd

Nachdem sich bereits während der sechsten Dynastie deutliche Schwächen des Königtums offenbart hatten, war das Alte Reich in wirtschaftlichen Katastrophen und Hungersnöten zu Ende gegangen. Bezirksfürsten hatten in der Folgezeit ihre regionale Herrschaft gesichert und bald auch an mehreren Orten den Königstitel übernommen. Schließlich war es den thebanischen Lokalherrschern gelungen, zunächst die Nachbarbezirke und dann wieder die »beiden Länder« unter ihre Kontrolle zu bringen.

Nach der erneuten Reichseinigung konnte Montuhotep I. (2061 bis 2010) in weiteren drei Jahrzehnten das Werk des Neuaufbaus fortsetzen. Die Stufen seiner Herrschaftsübernahme beziehungsweise der Restauration lassen sich an den drei Horus-Namen nachvollziehen, die er im Laufe seiner Regierungszeit getragen hat. Sein frühester Name ist eher noch Symbol einer Hoffnung: »Der das Herz der beiden Länder Leben läßt«. Der zweite proklamiert seinen Anspruch auf ganz Oberägypten: »Der mit der göttlichen weißen Krone«. Der dritte schließlich verkündet die Wiederherstellung des Reiches: »Vereiniger der beiden Länder«. Noch im Ausgang des zweiten vorchristlichen Jahrtausends galt dieser Pharao neben Menes und Ahmose – den Stiftern des Alten beziehungsweise des Neuen Reiches – als Reichsgründer.

Aus den Erfahrungen seiner Vorgänger hatte Montuhotep die Lehre gezogen, daß die beiden Reichshälften stärker verklammert werden müssen als allein in der Person des Königs. So schuf er für den nördlichen Teil das Amt eines »Vorstehers von Unterägypten«, der dem in Theben residierenden Herrscher direkt unterstand. Der Schritt für Schritt vollzogenen Stabilisierung der königlichen Gewalt im Innern folgte nahezu zwangsläufig eine Demonstration des neuen Machtanspruchs nach außen. Es galt, die Grenzen wieder gegen Nubier, Libyer und Asiaten zu sichern. Zeichen der königlichen Stärke war ferner – wie immer in der ägyptischen Geschichte – eine rege Bautätigkeit. Sie fand ihre Krönung, darin hatte sich nichts geändert, in einem Totentempel (»verklärt sind die Stätten Montuhoteps«) im Westen der Hauptstadt. Für uns heißt diese Stadt »Theben«, und wir folgen damit dem Brauch der Griechen, die fremde Städte nach vertrauten Orten mit ähnlich klingendem Namen – in diesem Fall Theben in Böotien – benannten.

Von der Vorgeschichte dieses thebanischen Bezirks und der Stadt Theben selbst mit ihren künftigen Tempelanlagen Karnak und Luxor wissen wir wenig. Vor der elften Dynastie lag hier als größte Niederlassung die Stadt Hermonthis, so geheißen nach dem falkengestaltigen Gott Monthu, dessen Name auch im Königsnamen Montuhotep enthalten ist. Darüber hinaus kennen wir einen heiligen Stier, der später den Namen Buchis führte und im Unterschied zum Apisstier von Memphis bisweilen kämpferische Züge aufweist. Insgesamt erwecken die wenigen Informationen über die Vorzeit der Stadt den Eindruck, daß sich hier, in einer ungestörten Provinzlandschaft, manche Eigentümlichkeiten aus kriegerischen Zeiten erhalten hatten.

In der bildenden Kunst blieb der thebanische Porträtstil lange prägend; diesen Stil kann man als realistisch, vielleicht sogar als brutal bezeichnen. Ein Beispiel hierfür ist die bemalte Sandsteinstatue Montuhoteps I. (Abb. 27). Ihren guten Erhaltungszustand ver-

27. Bemalte Sandsteinstatue Montuhoteps I.

dankt sie der Tatsache, daß sie wie eine Mumie mit Binden umwikkelt und – anscheinend als »Symbol« des eigentlichen Leichnams – in eine Grabnische gelegt wurde. Der König sitzt auf einem kubischen Thron, die Arme wie Osiris gekreuzt, mit einem kurzen, weißen Umhang bekleidet; er trägt die rote Krone von Unterägypten. Alles erscheint massiv, vor allem die dicken Beine. Seine weißen Augen bohren sich gleichsam in den Betrachter.

Kommt in solchen Darstellungen eine neue Härte, ja Brutalität der Monarchie zum Ausdruck? Hierzu würde das verstärkte Auftreten des Kriegsgottes Thot passen. Oder spiegelt sich in den Gesichtern der Herrscher Müdigkeit, Anstrengung, ja Sorge? Auf

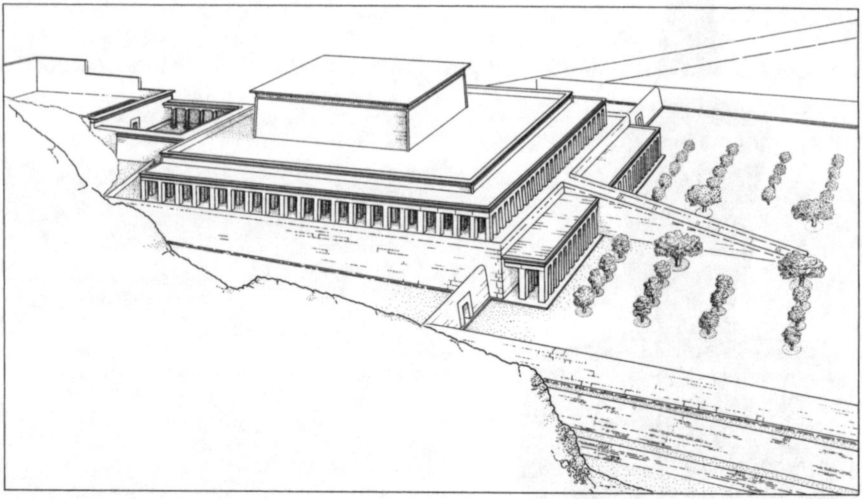

28. Tempel Montuhoteps I. in Deir El-Bahari. Rekonstruktion

jeden Fall scheint die Leichtigkeit früherer Zeiten – zumindest in Theben – vorbei.

Dadurch, daß die Könige der elften Dynastie ihre anfänglich bescheidenen Gräber hier in ihrer Heimat anlegten und einen bisher bedeutungslosen Ort zur Hauptstadt des ganzen Landes machten, entstand ein neuer Mittelpunkt des Reiches mit seinerseits zwei Zentren, die später Weltruhm erlangen sollten: die Kultstätte des Gottes Amun beim heutigen Dorf Karnak und die thebanische Metropole auf dem Westufer. Dort errichtete Montuhotep I. seinen Totentempel. Dabei verknüpfte er bewußt Traditionsstränge seiner fürstlichen oberägyptischen Vorfahren mit denen früherer Herrscher von Memphis. So wurde der Montuhotep-Tempel zum Symbol einer gewandelten Epoche. Er war Grab- und Kultstätte zugleich; die Einbeziehung des Amunkultes weist auf die späteren Totentempel des Neuen Reiches voraus.

Für sein eigenwilliges Grabmal wählte der König den Talkessel von Deir El-Bahari mit der steil abfallenden Kulisse des Wüstengebirges im Hintergrund. Vor einer Felsfassade steigt der Oberbau, zu dem gewaltige Säulenhallen und Pfeilerumgänge gehören, terrassenförmig empor. Ob er von einer Pyramide bekrönt war, bleibt umstritten; ich bilde eine jüngere Rekonstruktion ohne eine solche ab (Abb. 28). Durch Rampe und Pfeilergruppierung erhält das Monument im Gegensatz zu den völlig seitengleichen Pyramiden eine betonte Vorderfront, die auf Theben hinabblickt. Unterirdisch nehmen zwei Korridorgräber in einer wieder ganz neuen Weise die alte Dualität des Königsgrabes auf. Sein wirkliches Grab ließ der Pharao aus der Felswand herausschlagen, an die sich der Tempel anlehnt; seine Statue mit der roten Krone des Nordreiches dagegen wurde unter jenem Bauteil rituell beigesetzt, das sich auf einem Unterbau aus einem Saal von 140 Pfeilern erhebt. Erneut entstanden in der Nähe des Königsgrabes Felsengräber für die höheren Beamten.

Als Montuhotep I. nach einundfünfzigjähriger Regierung starb, folgte ihm sein Sohn Montuhotep II. (2010–1998) auf den Thron. Wie häufig sind die Kenntnisse über seine Regierungszeit nur anekdotenhaft. Wir wissen zum Beispiel, daß er im achten Jahr seiner Regierung (2003) eine 3.000 Mann starke Expedition nach dem Wadi Hammamât und dem Roten Meer aussandte, die wertvolle Steine beschaffen sollte und von einem gewissen Henu geleitet wurde. Der Zug war so durchorganisiert, daß jeder einzelne Mann täglich zwei Krüge Wasser und zwanzig kleine biskuitartige Brote erhielt; also mußte die Vorratsverwaltung für die gesamte Dauer des Unternehmens täglich 6.000 Krüge Wasser und 60.000 Brote liefern. Man bemühte sich nach Kräften, die Wüstenstraße nach Hammamât so gefahrlos und bequem wie möglich zu machen. Henu ließ zunächst Brunnen und Zisternen graben, später wurden an den Wasserstellen feste Siedlungen angelegt. Und am Roten Meer sollten Schiffe ausgerüstet werden, um die alten Handelsbeziehungen zum Weihrauchland Punt erneut aufzunehmen. Viel Bekanntes kehrte wieder (S. 68).

Der letzte Herrscher der elften Dynastie fehlt in den entsprechenden späteren Listen; er galt wohl als illegitim. Auch er hat eine Expedition ins Wadi Hammamat durchführen lassen; es ist von 10.000 Mann die Rede. Mit Hilfe von Weissagungen sollen dort die Blöcke und der Deckel für seinen Sarkophag gefunden und anschließend nach Theben geschafft worden sein. Der Gott Min, Schutzherr jener Gegend, zeigte selbst den Weg, indem er eine trächtige Gazelle aussandte, die vor dem Zug herlief. Als man ihr nachstellte, fand man sie auf einem prachtvollen Steinblock, gerade von der Größe, die man suchte, und ihr Junges lag neben ihr.

Geleitet wurde dieser Zug von einem Wesir namens Amenemhat (»Amun ist an der Spitze«), der aller Wahrscheinlichkeit nach mit dem Begründer der zwölften Dynastie identisch ist. Über die näheren Umstände seiner Thronbesteigung wissen wir nichts; es bleibt somit Spekulation, wenn gelegentlich von einer gewaltsamen Aneignung der Macht die Rede ist. E. Hornung dagegen vermutet, daß der Wechsel durch eine Mitregierung vorbereitet wurde.[1]

Immerhin gibt es Hinweise für seine nichtkönigliche Abstammung: In einer Inschrift der späteren achtzehnten Dynastie wird nach Montuhotep I. und II. ein »Gottesvater Sesostris« aufgeführt. Mit »Gott« ist dabei der lebende König gemeint, und der Titelträger, selbst nicht König, ist sein Vater; auf diesen Sesostris ginge demnach die zwölfte Dynastie zurück. Es entspräche guter ägyptischer Tradition, wenn der zweite Herrscher dieser Dynastie nach seinem Großvater benannt wäre.

Auch über die Mutter Amenemhats gibt es eine rätselhafte Angabe. Die ›Weissagungen des Neferti‹ schildern zunächst nach einem konventionellen und längst etablierten Schema (S. 85) die Not in Ägypten. Sie enden dann aber mit der Prophezeiung, daß dem Land einst ein Retter erstehen werde: »Ein König wird von Süden kommen mit Namen Amenemhat, der Sohn einer Frau aus Elephantine, ein Kind Oberägyptens.«[2] Offenbar stammte die Mutter also aus Elephantine und gehörte nicht der Königsfamilie an. Für Amenemhats bürgerliche Herkunft spricht schließlich noch ein anderer Satz der Prophezeiung: »Der Sohn eines Jemand wird seinen Namen machen für alle Ewigkeit.« So pflegte man einen Mann zwar vornehmer, aber nicht königlicher Abstammung zu bezeichnen.

Die zwölfte Dynastie

In der zwölften Dynastie, in der sich die Namen Amenemhat und Sesostris abwechselten, haben über zwei Jahrhunderte hinweg Herrscher mit größtenteils langen Amtszeiten regiert. Ihre durch Denkmäler belegten Regierungsjahre stimmen mit den Angaben des Turiner Papyrus weitgehend überein. Als Amenemhat I. (1991 bis 1962) die Herrschaft übernahm, wollte er programmatisch eine neue Epoche einleiten. Darauf deutet schon sein Horusname »Wiederholer der Geburten« (das heißt der Schöpfung). In dieselbe Richtung weist die Rückverlegung der Residenz von Theben nach Unterägypten: Etwa 30 Kilometer südlich von Memphis baute er beim heutigen Dorf El-Lischt eine neue Stadt. Im Ägyptischen hieß sie »Ergreiferin der beiden Länder«. Mit diesem Schritt verlagerte er die Regierung wieder näher an die Region des Deltas und öffnete gleichzeitig den Blick auf den östlichen Mittelmeerraum.

Die Reste der Stadt sind längst tief im Fruchtland begraben und wurden kaum archäologisch untersucht. Leichter zugänglich sind die zugehörigen Nekropolen auf der flachen Wüstenanhöhe unmittelbar westlich von El-Lischt. Dort bauten Amenemhat I. und Sesostris I. ihre Pyramiden; deren Totentempel sind ganz bewußt nach dem Muster der sechsten Dynastie gestaltet. Die Ruhestätten der Beamten, wiederum in der Nähe der Königsgräber, erweckten darüber hinaus die Form der Mastaba des Alten Reiches zu neuem

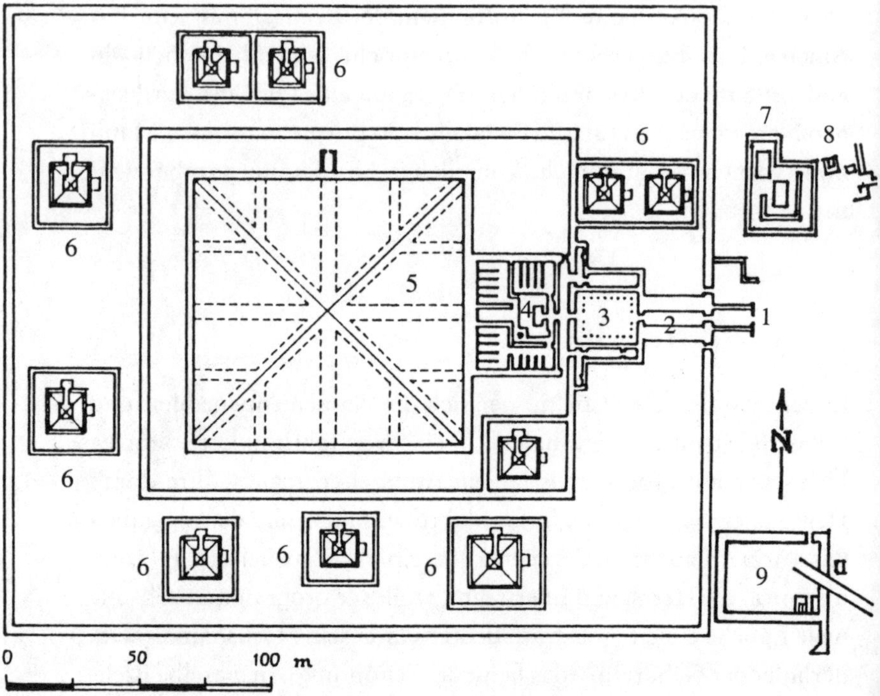

29. Pyramidenbezirk Sesostris' I. in El-Lischt. Grundriß

Leben. Bis auf wenige Änderungen wirkten diese königlichen Anlagen wie Kopien der Pyramidenbezirke des späten Alten Reiches. Die wichtigste Neuerung betraf die Innenräume: Hier verzichtete man auf die Dekoration und damit auf die Pyramidentexte, die längst nicht mehr königliches Privileg waren, sondern von jedermann benutzt werden konnten. Vielfach abgewandelt und redigiert, wurden sie als Sargtexte auf den Holzsärgen der Beamten und ihrer Angehörigen weiter überliefert (S. 87).

In diesen neuen Spruchsammlungen ist das Jenseits nicht mehr bevorzugt am Himmel angesiedelt, sondern wird immer enger mit Osiris verbunden, dem Herrscher des unterweltlichen Totenreiches.

Abydos, die alte Grabstätte der frühzeitlichen Könige, wurde erneut zum religiösen Mittelpunkt, diesmal als wichtigster Kultort des Osiris. Dort wollte man durch einen Grabstein oder eine kleine Grabkapelle ständig in der Nähe des Totenherrschers bleiben und an den großen Feiern teilnehmen, die Jahr für Jahr zur Vergegenwärtigung seines gewaltsamen Todes und seines Wiederauflebens abgehalten wurden. Viele Tausende von Stelen wurden im Laufe der zwölften Dynastie an der Prozessionsstraße des Gottes aufgestellt, manche durch hohe Staatsbeamte, die der König mit der Leitung der Festspiele betraute. Daran zeigt sich, welch hohen Wert man den ›Mysterien‹ von Abydos in der späteren zwölften Dynastie auch am Königshof zugemessen hat.

Die Grabanlage Sesostris' I. zählt heute zu den am besten untersuchten Pyramidenkomplexen überhaupt, selbst wenn man ihr Inneres wegen des seit dem Altertum um mehr als 4 Meter gestiegenen Grundwasserspiegels nicht mehr betreten kann. Auch der Taltempel ist, wie die Stadt El-Lischt selbst, tief im Fruchtland begraben. Von ihm führte ein Talweg, in den alle 5 Meter eine Nische eingelassen war, hinauf zur Pyramide; in diesen Nischen stand jeweils eine 2 Meter hohe Sitzstatue des Königs. Der Aufweg (Abb 29; 1) mündete in eine Vorhalle (2), einen Pfeilerhof (3) und schließlich in die Tempelkammern (4); dort sind außer den Magazinen Statuenkammer, Einsäulensaal und Totenopfersaal auszumachen. Letzterer war mit Holz ausgekleidet, das Grabräuber jedoch von den Wänden gerissen und verbrannt haben, um Licht zu machen.

Von den Mauern wurde im Laufe der Zeit jeder ›gute‹ Stein (also Kalkstein) entfernt; dadurch liegt heute der Mauerkern frei. Er besteht aus Blöcken, die sämtlich markiert sind, um die Arbeiten zu kontrollieren: »Herausschaffen aus dem Steinbruch N. N.«. Zahlreiche Überreste von Transportstraßen und Baurampen aus verhärtetem Kalksteinsplitt sowie Balken als ›Eisenbahnschwellen‹ illustrieren die Bautechnik. Zur Pyramide (5) führten zwei große Rampen, die mit Lehm oder Nilschlamm als Gleitmittel bestrichen und an den Rändern mit Ziegelmauern stabilisiert waren. Am Bau der Pyramide, der im zehnten Regierungsjahr des Sesostris begann und etwa fünfzehn Jahre dauerte, waren Arbeiter aus allen Gegenden Ägyptens beteiligt. Neben der Pyramide des Herrschers befanden sich kleinere, nur mit jeweils einer Ost- und Nordkapelle, für Mitglieder der königlichen Familie (6). Wenige größere Gräber für hohe Beamte und Hunderte von Grabschächten und Oberflächengräber umsäumten den Komplex (7–9).

Theben verlor mit seiner Funktion als Residenz zwar einiges von seiner politischen Bedeutung, wurde in der Folgezeit aber keineswegs vernachlässigt. Längst hatte der dort beheimatete Gott Amun ein Ansehen erlangt, das nun ständig steigen sollte und die Herrscher der zwölften Dynastie veranlaßte, den thebanischen Amuntempel auszubauen. Diese Dynastie war es, die den Sonnengott Amun-Re an die Spitze der Götterwelt stellte.

Naturgemäß erschwerten die Entwicklungen, die das Alte Reich beendet hatten, die Einigungsbemühungen der Herrscher. Die Bedeutung der damaligen Bezirksfürsten kann man etwa daran ablesen, daß sie sich ein eigentlich dem Pharao vorbehaltenes Privileg anmaßten: die Datierung nach Regierungsjahren. Oberstes Ziel der Könige mußte also die Beseitigung der Feudalherren und die Wiederherstellung der eigenen Souveränität sein; es wurde vollständig erst nach mehreren Generationen erreicht, und das war nur deshalb möglich, weil man große Behutsamkeit walten ließ.

Aus einer der ergiebigsten Quellen der Zeit, der Inschrift des Bezirksfürsten Chnumhotep II. im sechzehnten oberägyptischen Bezirk, der unter Sesostris II. (1897–1878) lebte, erfahren wir, wie Amenemhat I. dabei vorging: Er ernannte den Großvater des Chnumhotep zum Bezirksfürsten, ordnete geschickt die Verhältnisse neu und vertrat dadurch energisch seine Oberhoheit: »Er (Sesostris) stellte das wieder her, was er zerstört vorgefunden hatte, das, was eine Stadt ihren Nachbarn weggenommen hatte, indem er sich die Grenzverläufe aufzeigen ließ, wie es früher gewesen war. Er setzte einen Grenzstein im Süden fest und machte den nördlichen trefflich wie den Himmel. Er teilte den Fluß in der Mitte.«[3]

Auch in außenpolitischer Hinsicht war, wie angedeutet, einiges zu tun – zum Beispiel bei der Sicherung der Ostgrenze: »Siehe, eingeschlagen ist der Landpflock, den ich für den Osten machte ..., ausgestattet mit Orten voller Menschen von den Besten des ganzen Landes, um einen Angriff von ihnen abzuwehren.«[4] Diese Worte stammen aus der ›Lehre für Merikare‹, die einem König des ausgehenden dritten Jahrtausends zugeschrieben wird.[5] Die Authentizität des Textes ist zwar umstritten, doch die Forschung stimmt darin überein, daß er spätestens in der zwölften Dynastie verfaßt wurde, obwohl die wichtigste Quelle, durch die er bekannt wurde, aus der Zeit der achtzehnten vorliegt.

Die Frage nach dem Verfasser wird wahrscheinlich nie geklärt werden können, aber die Tatsache, daß der Text viele Jahrhunderte nach seiner Entstehung immer wieder abgeschrieben worden ist, zeigt, daß jedenfalls eine der ›Lehren für Merikare‹ noch lange beachtet wurde: »Eifere deinen Vätern und deinen Vorvätern nach. Erfolg erreicht man ja durch Wissen. Siehe, ihre Worte bleiben erhalten, wenn sie schriftlich niedergelegt sind. Öffne die Schriften, um zu lesen und mit dem Wissen zu wetteifern. So wird der Experte zum Gelehrten.« In solchen Sprüchen und zahllosen anderen Texten dokumentierten die Ägypter ihren Glauben an die Macht des geschriebenen Wortes.

Den in der ›Lehre‹ angemahnten Bemühungen, die Grenzen durch Besiedlung zu sichern, war lange kein endgültiger Erfolg beschieden. Amenemhat I. baute deshalb die sogenannte Mauer des Herrschers oder »Fürstenmauer«. Darunter haben wir uns weniger ein durchgehendes Bauwerk vorzustellen als vielmehr ein System von Wachtürmen und Befestigungsanlagen, von denen aus die dort stationierten Soldaten die Landenge zwischen Ägypten und Syrien-Palästina kontrollieren konnten. »Nun müssen die Beduinen wieder um Wasser bitten, um ihr Vieh zu tränken, wie es ihre Gewohnheit war«, heißt es in einem zeitgenössischen Text.[6]

Stets Probleme hatte ferner die Sicherung der Nordwestgrenze gegen die zumeist kriegerischen libyschen Stämme bereitet. Hier ließ sich ein System von Kontrollanlagen wie im Ostdelta nicht so leicht errichten. Die Könige unternahmen statt dessen regelmäßig militärische Expeditionen, um Eindringlinge von Ägypten fernzuhalten, ein Verfahren, das später auch die Römer in Nordafrika anwenden sollten. Im Süden schließlich hatten sich die Verhältnisse am Ende des Alten Reiches durch das Auftreten neuer nubischer Stämme ebenfalls verschlechtert. Bereits Montuhotep II. hatte wieder begonnen, sich die für Ägypten so wichtigen Rohstoffquellen zu sichern, doch die Rückeroberung des Gebietes gelang erst während der zwölften Dynastie.

Das letzte Jahrzehnt seiner Herrschaft teilte Amenemhat I. mit seinem Sohn Sesostris I. Die guten Erfahrungen beider leiteten eine Praxis ein, die sich während der ganzen Dynastie fortsetzte; sie ermöglichte eine konstante Innen- wie Außenpolitik. Zweifellos ist die Mitregentschaft der Kontinuität der Herrschaft zugute gekommen. Sie bestand gleich zu Anfang ihre Bewährungsprobe, als Amenemhat I. im Zuge einer Hofverschwörung ermordet wurde, die einen anderen Prinzen als den Mitregenten auf den Thron bringen wollte. Der Zeitpunkt war geschickt gewählt: Sesostris befand sich auf einer der erwähnten Strafexpeditionen gegen die Libyer, der König selbst war nach ägyptischer Vorstellung auf einem Tiefstand seiner wirksamen Kräfte, da das Sed-Fest, das die Kräfte des Herrschers auffrischen sollte (S. 39), unmittelbar bevorstand. Das Attentat gelang zwar, aber das rasche Handeln des Mitregenten und eben die Tatsache der Mitregentschaft durchkreuzten die weiteren Pläne.

Dafür haben wir zwei Quellen. Zum einen die ›Lehre des Königs Amenemhat‹, eine unter seinem Nachfolger verfaßte politische Propagandaschrift, die sich noch in späteren Jahrhunderten in den ägyptischen Schulen großer Beliebtheit erfreute. Zu Beginn warnt der König seinen Sohn vor zu großer Vertraulichkeit mit seinen Untertanen. Verhaltensregeln wie die folgende scheinen erfüllt von jener Bitterkeit enttäuschter Hoffnungen, die von der Situation um das Attentat herum diktiert ist: »Hör auf das, was ich dir sage, damit du König seiest auf Erden ... Kenne keinen Freund und schaffe dir keine Vertrauten, das hat keinen Bestand. Wenn du schläfst, bewache selbst dein Herz, denn am Tage des Unglücks hat ein Mensch keinen Freund ... Ich ließ die Niedrigen zu mir wie den, der angesehen war, aber die meine Speise aßen, lehnten sich auf; dem ich beide Hände reichte, wußte dadurch Schrecken zu erregen.« Dann erzählt der Pharao, wie es ihm selbst ergangen ist: »Es war nach dem Abendessen, als die Nacht hereingebrochen war. Ich gönnte mir eine Stunde der Erholung und lag auf meinem Bett. Ich war müde, und mein Herz begann dem Schlummer zu folgen. Plötzlich wurden Waffen geschwungen, und man sprach von mir, während ich blieb wie eine Schlange der Wüste. Ich erwachte, um zu kämpfen, und war ganz allein. Ich fand, daß es ein Anschlag der Leibwache war. Hätte ich mich beeilt mit Waffen in der Hand, dann hätte ich die Feiglinge zurückgetrieben. Aber es gibt keinen Starken in der Nacht.«[7]

Was anschließend geschah, berichtet die zweite Quelle, die abenteuerliche ›Geschichte des Sinuhe‹, die vor allem durch die 1945 erschienene Adaption durch den finnischen Schriftsteller Mika Waltari – ›Sinuhe, der Ägypter‹ – bekannt geworden ist.[8] Die Erzählung beginnt mit der Ermordung Amenemhats I.; sofort schicken die »Freunde des Palastes« seinem Sohn, der sich auf dem Rückmarsch vom Land der Libyer befindet, Boten mit der schrecklichen Nachricht entgegen; sie erreicht ihn zur Abendzeit, und »er zögerte keinen Augenblick; er, der Falke (Horusfalke = König), flog mit seinem Gefolge davon, ohne es sein Heer wissen zu lassen.« Jene Nachricht, die zweifellos höchste Geheimhaltung verlangte, hört Sinuhe, ein junger Hofbeamter, zufällig mit, und er ergreift sofort die Flucht; so groß ist seine Panik, daß er erst in Palästina anhält. Leider nennt er den Grund für seine Angst nicht; wir können nur rätseln, was dahintersteckte.

Aber auch diese Geschichte hat ein Happy-End. Sinuhe wird amnestiert (man fragt sich, wofür eigentlich) und kehrt glücklich aus dem Exil zurück. Der Text läßt ihn jubeln: »Was läßt sich damit vergleichen, daß dies einem Diener getan wird, den sein Herz in fremde Länder verschlagen hat? Fürwahr, gut ist der Gnadenvolle, der mich vor dem Tode errettet! Dein Wohlwollen wird mich mein Lebensende erreichen lassen, indem mein Körper in der Heimat ist.« Die ›Geschichte des Sinuhe‹ ist so oft wie kein anderes ägyptisches Literaturwerk abgeschrieben worden. Sogar den Toten legte man sie zur Unterhaltung mit ins Grab.

Über die Gründe der Ermordung Amenemhats zu spekulieren ist müßig. Jedenfalls gelang es Sesostris durch sein schnelles Erscheinen am Hof, die Situation zu meistern. In der Folgezeit gab es keine derartigen Rückschläge mehr. Unter Sesostris war das Reich stabil und prosperierte, was sich einmal mehr in der lebhaften Bautätigkeit dokumentierte, die der König im ganzen Land entfaltete; als Bauherrn übertrafen ihn erst wieder die Könige der achtzehnten Dynastie.

Bisher fanden sich an weit über 30 Plätzen Baudenkmäler mit seinem Namen, vor allem Kultbauten für alle bedeutenden Götter des Landes. In Heliopolis, 12 Kilometer nordöstlich von Kairo, erinnert nur noch ein einsamer, 20 Meter hoher Obelisk an die ehemalige Tempelstadt, die später Herodot, Plato und andere besucht haben. Er ist der erste wirklich monolithische Obelisk mit einer kleinen Pyramide an der Spitze, einem sogenannten Pyramidion.

Sesostris ließ ihn aufstellen: »Meiner Schönheit wird man in diesem Haus gedenken, mein Name ist Pyramidion, und mein Denkmal ist der See.«[9]

Wie schon früher lieh der Pharao den Göttern sein Gesicht, um seinen eigenen göttlichen Charakter zu demonstrieren. Seit Sesostris I. figuriert der König als Osiris mit dem Heka-Szepter und dem Flagellum; die Statue ist an einen Pfeiler (den Osirispfeiler) gelehnt. Dieser Typus tritt erstmals im Totentempel des Sesostris in El-Lischt auf. Allgemein änderte sich die kultische Praxis insofern, als Könige und Beamte ihre Statuen vermehrt in Tempeln aufstellten; die meisten Privatstatuen des Mittleren Reiches stammen nicht aus Gräbern, sondern aus Heiligtümern. Durch solch eine Stele suchte man sich in den Kultstätten ewige Gegenwart zu sichern.

Bei der erwähnten ›Lehre des Amenemhat‹ handelt es sich um eine Art Prinzenerziehung, die uns wertvolle Einblicke in das zeitgenössische Verständnis vom Königtum vermittelt. Auffällig ist, wie ausführlich – bei aller Betonung der göttlichen Aspekte des Pharao –, die Verantwortung des Herrschers und die damit einhergehende Belastung geschildert werden. Es scheint, als habe die historische Erfahrung seit dem Ende des Alten Reiches ihre Spuren in solchen Lehren hinterlassen. Nichts wirkt mehr so beschwingt und fast heiter wie in den Beispielen früherer Jahrhunderte. Statt dessen kreisen die Texte um ernste Gedanken und predigen dem zukünftigen Herrscher Ägyptens Wachsamkeit in seinem Amt, ja sogar Mißtrauen gegenüber jedermann. Glaubt man ihnen, dann war der Pharao ganz auf sich allein gestellt, hatte keine selbstverständlichen Helfer mehr; er muß sich Aufgaben stellen, die alles Menschenmaß übersteigen und deren Bewältigung eigentlich erst Herrschaft rechtfertigt und Legitimation schafft. So wundert es nicht, daß entsprechend heroische Züge die Könige des Mittleren Reiches auszeichnen und vor allem in späteren Erzählungen über Sesostris fortleben. In der Sage wurde er zum Vorläufer Alexanders des Großen, hat

Thraker und Skythen geschlagen und ist bis an den Ganges vorgedrungen.

Nachdem er die inneren Verhältnisse gesichert hatte, konnte Sesostris I. erneut eine energische Außenpolitik betreiben und vor allem Unternubien in sein Reich integrieren. In seinem achtzehnten Regierungsjahr setzte er in Elephantine einen neuen Bezirksfürsten ein und führte einen Feldzug an, den er durch eine lange Inschrift in der Festung Buhen an der zweiten Stromschnelle verewigte; vielleicht hat er diese gewaltige Anlage, die während der fünfziger Jahre des 20. nachchristlichen Jahrhunderts freigelegt wurde, selbst gegründet. Ihre Mauern waren 9 Meter hoch und 5 Meter dick und mit einem komplizierten System von Schießscharten für optimale ›Feuerkraft‹, wenn man so sagen darf, ausgestattet. Im Schutze derartiger Wehrbauten konnten die Rohstoffquellen des Landes in den Steinbrüchen und Goldminen besser ausgebeutet werden. E. Hornung spricht sogar vom Anfang einer regelrechten ägyptischen Kolonialpolitik.[10]

Ließ sich der Anspruch Ägyptens auf das Nubierland auch nicht immer durchsetzen, so wurde er doch stets sehr viel deutlicher vertreten als beispielsweise der auf die Kontrolle Palästinas. Der ›Geschichte des Sinuhe‹ können wir entnehmen, daß die Ägypter zwar Handelskontakte pflegten, aber offenbar keine Besitzansprüche erhoben. Sinuhe konnte unbehelligt von Ägypten nach Palästina reisen und besaß eine entsprechend gute Landeskenntnis. Als er auf seiner Flucht mit einem Beduinenscheich zusammentrifft, eröffnet dieser das Gespräch mit den Worten: »Du wirst es bei mir gut haben, du wirst die Sprache Ägyptens hören.« An einer anderen Stelle heißt es: »Der Gesandte, der nordwärts zog oder südwärts zur Residenz, der verweilte bei mir.« Reisen zwischen Ägypten und Palästina waren längst etwas Alltägliches.

In die befriedeten Wüstenzonen beiderseits des Niltales zogen Expeditionen zu den Goldbergwerken, Steinbrüchen und fernen

Oasen. Ihre Führer und die sie begleitenden Schreiber haben oft aufschlußreiche Inschriften über Umfang, Zweck und Verlauf solcher Unternehmungen hinterlassen. Einer von diesen Texten informiert uns darüber, daß der königliche Herold Ameni im 38. Jahr Sesostris' I. (1934) mit einem Expeditionsheer in die Ostwüste zog, um Material für 60 Sphingen und 150 Statuen für die Bauten des Königs zu beschaffen. Die Planung und Durchführung eines so riesigen Unternehmens im unbewohnten und unwegsamen Wüstengelände war eine Herausforderung an das Organisationstalent der ägyptischen Beamtenschaft, und wir erfahren die genaue Höhe der nach Rangstufen gestaffelten Rationen für die Expeditionsteilnehmer.

Einen Blick auf die Innenpolitik Sesostris' I. können wir durch einen Bericht werfen, in dem ebenjener Ameni seine Arbeit innerhalb der Verwaltung dokumentierte. Demnach gingen alle Abgaben für das »Königshaus« durch seine Hand, und er war bemüht, Steuerrückstände zu vermeiden, um die Vorratsspeicher zu füllen. Als es dann wegen zu niedriger Nilüberschwemmungen zu Hungersnöten kam, ließ er auf allen Äckern des Bezirkes ausschließlich Getreide anbauen, so daß es genügend Grundnahrungsmittel gab: »Als Jahre des Hungers kamen, pflügte ich alle Felder des Bezirks, von der nördlichen bis zur südlichen Grenze, und hielt so die Bevölkerung am Leben und versorgte sie mit Nahrung, daß niemand mehr hungerte.«[11]

Im Jahre 1926 starb Sesostris I., und sein Sohn Amenemhat II., der schon zwei Jahre lang Mitregent war, wurde sein Nachfolger. Aus seiner sechsunddreißigjährigen Regierung sind uns keinerlei spektakuläre Kriege überliefert. Der König konnte sich auf die Konsolidierung der inneren Entwicklung des Landes konzentrieren und gleichzeitig den Handel ausweiten. Dadurch wurden die Kontakte mit den Regionen des östlichen Mittelmeeres immer enger. Es kam zu einem Warenaustausch mit den hochentwickelten Kulturen der

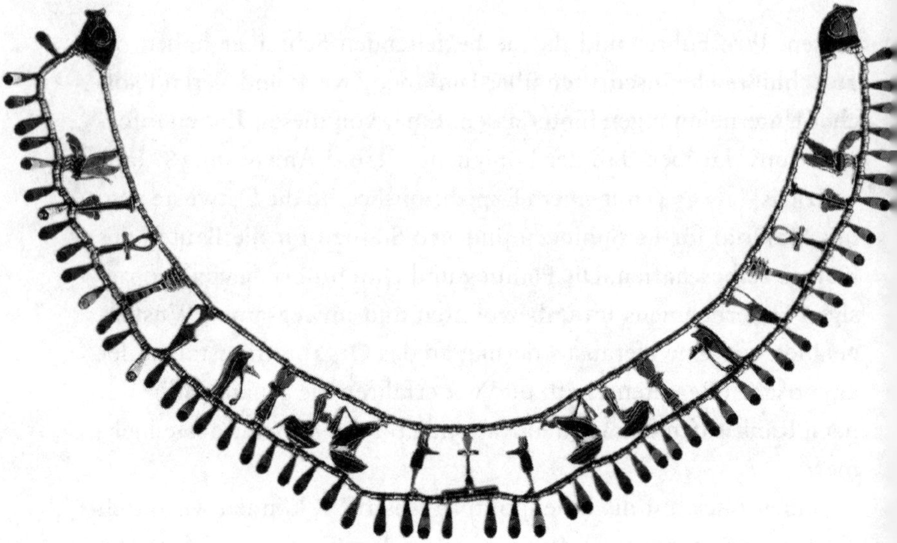

30. Schmuck der Prinzessin Chnumit

Sumerer in Mesopotamien und Kretas, wo um 2000 die sogenannte Mittelminoische Phase begonnen hatte.

Derartige Verbindungen lassen sich immer nur schlaglichtartig aufzeigen. Unter dem Pflaster des Tempels von Tôd etwa, südlich von Theben, trat ein reicher Fund zutage. Dieser sogenannte »Schatz von Tôd«[12] bestand unter anderem aus vier kupfernen Kisten mit dem Namen Amenemhats, die Metallbarren und Rohlapislazuli enthielten. Ferner fanden sich verarbeitete Stücke kretischer und mesopotamischer Kunstwerke aus Gold, Silber und Lapislazuli in Form von Figuren und Gefäßen, dazu Rollsiegel der dritten Dynastie von Ur (2050–1950). Außerdem bezeugen Skarabäen an kretischen Fundorten und kretische Tongefäße der sogenannten Kamares-Ware in Ägypten einen Kontakt mit der Inselwelt der Ägäis.

Die Pyramide Amenemhats II. in Dahschur, wo mehr als ein halbes Jahrtausend vorher schon Snofru seine beiden Grabbauten errichtet hatte, wäre nicht weiter erwähnenswert, hätten sich nicht in ihr Juwelen zweier Töchter des Königs gefunden, die zum Schönsten gehören, was bisher an Werken ägyptischer Juweliere ans Licht kam (Abb. 30). Zum Schmuck der Prinzessin Chnumit gehörte die Halskette aus zwei Reihen von Goldperlen, deren Verschluß zwei Falkenköpfe bilden. Der Mittelteil zwischen Perlenreihen besteht aus kleinen Amuletten, die rechts und links von einem zentralen Lebenssymbol auf einem Opfertisch angeordnet sind. Die je zehn Hieroglyphen zeigen unter anderem Anubis, die Geiergöttin Nechbet, Horus-Auge, ein weiteres Lebenssymbol und – jeweils am Ende – die Biene, die Unterägypten repräsentiert.

Inzwischen war es üblich geworden, die lange Geschichte Ägyptens mit der eigenen Familiengeschichte zu verknüpfen, um aus beiden Traditionssträngen Prestige zu gewinnen; man verfolgte Genealogien über 60 Generationen zurück. Und damit die Taten der Vorfahren nicht vergessen wurden, erneuerte man gelegentlich alte Inschriften. Der schon erwähnte Chnumhotep war während der Regierungszeiten Amenemhats II. und Sesostris' II. Statthalter des mittelägyptischen Antilopenbezirks. Er hob unter anderem hervor, was er zum Andenken an seine Vorfahren getan hatte: »Ich brachte die Namen meiner Väter, die ich zerstört fand, auf den Toren (gemeint sind die Inschriften auf Türpfosten und Türstürzen wichtiger Gebäude) zu neuem Leben, erkennbar in ihrem Zeichen, genau in ihrer Lesung, ohne ein Zeichen für das andere auszutauschen. Wahrlich, das ist ein trefflicher Sohn, der die Namen seiner Vorfahren wiederherstellt.«[13] Der Historiker kann nur hoffen, daß sich Chnumhotep an die eigene Maxime – »genau in ihrer Lesung« – gehalten hat.

Die Erschließung des Fayûm

Auf der Höhe von Deirut in Mittelägypten zweigt vom Nil ein heute Bahr Jussuf genannter Fluß ab, der in der Überschwemmungszeit gewaltige Wassermassen führt. Bei El-Lahun (»Mündung des Kanals«), durchstößt er einen schmalen Bergrücken, ergießt sich dann in die Senke der Libyschen Wüste, das Fayûm, und mündet schließlich im Nordwesten in einen See. Dieser See, die Birket Karun, 45 Meter unter dem Meeresspiegel gelegen, hatte im Altertum eine bedeutend größere Ausdehnung als heute, besonders in der Überschwemmungszeit. Herodot kannte ihn unter dem Namen »Moiris-See«.[14] Der Name geht aber nicht auf einen König Moiris zurück, wie der Vater der Geschichtsschreibung glaubte, sondern ist schlicht ein altägyptisches Wort für »großer See«. Mit der Erschließung dieser Gegend – der bedeutendsten Erweiterung des anbaufähigen Bodens in Ägypten – ist der Name Sesostris II., der 1892 nach einigen Jahren der Mitregentschaft die Nachfolge seines Vaters Amenemhat II. antrat, untrennbar verbunden.

Um das Fayûm landwirtschaftlich nutzbar zu machen, ließ der König den See zu einem Stausee ausbauen. Zunächst mußte dazu am Eingang des Fayûm ein Damm angelegt werden, der bei sinkendem Pegelstand das Wasser zurückhielt; der Zu- und Abfluß des Wassers wurde durch zahlreiche Schleusen geregelt. Man errichtete eine Schutzmauer von 40 Kilometer Länge und gewann dadurch 11.000 Quadratkilometer neuen Ackerboden. Erst unter Amenemhat III. (1844–1797), dem Enkel Sesostris' II., konnte das gewaltige Projekt fertiggestellt werden. Die Pharaonen verwandelten so eine unbedeutende Sumpf- und Seenlandschaft in eine der fruchtbarsten Provinzen Ägyptens, und der für die Gegend zuständige Landesgott, der krokodilgestaltige Sobek, erhielt nun eine Reihe neuer Kultstätten.

Wie stark Sesostris II. sich mit seinem Werk identifizierte, zeigt die Tatsache, daß er seine Pyramide beim Dorf El-Lahun baute, dort also, wo der Bahr Jussuf ins Fayûm fließt. Dabei ging man zu einer neuartigen Konstruktion über, die auch für die Pyramiden der beiden Nachfolger Verwendung fand. Zum einen änderte man den Oberbau: Man legte nicht mehr Steinlage um Steinlage, sondern errichtete ein Rahmenwerk von Mauern und füllte die Zwischenräume mit Lehmziegeln aus. Das Ganze wurde zum Schluß wie gewohnt mit Kalksteinplatten verkleidet. Wenn der Kalkstein allerdings später geplündert und abtransportiert wurde, waren diese Pyramiden längst nicht so ansehnlich wie ihre massiv gebauten Vorgänger aus der vierten Dynastie. Ferner verlegte man den Zugang zur Sargkammer von der Ummantelung der Nordseite zu einem Schacht, der von außerhalb der Pyramide – von der Südseite des Hofes her – in sie hineinführte. Die Kammer lag nun nicht mehr im Zentrum.

Mit der geänderten Bauweise ist ein entscheidender Wandel im ägyptischen Jenseitsglauben gleichsam Stein geworden: Die Vorstellung des unterirdischen Totenreiches setzt sich zunehmend gegenüber dem himmlischen durch. Diese Tendenz, deren Ansätze wir bereits kennengelernt haben (S. 101), wirkte sich bald auch auf die Anlage des Königsgrabes aus. Sesostris II. gab um 1890 die bisherige Orientierung des Eingangs nach Norden auf. Von nun an war der Zugang an keine bestimmte Himmelsrichtung mehr gebunden. Zugleich wurde aus einem geraden Korridor, der zur Grabkammer führte, ein kompliziertes System gewundener Gänge, ein ganzes Labyrinth unter der Pyramide, das nicht, oder jedenfalls nicht primär, der Irreführung der Grabräuber diente, sondern den unterirdischen Jenseitsbereich symbolisierte. Der Tempel für den Totenkult wurde ebenfalls umgestaltet und stark vereinfacht, und Sesostris III. hob die Bedeutung des Osiriskultes in Abydos durch die Errichtung einer zweiten Grabanlage – eines Kenotaphs – an der heiligen Stätte noch zusätzlich hervor.

Ungefähr gleichzeitig kam es in vielen anderen Bereichen zu grundlegenden Änderungen und zum Durchbruch neuer Formen. Besonders hervorzuheben ist der Skarabäus-Käfer, der in dieser Zeit zum beliebtesten Siegelamulett und neben dem Lotus zum wichtigsten Symbol einer Regeneration durch den Tod wurde. Ein besonders qualitätsvolles Exemplar eines solchen Skarabäus befindet sich auf dem Namenspektoral aus dem Grab Tutanchamuns, das auf dem Schutzumschlag dargestellt ist; er ist aus Gold, Karneol, Lapislazuli sowie Türkis gearbeitet. Auf den ersten Blick handelt es sich um ein Abbild des käfergestaltigen Sonnengottes, bei genauerem Hinschauen erkennt man zusätzlich die künstlerische Wiedergabe des königlichen Thronnamens Nebcheperure (»Herr der Erscheinungsformen ist Re«). Dieser Name setzt sich nämlich – von oben nach unten – aus den Zeichen für Sonnenscheibe, Skarabäus, Korb und den sogenannten Pluralstrichen zusammen. Damit ist der Skarabäus Beschützer des Mannes, dessen Name er trägt und der zugleich als sein herrscherlicher Besitzer gekennzeichnet ist.

Ebenso symbolhaft und weniger als naturgetreue Darstellung des Pharao dürfte die tiefgreifende Umgestaltung des Königsbildes unter Sesostris III. zu verstehen sein, die uns heute stark porträthaft anmutet. Sie brachte den König dem so menschlich leidenden Osiris in seinem Todesgeschick näher. Ferner drang jetzt die Mumiengestalt des Toten – in Form von Uschebti-Totenfiguren und bald auch von mumiengestaltigen Särgen, welche die bisherige Kastenform zurückdrängten – in die Rundplastik ein. Und schließlich erfuhren die Totentexte eine Neugestaltung, welche die spätere Fassung des Totenbuches vorwegnahm.

Zwei Kilometer nördlich von El-Lahun gründete Sesostris II. eine Stadt für Beamte, Priester und Handwerker, den Griechen als Arsinoë oder Krokodilopolis bekannt, die 1889 entdeckt wurde und den ersten größeren Wohnkomplex darstellt, den wir in Ägypten kennen. Die Siedlung enthielt einst über hundert eng zusammengedrängte Häuser, von denen selbst die kleineren, für Handwerker und niedere Priestergrade bestimmt, immerhin 4 bis 6 Räume umfaßten und 95 bis 169 Quadratmeter bedeckten, also auch einer größeren Familie reichlich Platz boten. Bedeutsam wurden ferner Papyrusfunde von El-Lahun, die sogenannten Petrie- oder auch Lahun-Papyri. Diesen Texten verdanken wir unter anderem das bislang älteste Sothisdatum der ägyptischen Geschichte (siehe Chronologie S. 482).

Ob auch Sesostris III. (1878–1841) Mitregent war, bleibt unklar; auf jeden Fall bestieg er im Todesjahr seines Vaters 1878 den Thron. Mit ihm begann wieder eine neue Epoche innen- wie außenpolitischer Gestaltung. Als Ausdruck der weiter zunehmenden Machtkonzentration in den Händen des Pharao ist die Tatsache zu werten, daß unter ihm die großen Bezirksfürstenfamilien, deren Macht und Unabhängigkeit immer wieder eine Bedrohung für die zentrale Autorität bedeutete, fast ausnahmslos zurückgedrängt wurden. Sesostris III. führte eine vollständige Reorganisation der Provinzverwaltung durch, in deren Verlauf die mächtigen lokalen Dynastien vorerst wieder aus der ägyptischen Geschichte verschwanden. Er zerschlug das alte System des erblichen Fürstentums und ersetzte es durch einen Verwaltungsapparat, dessen Beamte direkt dem König in seiner Residenz unterstanden.

Es gehörte vor allem zu den Aufgaben der sichtbar erstarkenden Herrschaft, die etablierten militärischen Funktionen der Bezirksfürsten zu beenden. Dazu mußten diese nicht nur an Privatkriegen gehindert, sondern auch verpflichtet werden, im Ernstfall Heeresfolge zu leisten. Die frühere latente Bedrohung der königlichen Autorität durch die militärische Potenz der Lokalherrscher wird mit ein Grund für Sesostris' energisches Vorgehen gewesen sein.

Ferner umgaben sich die Pharaonen nun mit einem effizienten Machtapparat, mit dem sie ihren Willen durchsetzen konnten. Dafür wurde eine Gruppe von militärischen »Begleitern« oder wörtlich: »Gefolgsleuten seiner Majestät« geschaffen – die ersten Berufssoldaten im Alten Ägypten. In Kompanien von je 100 Mann waren sie in der Residenz und in den königlichen Festungen von Nubien bis an die asiatische Grenze stationiert. Diese Soldaten – ihre genaue Zahl ist unbekannt – könnte man als den Kern eines ersten stehenden Heeres bezeichnen, wenngleich es noch keinen entsprechenden Begriff dafür gab. Sie stammten wahrscheinlich aus derselben Gesellschaftsschicht wie die Bezirksmilizen, die in dieser Zeit die große Masse des königlichen Heeres bildeten. Diese wiederum rekrutierten sich aus den Bürgern des Mittelstandes im Bezirk des jeweiligen Fürsten, der sich, wenn der König rief, mit seinen Leuten zur Verfügung stellen mußte.

In Kriegszeiten setzte sich das Heer also aus verschiedenen Kontingenten zusammen, welche die Fürsten aufzubringen und unter dem Oberkommando des Königs zu befehligen hatten. Ähnlich verfuhr man häufig, wenn für den Transport großer Denkmäler oder zur Ausführung öffentlicher Arbeiten ausgebildete und in Organisation geschulte Leute benötigt wurden. Alle Bürger, Priester wie Laien, waren listenmäßig erfaßt und nach »Jahrgängen« eingeteilt. So konnte man die verschiedenen Gruppen unterscheiden, die zu militärischen oder anderen Aufgaben herangezogen werden sollten.

Allerdings wissen wir nicht, unter welchen Umständen sich solche Strukturen herausgebildet haben; ohne Gewalt dürfte es kaum abgegangen sein. Möglicherweise hat in diesen Auseinandersetzungen das Bürgertum, das am Ausgang des Alten Reiches entstanden war und sich immer stärker als politische Macht fühlte, eine wichtige Rolle gespielt. Wie offenbar zuerst die Herakleopoliten erkannt hatten, war die Stadt mit ihren Bürgern zu einem bedeutenden politischen und gesellschaftlichen Faktor geworden. Hier hatte sich eine neue Schicht entwickelt, die nun einen festen Platz im sozialen Gefüge erhalten hatte. Die Bezeichnung »Bürger« – wörtlich Stadtmensch – begegnet jetzt wie ein Titel, zeichnet also Angehörige einer Schicht mit festgelegten Rechten und Pflichten aus. Worin diese freilich im einzelnen bestanden, entzieht sich unserer Kenntnis.

Mit dem Aufkommen von Städten und Bürgern verschob sich der gesamte Aufbau der Provinzialverwaltung. Bildete früher der »Bezirk« als Landbezirk – gegebenenfalls mit Tempeln und »Städten« im alten Sinn als wirtschaftlichen Enklaven – die Grundlage der Landesverwaltung, so jetzt die Stadt, sprich Provinzhauptstadt, zu der ein Landbezirk gehörte, der aber nur indirekt, nämlich durch die Stadt, mit der Zentralverwaltung verbunden war. Zweifellos vereinfacht diese schematische Wiedergabe die damalige, für uns nicht mehr faßbare Wirklichkeit mit ihren Übergängen, unterschiedlichen Versuchen und lokalen Besonderheiten; aber die angedeutete Tendenz dürfte stimmen; denn nach der Mitte der zwölften und während der Zeit der dreizehnten Dynastie finden wir eine einheitliche bürokratische Verwaltung vor.

Das Bürgertum in den entwickelten Städten dürfte ebenso auf die Seite des Königtums getreten sein wie die mittlere und untere Beamtenschicht, die unter Sesostris III. stärker hervortrat. Auf ihre politische Bedeutung weisen die vielen Statuetten und Gedenksteine von Privatleuten hin, die von nun an üblich wurden. Dieser Wandel läßt sich an der Selbsteinschätzung des Bürgertums ebenso ablesen wie daran, daß uns auf den Friedhöfen dieser Epoche, zum Beispiel in Abydos, eine große Anzahl von Grabstelen von Privatleuten, Handwerkern, Kaufleuten und Grundbesitzern begegnet, von Leuten also, die kein öffentliches Amt ausübten.

Die außenpolitisch bedeutsame Leistung Sesostris' III. war die Unterwerfung Unternubiens. Bereits unter seinem Vorgänger hatten Unruhen in dieser Region die Sicherheit der Handelsrouten gefährdet. Um von der Flottenstation Elephantine aus schneller in diesem Gebiet operieren zu können, ließ Sesostris III. 1871 bei der Insel Sehel einen Kanal durch die Granitbarriere des ersten Kataraktes graben. In diesem Zusammenhang wurde der Kanal, der mehr als 600 Jahre zuvor in der sechsten Dynastie angelegt worden war (S. 53), wieder schiffbar gemacht. Er war 80 Meter lang, fast 10 Meter breit, 8 Meter tief und erhielt den Namen »Schön sind die Wege des Chekure (Thronname des Sesostris)«. Im gleichen Jahr ließ der Pharao in der Doppelfestung Semna/Kumma am südlichen Ausgang der zweiten Stromschnelle die neue Südgrenze Ägyptens durch eine Inschrift feierlich proklamieren: »Südliche Grenze, gemacht im Jahre acht unter der Majestät des Königs von Ober- und Unterägypten Sesostris – ihm sei Leben für alle Zeiten –, um zu verhindern, daß irgendein Nubier sie zu Wasser oder zu Lande überschreite.«[15]

Acht Jahre später mußte der König erneut eingreifen; er ließ den Kanal nochmals freilegen und errichtete in seinem 16. Jahr (1863) in Semna und auf der benachbarten Insel Uronarti weitere Stelen, deren Inschrift mit den Worten schließt: »Jeder meiner Söhne, der diese Grenze halten wird, die meine Majestät gemacht hat, der ist mein Sohn und ist meiner Majestät geboren ..., wer sie aber verfallen lassen und nicht um sie kämpfen wird, der ist nicht mein Sohn, und nicht ist er mir geboren. Meine Majestät hat veranlaßt, daß man eine Statue meiner Majestät mache an dieser Grenze, die meine Majestät gesetzt hat, damit ihr bei ihr ausharren und für sie kämpfen werdet.«[16] Kurz darauf, im Jahre 19 (1860) treffen wir den Pharao erneut in Nubien an; diesmal scheint er seine Gegner bis über die zweite Stromschnelle hinaus verfolgt zu haben. Zur Sicherung des Erreichten legte er auch hier eine ganze Reihe von Festungen an, in denen er Besatzungstruppen stationierte. Insgesamt 14 solcher Forts im Bereich zwischen Elephantine und Semna sind aus schriftlichen Quellen oder durch Ausgrabungen bekannt. Dank ihrer Lage unmittelbar am Nil konnten die ägyptischen Schiffe rasch Informationen zu den benachbarten Festungskommandanten und zum König befördern.

An einem der zahlreichen nubischen Feldzüge Sesostris' III. nahm ein gewisser Chu-Sobek, genannt »der Kahle«, teil. Wir kennen seine Inschrift aus Abydos. Sie ist gleichzeitig die einzige Quelle für einen Feldzug des Königs nach Palästina. Was genau den Pharao zu einem Vorstoß in diese Region veranlaßte, wird darin nicht erwähnt. Möglicherweise sollte durch das Unternehmen, in dessen Verlauf Sichem erobert wurde, eine Störung der Handelswege durch Nomaden beseitigt werden.

Angesichts der hier nur knapp skizzierten Leistungen des Herrschers auf zahlreichen Gebieten überrascht es nicht, daß Sesostris III. – ganz offenkundig einer der wichtigsten Pharaonen der ägyptischen Geschichte – rasch zu einer Sagengestalt geworden ist. Und wie in Sagen üblich, geriet auch hier bald alles ins Übermenschliche, so etwa wenn Sesostris zum Herrscher über Millionen Waffen erklärt wird.[17]

Nach mehreren Jahren der Mitregentschaft folgte Amenemhat III. seinem Vater im Jahre 1841 auf den Thron. Er übernahm ein nach außen und innen gefestigtes Reich, das sich nun über 1.500 Kilometer Niltal erstreckte und das er während seiner Regierungszeit, der längsten innerhalb der zwölften Dynastie, zu bewahren verstand. Sein Name ist mit der Fertigstellung der umfangreichen Arbeiten im Fayûm derart eng verknüpft, daß er in dieser Gegend später als Landesgott verehrt werden sollte. Dort am Moiris-See befanden sich auch zwei Kolossalstatuen, von denen nur noch wenige Reste erhalten sind. Zahlreiche Lieder preisen Amenemhat als Garanten von Frieden und Wohlstand:

»Er ist die Sonne, die Strahlen sehen alles.
Er erhellt die beiden Länder (Ägypten) mehr als
die Sonnenscheibe.
Er macht die beiden Länder grünen mehr als der große Nil.
Er hat die beiden Länder mit Stärke gefüllt.
(Er ist) Leben, das die Nase kühlt.

Die Schätze, die er gibt, sind Speise denen, die ihm folgen.
Er nährt die, welche seinen Pfad betreten.
Der König ist Nahrung, sein Mund ist Überfluß.«[18]

Da Amenemhat das Interesse seines Großvaters am Fayûm teilte, ist es nicht verwunderlich, daß er sein Grabmal in der Nähe der Pyramide Sesostris' II., nahe dem heutigen Dorf Hawara, errichtete. Die Konstruktionen zum Schutz vor Grabräubern waren mittlerweile immer trickreicher geworden. Mehrfach gebrochene und durch Gleitblöcke versperrte Gänge enden in einer Sargkammer. Sie besteht in Hawara aus einem einzigen Quarzitblock von 110 Tonnen Gewicht, der durch drei quer darübergelegte Blöcke verschlossen wurde. Der dazugehörige, reichausgestattete Totentempel war in der Antike weithin bekannt. Es ist jenes aufgrund der Ähnlichkeit mit dem kretischen Palast von Knossos so genannte »Labyrinth«, von dem noch Herodot und Strabo berichten. Nach Herodot war der Tempel wegen seiner vielen Höfe, Säle und Säulengänge »großartiger als alle griechischen Bauwerke zusammen« und soll noch die Pyramiden in den Schatten gestellt haben.[19] Strabo zufolge besaß er eine so verwirrende Zahl von Gängen und Räumen – angeblich um die 3.000 –, »daß kein Fremder ohne Führer in die Säulengänge hinein- oder aus ihnen herausfinden könnte«.[20] Demzufolge könnte das Gebäude eine Reihe von Hallen für jeden Bezirk besessen haben, in denen die regionalen Gottheiten in ihren Kapellen verehrt wurden. Der letzte prominente Besucher der Antike, von dem wir wissen, war der römische Kaiser Septimius Severus an der Wende vom zweiten zum dritten nachchristlichen Jahrhundert.

Mit dem Tod Amenemhats III. 1797 war die zwölfte Dynastie praktisch am Ende. Amenemhat IV. (1798–1789), der offenbar eine Zeitlang Mitregent war, ist für uns als Persönlichkeit nicht greifbar. Am Schluß der Dynastie steht – ähnlich wie in der sechsten (S. 81) – eine Königin, Sobeknofru, vielleicht eine Schwester Amenemhats IV. Wenn sie auf einigen Denkmälern den Namen ihres Vaters neben dem eigenen nennt, so hat sie damit offensichtlich ihren Machtanspruch unterstreichen wollen. Möglicherweise versuchte sie nach dem Tod des Bruders, die Herrschaft noch zu sichern – allerdings vergeblich.

Bei Manetho folgen eine dreizehnte Dynastie mit 60 thebanischen Königen und eine vierzehnte mit 76 Königen aus Xoïs im Delta.[21] Beide Dynastien haben etwa 135 Jahre (1785–1650) gemeinsam regiert. Wir haben es zweifellos mit einer äußerst turbulenten Phase zu tun, die sich nicht erschöpfend darstellen läßt; allenfalls Einzelbeobachtungen sind möglich.

Der erste König der dreizehnten Dynastie scheint, nach seinem Geburtsnamen Ugaf zu urteilen, nicht mit der vorherigen Herrscherfamilie verwandt gewesen zu sein. Überhaupt ist nur in wenigen Fällen nachzuweisen, daß mehrere Angehörige derselben Familie nacheinander den sogenannten Thron bestiegen. Dabei wollten manche Herrscher durch ihre Namen ausdrücklich an die Tradition der zwölften Dynastie anknüpfen; andere verraten ihre einfachste Herkunft wie Iufni (»Er gehört mir«), oder bezeichnen sich gar – wie in zwei Fällen – als von einem Feldarbeiter abstammend.

Die von Amenemhat I. (1991–1962) errichtete Befestigungslinie im Ostdelta wurde bald durchlässig, und man muß von einem stetigen Einsickern semitischer Einwanderer ausgehen, die sich vor allem im Ostdelta ansiedelten, wo sie ihren Gott Baal mit dem ägyptischen Seth identifizierten und ihm ein Kultzentrum in der späteren Hyksosresidenz Auaris (Tanis) errichteten. Hinzu kam eine beträchtliche Zahl von asiatischen Sklaven und Freigelassenen. Aus dieser vielfältigen asiatischen Gruppe, die nicht auf das Delta und die unteren Bevölkerungsschichten beschränkt war, stiegen schon in der frühen dreizehnten Dynastie einige starke Persönlichkeiten bis zur Königswürde auf. Wahrscheinlich nutzten sie ihre Position als Truppenführer, um die Macht an sich zu reißen; ein Name wie »General« für einen König läßt eine derartige Karriere immerhin vermuten. Die semitischen Herrscher, von denen einer Chendjer – »Eber« –, ein anderer direkt »Asiat« heißt, errichteten genauso wie andere Könige ihrer Zeit Ziegelpyramiden in Dahschur und Sakkara.

Daß die jeweiligen Höfe zu besonderen Gelegenheiten Theben besuchten, ersehen wir aus einem Rechnungsbuch, vermutlich aus der Zeit des zweiten oder dritten Sobekhotep (um 1765/1750), der den Namen des inzwischen im ganzen Reich verehrten Landesgottes des Fayûm, Sobek, trug. In jenem Rechnungsbuch werden die Kosten für eine zwölftägige Hofhaltung in der alten Residenz aufgeführt und die Ein- und Ausgänge an Brot, Bier, Gemüse und so weiter sorgfältig verzeichnet.[22] Dabei ist der Lebensstandard am Hof – verglichen mit früheren Zeiten – äußerst bescheiden.

Die vierzehnte Dynastie hat ungefähr während der letzten 70 Jahre der dreizehnten im Delta regiert. Wie viele Könige ihr angehörten, bleibt dahingestellt – die Zahl von 76 Königen dürfte allerdings etwas hoch gegriffen sein; manche Namen scheinen zudem fiktiv. Die angebliche Residenz Xoïs blieb stets ein unbedeutender Ort im nördlichen Delta. Wie das Verhältnis dieser Kleinkönige zur dreizehnten Dynastie auch ausgesehen haben mag, sicher ist jedenfalls, daß die Aufsplitterung in mehrere Teilreiche es den einzelnen, erheblich geschwächten Herrschern unmöglich machte, das Grenzgebiet zur syrisch-palästinensischen Landbrücke zu kontrollieren, als dort Einwanderergruppen in größerer Zahl erschienen.

Die großen Hyksos

Im ersten nachchristlichen Jahrhundert überlieferte der jüdische Autor Flavius Josephus einen Bericht Manethos, wonach unter der Regierung eines Pharaos Timaios von Osten Eindringlinge unklarer Herkunft nach Ägypten gekommen seien: »Wir hatten einen König mit Namen Timaios; in dessen Regierung geschah es, ich weiß nicht, warum, daß Gott mit uns unzufrieden war. Und es kamen unerwartet Leute von unedler Herkunft aus den östlichen Gegenden, die frech genug waren, einen Zug in unser Land zu unternehmen, und es leicht mit Gewalt, ohne Schlacht, unterwarfen. Und als sie unsere Herrscher in ihre Hände bekommen hatten, da brannten sie wie die Wilden unsere Städte nieder, zerstörten die Tempel der Götter und mißbrauchten alle Einwohner in feindseligster Weise; denn einige erschlugen sie, und die Kinder und Frauen von anderen führten sie in die Sklaverei. Endlich machten sie einen von ihnen namens Salitis zum König; er lebte in Memphis und ließ Ober- wie Unterägypten Tribut zahlen und setzte Garnisonen in die Orte, die ihm am geeignetsten schienen.«[23]

»Hyksos« ist ein Titel, mit dem die Ägypter des Mittleren Reiches seit langem die Kleinfürsten Syrien-Palästinas und auch die nubischen Häuptlinge bezeichneten. Das ägyptische »Hekau-Chasut«, das die antiken Schriftsteller mit »Hyksos« wiedergaben, bedeutet »Herrscher der Fremdländer« und meint also nicht das Volk, sondern einen bestimmten Herrscher. Östlich des bubastitischen Nilarms habe ein solcher Hyksos die Stadt Auaris als Grenzfestung ausgebaut und mit einer starken Garnison versehen, fährt Manetho fort. Anschließend führt er fünf weitere Könige der fünfzehnten Dynastie auf und nennt sie gelegentlich Phönizier, meist aber Hyksos, was er als »Hirtenkönige« deutet.

Zeitgenössische Quellen, um derartige Nachrichten zu überprüfen, stehen uns nicht zur Verfügung. Einzig die Königin Hatschepsut spricht zu Beginn des 15. Jahrhunderts von der Zeit, »da die Asiaten in der Gegend von Auaris im Nordland (Delta) waren und die Nomaden unter ihnen zerstörten, was geschaffen worden war. Sie herrschten ohne Re.«[24] Zweifellos sind solche Berichte aus der Zeit ihrer Entstehung heraus stark gefärbt. Wir treffen hier auf eine bestimmte Art erzählender Literatur, die zum festen Bestandteil nicht nur der ägyptischen Geschichtsschreibung geworden ist: Eine Zeit der Trostlosigkeit und der Anarchie wird in übertrieben grellen Farben gemalt, gewöhnlich um einen Herrscher zu preisen, dem man die Befreiung des Landes zuschreibt. Manethos Erzählung stellt dann die letzte Stufe einer Geschichtsklitterung dar, die in der auf Ahmose folgenden Generation ihren Anfang nahm.

Die Eroberung durch die Fremden war das Ergebnis sowohl einer allmählichen Unterwanderung Nordägyptens wie militärischer Unternehmungen überlegener Truppenverbände. Seit der Zeit des Mittleren Reiches lassen sich in zunehmendem Maße »Asiaten« in Ägypten nachweisen. Ihre Anwesenheit erleichterte zusammen mit der Machtlosigkeit der späten dreizehnten Dynastie die Begründung einer Herrschaft im Delta und das Entstehen eines, wie W. Wolf es nennt, »asiatischen Brückenkopfes«, von dem aus auch das übrige Ägypten gewonnen werden konnte.[25]

Die Regierung der Hyksos ist von den Ägyptern durchaus als Fremdherrschaft empfunden worden. Dennoch spricht alles dafür, daß sie keineswegs als brutale Barbaren im Lande gehaust, sondern Verwaltung und Recht gepflegt haben. Nachweisen läßt sich ihre Verehrung für den Sonnengott Re und ihre Toleranz gegenüber der ägyptischen Religion. Die wenigen Zeugnisse aus dieser Zeit deuten auf das ernste Bemühen der Hyksos hin, die Einheimischen für sich zu gewinnen. Die neuen Herrscher ahmten die Gewohnheiten und den Pomp der Pharaonen nach und machten sich auch die hieroglyphische Schreibweise zu eigen.

Das Auftreten der Hyksos steht im Zusammenhang mit einer weit über Ägypten hinausreichenden Entwicklung: In der ersten Hälfte des 17. Jahrhunderts erreichten Ausläufer einer Völkerbewegung – der sogenannten indoarischen Wanderungen – Vorderasien. Hervorzuheben sind die Kassiten im Osten und Südosten der mesopotamischen Welt, die Churriter im Nordosten und die Hettiter in Kleinasien mit dem Zentrum im Halysbogen. Diese Völkerverschiebungen veränderten die politische Lage in Syrien-Palästina, aber eben auch in Ägypten. Dabei hat es kein ›Volk‹ von Einwanderern gegeben, sondern es war eine dünne Oberschicht, die dort, wo sie auftrat, die Herrschaft an sich riß.

Die Hyksos brachten eine bis dahin unbekannte, hoch überlegene Kriegstechnik mit – den Kampf mit Pferd und Streitwagen. Diese Wagenkämpfer waren Berufskrieger, und um sich ganz auf ihre militärischen Aufgaben konzentrieren zu können, bedurften sie wirtschaftlicher und sozialer Privilegien, die sich durch die Schaffung größeren Grundbesitzes garantieren ließen. So entstand eine neue Oberschicht, die zugleich die restliche Bevölkerung kontrollierte. Solche Veränderungen zeitigten je nach geographischen und wirtschaftlichen Gegebenheiten unterschiedliche Wirkungen: Die räumliche Enge Palästinas verhinderte – anders als in Ägypten – übergreifende politische Zusammenschlüsse. Dort etablierten sich zahlreiche Zwergstaaten mit einer befestigten Stadt als Mittelpunkt, einem König als Herrscher, einer kleinen, waffentragenden Elite und rechtlosen Untertanen, von deren Arbeit die Oberschicht lebte.

Nachdem sie Palästina erreicht und unter ihre Kontrolle gebracht hatten, überrannten die Hyksos mit ihren Streitwagen das Delta und begründeten um 1650 in Auaris, das nach ihrer Vertreibung dem Erdboden gleichgemacht werden sollte, eine eigene Dynastie. Die Lage der Stadt, ganz am Rande des eroberten Landes, weist vermutlich darauf hin, daß die Hyksos enge Verbindung zu Palästina halten wollten; man sollte dabei allerdings nicht vorschnell von einem Großreich reden. Obwohl sie die Herrschaft über ganz Ägypten wie über angrenzende Teile Palästinas beanspruchten, ließen die Hyksos an einigen Orten, vor allem in Theben, abhängige Vasallenkönige bestehen.

Um solche Vasallen – asiatische Herrscher, die gleichzeitig mit den Hyksos lokale Fürstentümer im Delta und in Mittelägypten besessen haben – handelt es sich wahrscheinlich bei der sechzehnten Dynastie von »kleinen Hyksos«, die Manetho neben der fünfzehnten Dynastie der »großen« Hyksos zählt. Man könnte sie mit den Kleinkönigen der vierzehnten Dynastie vergleichen, die parallel zur dreizehnten regierten (S. 182). Ich habe in der Herrscherliste die beiden Dynastien zusammengefaßt und die sogenannten kleinen Hyksos unberücksichtigt gelassen. Die eigentliche Hyksos-Dynastie – die fünfzehnte also – dauerte dem wohl zuverlässigen Turiner Königspapyrus zufolge 108 Jahre; sie besteht aus sechs Herrschergestalten, deren wichtigster Chian (um 1620/10) war. Da Denkmäler dieses Königs in Bubastis sowie südlich von Theben bezeugt sind, scheint er in ganz Ägypten als Oberherr anerkannt worden zu sein.

Objekte, die den Namen Chians tragen und in Knossos auf Kreta, in Mesopotamien sowie in der Hettiter-Hauptstadt Boghaz-Köy gefunden wurden, zeugen von einem regen Waren- und Künstleraustausch. (Funde in Spanien können entweder durch Handel oder spätere Verschleppung dorthin gelangt sein.) Im Gegenzug arbeiteten beispielsweise kretische Künstler in der Residenzstadt Auaris. Von ihnen stammen offenbar die Gemäldefragmente – darunter eine der bekannten Stiersprung-Szenen –, die dort in einem palastartigen Bau entdeckt worden sind.

Den erwähnten Kontakt zwischen Ägypten und Syrien-Palästina belegen zahlreiche Skarabäen aus dieser Zeit, wie sie fast überall in der Region bei Ausgrabungen zutage treten. Aus ähnlichen Quellen lassen sich Handelsbeziehungen in Nubien bis zur dortigen Residenz Kerma, südlich des dritten Kataraktes, nachweisen. Da das Machtzentrum der Hyksos im Delta lag, nahm ihr Einfluß auf Oberägypten nach Süden hin immer stärker ab. Dadurch wurde die Entstehung eines nubischen Fürstentums gefördert, das die Oberhoheit der Hyksos nur noch formal anerkannte; gleichwohl standen auch den Hyksos nubische Söldner zur Verfügung.

Ähnlich wie viele Fremdherrscher nach ihnen verbanden die Hyksos die politische Kontrolle Ägyptens mit der Anpassung an die dortigen Traditionen und der weitgehenden Übernahme lokaler Kulte. Dennoch brachten sie gerade auf religiösem Gebiet Vorstellungen mit, wie eine besondere Verehrung des Seth, die sie nicht aufgeben wollten. Wie man die damalige Lage später rückblickend sah, illustriert ein Märchen, das etwa 400 Jahre nach der Vertreibung der Hyksos entstand: »Nun geschah es, daß Ägypten in den Besitz der Befleckten kam, da kein Herr zu der Zeit, als es geschah, König war. Aber der König Sekenenre war Beherrscher der Südstadt (Theben) ... König Apopi saß in Auaris, und das ganze Land war ihm tributpflichtig. Das Südland brachte ihm seine Einkünfte und das Nordland gleicherweise alle köstlichen Erzeugnisse des Deltas. König Apopi aber machte den Seth zu seinem Herrn und diente keinem anderen Gott, der im ganzen Lande war, außer Seth. Er baute den Tempel aus schönem und ewigdauerndem Material.«[26]

Als um 1600 besagter Apopi – vielleicht der Nachfolger Chians – den Thron bestieg, war seine Herrschaft über Ägypten weitgehend anerkannt; das sollte sich während seiner jahrzehntelangen Regierung nicht ändern. Auch der lokale »König« von Theben galt ihm nur als »Häuptling der Südstadt«. Dort herrschte eine thebanische Fürstenfamilie, die nach dem Ende der dreizehnten Dynastie die Königstitulatur angenommen und dadurch die siebzehnte Dynastie begründet hatte. Ebensowenig wie bei den »kleinen Hyksos« im Delta läßt sich bei den Königen Thebens klar erkennen, wie weit sie sich der Oberherrschaft der »großen« Hyksos beugen mußten. Der Turiner Papyrus hat anscheinend fünfzehn thebanische Herrscher aufgeführt. Sie sind durch Denkmäler auf der thebanischen Westseite zu belegen, wo sie bestattet wurden. Den schon im Altertum durchsuchten Friedhof hat man 1857 ausgegraben, ohne daß die Ergebnisse je veröffentlicht wurden; die Funde sind seither in alle Welt verstreut. Eine entsprechende Königsliste kann daher nur rekonstruiert werden, und nur bei den letzten drei Namen steht die Reihenfolge fest: Taa I. (auch Tio oder Tei), Taa II. und Kamose.

Die Listen dieser Dynastie verzeichnen viele Könige mit meist kurzen Regierungszeiten. Daß sie in Abydos Baumaßnahmen durchführen konnten, läßt immerhin auf eine Kontrolle des nördlich von Theben gelegenen Gebietes schließen. Die wenigen bekannten Informationen vermitteln ein Bild bescheidener Lebensverhältnisse und sparsamer Hofhaltung. Für die Zukunft sollte es sich aber als bedeutsam erweisen, daß in Theben kulturelle Traditionen gepflegt wurden, die mit der Abschrift alter Texte unterschiedlichster Art Hand in Hand gingen: Einige literarische, religiöse und wissenschaftliche Zeugnisse des Alten und Mittleren Reiches sind nur durch solche Abschriften überliefert.

Von den Herrschern der siebzehnten Dynastie ging der entscheidende Impuls zur abermaligen Neuordnung Ägyptens aus. Vielleicht deutet die Tatsache, daß die Mumie Taas II. Verletzungen aufweist, bereits auf Kämpfe gegen einen Hyksos hin, doch das muß dahingestellt bleiben. Auf jeden Fall aber begann Kamose (1555–1551) den später so bezeichneten Befreiungskrieg. Unsere Hauptquellen sind zwei seiner Stelen im Amuntempel von Karnak, von denen uns eine bereits bruchstückhaft durch die Abschrift eines Schreibschülers auf einer Holztafel bekannt war, ehe sie 1954 im Fundament einer Statue Ramses' II. zum Vorschein kam.[27] Aus diesen Texten geht hervor, daß die Herrschaft des Hyksos vom im Delta gelegenen Auaris aus bis nach Mittelägypten reichte; Nubien dagegen befand sich weiter in den Händen einheimischer Fürsten. Kamose war somit eingekesselt, als er beschloß, den Feldzug zu eröffnen. In einer Thronsitzung, deren Schilderung dem Schema der »Königsnovelle« folgt – der kluge Herrscher entscheidet gegen den Rat seiner Beamten das Richtige –, erklärte Kamose, daß er neben dem Hyksos, »der das Land mit mir teilt« und sich als

»Herrscher« bezeichnet, nicht länger ein bloßer »Häuptling« bleiben wolle.

Aus der zweiten Stele erfahren wir, daß sein Gegner der Hyksos Apopi war: In einer angeblichen Prophezeiung verkündet Kamose ihm sein Schicksal. Anschließend beschreibt er, wie reich die Beute war, die seine Flotte von einem Raubzug nach Auaris mitbrachte – da er noch kein eigenes Streitwagenkorps besaß, konnte er sich auf keine Landkämpfe einlassen, sondern operierte vom Strom aus. Kamose hatte Glück, daß Nubien sich nicht einmischte, denn der eben angedeutete Zweifrontenkrieg war eine durchaus reale Gefahr: Angeblich wurde ein Brief abgefangen, in dem Apopi einen nubischen Fürsten aufforderte, Kamose anzugreifen. Trotz solcher Schwierigkeiten kehrte der Pharao im Triumph nach Theben zurück. Ein endgültiger Erfolg war allerdings erst seinem Bruder (oder Halbbruder) Ahmose vergönnt, mit dessen Thronbesteigung daher um das Jahr 1551 das »Neue Reich« beginnt. Für Manetho gilt er deshalb als Begründer der achtzehnten Dynastie, obwohl er von den letzten Königen der siebzehnten Dynastie abstammt.

Die Zeit der Hyksos war für Ägypten von größter Bedeutung. Sie brachte zwar wenige, dafür aber technisch und politisch zukunftsweisende Neuerungen mit sich, vor allem im militärischen Bereich: einen wirksameren, kürzeren, zusammengesetzten Bogen und eine Reihe weiterer waffentechnischer Verbesserungen wie Schilde, Helme, Hiebwaffen – etwa das sogenannte Sichelschwert –, Pfeile mit Metallspitzen aus Bronze statt Stein oder Knochen. Neben Speer und Bogen führten die Truppen jetzt auch Kriegsbeile mit sich. Die Soldaten lernten das Schießen in Salven, und die später gefürchteten ägyptischen Bogenschützen erlangten allmählich ihren Ruf. Die wahrhaft revolutionäre Neuerung aber, die nicht nur das Heerwesen, sondern auch das wirtschaftliche und soziale Leben völlig veränderte, war die Einführung von Pferd und Wagen.

Als Beispiel für einen ägyptischen Streitwagen zeige ich hier eine

31. Darstellung des Streitwagens Tutanchamuns auf einer bemalten Truhe aus dessen Grab

Kampfszene auf einer Holztruhe aus dem Grab Tutanchamuns (Abb. 31). Das zentrale Thema der Längsseite ist der Sieg des Königs über das Chaos. Unter dem Schutz der Sonnenscheibe und der Geiergöttinnen steht Tutanchamun allein, mit gespanntem Bogen, auf seinem von zwei galoppierenden Pferden gezogenen Streitwagen. Gefolgt von Amtsdienern und Soldaten, greift er die Feinde an; in diesem Falle sind es die Nubier. Bereits auf den ersten Blick fallen die beiden ›Welten‹ ins Auge: Hinter dem König formiert sich die ägyptische Seite in wohlgestalteter Ordnung. Die weiteren Streitwagen, auf denen sich jeweils zwei Soldaten – Wagenlenker und Bogenschütze – befinden, sind in Registern gemalt, Menschen und Pferde, ja selbst die Sträucher sehen wir ›ordentlich‹ aufgereiht. Auf der anderen Seite steht der Feind, bei dem völliges Chaos herrscht. Menschen, Pferde, Streitwagen und Waffen sind durcheinandergeraten, einige Soldaten fallen zu Boden, andere werden niedergetreten oder von Hunden gebissen. Es ist der Pharao, der zwischen

Ordnung und Unordnung steht; er besiegt mit seinen neuen Waffen den äußeren Feind und das allzeit drohende Chaos gleichermaßen.

Von nun an bestimmte die neue Streitwagentruppe die Kriegführung, machte die Armeen beweglicher und wurde so zu einem Instrument der Eroberungspolitik – auch in dieser Hinsicht ist der Name »Neues Reich« gerechtfertigt. In Syrien erprobte die Armee neue Kriegstaktiken und die strategisch richtige Verteilung der Kräfte. Zum ersten Mal in der Geschichte Ägyptens hören wir von »Flügeln« und »Zentrum«, können sogar eine Flankenbewegung erkennen und die Aufstellung von Schlachtlinien bestimmen. All dies unterscheidet sich grundsätzlich von den unorganisierten Raubzügen der älteren Zeit. Ägypten sollte bald mit seiner Pferdezucht einen internationalen Markt bedienen. Einer der prominentesten Kunden wurde später Salomo, der König der hebräischen Doppelmonarchie, der auch als Zwischenhändler noch profitierte.[28] Noch bedeutsamer war auf Dauer gesehen die enge, seit der Hyksoszeit gepflegte und immer wieder betonte Verbindung zwischen Ägypten und Vorderasien. Sie durchbrach die bisherige Isolierung des Niltals, die seit der ersten Dynastie trotz aller Handelsbeziehungen bestand, und schuf stärkere Einflußmöglichkeiten in beide Richtungen.

Den überlegenen Eroberern standen die Ägypter aufgeschlossener gegenüber als den verachteten Beduinenstämmen, die für sie bisher das sogenannte Asien und seine Geisteswelt verkörpert hatten. Die wachsende Kenntnis von Religion, Kunst, Literatur, Musik und Lebensart vornehmlich aus dem syrisch-palästinischen Bereich führte bald zur Übernahme fremder Formen und Begriffe, regte die schöpferische Phantasie an und bereitete damit in einer weiteren Hinsicht das Neue Reich vor. Diese Aneignung neuer, fremder Lebens- und Ausdrucksformen wurde durch die eigentümlich mittelbare Herrschaftsform der Hyksos gefördert, die dem Ägyptischen gewaltsame Umwälzungen ersparte. So blieb die ägyptische Verwaltung intakt, und selbst Wissenschaft und Kultur erlitten kaum eine Einbuße.

Die Wissenschaft der Zeit ist durch die stärkere Konzentration der Forschungen auf eine praktische Nutzanwendung als auf theoretische Überlegungen gekennzeichnet: So leistete etwa die Mathematik Hervorragendes für den Pyramidenbau und für die Feldmessung; gleiches gilt für die Arbeiten auf dem Gebiet des Kalenderwesens. Erstaunen haben zu allen Zeiten die Ergebnisse der Medizin hervorgerufen, die sich längst zu einer Spezialdisziplin mit eigener Fachsprache entwickelt hatte. Der medizinische Papyrus Edwin Smith enthält präzise Diagnosen, in denen das Herz als Mitte des Gefäßsystems erkannt wird – allerdings haben alle wissenschaftlichen Bemühungen nie verhindern können, daß Ärzte im Alltag wohl eher Heil und Heilung vermittels der Magie suchten. Schließlich verrät ein Papyrus, daß man auch Tierkrankheiten beachtet und untersucht hat.

Die bildende Kunst setzte das von der Weisheitsliteratur vorgezeichnete neue Bild des Herrschers in Stein um, und die reiche literarische Produktion, die wir bereits aus der ersten Zwischenzeit kennengelernt haben (S. 85), dauerte an; ihr verdanken wir eine Reihe von Werken, die noch Jahrhunderte später zum Repertoire der Gebildeten gehören sollten, wie den ›Sinuhe‹ oder die ›Kemit‹, eine Zusammenstellung des damaligen Schulwissens, die immer wieder abgeschrieben wurde. In volkstümlichen Erzählungen sowie Märchen, zu denen die ›Geschichte vom Schiffbrüchigen‹ gehört (S. 309), lernen wir die Unterhaltung der »kleinen Leute« kennen. Viele literarische Gattungen überdauerten die Zeit der Hyksos und sollten bald ihre Blütezeit erleben; zu ihnen gehört die Hymnendichtung, welche die Könige als Götter und die Götter selbst verehrt. In der religiösen Literatur treten erstmals Beschreibungen des Jenseits auf, wie sie dann in den Unterweltsbüchern des Neuen Reiches überreich ausgeformt werden.

FÜNFTES KAPITEL

Institutionen

Der König

Seit frühgeschichtlicher Zeit war die Institution des ägyptischen Königtums Mittelpunkt der geschichtlichen Ordnungswelt. In der Königsideologie sind Mythos und Geschichte aufs engste verknüpft. Der jeweils amtierende Herrscher regierte in Person des falkengestaltigen Himmelsgottes Horus die Welt, wie der Sonnengott Re sie in Gestalt der täglich wechselnden und erneuerten Sonne erleuchtete.[1] Angesichts der außerordentlichen Kräfte und Möglichkeiten des Pharao lag es nahe, die Idee des Himmelsgottes, der als Horusfalke die Welt mit seinen Flügeln überspannt, mit der Idee des Königtums zu verbinden und im Herrscher die menschliche Gestalt des Horus zu sehen. Jeder König war in der Tat Horus und hieß daher »Horus-N. N.«; auf diese Weise gewann das Königtum einen religiösen Halt. Bildlich dargestellt findet sich diese Vorstellung etwa auf der Rückseite einer frühzeitlichen Schminkpalette. Sie zeigt zwei Figuren in Übergröße: den König, der zum Schlag mit einer Keule gegen einen knienden Feind ausholt, und den Horusfalken, der eine Leine um den Kopf eines Gefangenen schlingt. Beide herrschen: Horus über den Luftraum, und der König als sein Vertreter über die Menschen.

Schon der vorgeschichtliche König Skorpion (S. 36) nannte sich »Horus im Palast«. Im Neuen Reich, zur Zeit Thutmosis' III.

(1479–1425), übertrug man dann den ägyptischen Begriff für »großes Haus« auf den König selbst; dieses Wort ist über das Hebräische in die griechische Übersetzung gekommen: Pharao. Zunächst wurde die neue Bezeichnung neben einigen weiteren Anreden wie »Seine Majestät«, »Hoheit«, »Herr der beiden Länder«, »König von Oberägypten« (wörtlich: »der zur Binse gehört«) oder »König von Unterägypten« (wörtlich: »der zur Biene gehört«) verwendet. Als Titel, der vor dem Namen des Königs steht, läßt sich »Pharao« erst seit Siamun (978–960), dem vorletzten König der einundzwanzigsten Dynastie, belegen; seine Übertragung auf frühere Könige ist daher anachronistisch, hat sich aber eingebürgert.

Die Bezeichnung »Horus im Palast« weist bereits auf die Doppelnatur des »Pharao« hin: Als Erscheinungsform des Himmelsgottes – als »Goldhorus« – bestand er aus dem gleichen Stoff wie der Sonnengott und war selbst göttlich, als Mensch in einem physischen Körper hingegen irdisch; damit war er göttlich, aber nicht Gott – eine Unterscheidung, die freilich eher unserer Zeit als der ägyptischen des 3. Jahrtausends entspricht. Kraft seiner göttlichen Natur garantierte der Pharao die Fruchtbarkeit des Landes; dabei spielten Zauberkräfte eine entscheidende Rolle. Ähnliches können wir in anderen Gebieten des Vorderen Orients beobachten, beispielsweise später bei den hebräischen Königen, die in dieser Hinsicht vieles aus Ägypten übernommen haben.

Mit der Weiterentwicklung des pharaonischen Systems wurde auch der göttliche Ursprung der Macht immer stärker betont. Der König auf dem Horus-Thron der Lebenden zeigt die enge Verbindung der himmlischen und der irdischen Macht, so daß er dadurch selbst zum Falken werden kann. Dies spiegelt sich deutlich in einem Typus der Königsplastik wider, der sich seit dem Alten Reich entwickelte, aber erst in der achtzehnten Dynastie zur Blüte gelangte: König und Falkengestalt vereinigen sich zu einem einzigen Bild; hinter dem Kopf des Herrschers steht der Horusfalke, der seine

32. König Chephren beschützt vom Horusfalken

Schwingen schützend um ihn legt, um seine Lebenskräfte an den Pharao weiterzugeben (Abb. 32). Die Flügel und Federn des göttlichen Vogels bilden durch ein geschicktes Liniensystem eine Einheit mit der Nemes, der königlichen Kopfbedeckung, deren Falten wie eine Verlängerung der stilisierten Federn wirken. Auf diese Weise wird die natürliche und unauflösliche Verbindung des Gottes mit dem König ins Bild gesetzt.

Diese ungemein enge Symbiose, ja Identität zwischen König und Göttern bedingte mehrere Funktionen des Königs. So war er für den Unterhalt der Götter zuständig. »Die Tempel der Götter und Göttinnen von Elephantine bis zu den Sümpfen des Deltas waren zerstört und fielen in Vergessenheit. Ihre Kapellen waren verwüstet, sie waren zu öden Orten geworden, an denen Gras wuchs. So machte das Land eine Krankheit durch, und die Götter vernachlässigten dieses Land« (S. 326). Tutanchamun entwarf im Jahr 4 seiner Regierungszeit – etwa 1330 – dieses düstere Bild eines Landes, das sich auf den Abgrund zubewegt: Die Götter haben es verlassen, weil sein Vorgänger Echnaton den Unterhalt ihrer Tempel zugunsten derjenigen des Aton aufgegeben hatte. Um dem Unglück abzuhelfen, mußten rasch die notwendigen Bedingungen gleichsam für die Produktion göttlicher Energie wiederhergestellt werden.

In erster Linie war die religiöse Wirksamkeit einer Regierung an der Bautätigkeit abzulesen, und diese diente erst sekundär dem persönlichen Ruhm des Herrschers – wenn man beides überhaupt trennen kann. Die aus »schönem weißem Stein der Ewigkeit« gebauten Tempel bezeugten die vollständige Übereinstimmung zwischen Ägypten und seinen Göttern, eine Übereinstimmung, die das Land seinem König verdankte. Deshalb investierten die Pharaonen einen großen Teil ihres Reichtums in Bauvorhaben, mit denen sie dann den Erfolg ihrer Politik ebenso wie ihre Nähe zu den Göttern umfassend zur Schau stellten. Es reichte nicht aus, einfach die Monumente seines Vorgängers wieder zu benutzen, denn jeder Regierungsantritt eines Königs ließ einen neuen Zyklus beginnen. Daraus erklärt sich die ungeheure Größe etwa der Tempelanlage von Karnak, wo entsprechend der zunehmenden Bedeutung des Gottes Amun seit dem Mittleren Reich immer neue Gebäude ineinander verschachtelt wurden.

Ursprünglich war der Häuptling der Anführer auf der Jagd, später der im Krieg gewesen. Aus dieser Zeit behielt der König durch die Jahrtausende hindurch seine Herrschaftsattribute, die Keule und den Tierschwanz, die sich in ähnlicher Form in ganz Afrika wiederfinden. Und aus dieser Zeit stammt die Betonung der physischen Kraft des Königs, die er durch Jagd und Sport ausbildete. Viele Eigenschaften von starken erlegten Tieren gehen auf den König über; immer wieder wird er in Texten und Bildern mit Tieren identifiziert, und so tragen denn auch mehrere Könige der Frühzeit einen Tiernamen, zum Beispiel »Skorpion«, »wütender Wels« (Narmer) oder »Schlange«. Besonders beliebt ist der Vergleich mit dem Löwen. Im Neuen Reich bezeichnet sich neben vielen anderen Ramses III. (1184–1153) als »ein Löwe mit tiefem Brüllen auf den Hügeln, der von weitem gefürchtet wird«.[2]

Der verstorbene König erscheint ferner als Stier, teilweise als Schakal oder auch als Heuschrecke, die für ihre enorme Sprungkraft bewundert wurde. Ein Text aus dem Neuen Reich setzt die Königin Hatschepsut (1479–1457) mit einem Falken, einem Schakal und verschiedenen Krokodilen gleich: »Ich bin wie ein wilder Stier mit spitzen Hörnern, der vom Himmel kommt, nachdem er seine Arbeit gesehen hat. Ich bin ein Falke, der übers Land fliegt, der sich auf der Erde niederläßt und seine Grenzen festigt. Ich bin ein Schakal mit schnellem Schritt, der in einem Augenblick über das ganze Land laufen kann ... Ich bin ein wütendes Krokodil, das mit Gewalt zupackt, das ganz sicher zupackt und dem keiner entkommen kann. Ich bin ein gefährliches Krokodil, das alles ausplündert und das den Wasserarm überquert, den keiner überqueren kann. Ich bin ein verborgenes Krokodil, ich bin ein heimtückisches Krokodil, das den Schatten sucht und das sich im Weideland versteckt hält.«[3]

Aus den charakteristischen Zügen dieser Tiere lassen sich die einzelnen Aspekte von Kraft und List herausarbeiten, die der Pharao bei seinen kriegerischen Unternehmungen benötigte; denn eine wesentliche Funktion des Königs war die des Kriegers. Wirtschaftliche Aspekte, militärische Unternehmungen ganz allgemein, Eroberungen, Strategien, Kriegskunst und Kriegshandwerk, Waffentechnik, das Kriegsrecht und schließlich die Anfänge eines internationalen Rechts gehörten zu dieser ungemein komplexen Rolle, die für die Stabilität des Landes unverzichtbar war.

Den notwendigen Hintergrund zum Verständnis der kriegerischen Aspekte des Königtums liefert der Mythos. Eine seiner zentralen Episoden beschreibt den gnadenlosen Kampf des geheimnisvollen Schöpfergottes gegen eine aus dem Nichts entstandene Schlange. Durch die Menschen können solche Kämpfe Kontinuität erhalten: Krieg und Kampf stehen in unmittelbarem Zusammenhang mit dem Urgeschehen der Schöpfung und sind nötig, um deren Fortbestand zu garantieren. Dabei lassen sich drei Typen von Krieg unterscheiden, in denen sich die historische Rolle des Königs als Stellvertreter des Schöpfergottes mit der des Menschen mischt.

An erster Stelle stehen die Kriege, die der König außerhalb Ägyptens führt; sie zielen auf die Herrschaft über die Grenzgebiete, wodurch sozusagen ein Schutzring um Ägypten selbst gelegt werden soll. Auf diese Art Krieg beziehen sich viele Beinamen des Königs, die ihn etwa »eine Mauer aus Erz um Ägypten« oder »Held, der die Grenzen erweitert« nennen. Demgegenüber werden die Bürgerkriege als ein »Ende der Welt« verstanden; in solchen Zeiten muß ein rettender König erscheinen, der als Mensch erneut die Aufgabe des Schöpfergottes übernimmt, das chaotische Ungleichgewicht beseitigt und Ägypten unter seiner Herrschaft vereinigt. Und schließlich müssen die Könige noch gegen eindringende Völker kämpfen; auch eine solche Invasion wird häufig als Fortsetzung der Mythen der Urzeit interpretiert. Trotz vieler realistischer Äußerungen über den Krieg, trotz der Darstellung gefesselter Feinde unter den Füßen des Herrschers und trotz einer Fülle von militärischen Szenen in der bildenden Kunst dient der Krieg – auch – der Aufrechterhaltung und Fortführung der Schöpfung.

Die vielfältigen Rollen des Königs bündeln sich gleichsam in den unterschiedlichen Namen, die er trägt. Am Ende der Entwicklung – ungefähr seit Beginn der vierten Dynastie, ab 2570 – sollten fünf Namen die Titulatur des Pharao ausmachen: ein Geburtsname und vier Namen, die sich auf seine institutionellen Funktionen beziehen. Als Beispiel sei die vollständige offizielle Titulatur Scheschonks I., des Gründers der zweiundzwanzigsten Dynastie (945–924), angeführt. Der König hieß:

1. »Starker Stier, Geliebter des Re, wenn er auszieht als König, um die beiden Länder zu vereinigen« (Horus-Name),

2. »Der in der Doppelkrone erscheint wie Horus, Sohn der Isis, der die Götter mit der Maat zufriedenstellt« (»Die beiden Herrinnen«-Name),

3. »Mit mächtiger Kraft, der die neun Bogen (Feinde Ägyptens) schlägt, groß an Siegen in allen Ländern« (Goldhorus-Name),

4. »Mit glänzender Gestalt, ein Re, Erwählter des Re« (»König von Ober- und Unterägypten«-Name oder Thronname),

5. »Scheschonk, geliebt von Amun-Re« (»Sohn des Re«- oder Geburtsname).[4]

Die ersten drei Namen sind mehrgliedrig und enthalten einerseits eine Definition der Natur des Königs beziehungsweise eine Theologie der Macht – der König als Horus, Sohn der Isis, hat seine Macht von den Göttern –, andererseits ein Regierungsprogramm – nämlich Sieg und Einheit Ägyptens. Die beiden letzten Namen werden in eine Kartusche – ein Oval aus einem Strick, dessen verknotete Enden einen senkrechten Abschluß bilden – geschrieben und dadurch besonders hervorgehoben.

Man sollte der »Herrschaft über die beiden Länder« für die Frühzeit vielleicht keine allzu große historische Bedeutung beimessen. Gewiß, Ägypten zerfiel im Laufe seiner Geschichte einige Male in die Region des Deltas um Memphis und das Gebiet des Nillaufs um Theben, aber das dualistische Prinzip war ägyptischem Denken eigentümlich, und es stand auch hinter der Lehre von den »beiden Ländern«. In Vielheiten, die additiv ein Ganzes ergeben, offenbarte sich den Ägyptern die differenzierte Struktur des geordneten Seins. Bevorzugt wurde dabei die einfachste Vielheit, die Zweiheit; aber man begegnet auch Drei- und Neunheiten.

An geschichtlicher Wirklichkeit steckt in der Lehre von den »beiden Ländern« die Tatsache, daß die tragenden Elemente des Staates aus einer Vielheit hervorgegangen waren. Nomaden, Viehzüchter und Bauern, afrikanische und asiatische, semitische und hamitische Bestandteile fügten sich im frühgeschichtlichen Ägypten erstmals zu einem politischen Gebilde zusammen. Mit seiner Thronbesteigung vereinigte jeder König aufs neue die »beiden Länder« und damit die widerstrebenden Elemente seines Herrschaftsbereiches. Zeitlich vor jenem geordneten Sein existierte das Chaos, das die Hebräer und nach ihnen die Christen später in ihre Weltentstehungslehre übernahmen. Diese chaotische Welt vor der Schöpfung erscheint als ein Zustand, in dem »noch nicht zwei Dinge in diesem Land waren«.

Jede vom König angeordnete Maßnahme trug also dazu bei, die geschaffene Weltordnung zu stabilisieren. Dies war auch das Ziel des Königs als Gesetzgeber, was in vielen Beinamen ausgedrückt wird. Aja ist »der Herrscher der Maat«, Scheschonk I. und Osorkon II. nennen sich beide »derjenige, der die Götter zufriedenstellt, indem er die Maat vollbringt«. Mit der Maat fassen wir ein schwieriges und komplexes Phänomen. So wie die durch Maat verkörperte göttliche Kraft im theologischen Konzept als Mutter oder Tochter des Re nicht ganz eindeutig definiert ist und viele Rollen innehat (S. 109), so ist auch ihr Wesen nicht präzise zu fassen. Maat ist mit der Genauigkeit, dem Gleichgewicht und der Wahrheit verbunden und hat als Gegensatz die Lüge, die Unordnung und das Ungleichgewicht. Der König hatte die Pflicht, über die Werte der Maat zu wachen, indem er Wahrheit und Lüge voneinander trennte.

(Übrigens gingen die Ägypter nicht daran, den Ursprung des Bösen zu untersuchen; sie klärten nicht, wie das Böse in die Schöpfung Einzug gehalten hat.)

Die Maat hat eine juristische und moralische Bedeutung. Sie stellt einen allgemeinen Wert beziehungsweise eine permanent bedrohte Energie dar, die es zu erhalten gilt, und keineswegs eine abstrakte, unveränderliche Norm oder ein explizites religiöses Gesetz, wie wir es zum Beispiel im späteren Judentum antreffen. Deshalb sind so viele unterschiedliche Interpretationen möglich, die je nach der Regierung, nach den politischen Notwendigkeiten oder nach der Persönlichkeit des Königs recht stark voneinander abweichen. Stets beruht die Realisierung der Maat auf der menschlichen Erfahrung und nicht etwa auf einem göttlichen Befehl. Die Maat, die Amenemhat I. am Anfang des Mittleren Reiches »liebt«, unterscheidet sich von der Maat seiner schwachen Vorgänger ebensosehr wie von der Maat Echnatons, der sie in der Natur findet. Doch wie sie auch jeweils aufgefaßt wurde: Ihr sollte das Bemühen des Königs um »gute Gesetze« dienen, und damit stößt zugleich die königliche Allmacht an ihre Grenzen, denn der König hatte dafür zu sorgen, daß die Welt mit dem Schöpfungsplan übereinstimmte.

Der König als Garant der Maat regelte das Funktionieren des Landes, indem er Gesetze erließ, deren Inhalt durch Dekrete bekanntgemacht wurde. Was immer der König schriftlich anordnete, hatte Gesetzescharakter, also auch seine gesamte Korrespondenz. Nimmt man all diese Texte zusammen, ergibt sich ein Bild der königlichen Kompetenzen: Ernennungen und Abberufungen von Beamten, die Proklamation einer neuen Regierung, medizinische Verordnungen zur Volksgesundheit, Dekrete zum Kanalbau und so fort. Einige solcher Schriften haben allgemeinen Charakter, die meisten aber beziehen sich auf Einzelfälle. Über das Zustandekommen dieser Erlasse heißt es bei Haremhab: »Seine Majestät hielt Rat in ihrem Herzen.« Trotzdem wurden die Entscheidungen normalerweise erst nach Absprache mit den Vornehmen des Landes und den Höflingen sowie nach der Konsultation der alten Schriften gefällt. Die Ausführung der gefaßten Beschlüsse oblag dann der Verwaltung.

Unmittelbar dem König verantwortlich war der Wesir – manchmal waren es zwei –, der allen öffentlichen Ämtern vorstand. Im besonderen war der Wesir, der mit dem Priestertum der Maat verbunden war, nach dem König der oberste Richter des ganzen Landes. Von ihm aus verästelte sich die Macht, und er hatte sich durch seine Untergebenen im Verwaltungsapparat, deren Zahl und Leistung nur schwer abzuschätzen ist, mit allen möglichen Problemen zu befassen. Er kümmerte sich um die Eintreibung der Steuern, die Rekrutierung von Arbeitskräften, das Verteilen des Werkzeugs, die Streitigkeiten unter den Arbeitern und vieles andere mehr. Thutmosis III. riet seinem Wesir bei der Amtseinsetzung: »Blicke zu dieser Halle des Wesirs! Sei wachsam wegen allem, was darin getan wird! Denn er ist der Festpunkt des ganzen Landes. Siehe, bitter ist es (Wesir sein) wie die Galle! Siehe, es (das Amt) ist die kupferne Schutzmauer für das Gold im Haus seines Herrn. Siehe, nicht wendet er sein Gesicht zu den Großen und Behörden!«[5] Doch genau dies wollen wir jetzt tun.

Verwaltung

Ägypten war ein Land, das aufgrund seiner besonderen geographischen Beschaffenheit eine sorgfältige Verwaltung benötigte. Damit beispielsweise der Nilschlamm alle Felder erreichte, mußten Kanäle angelegt sowie regelmäßig gepflegt und gereinigt werden. Eine straffe Organisation lenkte die Kultivierung des Landes und die Ausbeutung der Menschen. Voller Stolz stellte ein Angehöriger dieses Regierungsapparates dessen Leistung heraus: »Der ungebildete

Mann gleicht dem Esel, der beladen ist; der Schreiber aber ist es, der das geduldige Tier lenkt und treibt.«[6] Aufgabe der Bauern war es, zu arbeiten und zu gehorchen: »Niemand hat das Recht, zu tun, was er will, aber alles ist zum besten geregelt«, heißt es in der Anordnung eines hohen Beamten.[7] In den Zeiten schwacher Zentralgewalt neigte Ägypten daher dazu, in eine Reihe von sich gegenseitig bekämpfenden Fürstentümern zu zerfallen, deren jeweilige Anführer – meist ohne Erfolg – versuchten, ihre Angelegenheiten unabhängig von ihren Nachbarn in den Griff zu bekommen. Phasen starker königlicher Macht waren dagegen durch eine effektive Verwaltung gekennzeichnet.

Seit den Anfängen des Königtums existierte ein blühendes Beamtenwesen, welches das Riesenheer der Bauern steuerte. Kurze und daher wenig aussagekräftige Texte aus Gräbern von Königen und Vornehmen dieser frühen Zeit enthalten immerhin einige Amtstitel, die sich bei Beamten des Alten Reiches und auch in späteren Zeiten wiederfinden. Während der achtzehnten Dynastie wurde die unter Sesostris III. reformierte ägyptische Verwaltung (S. 175) zu einem Komplex ausgebaut, der als Staatsbeamten-System bezeichnet werden kann.

Die Ausübung der offiziellen Autorität beruhte auf dem Dienst der »Schreiber«, praktisch gleichbedeutend mit Staatsdiener. Sie hatten – zumindest der Theorie nach – sowohl den Interessen des Königs als auch denen der Untertanen gerecht zu werden. Da sie zugleich die wichtigsten Träger der Bildung und Gelehrsamkeit im Lande waren, finden wir in den literarischen Texten unzählige rühmende Bemerkungen über ihre Leistungen. Schreiber zu werden war ein erstrebenswertes Ziel; und weil dafür die Kunst – denn als solche wurde es verstanden – des Lesens und Schreibens unabdingbar war, dienten die Schulen vor allem der Ausbildung der Beamten.

An der Spitze der Beamtenhierarchie stand der Wesir. (Der Begriff »Wesir« ist ein Anachronismus, denn er bezeichnet eigentlich

33. Goldtransport. Malerei auf Stuck aus dem Grab Rechmires

den obersten Minister in einem islamischen Staat; im Alten Ägypten lautete der Titel »Tschati«.) Dieses Amt läßt sich bis zum Alten Reich zurückverfolgen, doch in diesen frühen Zeiten dürfte es einen ganz anderen Charakter gehabt haben als später; denn im ersten halben Jahrtausend der dynastischen (also der historischen) Zeit war die Autokratie des Pharao noch absolut gewesen: Der Herrscher war in jeglicher Hinsicht der Staat und somit sämtliche Verwaltung Ausfluß königlicher Macht.

Wie die meisten hohen Ämter, wurde der Posten des Wesirs zunächst gewöhnlich von Männern aus der Verwandtschaft des Königs besetzt. Diese enge familiäre Bindung lockerte sich zur Zeit der sechsten Dynastie. Als später die Herrscher der zwölften Dynastie gegen die Macht der Bezirksfürsten vorgingen, steigerten sie die

Autorität und Kompetenzen des Wesirs beträchtlich, und diese Vorrangstellung innerhalb der ägyptischen Beamtenschaft blieb bis zur Zeit der achtzehnten Dynastie bestehen. Danach war das Amt wegen der Fülle der Aufgaben zweigeteilt: Ein Wesir im Norden kontrollierte den nördlichen Teil Oberägyptens und das ganze Delta, während seinem thebanischen Kollegen die Verwaltung des Südens oblag.

In der Mitte des 15. Jahrhunderts, unter Thutmosis III. und Amenophis II., hatte Rechmire das Amt des Wesirs inne. Berühmt geworden ist er hauptsächlich aufgrund der Pracht seiner Grabkammer. Obwohl die Dekoration teilweise stark zerstört ist, ist sie eine reiche Informationsquelle zum Wesirat. Man kann zwar nicht vorbehaltlos sagen, es sei zu Rechmires Zeit erblich gewesen, aber folgendes fällt auf: Sein Großvater Aametschu war Wesir unter Hatschepsut, sein Onkel Useramun bekleidete das Amt in den frühen Regierungsjahren Thutmosis' III., und sein Vater Neferuben war offensichtlich mehr oder weniger gleichzeitig mit Useramun Wesir Unterägyptens.

Rechmire, der also aus einer Familie von Wesiren stammte, dokumentiert in seinem Grab den Stolz auf das hohe Amt und die Entschlossenheit, ein angemessenes Denkmal seiner Größe zu hinterlassen. Nach dem Tod, so hoffte er, würden die auf die Grabwände gemalten Ereignisse magisch aufleben und er würde die entsprechend segensreichen Früchte ernten können. Die abgebildete Szene zeigt Arbeiter, die Gold in Barren- und Stangenform unter Aufsicht in das Schatzhaus tragen (Abb. 33). In dem halb autobiographisch gehaltenen Text seiner Grabkammer rühmte er sich in der konventionellen Ausdrucksweise der Zeit ausführlich seiner Tugenden: »Der Fürst, der Vorsteher der Vorsteher der Domänen, der Hüter des Geheimnisses, der zum Heiligtum Zutritt hat, für ihn gibt es keinen (verschlossenen) Gottespalast. Es gibt nichts, was er nicht kennt, weder im Himmel noch auf der Erde, noch an irgendeinem geheimen Ort der Unterwelt ... Er sagt: ›Ich bin der Vornehme, der Zweite nach dem König, das Zünglein beim Schiedsgericht der beiden Genossen, ein vorn Stehender bei der Privataudienz, der Gelobte zu jeder Stunde, der Herausgehobene im Urteil der Menschheit ... Wieder wurde ich gerufen vor den vollkommenen Gott, den König von Ober- und Unterägypten (Thutmosis III.) ... Seine Majestät öffnete seinen Mund und sprach zu mir ... ›Du sollst handeln gemäß dem, was ich dir sage, dann ruht die Maat auf ihrem Platz (ist das Land gut verwaltet)‹ ... Ich handelte gemäß seinen Befehlen ... Ich bin das Herz des Herrn – er lebe, sei heil und gesund –, die beiden Ohren des Horus und die beiden Augen des Herrschers. Seht, ich bin ein ihm ergebener Schiffer. (Ich) kannte keinen Schlaf bei Nacht oder Tag. Ich habe die Maat bis zur Höhe des Himmels aufgerichtet, und in der Weite der Welt ließ ich ihre Schönheit zirkulieren, damit sie sich auf den Nasen niederlasse wie ein Nordwind und sie das Übel in den Herzen und Körpern zurückdränge. Ich habe arm und reich gerichtet. Ich habe den Schwachen vor dem Starken bewahrt. Ich habe die Wut des schlechten Charakters zurückgedrängt. Zu seiner Stunde habe ich den Habgierigen vertrieben ... Ich habe die Witwe beschützt, die keinen Gatten hat. Ich habe eingesetzt den Sohn als Erben auf dem Amtssitz seines Vaters. Ich habe Brot dem Hungrigen gegeben, Wasser dem Durstigen, Fleisch, Öl und Kleidung dem, der nichts hatte ... Ich habe mich gegenüber den Schwachen niemals taub gestellt. Ich habe auch kein Bestechungsgeld von jemandem angenommen.«[8]

Wenn Rechmire in zahlreichen ähnlichen Wendungen auf seine Leistungen zurückblickt und dabei seine eigenen Tugenden preist, so folgt er hierin einer ägyptischen Lebensweisheit: »Laß die ganze Welt deine guten Taten wissen, damit dir jeder Mann gratuliere.«[9] Der Stil ist konventionell, der Text mit Übertreibungen gespickt und ungewöhnlich reich an vielgestaltigen Phrasen. Diese Inschrift soll allerdings nicht das Ansehen Rechmires bei seinen Zeitgenossen vergrößern, sondern sie dient seinem postumen Nutzen. In ihr sind jene Ideen von Gerechtigkeit, Nächstenliebe, Verständnis und Güte greifbar, welche die ethischen Normen des öffentlichen Lebens bildeten – ob sie nun ein wahrheitsgetreues Bild seiner Beamtenkarriere liefert oder nicht.

In kaum einem anderen antiken Text finden sich so klare Vorstellungen vom öffentlichen Wirken der Beamten wie hier: Das zuvorkommende und einfühlsame Auftreten gegenüber den Schwachen wird betont, das Verständnis für die Lage der vom Leben weniger Begünstigten gefordert und gefördert; die unglückseligen Begleiterscheinungen von Macht und Reichtum sollen ausgerottet werden, und des weiteren sind Gedanken der Rache und Vergeltung unterdrückt. Diese Handlungsmaximen wurden – nicht nur in Grabinschriften, sondern auch in sogenannten Lehren, Sammlungen von Sprüchen und Lebensweisheiten (S. 295) – zu einem Verhaltenskodex ausformuliert, an dem sich der Wesir und alle Staatsbeamten orientieren sollten.

Wir sind über die Verwaltung des Neuen Reiches besser unterrichtet als über die irgendeines anderen Zeitraums der ägyptischen Geschichte. Um ihre Stukturen in groben Umrissen beschreiben zu können, müssen wir zunächst noch einmal die Person des Königs in den Blick nehmen. Vom Pharao wurde eine hohe Präsenz bei den Regierungsgeschäften verlangt: Jeden Morgen traf er mit dem Wesir zusammen, um mit ihm alle laufenden Angelegenheiten, die dem König persönlich zur Kenntnis gebracht werden mußten, zu besprechen. Daran schloß sich eine Unterredung mit dem Oberschatzmeister, dem Leiter des zweiten Hauptressorts, an. Den Mittelpunkt dieser Keimzelle der Regierung, in dem alle Fäden zusammenliefen und in dem der Pharao jene täglichen Berichte entgegennahm, bildete das Büro des Königs. Hier wurden auch die Informationen aus den übrigen Ressorts gesammelt, und theoretisch gingen sie alle durch die Hände des Pharao.

Die erhaltenen Dokumente aus mehreren Jahrhunderten verschaffen uns einen detaillierten Einblick in die Fülle der praktischen Aufgaben, die der Herrscher selbst zu erledigen hatte: Er bestimmte das Strafmaß verurteilter Verbrecher, denn man sandte ihm die Urkunde über den Fall zur Entscheidung zu, während die Schuldigen im Gefängnis saßen. Er nahm gelegentlich Steinbrüche und Bergwerke in der Wüste in Augenschein oder besuchte die Wüstenstraßen, um geeignete Plätze für Wasserstationen ausfindig zu machen. Und die zahlreichen Baumaßnahmen, die der Herrscher allerorten in Auftrag gab, um seiner Pflicht zur »Vermehrung der Schöpfung« (S. 98) gerecht zu werden, erforderten häufig Reisen zur Besichtigung neuer Gebäude und zur Beseitigung von Mißständen jeglicher Art.

Mehr und mehr Zeit nahm der Kult in den großen Tempeln des Landes in Anspruch, konnte doch im Prinzip allein der Pharao den Kontakt zu den Gottheiten herstellen. Außerdem wurden die entsprechenden Rituale immer ausgefeilter und weitschweifiger, und die Zahl der großen Feste wuchs. Weil bei dieser Unmenge von Verpflichtungen die Unterstützung durch einen einzigen Wesir nicht mehr ausreichte, war – wie erwähnt – bald zu Beginn der achtzehnten Dynastie ein zweites Wesirat geschaffen worden. Und von der Machtzentrale aus verästelte sich der Verwaltungsapparat bis in die kleinsten Dörfer.

Zunächst war Ägypten in unterschiedlich große Bezirke eingeteilt. Wenigstens 27 davon lagen auf der Strecke zwischen Siut und dem ersten Katarakt, aber insgesamt müssen es mehr als doppelt so viele gewesen sein. In diesen Bezirken spielten auf der nächsttieferen Ebene die großen Städte eine wichtige Rolle. Deren Verwaltungschef trug einen Titel, den man im Deutschen gelegentlich mit »Graf« übersetzt hat, da er zunächst auch militärische Funktionen innehatte. Seit der Mitte des 2. Jahrtausends jedoch erfüllte er weitgehend nur noch zivile Aufgaben und ist wohl besser als »Gouverneur« zu bezeichnen. Die kleineren Städte oder Dörfer standen unter einem »Stadtherrscher« oder »Bürgermeister«.

Oberstes Ziel dieser stark differenzierten Verwaltung war es, die Produktivität des Landes auf möglichst hohem Niveau zu halten. Das Land gehörte dem Pharao, und es wurde entweder von den Bauern des Königs bearbeitet, die unter der Aufsicht seiner Beamten standen, oder diese erhielten es als dauernde und unteilbare Lehen. Solche Ländereien konnte der Besitzer durch Testament oder Verkauf übertragen, ganz so, als wäre er ihr wirklicher Eigentümer.

Das gesamte Eigentum der Krone – mit Ausnahme der Tempelgüter – war in den Steuerregistern des sogenannten Weißen Hauses erfaßt. (Es erhielt diesen Namen, weil man seit der frühen Geschichte weiße Steine – ein besonders kostbares Material – für die wichtigsten Bauten verwendete, und zweifellos war das Schatzhaus eines der frühesten Verwaltungsgebäude der Pharaonen gewesen.) Unter anderem wurden alle Häuser und alle Landgüter samt den darauf lebenden Personen in jene Register eingetragen; auf dieser Grundlage setzte man die Steuern an, die in Naturalien erhoben wurden: Rinder, Getreide, Wein, Öl, Honig, Stoffe und dergleichen. Die Höhe der Abgaben richtete sich nach der Höhe der Überschwemmung und den damit zusammenhängenden Aussichten auf eine reiche oder geringe Ernte. Daher wurde der Wesir auch stets über den Pegelstand des steigenden Flusses auf dem laufenden gehalten (S. 19).

Der Josephsgeschichte im Alten Testament können wir wichtige Informationen über das ägyptische Steuerwesen entnehmen. Sie wurde erzählt, als in Juda unter David eine Monarchie entstand, die sich bei der Einführung von Abgaben auf ägyptische Vorbilder berief; demnach lag die Größenordnung dieser Steuern bei einem Fünftel des Ertrags aller Ländereien.[10] Mit Hilfe eines ›Heeres‹ von Schreibern und Unterschreibern trieben die Provinzbeamten die unterschiedlichsten Produkte und Naturalien ein und lagerten sie in zahllosen, über das ganze Land verstreuten Magazinen. Die Leitung jener Beamten oblag dem Oberschatzmeister, der wiederum unter der Aufsicht des Wesirs stand. Um alles genau kontrollieren zu können, ließ der Wesir sich von den Provinzbeamten monatlich Bericht erstatten. So war er seinerseits in der Lage, den König über die zu erwartenden Einkünfte genau zu informieren.

Eine weitere Einnahmequelle waren die Abgaben, welche die Beamten selbst als Steuern für ihre Ämter zu entrichten hatten. Sie mußten unmittelbar an die Wesire abgeführt werden und bestanden hauptsächlich in Gold, Silber, Getreide, Vieh oder Leinen. Der Gouverneur der Stadt El-Kab beispielsweise bezahlte jährlich ungefähr 375 Gramm Gold, 280 Gramm Silber, einen Ochsen und ein zweijähriges Rind an das Büro des Wesirs. Einer seiner Untergebenen hatte 280 Gramm Silber, ein Halsband aus Goldperlen, zwei Ochsen und zwei Kisten Leinenstoffe zu entrichten. Diese Angaben sind einer Aufstellung aus dem Grab des Wesirs Rechmire in Theben entnommen. Da sie allerdings nur fragmentarisch erhalten ist, läßt sich über die Gesamtsumme dieser Beamtensteuern nichts Genaues sagen. Sicher scheint jedenfalls, daß diese einen erheblichen Anteil an den jährlichen Einkünften des Königs hatten.[11] In vielen antiken Staaten lagen ausführende und rechtsprechende Gewalt in ein und derselben Hand, und so gehörte es zu den weiteren Aufgaben des Wesirs, für die Verurteilung und Bestrafung von Steuerschuldnern zu sorgen.

Rechtswesen

Die Bewohner des Niltals waren nicht der völlig willkürlichen Laune einzelner Herrscher oder einzelner Gerichte preisgegeben, sondern ihr Leben wurde durch schriftlich fixierte Gesetze geregelt.

Daß solche Gesetze freilich – wie in allen Agrargesellschaften – den Grundbesitzenden eher entgegenkamen als den Armen, versteht sich von selbst. Gleichwohl gehörte das Ideal der Unparteilichkeit zu den Hauptgrundsätzen des Verhaltens im öffentlichen und privaten Leben; der König ermahnt seinen Wesir in einer Ernennungsurkunde: »Ein Abscheu für Gott ist, wenn man sich auf die Seite begibt (parteiisch ist). Dies ist die Lehre. Du sollst entsprechend handeln und den Bekannten wie den Unbekannten, den Nahestehenden wie den Fernstehenden (gleich) behandeln. Handle nicht blindlings gegen einen Mann wie ein Gewitter! Weswegen man zornig sein muß, deswegen kannst du zornig sein. Verbreite Furcht vor dir, damit man dir Furcht entgegenbringt. Denn (nur) der Große, den man fürchtet, ist ein Großer!«[12]

Zu den zahlreichen Aufgaben des Wesirs gehörte, wie gesagt, insbesondere diejenige des obersten Richters. Alle Bittsteller, die eine gesetzliche Revision wünschten, wandten sich zuerst an ihn – auf jeden Fall schriftlich, aber wenn es nur irgend ging persönlich. Um dies zu ermöglichen, gab der Wesir täglich eine Audienz in einer eigens dafür vorgesehenen Halle; diese Einrichtung wurde auch »der Hohe Rat« genannt. Allmorgendlich kamen dort die Antragsteller zusammen und wurden von den Gerichtsdienern und Aufsehern notiert, damit sie in der Reihenfolge ihres Eintreffens vorgelassen werden konnten. Der Wesir führte ferner eine Prozeßtabelle mit den Angaben der Gefangenen, die auf ihr Verhör oder die Bestrafung warteten. Schon diese wenigen Beispiele verdeutlichen, wie wichtig ein rascher und bequemer Zugriff auf die Archive war. Sie wurden deshalb in seinem Büro aufbewahrt. Außerdem waren sämtliche Abschriften aller Provinzarchive dort hinterlegt, und jedes Testament mußte in jener Halle deponiert werden; wir können davon ausgehen, daß die Abfassung solcher letztwilliger Verfügungen – meist betrafen sie Landbesitz – nur in den reicheren gesellschaftlichen Schichten die Regel war.

Unterhalb dieses Gerichtshofes gab es, über das ganze Land verstreut, kleinere, aus den Verwaltungsbeamten der einzelnen Bezirke zusammengesetzte Kollegien, die ermächtigt waren, Rechtsstreitigkeiten zu schlichten. Sie wurden der »Rat des Ortes« genannt und handelten stellvertretend für den Hohen Rat. Daher mußte in allen Angelegenheiten, die den Grundbesitz betrafen, ein Vertreter des Hohen Rates anwesend sein, um im Zusammenwirken mit der untergeordneten Behörde eine Entscheidung zu fällen.

Der Ruf dieser Gerichte war – wie zu allen Zeiten – zwiespältig; das Volk beklagte die unglückliche Lage dessen, »der allein vor Gericht steht, wenn er arm ist und sein Gegner reich, und das Gericht ihn bedrängt mit den Worten: ›Silber und Gold für die Schreiber! Kleider für die Diener!‹«[13] Dennoch bemühte sich der König, eine geregelte Verwaltung, zu der auch eine funktionierende Rechtsprechung gehörte, zu garantieren. So war der Wesir etwa verpflichtet, das auf 40 Papyrusrollen aufgezeichnete Gesetzbuch beständig bereitzuhalten und den Prozeßparteien zugänglich zu machen – zumindest wenn diese lesen konnten.

Es ist schwer zu sagen, ob die zahlreichen Charakterisierungen des Wesirs, die seine Funktion als Richter betreffen, eher den Anspruch oder die Wirklichkeit widerspiegeln. Man nannte ihn »einen Richter, der gerecht richtet, keine Parteilichkeit zeigt, zwei miteinander streitende Männer befriedigt entläßt, die Schwachen und die Mächtigen richtet«. Er galt als jemand, »der den Großen dem Niedrigen nicht vorzieht, der den Unterdrückten belohnt ..., der das Böse auf den zurückführt, der es begangen hat«.[14] Im gleichen Atemzug wird dann auch der Pharao als »Hersteller des Gesetzes« bezeichnet. Amenophis III. rühmt sich: »Das Gesetz stand fest. Ich stieß das Urteil nicht um, sondern angesichts der Tatsachen schwieg ich, damit ich Jubel und Freude verursachte.«[15]

In der ›Einsetzung des Wesirs‹ aus der Grabkammer des Rechmire heißt es: »Achte auf den, den du kennst, ebenso wie auf den, den du nicht kennst, auf den, der dir nahe ist, ebenso wie auf den, der weit weg ist.«[16] Die Quellen reden immer wieder davon, daß jeder Mensch allein nach seinem Verdienst behandelt und beurteilt werden sollte. In diesem Sinne wird der Prinz Merikare von seinem Vater unterwiesen: »Mache keinen Unterschied zwischen dem Sohn eines (angesehenen) Mannes und einem Bürger, sondern hole dir einen Mann nach seiner Leistung.«[17] Und auch Ameni, einer der führenden Beamten aus der Zeit Sesostris' I. (S. 169), behauptet in seinem Grab von sich: »Es gab keine Tochter eines kleinen Mannes, die ich geschändet hätte. Es gab keine Witwe, die ich bedrängt hätte. Es gab keinen Feldarbeiter, den ich bestraft hätte. Es gab keinen Hirten, den ich abgewiesen hätte. Es gab keinen Aufseher, dessen Leute ich zu Arbeiten fortgeholt hätte. Es gab keinen Elenden zu meiner Zeit.«

Dieser Text folgt zweifellos der üblichen Topik der Grabinschriften, und es wäre übertrieben, zu behaupten, daß die alten Ägypter stets nach so ehrenhaften und wohlbedachten Prinzipien gehandelt hätten. Aber die ständige Wiederholung dieser Ideale spricht dafür, daß sie zumindest als Maximen allgemein akzeptiert waren: Eine gerechte Behandlung wurde in Ägypten zumindest theoretisch nicht als Vorrecht der Reichen betrachtet; Gerechtigkeit war auch dem Geringsten zugänglich, weil die mächtigen Beamten zur Milde gegenüber den Schwachen und Armen erzogen wurden.

Von den Schwierigkeiten, diese Gerechtigkeit auch durchzusetzen, erzählt die ›Geschichte des beredten Bauern‹ – auch ›Die Klage des Bauern‹, ›Bauerngeschichte‹, ›Der redekundige Oasenmann‹ genannt. Sie schildert, wie ein einfacher Mann in einem Rechtsstreit nicht lockerließ und seine Sache zu einem glücklichen Ende führte. Es ist ein Werk der zwölften Dynastie, dessen Handlung in jenen Jahren spielt, als die Könige der zehnten Dynastie von der Hauptstadt Ninsu aus regierten, die von den Griechen später Herakleopolis genannt wurde.[18]

Im Wadi Natrun, einem Gebiet mit Salzflächen und Brackwasserquellen in der Wüste westlich des Nildeltas, bewirtschaftete der Bauer Chunanup seinen kleinen Hof. Eines Tages beschloß er, ins Niltal hinunterzugehen, um seine Produkte gegen Vorräte für die Familie einzutauschen. Für die lange Reise gab ihm seine Frau Brot und Bier in einem Korb mit, und er brach mit seinen vollbepackten Eseln auf. Sein Weg führte ihn am Gut eines gewissen Dschehutinacht vorbei. Diesem gefielen die Esel Chunanups, und er überlegte, wie er sie dem Bauern abnehmen könnte.

Nun war der Weg, dem Chunanup folgte, auf der einen Seite von einem Kanal oder einem Fluß, auf der anderen von einem Kornfeld begrenzt. Dschehutinacht legte ein Stück kostbares Leinen auf den Weg, so daß der Bauer mit seinen Eseln entweder über das Leinentuch oder durch das Getreide hätte gehen müssen. Da Chunanup in beiden Fällen Ärger auf sich zukommen sah, forderte er Dschehutinacht auf, den Weg frei zu machen. Während sie noch diskutierten, taten die Esel das, was Dschehutinacht offenbar erwartet hatte – sie fraßen Gerste: »Siehe, ich werde deinen Esel konfiszieren, weil er meine Gerste frißt. Er wird Getreide treten (also dreschen) für sein Vergehen.« Chunanup bot sofort an, das Korn zu ersetzen, und drohte zugleich damit, sich an Rensi, den Oberdomänenvorsteher der königlichen Residenz, zu wenden, der für seine Behandlung von Räubern wohlbekannt war. Daraufhin ging Dschehutinacht mit einem Stock auf ihn los, führte die Esel weg und warnte Chunanup, er werde ihn umbringen, wenn er ihn weiter belästige.

Zehn Tage lang läßt die Erzählung Chunanup damit zubringen, Dschehutinacht anzuflehen, doch vergebens. Schließlich machte sich der Bauer nach Ninsu in die Residenz auf, um sich bei Rensi zu beschweren. Er wurde vorgelassen, schilderte sein Anliegen, und Rensi erhob Anklage gegen Dschehutinacht. Die Beamten weigerten sich zunächst, den Fall zu verhandeln, denn sie vermuteten einen Betrug. Aber Rensi setzte durch, daß Chunanup seine Sache vortragen konnte, was der Bauer mit einer erstaunlichen Beredtheit und glänzender Rhetorik tat, wobei er in seine Argumente wohlbedachte Schmeicheleien einwob.

Chunanup glaubte, sich auf Rensis Urteilskraft verlassen zu können: »Denn du bist ein Vater der Waisen, ein Gemahl der Witwe, ein Bruder der geschiedenen Frau, ein Schutz dessen, der keine Mutter hat. Laß mich dir einen Namen machen in diesem Land gemäß jedem vollkommenen Gesetz: Führer, frei von Habgier, Großer, frei von Gemeinheit, der Lüge vernichtet, der Maat entstehen läßt, der auf die Stimme des Rufenden hin kommt. Rede ich, so mögest du hören: Verwirkliche Maat, Gelobter, den die Gelobten loben. Vertreibe die Not. Siehe, ich bin mit Kummer beladen. Siehe, schwach bin ich deswegen. Prüfe mich! Siehe, ich bin am Ende.«

Seine Worte hatten Erfolg. Rensi ging zum Pharao, berichtete ihm von der Klage des Bauern und dessen »vollkommener Rede«, und der König – dem wohl täglich manches Unvollkommene zu Ohren kam – war begierig, mehr davon zu erfahren: »Wenn du mich gesund sehen willst, so halte ihn hier auf, damit er weiterspricht ... Du sollst uns seine Worte schriftlich bringen, und wir werden sie dann hören.« Für die Dauer des Verfahrens ordnete der König an, Chunanup und seine Familie mit Lebensmitteln zu versorgen: Der Bauer erhielt in Ninsu täglich zehn kleine Brote und zwei Krüge Bier, während seiner Frau für jeden Tag drei Maß Gerste ins Wadi Natrun gesandt wurden.

Auf diese Weise konnte Chunanup also mit seiner Klage fortfahren. Weitere acht Male trat er vor Rensi auf. Zu Beginn hielt er stets eine phantasievolle Rede auf dessen Fähigkeiten und lobte seinen Sinn für Gerechtigkeit; er appellierte an das Mitleid Rensis, scheute sich aber auch nicht, Kritik am schleppenden Verlauf der Verhandlung zu üben. Der eigentliche Gegenstand des Falles – der Diebstahl der Esel – wurde kaum berührt; die Fakten waren offensichtlich längst geklärt.

Als Chunanup in einer besonders freimütigen Rede aus seinem Unmut keinen Hehl machte, ließ Rensi den unglücklichen Bauern durch zwei seiner Amtsdiener verprügeln. Doch furchtlos ging Chunanup erneut zum Angriff über: »Der Sohn Merus' (damit ist Rensi gemeint) geht weiterhin in die Irre. Sein Gesicht ist blind gegen das, was er sieht, und taub gegen das, was er hört. Er ist vergeßlich gegen das, woran er erinnert wird. Siehe, du bist wie eine Stadt ohne Bürgermeister, wie eine Gruppe Menschen ohne Obersten, wie ein Schiff ohne Kapitän an Bord, wie eine Gemeinschaft ohne Anführer. Siehe, du bist ein Polizist, der stiehlt, ein Bürgermeister, der Bestechung annimmt, ein Distriktverwalter, der das Unrecht bekämpfen soll, aber zum Vorbild des Diebes geworden ist.«

Da Rensi darauf gar nicht reagierte, fuhr Chunanup fort zu schimpfen, doch der Oberdomänenvorsteher blieb stumm; er hatte dem König versprochen, den Bauern reden zu lassen. Durch dieses Schweigen angestachelt, schwang Chunanup sich zu immer neuen rhetorischen Höhen empor; Kritik an Rensis scheinbarer Duldung des Unrechts wechselte mit Ermahnungen und Ratschlägen. In seiner neunten Klage forderte er Rensi auf, endlich seine Pflicht zu erfüllen; Chunanup hatte alle Argumente vorgebracht, und so erklärte er in einem letzten Ausfall: »Siehe, ich gelange mit einer Bitte an dich, und du schenkst ihr keine Beachtung. Ich werde gehen und deinetwegen bei Anubis (im Jenseits) klagen.«

Voll Zorn und Enttäuschung verließ er das Gericht; als er dann aber von zwei Amtsdienern zurückgeholt wurde, erwartete Chunanup weitere Prügel. Doch ihm war längst alles egal: »Das Herankommen eines Durstenden zum Wasser, das Verlangen des Mundes eines Säuglings nach Milch – so ist der ersehnte Tod, wenn er ihn kommen sieht, nachdem sein Tod säumte, zu ihm zu kommen.« Der Tod, so dachte er, werde ihn wenigstens von allem Elend befreien. Um so erstaunter war er, als man ihm seine wortreichen Klagen vorlas, die man auf Papyrus aufgezeichnet hatte.

Dieser Papyrus wurde zum König gesandt; er war über den Text hocherfreut: »Es erfüllte sein Herz mit Freude mehr als alles andere in diesem ganzen Land.« Der Pharao befahl Rensi, Recht walten zu lassen, und dieser zitierte nun Dschehutinacht vor Gericht. Die letzten Zeilen der Erzählung sind nur noch bruchstückhaft erhalten, und der genaue Ausgang der Sache ist somit leider unbekannt. Möglicherweise endet die Geschichte damit, daß Rensi das gesamte Eigentum Dschehutinachts an Chunanup übertrug – als Schadensersatz und zugleich als Belohnung für die abwechslungsreiche Art, in welcher der beredte Bauer seinen Fall vorgetragen hatte.

Zweifellos wäre es übertrieben, aus dieser Erzählung, die in erster Linie ein Unterhaltungstext war, allzu viele Schlüsse auf den Alltag ägyptischer Gerichte zu ziehen. Es scheint jedoch für die dortige Rechtspraxis kennzeichnend gewesen zu sein, daß die Verfahren keinen starren Regeln folgten. Damit hatten die jeweiligen Gerichtsherren zwar einerseits genügend Spielraum, auf die individuellen Umstände eines Delikts einzugehen, andererseits aber lag darin die Gefahr des Mißbrauchs und der Ungerechtigkeit. Beredsamkeit mag gelegentlich wichtiger gewesen sein als die Fakten; in den Gerichtsreden der griechischen Demokratie oder den Schriften Ciceros ließen sich ebenfalls genügend Beispiele hierfür finden.

Gleichsam der erste Schritt zur Gerechtigkeit bestand darin, daß sich ein Kläger Gehör für seine Sache verschaffte. Der Weg zu einer solchen Anhörung war mit Schwierigkeiten gepflastert, vor allem wenn man weder über Geld noch Einfluß verfügte. Zunächst galt es, überhaupt zu der entscheidenden Person vorgelassen zu werden. Hindernisse auf diesem Weg stellten sich dem Rechtsuchenden in Gestalt von Amtsdienern entgegen, die sicherlich auch die Aufgabe hatten, ihre Vorgesetzten vor allzu unsinnigen Anliegen zu bewahren. Das bedeutete letzten Endes, daß Stellung und Einfluß des Klägers trotz aller Ermahnungen der Lehren und Beteuerungen der Grabinschriften eine große Rolle spielten. Und aus der Art und

Weise, in der solche Texte Bestechung verurteilen, werden wir den Schluß ziehen dürfen, daß diese gleichfalls ein wirksames Mittel war, Recht zu erhalten.

In einem Dekret beschreibt Haremhab (1322–1295), er wolle nach einer Periode längerer Unruhe – gemeint ist die Zeit Echnatons (S. 313) – wieder Gerechtigkeit und Ordnung in Ägypten einführen. In diesem Zusammenhang erläutert er bestimmte Vergehen gegen das Volk und legt gleichzeitig detaillierte Strafen fest. In den schwerwiegendsten Fällen werden die Täter in eine Garnisonsstadt an der Ostgrenze Ägyptens verbannt, nachdem man ihnen die Nase abgeschnitten hat. Bei Diebstahl von Viehhäuten beispielsweise bestimmt Haremhab: »Was jeden Soldaten angeht, von dem man folgendes hört: ›Er geht und stiehlt Häute‹, vom heutigen Tag an, so vollziehe man an ihm das Gesetz mit 100 Schlägen und 5 blutenden Wunden und es werde die Haut weggenommen, die er in räuberischer Weise weggenommen hat.«[19]

Sofortige Bestrafung war in den Fällen üblich, in denen die Fakten unstrittig waren oder jedenfalls so schienen. Wer vor einen lokalen Richter gebracht wurde, hatte normalerweise kein langwieriges Verfahren zu erwarten, und mit den Verurteilten verfuhr man streng, was sowohl der Besserung des Kriminellen dienen als auch den guten Ruf des Bestrafenden heben sollte. Die ägyptische Haltung gegenüber Verbrechen im allgemeinen ist in einer Lebenslehre ausgedrückt: »Strafe sofort und züchtige kräftig, denn wenn man das Übel (gleich) packt, wird das ein Beispiel (zur Abschreckung) sein. Eine Strafe aber ohne (vorangegangene) Übeltat läßt einen Klagenden zum Widersacher werden.«[20] Von einem solchen Prinzip der Rechtsprechung hatte der ägyptische Bauer im Alltag wohl wenig Gerechtigkeit zu erwarten. Orts- und Provinzbeamte, die damit beschäftigt waren, die Befehle der Vorgesetzten auszuführen, hatten kaum Zeit, sich die Klagen »beredter« Bauern anzuhören – oder sie gar zu genießen.

Wie in vielen antiken Gesellschaften waren die Vernachlässigung der Steuerpflicht und deren umgehende Bestrafung auf dem Lande an der Tagesordnung; daher erscheinen entsprechende Bilder in den Grabmalereien. Steuern wurden oft genug mit dem Stock eingetrieben, und wer sich gegen die Abgabe zur Wehr setzte, erhielt von den Beamten direkt vor Ort weitere Prügel, ohne daß dazu ein formeller gerichtlicher Prozeß erforderlich war: Der Beamte hatte eine Liste der veranschlagten Steuern, ließ Widerspenstige vor sich bringen und verhängte die nötigen, oft drastisch erscheinenden Strafen. Möglicherweise wurden diese nach dem geschuldeten Betrag, der Häufigkeit des Delikts und den persönlichen Umständen des Schuldners abgestuft.

In den eben angesprochenen Bildern der Grabgemälde, welche die Vernehmung und Bestrafung von Schuldern zeigen, sind es keineswegs nur Bauern, die geprügelt werden. Die Grabkammer Chentikas, eines Wesirs unter Teti (2325–2300) und Phiops I. (2300 bis 2268) in der sechsten Dynastie, enthält eine Szene, in der fünf Distriktverwalter vor den Wesir gebracht werden, um sich gegen die Anklage der Mißwirtschaft zu verteidigen. Ihr Vergehen ist nicht genau bezeichnet, vielleicht waren sie mit Zahlungen im Rückstand. Drei dieser Beamten kriechen förmlich vor dem Wesir, während sich die beiden übrigen – von Dienern angetrieben – in Ehrerbietung tief beugen. Den Wesir begleiten zwei Schreiber, die entweder eine Notiz über den Vorgang anfertigen oder die jeweiligen Schulden berechnen. Zwei bereits Verurteilte sind an Pfosten gebunden und erhalten die verordneten Schläge. Die Amtsdiener führen die Bestrafung anscheinend gut gelaunt durch, denn der Szene ist der Text beigefügt: »Hübsche Gaben für euch, denen derartiges noch nie zugestoßen ist.«[21] Offenbar waren die Bestraften eher gewohnt, anderen eine solche Behandlung zukommen zu lassen, als sie selbst zu erleiden.

Eine ähnliche Darstellung finden wir im Grab des Menna. Er

war Schreiber des Herrn der beiden Länder, wahrscheinlich Thutmosis' IV. (1401–1391), und als Mitglied der thebanischen Verwaltung unmittelbar dem Wesir verantwortlich. Zu seinen Pflichten gehörte die Kontrolle des stehenden Getreides, um aus dem Umfang der zu erwartenden Ernte die Höhe der Steuer schätzen zu können. In seiner Grabkammer hat er eine Szene malen lassen, die Feldmesser mit Meßstricken bei der Arbeit zeigt; sie werden begleitet von Aufsehern, Schreibern und ein paar kleinen Jungen oder Dienern. Dieser Gruppe nähern sich der Bauer und seine Frau mit Geschenken: Bestechung oder einfach ein Zeichen der Zahlungsbereitschaft? Auch Menna läßt sich als Richter während einer Verhandlung und der Ausführung des Urteils darstellen. So zeigen die Szenen sowohl die Festlegung der Steuer und die nachfolgende Abgabe als auch säumige Schuldner, die Menna vorgeführt werden.

In einer nichtmonetären Gesellschaft, in der jede Bezahlung nur durch Waren erfolgte, stand einem einfachen Bauern oder Handwerker nur wenig zur Verfügung, um seine Schuld zu begleichen. Und wenn jemand keine Naturalien und kein Edelmetall hierfür besaß, galt Zwangsarbeit als Strafe und als angemessenes Mittel der Entschädigung. Solche Zwangsaushebung war ferner ein reguläres Verfahren, um genügend Arbeitskräfte für größere und kleinere öffentliche Bauten rekrutieren zu können. Auf diese Weise brachte man wohl die riesige Zahl von Arbeitern zusammen, die zum Bau der großen Pyramiden nötig waren, und viele Tätigkeiten, die nach dem Rückgang des Hochwassers verrichtet werden mußten, wurden von einer örtlich zu diesem Zweck ausgehobenen Arbeiterschaft ausgeführt.

Wie diese Rekrutierungen genau erfolgten, wissen wir nicht, aber es gab vermutlich Wege, ihnen zu entgehen. Sicher scheint, daß man eine andere Person als Ersatz vorschlagen konnte, und es ist nicht ausgeschlossen, daß die Schreiber, welche die Auswahl zu treffen hatten, durch Bestechung beeinflußt werden konnten. Daher war die unkorrekte Einteilung zu Zwangsarbeit ein Risiko, mit dem jedermann zu rechnen hatte, der es sich nicht leisten konnte, sich davon loszukaufen.

Ein Dekret Sethos' I. (1293–1279) aus Nauri beschäftigt sich in mehreren Abschnitten mit Strafen für Personen, die Angehörige der Domänen des Abydos-Tempels ausheben wollten. Aus diesen Bestimmungen geht hervor, daß Beamte sich aufgrund ihrer hohen Position häufig berechtigt fühlten, Einzelpersonen ohne weiteres zu öffentlichen oder auch privaten Aufgaben einzuteilen. Sethos drohte in derartigen Fällen harte Strafen an: »Was ... jede Person betrifft, die jemanden (der zum Abydos-Tempel des Sethos gehört) gewaltsam von einem Distrikt zum anderen schleppt, zur Zwangsarbeit beim Pflügen oder zur Zwangsarbeit bei der Ernte ... desgleichen denjenigen, der irgendeine Frau oder irgendeinen Mann, der zum Abydos-Tempel des Sethos gehört, ... gewaltsam zur Ausführung irgendeines Auftrages im ganzen Land ergreift ... desgleichen (was) jeden Wagenlenker, jeden Stallmeister, jede Person des königlichen Haushalts (betrifft), die in irgendeinem Auftrag des Pharaos – er lebe, sei heil und gesund – ausgeschickt ist und jemanden, der zum Abydos-Tempel des Sethos gehört, von einem Distrikt zum anderen schleppt zur Zwangarbeit bei der Feldbestellung oder zur Zwangsarbeit bei der Ernte oder zur Ausführung irgendeines Auftrages: So soll das Gesetz an ihm vollzogen werden durch 200 Schläge und 5 blutende Wunden sowie durch die Forderung der Arbeitsleistung der Person, die zum Abydos-Tempel des Sethos gehört, von ihm an jedem Tag, den er mit ihm verbringt, indem der Missetäter dem Abydos-Tempel des Sethos übergeben wird.«[22]

Zweck dieser harten Strafandrohungen war keineswegs, die Bauern vor Willkür zu schützen. Der König wollte dafür Sorge tragen, daß das Personal, das er dem Tempel von Abydos zur Verfügung gestellt hatte, nicht abgezogen wurde, auch nicht für andere Tätigkeiten in königlichem Auftrag; es sollte ausschließlich für den

Tempel arbeiten, dessen ordnungsgemäße Pflege des Kultes letzten Endes dem Wohlstand des Königs und des Landes diente.

Die Aushebung zur Zwangsarbeit war offensichtlich auf allen Ebenen der Verwaltung stark verbreitet, was sicherlich den Unwillen der Betroffenen, vor allem aber den Protest der einzelnen Behörden hervorrief, denen auf diese Weise Arbeitskräfte entzogen wurden. So wendet sich (wahrscheinlich irgendwann in der neunzehnten Dynastie) ein gewisser Dschehutienhab, Archivvorsteher des Büros des königlichen Kornspeichers in Memphis, an den Schreiber Bakemptah im Hauron-Tempel derselben Stadt und beschwert sich über die widerrechtliche Verpflichtung einiger Arbeiter: »Ich habe gehört, daß du die acht Zwangsarbeiter weggenommen hast, die im Tempel des Thot ... in Memphis an der Arbeit waren, und daß du sie für den Tempel von Hauron in Memphis Steine brechen läßt. Aber es ist keineswegs Zwangsarbeit, die du tust, und du nimmst sie nur für zwei oder drei Tage.«[23]

Er moniert weiter, daß die acht Männer gar nicht zu dieser speziellen Tätigkeit hätten ausgehoben werden dürfen. Und überhaupt sei Bakemptah nicht berechtigt, Arbeiter auf diese Weise in Beschlag zu nehmen: »Ein Schildträger Seiner Majestät oder ein Stallmeister oder ein Gefolgsmann des Pharao ist es, der die Menge der Arbeiter, die in Memphis ist, requiriert. Nicht du bist es, der über sie verfügen soll im Tempel Thots, deines Gottes.« Bakemptah tue gut daran, die Leute schleunigst zu entlassen: »Du sollst sie heute gehen lassen, damit sie die Nacht bei einem anderen Mann zubringen, der morgen zu einem Auftrag des Pharaos ausgeschickt wird, und zwar sofort! Sonst Tod dir!«

Es ging auch in diesem Fall nicht darum – das sei nochmals betont –, irgendein Unrecht wiedergutzumachen, das den acht Männern zugefügt worden wäre. Mit deren Situation hat der Konflikt zwischen den beiden Beamten nichts zu tun. Die betroffenen Menschen interessieren nicht; sie bleiben namenlos und ähneln Schachfiguren, die im bürokratischen Gezänk zweier Beamter hin und her geschoben werden.

Was, so stellt sich die Frage, ist denn nun Gerechtigkeit im Alten Ägypten? Als Ideal bestimmte sie die Regeln der Standesethik, nach der jene erzogen wurden, die Rang und Macht erstrebten, und nach der jene ihr Leben schildern, die dieses Ziel erreicht hatten. Die Wirklichkeit dürfte solchen Maximen weniger entsprochen haben. Wie in jedem autokratischen Staat, so war auch im Alten Ägypten das tägliche Leben des Arbeiters oder Bauern weitaus mehr von den Anforderungen des Regierungsapparats als von den Rechten des einzelnen bestimmt. Wahrscheinlich hätte auch ein ägyptischer Bauer seine Rechte nicht über seine Pflichten gesetzt, denn diese waren es, die seinen Alltag prägten, und sie konzentrierten sich auf den König, den Staat und seine zahllosen Vorgesetzten auf den verschiedensten Ebenen. Häufig genug dürften die Interessen des einzelnen im Widerspruch zu denen des Staates oder seines Arbeitgebers gestanden haben – dann mußte er eben zurückstecken. In konkreten Streitfällen konnte er darauf hoffen, angehört zu werden. Waren die Interessen seiner Vorgesetzten nicht betroffen, konnte er sogar ein faires Urteil erwarten. Gerechtigkeit in einer solchen Gesellschaft bestand für die allermeisten in der Hoffnung auf Rücksichtnahme und nicht in einem gesetzlich verbrieften Recht.

Armee

Erste spärliche Informationen über das Heerwesen des Alten Reiches verdanken wir der Lebensbeschreibung eines Uni, der während der Regierungen Tetis (2325–2300), Phiops' I. (2300–2268) und Merenres I. (2268–2254) in zahlreichen Funktionen der öffentlichen Verwaltung tätig war (S. 76) und im Laufe seines Lebens mehrere Feldzüge leitete.

Dem Heer, das er beispielsweise als »Vorsteher der königlichen Domänenpächter« befehligte, um Feldzüge auf die Sinai-Halbinsel zu führen, gehörten außer Ägyptern mehrere nubische und libysche Kontingente an. Die Befehlsgewalt lag in den Händen von Verwaltungsbeamten, darunter »Prophetenvorsteher«, »Siegelbewahrer«, »Vorsteher der Dolmetscher« und so fort. Wir finden keinen einzigen wirklich »militärischen« Titel. Man wird sich dieses Aufgebot, seine Organisation und seine Führung ähnlich vorzustellen haben wie eine Expedition etwa zu den Kupferminen des Sinai: Geführt von einem ihrer Beamten, zogen die jeweils beauftragten staatlichen Organisationen – die Domänen-, Schatzhaus- oder Tempelverwaltung – mit ihren Untergebenen ebenso in den Krieg wie zu jedem anderen Vorhaben.

Wie in Berichten dieser Art (nicht nur in Ägypten) üblich, wird in diesen Schilderungen hervorgehoben, daß die jeweilige Unternehmung zu einem vollen Erfolg führte. Wenn darüber hinaus etwas mitgeteilt wird, so betrifft es rein organisatorische Dinge, bei Uni etwa die Versicherung, daß kein Streit in diesem bunt zusammengewürfelten Aufgebot entstand und daß keine Plünderungen vorkamen – wenigstens nicht auf ägyptischem Boden.

Wir erfahren jedoch nichts darüber, ob es im Alten Reich neben kurzfristig ausgebildeten und ad hoc formierten Truppen auch ein kleines stehendes Heer gegeben hat, das im Notfall schnell eingreifen konnte. Für die Folgezeit sollte jedenfalls die Tatsache wichtig werden, daß jene Milizen von lokalen Machthabern aufgestellt wurden und nach dem Ende des Alten Reiches die Funktion einer Privatarmee übernahmen. Dieser Zustand dauerte im Mittleren Reich zunächst an; die bedeutenderen Bezirksfürsten unterhielten noch zu Zeiten der zwölften Dynastie ihr eigenes Militär.

Sie konnten allerdings nicht verhindern, daß die Herrscher ein von Berufsoffizieren geführtes stehendes Heer schufen, das die alten Bezirksmilizen organisatorisch bei weitem übertraf. Es rekrutierte sich außer aus Ägyptern auch aus nubischen und asiatischen Söldnern und war in drei, später in vier Korps aufgeteilt, die nach den Göttern Amun, Re, Ptah und Seth benannt und jeweils etwa 5.000 Mann stark waren. Eine besondere Klasse bildeten die Wagenkämpfer; sie waren in Memphis stationiert und wurden von einem königlichen Prinzen befehligt. Mit der zunehmenden Wichtigkeit dieser Streitwagentruppe und durch die enge Verbindung ihrer Kommandanten zum König gewann die alte Residenzstadt neue Bedeutung. Ihre strategisch günstige Nähe zu den asiatischen Kriegsschauplätzen tat ein übriges.

Die Existenz dieses Heeres, seine Zusammensetzung und sein Einfluß hatten weitreichende gesellschaftliche Konsequenzen:[24] Soldaten und Offiziere erhielten Beuteanteile, Tapferkeitsauszeichnungen und Landbesitz zugewiesen, fremde Söldner wurden in geschlossenen Wohnbereichen angesiedelt, und durch Soldaten und Gefangene stieg der Anteil der Ausländer mehr und mehr an. Vor allem tauchten in den politisch führenden Schichten nun häufig Personen auf, die keiner bekannten Familie entstammten, meist energische ›Erfolgsmenschen‹, bei denen persönliche Leistung die unbedeutende Herkunft ersetzte. Ihre neue Legitimität lag im Erfolg und in der darauf beruhenden engen Bindung an den König.

Zunächst genossen die Militärbeamten weiterhin ein höheres gesellschaftliches Ansehen als die Truppenoffiziere. Das hing mit der unterschiedlichen Abkunft der jeweiligen Personen zusammen und mit der traditionellen Auffassung, daß der Staat von der Beamtenschaft getragen werde. In dieser Hinsicht wirkte die Tradition fort, daß die Truppe auch für die großen Bauunternehmungen und Steinbruchexpeditionen des Staates eingesetzt worden war, wobei die Berechnung der erforderlichen Stärke und ihrer Verpflegung in den Händen von Beamten lag. Noch war der Organisator wichtiger als der Truppenführer, trat somit das eigentlich Militärische hinter dem Organisatorischen zurück.

Die persönlichen Erfolge und Auszeichnungen aber, welche die großen Eroberungskriege mit sich brachten, weckten in den Offizieren das Verlangen nach voller gesellschaftlicher Anerkennung. Um ihr Ziel zu erreichen, quittierten viele von ihnen den Dienst und drängten in hohe Beamtenstellungen. Die Könige sahen das nicht ungern, schließlich waren solche Männer – wie alle Aufsteiger zu allen Zeiten – meist besonders treu ergebene Diener. Später, als Amenophis IV./Echnaton (1353–1336) im Zuge seiner Reformen gezwungen war, die höchsten Staatsämter mit ›neuen Leuten‹ zu besetzen (S. 317), fand er gerade unter den Offizieren geeignete Kandidaten, die sich dem König mitsamt ihren Truppen zur Verfügung stellten – nun freilich bewußt als Soldaten, mit der erklärten Absicht, dem Militär zu einem größeren Einfluß im Staat zu verhelfen.

Dieser neue militärische Geist erfaßte in der Hauptsache das Königtum und den Soldatenstand, während die Masse des ägyptischen Volkes die (zu einem großen Teil aus Söldnern bestehende) Armee wohl eher distanziert betrachtete. Symptomatisch dafür ist der mit Vorliebe in den Schreibschulen gepflegte Dünkel der Beamten gegenüber den als Karikatur verzerrten Soldaten.

Zum unerläßlichen Bestand der Schulliteratur gehörten Texte, welche die Schüler zu kalligraphischen Übungen wieder und wieder abschreiben mußten und die zugleich vor der Ausübung einer Reihe von anderen Berufen warnten; einer davon war der folgende Brief: »Komm, laß mich dir beschreiben, wie es dem Soldaten ergeht, dem vielgeplagten ... komm, laß mich dir beschreiben, wie er nach Syrien geht, und wie er auf den Gebirgen marschiert. Sein Brot und sein Wasser trägt er auf der Schulter wie die Last eines Esels, wobei auch sein Nacken krumm ist wie der eines Esels. Die Wirbel seines Rückens sind gebrochen, während er stinkendes Wasser trinkt und (nur) rastet, um Wache zu halten. Er erreicht die Schlacht: Er ist wie ein gerupfter Vogel, ohne Kraft in seinem ganzen Körper. Er kehrt

34. Nubische Bogenschützen

nach Ägypten zurück: Er ist wie ein Stück Holz, das der Wurm gefressen hat. Er ist krank, Bettlägerigkeit packt ihn. Man bringt ihn auf dem Esel zurück, seine Kleider sind gestohlen, sein Bursche ist fortgelaufen.«[25]

Bei einem solchen Bild der Ägypter vom Beruf des Soldaten war der Pharao darauf angewiesen, das Söldnerwesen immer stärker auszubauen. In der Ramessidenzeit etwa bildeten Nubier, Libyer, Sardaner, Kahak, Maschwesch und andere den wichtigsten Teil des Heeres. Das Holzmodell der nubischen Bogenschützen (Abb. 34), an der schwarzen Haut und der Tracht erkennbar, entstammt dem Grab des Mesehti aus der Zeit um 2000. Auf einem Podest stehen 40 Soldaten, jeweils vier marschieren in einer Reihe; jeder trägt links einen Bogen, rechts ein Bündel Pfeile. Der gelbe oder rote

Schurz, die weißen Bänder im Haar, ein dünner Halsreif, die Fußkettchen und vor allem die mit weißer Farbe aufgemalten großen Augen beleben die Personen. Der Künstler hat das Aussehen der Truppe möglichst realistisch wiedergeben wollen und die Soldaten daher in unterschiedlicher Größe und mit individuellen Zügen dargestellt.

Über die Größe solcher Heere wie über die Zusammensetzung im einzelnen ist wenig überliefert. In einem Papyrus aus der Zeit Ramses' II. heißt es einmal anläßlich einer Berechnung von Proviant, daß eine Truppe von 5.000 Mann sich zusammensetzte aus 1.900 Bogenschützen, offenbar Ägyptern, 520 Sardanern, 880 Nubiern, 100 Maschwesch und 1.600 Kahak. Vom militärischen Standpunkt aus gesehen hat die Verwendung so zusammengewürfelter Truppen scheinbar keine Schwierigkeiten gemacht, selbst dann nicht, wenn etwa libysche Söldner gegen die eigenen Stammesgenossen eingesetzt wurden. Auf längere Sicht hingegen stellte das System insofern eine Gefahr für die bestehende Ordnung dar, als die mit ihren Familien in Ägypten lebenden Söldner langsam, aber sicher die Zusammensetzung der Bevölkerung veränderten. Und letzten Endes sollten diese Soldaten in Ägypten eine ähnliche Rolle spielen wie die germanischen Söldnerführer und Heermeister des 5. nachchristlichen Jahrhunderts im Weströmischen Reich, die schließlich auch die Stellung der Kaiser einnahmen.

SECHSTES KAPITEL

Das Neue Reich I

Festigung des Reiches

Seit der Zeit der dreizehnten Dynastie waren immer mehr semitische Einwanderer nach Ägypten gekommen und hatten sich im östlichen Delta angesiedelt. Die anschließende Herrschaftsübernahme durch die Hyksos war zum Teil ein Ergebnis dieser Einwanderungen gewesen, beruhte aber auch auf dem Erfolg einer überlegenen Kriegstechnik, die Ägypten erheblich verändern sollte. Zieht man die langfristigen Folgen mit in Betracht, dann darf man die Hyksoszeit ohne Übertreibung als den entscheidenden Wendepunkt der ägyptischen Geschichte bezeichnen: Sie leitete eine Epoche ein, in der Ägypten für alle Zeiten unlösbar in das Kräftefeld überstaatlicher politischer Mächte einbezogen wurde. Erst jetzt kann man von einer eigentlichen ›Außenpolitik‹ Ägyptens reden; die bisherige relative Isoliertheit des Landes war gesprengt, und die Ägypter entwickelten ein (freilich religiös bestimmtes) Nationalgefühl, das sie zur Geltung bringen wollten. Ägypten war nun – nicht nur im politischen Sinn – Teil einer größeren Welt.

Daß es Ahmose (1551/40–1515) in der Mitte des 16. Jahrhunderts gelang, die Herrschaft der Hyksos abzulösen, lag auch an der mittlerweile veränderten internationalen Situation. Die Hethiterkönige Hattusilis I. (1650–1620) und Mursilis I. (1620–1590) hatten ihre Macht so weit gefestigt, daß sie beginnen konnten, ihr kleinasiatisches Kerngebiet allmählich auszudehnen. Erste Vorstöße richteten sich gegen den nordsyrischen Raum, wo Vasallen der Hyksos saßen, und Mursilis nahm schließlich unter anderem Aleppo ein. Wenige Jahre später führte ihn ein Raubzug bis nach Babylon. Die Hettiter eroberten diese Stadt, plünderten sie und zerstörten damit ein bedeutendes Machtzentrum; bald darauf gründete das Bergvolk der Kassiten in Babylon eine neue Dynastie. So wurde das politische Gesicht der damaligen Welt in wenigen Jahrzehnten von Grund auf umgestaltet, und das hatte auch Folgen für Ägypten: Der damals regierende Hyksos war offenbar nicht mehr in der Lage, seine ganze Macht gegen seinen thebanischen Gegner einzusetzen; darüber hinaus hatte Ahmose die Schlagkraft seines Heeres verbessert, zu dem nun auch ein eigenes Streitwagen-Korps gehörte.

Memphis fiel nun an die Thebaner. Über diese Eroberung besitzen wir die Notizen eines Soldaten Ahmose – er trägt den gleichen Namen wie sein Pharao –, eines typischen Vertreters der neuen, militärisch geprägten Elite. Als Lohn für seine Tüchtigkeit erhielt er vom Herrscher in seiner Heimat El-Kab, südlich von Theben, fünf Setat (beinahe 142 Quadratkilometer) Ackerland. Dort konnte er sich ein Grab anlegen und an dessen Wänden seine Lebensgeschichte verewigen. Freilich erzählt er nur von den Kämpfen, an denen er teilgenommen hat: »Der Oberste der Schiffsmannschaft Ahmose, Sohn der Abina, der selige, er spricht: Ich spreche zu euch, ihr Leute alle, ich lasse euch die Gunst wissen, die mir (zuteil) geworden ist. Ich wurde siebenmal mit Gold beschenkt ..., desgleichen (mit) Sklaven und Sklavinnen. Ich wurde mit sehr vielen Feldern beschenkt. Der Ruf des Tapferen beruht auf dem, was er getan hat, und vergeht nicht in diesem Land in Ewigkeit.«[1]

Nachdem Ahmose Memphis eingenommen hatte, scheint sich die stärker befestigte Hyksosresidenz Auaris noch eine Zeitlang gehalten zu haben, doch mit ihrer Eroberung brach dann um 1540 der verbliebene Machtbereich des Hyksos in wenigen Jahren auseinander, und Ahmose kontrollierte bald das gesamte Delta. Er sicherte es durch einen Feldzug nach Palästina, der wohl auch dem Sinai-Gebiet mit seinen wichtigen Kupferminen galt; in Süd-Palästina, südöstlich von Gaza, fiel die Stadt Scharuhen nach dreijähriger Belagerung. Auch daran war Ahmose, der Kriegsheld, beteiligt: »Man belagerte Scharuhen drei Jahre lang, und seine Majestät nahm es ein. Damals erbeutete ich dort zwei Frauen und eine Hand (die abgehauenen Hände von erschlagenen Feinden wurden als Siegesbeute mitgenommen). Man gab mir das Gold der Tapferkeit, abgesehen davon, daß man mir die Gefangenen als Sklaven schenkte.« Dies ist die älteste Belagerung von solcher Länge, die wir kennen; sie beweist zugleich die Zähigkeit der Hyksos und die Entschlossenheit des Pharao, seine Feinde aus einer der ägyptischen Grenze so gefährlich nahen Festung zu vertreiben. Vielleicht wurde König Ahmose von den bisherigen Vasallen der Hyksos bis nach Syrien hin als neuer Oberherr anerkannt.

Die Auseinandersetzungen Kamoses mit den Hyksos hatten gezeigt, wie gefährlich ein selbständiges nubisches Fürstentum für Ägypten werden konnte, ganz abgesehen davon, daß die Ägypter den ungehinderten Zugang zu den nubischen Goldminen und den anderen Rohstoffen dringend benötigten, um an den Neuaufbau des Staatsapparates überhaupt denken zu können. Folglich brach Ahmose nach der Unterwerfung der ›Asiaten‹ zu einem Feldzug gegen die Nubier auf. Hier im Süden stellte er zumindest die ägyptische Herrschaft über Unternubien wieder her. Denkmäler mit dem Namen des Ahmose sind auf einer Nilinsel zwischen dem zweiten und dem dritten Katarakt gefunden worden. Diese Ausdehnung Ägyptens machte dem bisher selbständigen Fürstentum Kusch ein Ende. Anschließend wurde das neugewonnene nubische Gebiet wie schon im Mittleren Reich durch starke Festungen gesichert; unter anderem vergrößerten Ahmose und seine Nachfolger Buhen, indem sie eine kleinere Anlage der zwölften Dynastie erweiterten.

Um die Schätze des Landes, Goldminen und Steinbrüche, effektiv ausbeuten zu können, richtete Ahmose eine straffe Verwaltung ein, an deren Spitze von nun an, bis zur frühen einundzwanzigsten Dynastie um 1050, ein Vizekönig mit den Titeln »Königssohn von Kusch« und »Vorsteher der südlichen Fremdländer« stand; er war dem Pharao direkt unterstellt und residierte in Aniba. Die Bedeutung des neuen Amtes unterstrich Ahmose durch die Berufung eines gewissen Ahmose Satait, der vermutlich der königlichen Familie angehörte. Der Sohn und spätere Nachfolger dieses Vizekönigs, Turi, hatte Erfahrungen in der Region als Befehlshaber der Truppen in der Festung Buhen gesammelt.

Nach der erfolgreichen Konsolidierung des Landes und seiner außenpolitischen Sicherung in Palästina und Nubien widmete sich Ahmose dem Aufbau einer neuen zentralen Verwaltung. Es ist an dieser Stelle zu betonen, daß in Ägypten keine neue »Reichseinigung« im Sinne früherer Zeiten erforderlich war: Das Land, seine Verwaltung und seine Bevölkerung befanden sich keineswegs im Stadium der inneren Umbildung und Neuformung, und Ahmose konnte auf weiterhin bestehende Verwaltungsstrukturen der zwölften Dynastie zurückgreifen, wobei er allerdings einige entscheidende Änderungen durchführte. Insbesondere finden sich erstmals Urkunden über die Vergabe hoher geistlicher und weltlicher Ämter gegen Entgelt. Unter diesen Bedingungen konnte sich ein Bezirksfürstentum, das den ersten Königen der zwölften Dynastie erhebliche Schwierigkeiten bereitet hatte, nicht erneuern, nachdem es unter Sesostris III. zerschlagen worden war (S. 175). Für die innere Stabilisierung des Reiches erwies sich dies nun als Vorteil.

Ahmose bemühte sich allenthalben, die Macht der Zentralregierung wieder zu stärken. Um dieses Ziel zu erreichen, griff er auch auf die uralte Vorstellung von der Gottessohnschaft des Herrschers zurück und schuf auf dieser Grundlage das neue Amt der »Gottesgemahlin des Amun«. Bei den thebanischen Vorfahren Ahmoses hatten die Frauen von alters her eine ganz außergewöhnliche Rolle gespielt, sei es ihrer persönlichen Vorzüge wegen, sei es, weil sie die Legitimität der Herrschaft gewährleisteten. Diese herausragende Bedeutung läßt sich zuerst bei Tetischeri, der Gemahlin Taas I., festmachen (um 1580). Von ihr sind zwei Statuen bekannt, die beide aus ihrem thebanischen Grab stammen müssen. Weitere Informationen erhalten wir durch einen Gedenkstein, der König Ahmose mit seiner Gemahlin Ahmose-Nofretiri zeigt.

Auf dieser Stele macht sich der Pharao Gedanken darüber, welche Wohltaten er seinen Ahnen erweisen könnte: »Es sprach seine Schwester (das heißt seine Gemahlin), indem sie ihm antwortete: ›Warum gedenkt der König dieser Dinge? Weswegen spricht man diese Rede? Was ist es, das in dein Herz gelangt ist?‹ Der König selbst sprach zu ihr: ›Ich bin es, der mir die Mutter meiner Mutter und die Mutter meines Vaters ins Gedächtnis gerufen hat, die große Königsgemahlin, die Königsmutter, Tetischeri, die selige. Ihr Grab und ihr Kenotaph sind noch jetzt auf dem Boden der Bezirke von Theben und Abydos. Ich habe dies zu dir gesagt, denn meine Majestät hat gewünscht, ihr eine Pyramide und einen Tempel in dem geheiligten Lande (Abydos) zu bauen in der Nachbarschaft der Denkmäler meiner Majestät.‹ ... Seine Majestät sagte diese Rede, und die Dinge wurden sogleich ausgeführt.«[2] Hieran ist vor allem bemerkenswert, daß König Ahmose seine eigenen Eltern als die Kinder derselben Mutter bezeichnet, ein klassisches Beispiel für die unter den Herrschern übliche Geschwisterehe.

In unserem abendländischen Bewußtsein ist bis heute die Vorstellung tief verwurzelt, daß Blutsbande sexuelle Liebe zu Blutschande werden lassen. Dieses Inzest-Tabu hat als einziges sogar die Stürme der sogenannten sexuellen Revolution völlig unbeschadet überdauert, und es scheint in allen bekannten Gesellschaften zu gelten. Sexuelle Beziehungen zwischen Vater und Tochter, Mutter und Sohn sowie Bruder und Schwester gleich welcher Art gelten weithin als absolutes Tabu. Dies war in Ägypten nicht anders, allerdings existierte hier eine Ausnahme: der über Jahrhunderte hinweg mit der sakralen Gott-König-Ideologie verknüpfte Königsinzest. Aus dynastischen Gründen wurde die Geschwisterehe zwischen Mitgliedern der Königsfamilie zu allen Zeiten der ägyptischen Geschichte praktiziert, und in der Ptolemäerzeit war sie geradezu der Normalfall. Derartige Ehen setzte man in Parallele zu den göttlichen Geschwisterehen von Zeus und Hera oder, um auf ›Vorbilder‹ aus der ägyptischen Mythologie hinzuweisen, von Osiris und Isis.

Die Königin Ahhotep, die Gemahlin Taas' II. (um 1570), gelangte zu noch größerer Berühmtheit als ihre Mutter Tetischeri. Die Inschrift eines mächtigen, in Karnak gefundenen Gedenksteins überhäuft zunächst Ahhoteps Sohn Ahmose, den Stifter der Stele, mit Lobpreisungen und ruft dann alle Untertanen zu ihrer Verehrung auf. An einer rätselhaften Stelle des Textes wird sie dafür gerühmt, daß sie den Soldaten wieder Mut eingeflößt habe, weil sie »Oberägypten beruhigte und seine Rebellen entfernte«.[3] Möglicherweise ist das eine Anspielung auf eine gefährliche Situation nach dem Tod Kamoses, in dem man wahrscheinlich den früh verstorbenen älteren Bruder Ahmoses zu erblicken hat. In der Mitte des vorletzten Jahrhunderts stieß eine Gruppe von Fellachen auf den Sarg dieser Frau mit ihrer Mumie. Dem Leichnam waren Schmuckstücke beigegeben, die heute zu den größten Kostbarkeiten des Museums in Kairo gehören. Abgesehen von einigen Gegenständen mit dem Namen des Kamose, handelt es sich dabei um Geschenke ihres Sohnes Ahmose, dessen Kartusche sich auf den meisten von ihnen findet.

Ahhotep muß eine alte Dame von 80 oder mehr Jahren gewesen sein, als sie starb. Lange vor ihrem Tod war sie gezwungen worden, ihre begünstigte Stellung am Hof an die Gemahlin ihres Sohnes Ahmose, Ahmose-Nofretiri, abzutreten. Diese junge Königin dürfte – nach der Zahl der Inschriften zu urteilen, in denen ihr Name vorkommt – eine in der gesamten ägyptischen Geschichte nahezu beispiellose Berühmtheit erlangt haben. Ihre Titel einer Königstochter und einer Königsschwester lassen vermuten, daß sie eine Tochter des Kamose und somit auch die Nichte ihres Gemahls gewesen ist. In einem nicht genannten Jahr seiner Regierung übertrug oder verkaufte Ahmose der Nofretiri das Amt eines zweiten Propheten des Amun in Karnak. Es sollte ihr und ihren Abkömmlingen gehören bis in alle Ewigkeit. Zweierlei ist dabei im Hinblick auf die weitere Entwicklung wichtig: erstens, daß schon ein erbliches Priesteramt existierte, und zweitens, daß eine solche Priesterstelle durch eine Frau verwaltet werden konnte. Diese Ahmose-Nofretiri, Gattin und Nichte des Ahmose zugleich, war die erste »Gottesgemahlin des Amun«, die diesen Titel nachweislich zu ihren Lebzeiten trug.

Auch nach der Eroberung des Nordens blieb Theben zunächst Verwaltungszentrum und Amtsitz des Wesirs. Gleichzeitig war es als Hauptkultort des Götterkönigs Amun religiöser Mittelpunkt des Landes. Ahmose zeigte daneben eine besondere Vorliebe für Abydos, wo er für sich und Angehörige seiner Familie ausgedehnte Grab- und Tempelanlagen errichten ließ. Sein Andenken blieb daher in diesem Kultzentrum des Osiris lange lebendig, bis man ihn in der Ramessiden-Zeit sogar als orakelgebende Gottheit verehrte.

Amenophis I.

Ahmose hatte nach der Beseitigung der Fremdherrschaft die politischen Rahmenbedingungen des Staates neu festgelegt, und während der Regierung seines Sohnes Amenophis I. (1515–1494; hieroglyphisch Amenhotep, S. 490) wurde der Grundstein für eine neue kulturelle Blüte gelegt. Für kaum eine andere Zeit besitzen wir derart viele Informationen über einzelne Künstler, Gelehrte, Architekten und Wissenschaftler oder ihre entsprechenden Werke. Zu ihnen zählt der Astronom Amenemhat mit einem aus der zwölften Dynastie vertrauten Namen, der in seiner Grabinschrift stolz vom Bau einer Wasseruhr berichtet. Dieser neuen Elite gehört auch der Baumeister Inene an, dem es zu verdanken ist, daß seit Thutmosis I. (1494–1482) das berühmte »Tal der Könige« zur riesigen Begräbnisstätte ausgebaut werden sollte.

Für die Zukunft prägend wurde ferner die religiöse Literatur dieser Zeit, die, auf überlieferten Texten und Vorstellungen aufbauend, für eine Vielzahl von Ritualen die endgültige Form schuf. Einer dieser Texte, dessen bislang älteste Abschrift aus dem Grab Thutmosis' I. stammt, diente den später so beliebten »Jenseitsführern« als Vorbild. Bereits diese frühe Fassung – sie trägt den Titel ›Schrift des verborgenen Raumes‹ und ist unter der späteren Abkürzung ›Amduat‹ bekannt geworden – weist eine Fülle ausdrucksstarker Bilder auf.[4] Vielerorts hatten sich die Menschen Gedanken über das Jenseits gemacht und dabei an die unterschiedlichen lokalen Traditionen angeknüpft. Nun wurden solche Vorstellungen zu einem einheitlichen Konzept zusammengefügt. Die Rahmenhandlung des ›Amduat‹ gab – wie bei allen solchen Erzählungen – die Fahrt des Sonnengottes während der zwölf Nachtstunden durch das Totenreich ab. Während dieser Reise durch die Welt der Verdammten wird detailverliebt ein breites Spektrum von Höllenstrafen geschildert; das ›Amduat‹ ist damit, fast drei Jahrtausende vor Dante verfaßt, die bislang älteste ›Höllen‹-Schilderung.

Die Dichter der Zeit entwickelten aber nicht nur Szenarien ewiger Verdammnis, sondern bemühten sich mit gleicher Begeisterung, den Weg und das Wirken der Sonne zu beschreiben, wenn sie tagsüber die Welt mit Leben erfüllt. Solche Dichtungen preisen zugleich den König, der als Verkörperung oder Repräsentant des Sonnengottes dem Land und den Menschen zu Wohlfahrt und Wohlstand verhilft. Sonnenlitaneien, wie sie um die Mitte des zweiten Jahrtausends entstehen, geben der Hoffnung Ausdruck, der Herrscher werde sich wie die Sonne täglich erneuern, um vor den riesigen irdischen Aufgaben bestehen zu können. Und die Idee der Sonne, die auf ihrer nächtlichen Fahrt das Reich der ewigen Schatten passiert, verbanden die Theologen mit jener Tradition, die in Osiris den königlichen Herrscher des Totenreiches sah. Osiris erhielt nun gleichfalls Aspekte der Sonne, wurde selbst zum Sonnengott, allerdings in dessen unterweltlich-nächtlicher Form. Immer stärker rückte daher der Sonnengott auch ins Zentrum der Totengebete, die sich in stets neuen Wendungen an die untergehende Sonne richteten und die man den Toten nun auf Papyri mitgab (Abb. 63, S. 413).

Der Sonnengott hatte zwar auf der einen Seite immer noch viele Erscheinungsweisen, entwickelte sich aber auf der anderen Seite deutlich zu einer allumfassenden Gottheit – und dies lange vor Echnaton. Neben den Schöpfungsvorstellungen wurde somit auch der Jenseitsglaube zur Domäne des Sonnengottes. E. Hornung hat zweifellos Recht mit seiner (etwas überspitzten) These, daß die Weichen für die religiöse »Revolution« Echnatons – seinen solaren Monotheismus – bereits von den Theologen und Dichtern am Hofe Amenophis' I. und seines Nachfolgers gestellt worden sind.[5]

Den althergebrachten Bräuchen entsprach es, daß Amenophis I. als Bauherr vor allem in Karnak hervortrat, wo sich die Könige des Neuen Reiches in der Ausgestaltung des größten aller Tempel für Amun-Re gegenseitig zu übertreffen suchten. Heute wirkt die Anlage daher wie ein riesiges Labyrinth von Pylonen, Höfen, Sälen und Kammern. Eine ganz neue Tradition dagegen begründete der König mit der Konzeption seines Grabes: Er gab die Pyramidenform endgültig auf (sie lebte nur gelegentlich als Ziegelpyramide über Privatgräbern fort) und entschloß sich, Ruhe- und Verehrungsstätte voneinander zu trennen. Daher baute er südlich der Grabanlagen seiner Vorfahren in Theben für sich und seine Gemahlin einen kleinen Totentempel und im Norden, unter einem Felsen verborgen, sein Grab. Dessen Anlage und dazugehörige Texte belegen, daß der

Wunsch maßgebend war, es zu verstecken; er ist nicht in Erfüllung gegangen. Denn nur ein einziges derartiges Grab, dasjenige des Tutanchamun, ist durch Zufall bis in unsere Zeit verschlossen geblieben, dann aber auch ausgeräumt worden.

Aufgrund der beschriebenen außenpolitischen Gesamtlage, welche mit zur Ablösung der Hyksos und zur neuen Reichseinigung beigetragen hatte, konnte Amenophis I. nun seine innenpolitische Macht konsolidieren und die künstlerischen Impulse an seinem Hof fördern. Andere, Hettiter und Churriter, kämpften unterdessen um die Vorherrschaft in Vorderasien; Ägypten sah jedoch keinen Anlaß einzugreifen, denn von der syrisch-palästinensischen Landbrücke drohte keine Gefahr. Und da im Süden der bereits genannte Turi – mittlerweile war er seinem Vater im Amt des nubischen Vizekönigs gefolgt – die Festungsanlagen von Semna, Kumma und Uronarti weiter ausbauen konnte, fiel die Bilanz der Regierung Amenophis' rundum positiv aus.

Sein Nachfolger Thutmosis I. (1494–1482) stammte aus einer Seitenlinie des Königshauses und verdankte seine Legitimität der Ehe mit der Prinzessin Ahmose, die wohl der alten Familie angehörte. Mit diesem Thutmosis (»Thot ist geboren«) begann außenpolitisch eine neue Epoche. Von nun an taucht in den Texten immer wieder das Verlangen auf, »die Grenzen auszudehnen«; diese Redewendung, die vorher nur wenige Male während der zwölften Dynastie zu finden ist, wurde in der Folgezeit ständig verwendet.[6] Sie zeugt von einer gewandelten geistigen Haltung dieser Zeit, welche die bisherigen Leistungen zu übertreffen suchte und erstmals eine Art von Fortschrittsglauben entwickelte.

Von seiner unangefochtenen Position aus – die Dynastie herrschte mittlerweile fast schon ein halbes Jahrhundert – konnte Thutmosis die neuen militärischen Möglichkeiten voll ausnutzen und seine Feldzüge bis an den Euphrat ausdehnen. Das neue Machtzentrum in Syrien, das Mitanni-Reich, ermöglichte die militärischen Erfolge der Ägypter indirekt, weil es die bisherige Vorherrschaft der Hettiter in der Region schwächte. Thutmosis wurde zum Begründer des ägyptischen Imperiums, und diese imperiale Expansionspolitik gliederte dem Reich durch ausgreifende Eroberungskriege in Nord und Süd neue Provinzen an. Ein Strom von Sklaven, Gold, Webstoffen, Edelhölzern und anderen Reichtümern ergoß sich ins Land. Was nicht als Beute oder Tribut kam, wurde auf dem Handelswege aus dem Inneren Afrikas, aus Mesopotamien, Kleinasien, Kreta, Zypern und der ägäischen Inselwelt herbeigeschafft. Natürlich fanden mit diesen Gütern fremde Sitten, religiöse Kulte und geistige Anregungen Eingang, die das Bild des Landes nachhaltig veränderten. Die Ägypter wurden sich bewußt, daß man andernorts andere Lebens- und Denkformen entwickelt hatte, und das eigene Weltbild erschien immer weniger als selbstverständlich, wurde immer häufiger problematisiert. Umgekehrt wirkten sich freilich auch die ägyptischen Einflüsse aus, vor allem in Syrien-Palästina.

Im zweiten Jahr seiner Regierung stieß Thutmosis I. zunächst über den stark gesicherten Festungsriegel südlich des zweiten Kataraktes weit nach Süden vor. Unsere Quelle ist unter anderem immer noch die Lebensgeschichte des Ahmose aus seinem Grab in El-Kab (S. 230). Bei diesen Unternehmungen wurden die Schiffe über die zweite und dritte Stromschnelle geschleppt – vielleicht erreichte Thutmosis sogar die vierte –, und die Ebene von Kerma gelangte in ägyptischen Besitz. Für fast 800 Jahre blieb fortan der vierte Katarakt die Südgrenze des Reiches.

Beim dritten Katarakt ließ der Pharao einen Gedenkstein aufstellen: »Seine südliche Grenze (reicht) bis zum Anfang der Erde, seine nördliche bis zu jenem Fluß, der umgekehrt fließt, der herabfließt nach Süden (Euphrat). Niemals geschah Gleiches durch andere Könige. Sein Name erreicht den Umkreis des Himmels, er gelangt bis zum Ende der Erde. Man lebt von ihm in allen Ländern wegen der Größe der Macht seiner Majestät.«[7] Damit wurde Obernubien

(Kusch) dem ägyptischen Reich als neue Provinz eingegliedert und in der Folgezeit ebenfalls durch Festungen gesichert. Seine Verwaltung unterstellte Thutmosis wie die Unternubiens (Wawat) dem langbewährten Vizekönig Turi. Von Süden her drohten nun keine echten Gefahren mehr; dort waren jetzt die bleibenden Grenzen erreicht. Wie so oft sicherten die Ägypter zunächst die südliche Grenze – und damit die Goldvorkommen der Region –, ehe sie ihr Interesse auf den Norden (beziehungsweise Osten) richteten.

Von den Unternehmungen des Königs in Vorderasien[8] kennen wir nur das Ergebnis, nicht aber Einzelheiten des Feldzuges. Thutmosis scheint ohne nennenswerten Widerstand durch ganz Palästina und Syrien bis zum oberen Euphrat gelangt zu sein, in das »Land der Flüsse«. Erst dort trat ihm mit dem Mitanni-Reich eine neue Weltmacht entgegen, die sich inzwischen im Kampf gegen die Hettiter hatte festigen können und für ein Jahrhundert zum Hauptgegner der Ägypter werden sollte. Der Pharao ließ in der Gegend von Karkemisch die neue Reichsgrenze am Euphrat durch Stelen kennzeichnen, jagte anschließend in Nordsyrien asiatische Elefanten und kehrte dann in seine Residenz zurück. Die Weite des Unternehmens zeigt deutlich, zu welchen Kraftanstrengungen Ägypten bereits ein Vierteljahrhundert nach der Beendigung der Kriege gegen die Hyksos fähig war.

In Memphis, das sich näher als Theben am asiatischen Kriegsschauplatz befand, richtete der Pharao nun das militärische Hauptquartier ein. Dort erhielten die Kronprinzen als »Befehlshaber des Heeres« ihre militärische Ausbildung und wurden auf ihre wichtigsten Aufgaben als zukünftige Herrscher vorbereitet. Für Jahrhunderte lag hier das »Große Hauptquartier«, so lange, wie die Außenpolitik Ägyptens nach Asien hin orientiert blieb. Den Mittelpunkt des geistigen Lebens bildete dagegen immer noch der Hof in Theben. Aus diesem Kreis sei der oberste Baumeister Inene hervorgehoben, dessen Laufbahn durch das Amt des Bürgermeisters der

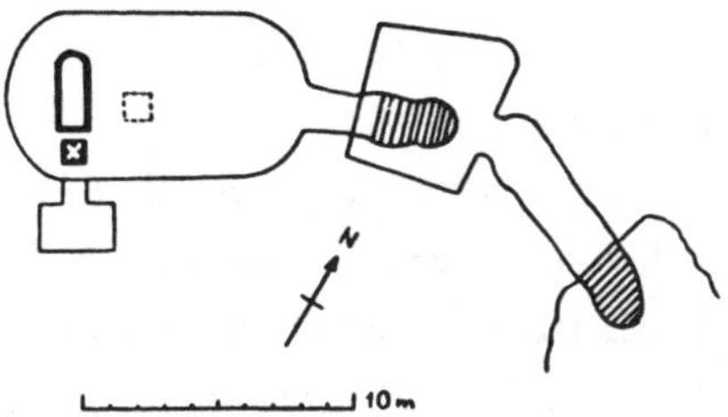

35. Grab Thutmosis' I.

Hauptstadt gekrönt wurde. Er leitete auf dem thebanischen Ostufer umfangreiche Baumaßnahmen im Amuntempel von Karnak. Vor allem aber überwachte er auf dem Westufer die versteckte Anlage des königlichen Felsgrabes im Tal der Könige.[9] Weshalb dieses abgeschiedene Tal in der Wüste als neuer Begräbnisplatz gewählt wurde, können wir nur erahnen. Dabei läßt sich ein ganzer Komplex von Gründen nennen: die große Bedeutung der Hathor, die im davorliegenden Talkessel von Deir El-Bahari als Totengöttin besondere Verehrung genoß; die natürliche Pyramidenform der Bergspitze, die das Tal überragt; und nicht zuletzt administrative Erwägungen, denn das Tal war abgelegen, gut abzusperren und zu bewachen. Die ältesten für uns greifbaren Gräber befinden sich denn auch an ganz unzugänglichen Stellen, bevorzugt am Fuß steil abfallender Klippen. Über die Arbeiten am königlichen Grab berichtet Inene in einer Inschrift: »Ich beaufsichtigte das Aushauen des Felsgrabes seiner Majestät, ganz allein, es gab niemand, der sah, es gab niemand, der hörte.«[10] Hier wird deutlich, daß es – wie schon bei der Anlage Ahmoses I. – bei der Auswahl des Ortes und der Form insbesondere darum ging, das Grab zu verstecken.

Angesichts der politischen und wirtschaftlichen Möglichkeiten der Zeit handelt es sich um bescheidene Anlagen. Von Thutmosis I. bis Thutmosis III. weisen die Grabkammern einen ovalen Grundriß auf, der dem ovalen Abschluß der älteren Unterweltsbücher entspricht und die Krümmung des Jenseitsraumes anschaulich macht.

Die Ähnlichkeit mit der Königskartusche wie bei dem Grab Thutmosis' I., mit Vorraum und Sargkammer, mag ebenfalls zur Wahl einer solchen Form beigetragen haben (Abb. 35). Verglichen mit den reich ausgemalten Kultkapellen der hohen Beamten blieb die Dekoration der Königsgräber in der frühen achtzehnten Dynastie einfach: Die Wände der Korridore sind ganz unregelmäßig und grob aus dem Felsen gehauen und ungeglättet, und nur die wichtigsten Räume erhielten einen Verputz, auf den man malen konnte – die Sargkammer, eine Vorkammer und der Schacht. Seit Thutmosis III. (1479–1425) kam dazu noch eine obere, gleich nach dem Schacht eingefügte Pfeilerhalle, die in Verbindung mit der unteren, die der Aufnahme des Sarkophags diente, offenbar die alte Dualität des Königsgrabes wiederaufgriff. Zwar verputzte man die Pfeiler nun ebenfalls, doch sie wurden vor Sethos I. (1293–1279) lediglich in der Sargkammer zusätzlich mit Bildern geschmückt.

Lange war die Dekoration der Grabkammern strengen Regeln unterworfen. Bis in die Zeit Echnatons finden wir auf den Wänden der Hauptkammer ausschließlich das Unterweltsbuch ›Amduat‹, das vollständig – mit allen zwölf Nachtstunden – und mit der Kurzfassung dargestellt wurde; hierbei achtete man sowohl in der Bemalung als auch bei der strichhaften Wiedergabe von Zeichen und Figuren auf die exakte Nachahmung der auf Papyrus gemalten Vorlage. Die übrigen Wandflächen geben den König vor jenen Gottheiten wieder, die für sein jenseitiges Fortleben besonders wichtig waren, und durch die blaue Bemalung der Decken in Schacht, Vor- und Sargkammer, auf die dann gelbe Sterne gesetzt wurden, gelangte der Himmel in die Tiefe des Grabes hinein.

Das immer wieder erwähnte Bemühen der einzelnen Könige um »Vermehrung« des Bestehenden betrifft in dieser Zeit Grundriß und Dekoration der Gräber. Jedes Königsgrab wurde neu und großzügiger entworfen, die Dauer der Herrschaft spielte keine Rolle, begann man doch unmittelbar beim Regierungsantritt eines Herrschers mit der gegenüber dem Vorgänger ausgedehnteren Planung. Dieses grundsätzliche Bestreben, das Bestehende zu erweitern und Vorgänger zu übertreffen, gilt nicht nur für die Grabanlagen, sondern auch für die Planung der Tempel und im Prinzip für alle Handlungen des Königs. Indem er über alles hinausging, was vor ihm geleistet worden war, wiederholte er die Taten des Schöpfers. Jahrhundertelang fügte jede Regierung zum bisherigen Grundriß des Königsgrabes irgendein Element hinzu – Korridore, Seitenkammern oder Pfeiler – und bereicherte entsprechend die Dekoration um neue Motive. Stufenweise erhöhten sich die verwendeten Ellenmaße, so daß nicht nur die Grabkammern größer, die Korridore breiter und höher, sondern auch die Sarkophage immer gewaltiger wurden.

Thutmosis I. kam offenbar nicht mehr dazu, einen eigenen Totentempel zu erbauen. Er fand später vermutlich im Grab seiner Tochter Hatschepsut einen Platz (S. 250). Auf jeden Fall hat sie sich – wenngleich nicht ganz uneigennützig – um sein Andenken gekümmert.

Hatschepsut

Da der zum Nachfolger bestimmte Kronprinz und »Kommandeur des Heeres« Amenmesse vor seinem Vater gestorben war, folgte auf Thutmosis I. ein anderer seiner Söhne von einer Haremsfrau: Thutmosis II. (1482–1479). Zu seiner Hauptgemahlin erhob der neue König seine Halbschwester Hatschepsut, die mütterlicherseits vom Begründer des Neuen Reiches, von Ahmose, abstammte. Hatschepsut war mit vollem Titel »Königstochter, Königsschwester, Gottesgemahlin und Große Königsgemahlin«. Durch die Heirat mit dieser Frau erhielt Thutmosis II. nach geltendem Verständnis seine Legitimation.

Die kurze Regierungszeit Thutmosis' II. wurde von mehreren – beinahe schon routinemäßigen – militärischen Unternehmungen in Nubien und Palästina ausgefüllt. Hauptquelle und zugleich einziges sicher datiertes Zeugnis für seine Herrschaft ist ein Gedenkstein aus dem ersten Jahr seiner Regierung, den der König bei Assuan zur Erinnerung an die Niederwerfung eines nubischen Aufstandes aufstellte; vermutlich hatten die Nubier den beliebten Zeitpunkt eines Thronwechsels für ihre Aktionen genutzt. Die Inschrift teilt in ungewöhnlich ausführlicher Weise Einzelheiten mit: »Das elende Kusch ist im Begriff, sich zu empören. Die, welche dem Herrn der beiden Länder untertan waren, denken an Feindschaft. Die Rebellen sind im Begriff, die Ägypter zu bestehlen, die Herden herauszuholen hinter den Festungen, die dein Vater auf seinen Siegeszügen errichtet hat, der König von Ober- und Unterägypten, Thutmosis I., der ewig lebe.«[11] Und über den Einsatz in Palästina berichtet ein Beamter, er habe unter Thutmosis II. unzählige Gefangene im Schasu-Land gemacht; die Schasu (vgl. Abb. 25, S. 148) sind Beduinen im Nordosten Syriens und in Palästina, vergleichbar den später auftretenden Apiru (Hebräer).

Als Thutmosis II. im Frühjahr 1479 starb, war aus der Ehe mit Hatschepsut eine Tochter, Nofrure, hervorgegangen. So fiel der Thron an den noch unmündigen Sohn einer Nebengemahlin, Isis, der wie seine beiden Vorgänger den Geburtsnamen Thutmosis trug. Es lag nahe, die beiden Kinder miteinander zu verheiraten, um auf diese Weise den Thronanspruch des Jungen sicherzustellen. Sein Sarg und seine Mumie sind in der sogenannten Cachette bei Deir El-Bahari entdeckt worden (S. 410). Der deutsche Mediziner Rudolf Virchow sprach angesichts der Mumie vom jugendlichen Aussehen des Königs. Da Thutmosis III. 54 lange Jahre regierte, müßte er in der Tat ein Säugling gewesen sein, als er den Thron bestieg. Dieser dritte Thutmosis sollte für seine Untertanen wie für die Nachbarvölker zum furchteinflößenden Symbol der Größe Ägyptens werden. Noch aber war es nicht soweit; zunächst führte nämlich seine Stiefmutter Hatschepsut die Regierungsgeschäfte.

Weibliche Regentschaften hatte es bereits früher gegeben, doch sollte sich bald zeigen, daß Hatschepsut nicht gewillt war, sich mit einer solchen Stellung zu begnügen. Bereits 1478, in ihrem zweiten Jahr als Regentin, ließ sie sich anläßlich einer Prozession der Amunbarke nach Befragung und entsprechender Bestätigung des Gottes zum »König« ausrufen und feierlich krönen. Fortan übte sie die Herrschaft nicht mehr als Regentin, sondern kraft göttlichen Auftrags als »König« Ägyptens aus. Ein wenig gemildert wurde die ungewohnte Situation dadurch, daß sie – wie später Kleopatra (S. 452) – einen männlichen Mitregenten hatte, der seiner Position gemäß in den offiziellen Inschriften mit genannt ist. Von der Thronbesteigung ihres Stiefsohnes an zählte auch die Herrscherin ihre eigenen Regierungsjahre. Hatschepsuts einzige Tochter Nofrure, die von ihrer Mutter den Titel einer »Gottesgemahlin« (des Amun) übernahm und zur legitimen Fortführung der Dynastie berufen gewesen wäre, starb jung. Somit mußten die alternde Königin und die Hofbeamten sich mit dem Gedanken vertraut machen, daß eines Tages der Mitregent allein die Herrschaft übernehmen würde.

Man kann beobachten, daß Hatschepsut bei dem Vorgang, den man durchaus als Staatsstreich bezeichnen kann, eine einflußreiche Hofpartei hinter sich hatte, die ihr Vorgehen durch Orakelentscheidungen des Gottes Amun absichern ließ. Ihre Gegner indes empfanden die Vorstellung unerträglich, eine Frau in der Rolle des Horus und des »Sohnes« des Re zu sehen – es widersprach dem Königsdogma. Hatschepsut mag ihre Situation selbst für problematisch gehalten haben. In der Rolle des Pharao mußte sie kriegerische männliche Beiworte übernehmen und sich als Mann oder als Sphinx darstellen lassen, der ja auch männlich war. Oft gelang es ihr, in der herkömmlichen bildlichen Darstellung des Herrschers ihre frauliche Eigenart zum Ausdruck zu bringen, wenn sie etwa unter dem

Königsornat weibliche Körperformen zeigte, und die Königstitulatur wandelte man für sie ab, indem man für die entsprechenden männlichen Titel neue Umschreibungen erfand: »weiblicher Horus«, »vollkommene Göttin« oder »Tochter des Re«; im Horusnamen ließen die Schreiber das übliche »Starker Stier« fort. Trotz solcher Kompromisse war die Situation unerhört: Eine Frau trat in die rein männliche Rolle des Pharao ein, paßte sich diese Rolle an und prägte ihr doch den Stempel weiblicher Eigenart auf.

Für über zwei Jahrzehnte (1479–1457) lag nun die Regierungsgewalt bei der Königin und den ihr ergebenen Beamten. Einer der wichtigsten war Hapuseneb, Hoherpriester des Amun, geistliches und weltliches Oberhaupt des Reichstempels von Karnak. Er stand an der Spitze einer kontinuierlich an Einfluß zunehmenden Priesterschaft des Reichsgottes und Götterkönigs Amun-Re. Daneben ist der Vermögensverwalter des reichsten aller Tempel, Senenmut, zu nennen. Sein Einfluß beruhte weniger auf der Rangstufe innerhalb der Verwaltungshierarchie – er zählte nicht zu den höchsten Beamten seiner Zeit – als vielmehr auf seiner persönlichen Beziehung zur Königin und mehr noch zu deren Tochter Nofrure (S. 248). Das Ausmaß seiner Macht und seiner Gunst können wir an der großen Anzahl von Votiv-Statuen ablesen, die ihn selbst darstellen und die er in den großen Heiligtümern von Theben aufstellen durfte; beeindruckend sind ferner seine beiden Gräber in der dortigen Nekropole.

Die meisten Texte auf seinen Statuen sind ganz der topischen Lobesrhetorik verpflichtet. Bei dem folgenden Beispiel sollte man daran denken, daß sich das Wort »König« auf Hatschepsut bezieht: »Ich (Senenmut) war Größter der Großen im ganzen Land, einer, der allein hört, was zu hören ist, im Alleinsein (unter vier Augen) mit dem König ... Ich war ein wirklicher Vertrauter des Königs, einer, der tätig ist, (so daß) er von seinem Herrn alle Tage gelobt wird ... Ich war einer, der gerecht richtet, ohne parteiisch zu sein, einer, mit dessen Aussprüchen der Herr der beiden Länder zufrieden war. Ich war einer, der in Liebe eintrat und in Gunst herauskam, einer, der das Herz des Königs alle Tage erfreute.«[12]

Was hier als großartige Auszeichnung eines Beamten erscheint, läßt sich bei vielen finden und erweist sich aus heutiger Sicht als konventioneller Wortschwulst; doch das ist typisch für einen großen Teil der schriftlichen Zeugnisse, die wir aus dem Alten Ägypten besitzen: Der Fall Senenmuts ist ein Beispiel aus einer Epoche, aus der besonders reichhaltiges Material auf uns gekommen ist. Vieles darunter besteht aber aus solchen Gemeinplätzen und Formeln, die sehr erfolgreich den wahren Charakter der hohen ägyptischen Beamten verhüllen. Daher kann die Beschreibung der Personen, von denen in solchen Texten die Rede ist, nicht in die Tiefe gehen, denn sie konnten nur wenig von ihrer individuellen Eigenart einfließen lassen. Auch ein Mann wie Senenmut vermochte da nicht auszubrechen, sondern sich lediglich durch die Anzahl seiner Denkmäler ein wenig über die Gesamtheit seiner Kollegen zu erheben.

Nur in einem seiner Denkmäler nimmt Senenmut direkt Bezug auf ein historisches Ereignis aus Hatschepsuts Regierungszeit: Er berichtet, an der Herstellung zweier großer Obelisken beteiligt gewesen zu sein. Dieser Text gehört zu einer größeren Gruppe von Inschriften aus der Umgebung von Assuan. Sie machen Angaben über im Ausland durchgeführte Gesandtschaftsreisen und andere konkrete Erlebnisse, in denen wir, anders als in den bisher erwähnten Fällen, etwas über Funktion und Tätigkeit der hohen Beamten erfahren. Innerhalb der Grenzen des eigentlichen Ägypten finden sich kaum Texte, die in ähnlicher Direktheit über die Tätigkeit von Beamten in vergleichbarer Position berichten.

Senenmut war außer der Verwaltung eines Tempels die Erziehung der Kronprinzessin Nofrure anvertraut. Wahrscheinlich verschaffte ihm gerade dieses Amt seinen Einfluß. Neben vielen anderen Statuen von ihm – es sind weit über 30 – kennen wir sechs,

36. Senenmut mit der Prinzessin Nofrure

die ihn mit dem Kind auf dem Arm oder auf dem Schoß zeigen (Abb. 36). Senenmut sitzt auf einem Podest, hat das linke Bein über das auf dem Boden ruhende rechte geschlagen und vor der Brust angewinkelt. In der so gebildeten Kuhle sitzt Nofrure umfangen von den beiden Armen des Güterverwalters. Die Größenverhältnisse des erwachsenen Mannes und des kleinen Mädchens entsprechen zwar den natürlichen Gegebenheiten, aber sie widersprechen gerade dadurch diametral der höfischen Etikette (S. 295). Es war beinahe folgerichtig, daß Senenmut gleichsam über Nacht von der politischen Bühne verschwand, als Nofrure, wie erwähnt, früh verstarb. Nach ihrem Tod verfiel er, nach römischer Terminologie, der *damnatio memoriae*: Seine Bilder, an zahlreichen Stellen seines großen Totentempels angebracht, wurden, bis auf wenige zufällig erhaltene, ausgehackt. Persönliche Darstellungen hatte er aber auch in der Grabanlage der Königin – zwar diskret, aber immerhin an die siebzig Mal – plaziert: Wenn man die Flügeltüren nach innen öffnete, wurden sie verdeckt. Senenmut hatte seine Karten offensichtlich überreizt. Im Text der zitierten Passage war er völlig dem traditionellen Schema der Beamtenphraseologie verhaftet. Daraus wollte er durch die Zahl seiner Bilder und Statuen ausbrechen und scheiterte.

Erfolgreicher war der Wesir Useramun. Er ließ in seiner engen Grabkammer die königlichen Texte anbringen und sich unter den Göttern der Sonnenbarke darstellen. Eine so weit gehende Anmaßung hat kein anderer »König« des Neuen Reiches seinen Beamten gestattet. Useramun gehörte zu jener Gruppierung von Höflingen, die Hatschepsuts Staatsstreich mittrugen – offenbar verlangten sie dafür einen hohen Preis. Beide obengenannten Beamten, die sich die Aufsicht über die großen Bauten der Königin teilten – Hapuseneb und Senenmut –, stammten aus bescheidenen Verhältnissen. Mit solchen ›neuen Leuten‹ berief Hatschepsut erstmals auch »Asiaten« in einflußreiche Stellungen.

Zusammen mit dieser Beamtenelite prägte die Königin einen neuen Stil, der sich in ihren Bauten, ihren außenpolitischen Zielsetzungen und im Lebensgefühl ihrer Zeit manifestierte und lange nachwirkte. Im Gegensatz zu ihrem Vorgänger lehnte sie die Hyksoszeit konsequent als »gottlos« ab. Sie orientierte sich am, wenn man so sagen darf, klassischen Vorbild des Mittleren Reiches und kam damit einer allmählich immer stärker werdenden Strömung in Ägypten entgegen. Es klingt beinahe wie ein Programm, was sie in einer Weihinschrift über dem Eingang ihres Felsentempels der Nachwelt verkündete: »Ich stellte wieder her, was zerstört war, und baute auf, was vorher unvollendet geblieben war, als die Asiaten in

Auaris im Nordland (Delta) saßen.«[13] An die Stelle der imperialen Kriegspolitik Thutmosis' I. traten friedliche Beziehungen zu den Nachbarstaaten, wirtschaftlicher und kultureller Austausch standen im Vordergrund. Zwar muß man davon ausgehen, daß das ägyptische Heerwesen auch unter Hatschepsut nicht völlig vernachlässigt wurde, da Thutmosis III. es unmittelbar nach ihrem Tod einsetzen konnte, aber die unkriegerische Haltung der Königin führte außenpolitisch gesehen dazu, daß sich vor allen Dingen das Reich der Mitanni zu einer ernsten Bedrohung der vorgeschobenen ägyptischen Stellung in Syrien entwickeln konnte. Das Hettiterreich hingegen war ohnehin durch innere Kämpfe geschwächt.

Amun, als dessen geliebte Tochter sie sich fühlte, war der bevorzugte Gott Hatschepsuts. Sie vergrößerte seine irdische Wohnung, den Reichstempel von Karnak, und schmückte ihn aus Anlaß ihres Sed-Festes mit zwei je 30 Meter hohen Granit-Obelisken. Als regierender »König« mußte Hatschepsut ferner Anspruch auf ein Grab im Tal der Könige erheben, und so gab sie ihre erste Grabanlage auf, um sich dort eine zweite zu schaffen. Als man sie Anfang des letzten Jahrhunderts entdeckte, standen zwei Sarkophage in der Totenkammer, einer für sie und einer für ihren Vater Thutmosis I. Um ihm auch im Tod verbunden zu sein, hatte sie seinen Leichnam hierherholen lassen (oder es zumindest beabsichtigt). Auch das sollte Legitimität herstellen, um die sich Hatschepsut stets bemühte.

Ein bleibendes Denkmal schuf sich die große Herrscherin durch den Bau ihres Totentempels auf der thebanischen Westseite neben demjenigen Montuhoteps I., nach W. Wolf »unstreitig das anmutigste und feinste Bauwerk, das je auf ägyptischem Boden entstanden ist«.[14] In der »Geburtshalle« des Tempels ließ sie, auf ältere Vorbilder zurückgreifend, ihre göttliche Herkunft und Geburt darstellen: Der Götterherr Amun zeugt mit der Königin das Kind Hatschepsut als legitimen Thronfolger, dem von Geburt an die Weltherrschaft verheißen ist.

37. Der Fürst von Punt mit seiner Gattin

Zwei sanft ansteigende Rampen leiten zur unteren und oberen Terrasse des Totentempels hinauf, dessen Pfeilerhallen sich dem Hinaufsteigenden öffnen. Einst führte eine Allee wegweisend in die Höhe, gesäumt von 200 Sphingen, die ihrerseits in einem Garten mit Blumenbeeten und von weit her, aus Punt, geholten Bäumen standen. Die Bedeutung dieser Region demonstriert vor allem die sogenannte Punt-Halle im Totentempel.

Hatschepsut hatte nach einer längeren Pause die traditionellen Handelsfahrten nach Punt an der Somaliküste wiederaufnehmen lassen. Dort tauschten die Ägypter gegen ihre eigenen Fertigprodukte wie Waffen, Geräte, Schmuck oder Statuen vor allem den wichtigen Weihrauch, aber auch Ebenholz, Elfenbein, Gold, wertvolle Felle und lebende Tiere ein. Im Jahre 1472 entsandte die Königin jene von ihrem Schatzmeister Nehsi geleitete Expedition dorthin, deren Verlauf noch heute in den Reliefs der »Punt-Halle« ihres Tempels nachvollzogen werden kann. Hier sind die Bewohner Punts, ihre Behausungen, das Land und seine Erzeugnisse, selbst die Fauna des Roten Meeres mit einer Sorgfalt wiedergegeben, die an einen wissenschaftlichen Forschungsbericht denken läßt. Die abgebildete Darstellung des Fürsten von Punt mit seiner Gattin (Abb. 37) zeigt deutlich, daß sie einem Volk angehören, das den Ägyptern fremd ist: Er ist schlank, trägt einen spitzen Bart, Halsschmuck und einen Schurz, in den er seinen Dolch gesteckt hat. Sie ist in ihrer Fettleibigkeit realistisch wiedergegeben, mit stark verkrümmter Wirbelsäule und unverhältnismäßig kurzen, dicken Beine; ihr Halsschmuck ähnelt dem ihres Mannes, besteht jedoch aus größeren Perlen. Ein Diener trägt Geschenke für die Abgesandten der Hatschepsut.

In der Punt-Halle finden wir auch Inschriften mit Worten aus dem Mund von Puntbewohnern: »Gegrüßest seist du, König Ägyptens, weiblicher Re (Sonne), die strahlt wie Aton (die Sonnenscheibe).«[15] Mit diesem Tempel, der außer der Königin, dem Sonnengott Re und den Totengottheiten Anubis und Hathor primär dem Amun geweiht war, schuf Hatschepsut ein zweites Punt mitten in Ägypten. Sonnenhymnen, wie wir sie in diesem Totentempel antreffen, schildern die Fürsorge dieses immer wichtiger werdenden Sonnengottes für Mensch und Tier. Solche Vorstellungen sollten bis zur Zeit Echnatons noch an Bedeutung gewinnen.

Viele langjährige Vertrauensleute Hatschepsuts wie Hapuseneb, Senenmut oder Nehsi verschwanden um 1463 etwa gleichzeitig aus dem öffentlichen Leben. Vermutlich geht dies auf den Einfluß des inzwischen erwachsenen Mitregenten Thutmosis III. zurück. Von den höchsten Beamten ist nur der Wesir Useramun weiterhin belegt, jetzt im bisher von Senenmut bekleideten Amt eines Vermögensverwalters des Amuntempels. Da er seine Funktionen auch nach dem Tod Hatschepsuts beibehielt, besaß er offenbar das Vertrauen Thut-

38. Königin Hatschepsut

mosis' III. Seit dem frühen Tod der Kronprinzessin Nofrure zeichnete sich dessen Herrschaft immer klarer ab, so daß sich einige Hofbeamte rechtzeitig auf die neuen Verhältnisse eingestellt haben dürften, und als Hatschepsut 1457 starb, gingen ihre Pläne auf.

Ob die Königin ein gewaltsames Ende fand, wissen wir nicht; allerdings setzte nach ihrem Tod ein Bildersturm ein, wie ihn Ägypten bislang noch nicht erlebt hatte. Viele Statuen der Königin wurden zerschlagen oder in Steinbrüche geworfen, ihre Bilder aus den Reliefs ausgemeißelt, und ihr Name wurde auf fast allen erreichbaren Denkmälern getilgt. Die von ihr erbauten Obelisken ließ man aus Furcht vor den Göttern zwar stehen, mauerte sie aber ein, um das Göttliche, das ihrer Person zukam, gleichsam zu bannen und unschädlich zu machen. Die wenigen bekannten Statuen der Herrscherin sind im Wortsinn aus Trümmern rekonstruiert, wie auch der Kopf der Königin (Abb. 38), der einst zum Osirispfeiler eines Tempels gehörte. Die Herrscherin trägt eine Krone, die Uräusschlange an der Stirn ist abgebrochen, der Zeremonialbart nur noch zur Hälfte erhalten. Porträts der Könige als Osiris waren verbreitet und wiesen häufig die Züge der Pharaonen auf, in diesem Fall der Hatschepsut. Obwohl sie hier ebenfalls in eine männliche Rolle schlüpfte, wozu auch die rotbraune Bemalung der Haut gehört (S. 290), trägt das Porträt deutliche Merkmale eines weiblichen Gesichts: geschwungene Augenbrauen, Augen, die durch Schminkstriche verlängert sind, volle Wangen und einen anmutigen Mund.[16]

Thutmosis III.

Vieles hatten Hatschepsut und Thutmosis III. gemein: Beide waren sicherlich Machtmenschen par excellence. Thutmosis erzählte später, ihm sei als Kind im Tempel das Götterbild bei einer Prozession erschienen, es sei auf ihn zugekommen und habe ihn als künftigen König erwählt; ähnliches hatte Hatschepsut berichtet. Daraus resultierende Spannungen wurden durch den Altersunterschied verschärft; es fällt der Jugend immer schwer zu warten. Hatschepsut hatte versucht, zu restaurieren, zu bewahren, Frieden zu halten; ihr Stiefsohn übertraf alle Vorgänger an regelrechtem Kriegseifer.

Thutmosis III. trat seine Alleinregierung (1457–1425), die er allerdings bereits ab 1479 zählte, zu einem Zeitpunkt an, zu dem Ägyptens immer latente Kontrolle des syrisch-pälestinensischen Gebietes prekär wurde. Von Hatschepsut wohl nur beobachtet, aber nicht gestört, war in Syrien ein Bündnis lokaler Stadtherren um das Zentrum Kadesch entstanden, das sich der aufstrebenden Großmacht Mitanni angeschlossen hatte. Syrien und große Teile Palästinas waren bereits für Ägypten verloren, als die vereinigte Streitmacht der Gegner Anstalten machte, auch die letzten ägyptischen Stützpunkte auf asiatischem Boden zu erobern. Noch im Frühjahr – traditionell der Beginn militärischer Aktionen – des Jahres 1457 brach Thutmosis mit seinen Truppen nach Palästina auf, und in der Küstenebene von Megiddo trafen die Heere aufeinander. Diese große Ebene hatte für die syrisch-palästinensische Landbrücke strategische Bedeutung; sie bildete das klassische Schlachtfeld der Region, was sich derart in das Bewußtsein einprägte, daß nach der Offenbarung des Johannes am Ende dieses Weltzeitalters dort die letzte Schlacht geschlagen werden soll.[17] Es heißt, Thutmosis III. habe sich bei Megiddo »auf dem Streitwagen aus Gold, geschmückt mit seinen Kriegswaffen wie Horus, der Starkarmige, Herr des Opfers, wie der thebanische Month (ein alter Kriegsgott)« ausgezeichnet.[18]

Das gegnerische Heer wurde geschlagen und sein Lager geplündert. Die Beute war riesig. Da die Ägypter jedoch disziplinlos darüber herfielen, statt die Feinde zu verfolgen, konnten sich diese in der Stadt Megiddo in Sicherheit bringen. Die letzten Flüchtlinge zog man an ihren Kleidern hinauf. »Hätte das Heer seiner Majestät nicht seinen Sinn darauf gerichtet, die Habe der Feinde zu plündern, so hätten sie Megiddo in diesem Augenblick eingenommen; man zog nämlich (gerade) den elenden Feind von Kadesch und den elenden Feind dieser Stadt strampelnd hinauf.« Die nun folgende langwierige Belagerung endete nach sieben Monaten mit dem freien Abzug der Eingeschlossenen; ihre Waffen, Pferde und Streitwagen fielen an die Ägypter. Thutmosis erbeutete 924 Kriegswagen, 2.238 Pferde, 202 Waffenrüstungen sowie große Mengen an Gold und Silber. Dieser erste Feldzug hatte zwar keineswegs die einstige Ausdehnung des ägyptischen Einflußgebietes wiederhergestellt, aber mit der Zerschlagung der feindlichen Koalition war die größte Gefahr abgewendet; Thutmosis hatte sich die Basis geschaffen, von der aus er in den folgenden Jahren die von Ägypten abgefallenen Gebiete zurückerobern sollte.

Seinen Feldzug hat der König in aller Ausführlichkeit an den Wänden des von ihm erbauten »Annalen-Saales« in Karnak geschildert.[19] Vieles bleibt dabei alten Schemata verhaftet, manches ist jedoch so individuell, daß ich durchaus von Geschichtsschreibung sprechen möchte. Diese sogenannten »Annalen des Königs« interessieren sich, was in Ägypten selten war, über das rituell festgelegte Schema des Geschichtsablaufes hinaus auch für einmalige Ereignisse und sogar für Mißerfolge. Krieg und Mord stehen im Mittelpunkt,[20] und der Alltag ist nicht so erzählenswert wie das Fremde.

Zu diesem Phänomen paßt die neu aufkommende Sitte, Bauwerke und Denkmäler früherer Zeiten aufzusuchen und den Besuch durch eine Inschrift festzuhalten. Man besichtigte Pyramiden, Tempel und Gräber älterer Epochen nicht allein zum Zwecke kultischer Verehrung, sondern auch aus historischem Interesse, weil man sie schön oder bemerkenswert fand. Die Vergangenheit schien in weite Ferne gerückt. Eine historische Distanz hatte sich eingestellt, die zeigt, wie stark sich das Neue Reich von allem Vergangenen absetzte und abzusetzen bereit war. Wenn wir dabei von der Periode eines »Weltreiches« sprechen, bedeutet das mehr als eine äußerlich abgegrenzte Phase. Die Grenzen der Welt waren für die Ägypter der achtzehnten Dynastie hinausgeschoben; aber auch der Mensch in ihr und sein Bild von der Welt hatten sich grundlegend gewandelt.

Die folgenden Feldzüge sind in den ägyptischen Quellen nur summarisch aufgeführt. Sechzehn Jahre lang kämpfte der König in Syrien, um die Region wiederzugewinnen und die ägyptische Verwaltung zu erneuern. Zunächst errichtete der Pharao eine Kette von Stützpunkten entlang der Mittelmeerküste bis in den Libanon hinein, um von diesen Häfen aus, in denen eine starke Flotte stationiert war, ins nordsyrische Kernland vorstoßen zu können. Die Kette der kontrollierten Orte reichte bis Byblos, wo Thutmosis III. einen Hathor-Tempel erbaute, vielleicht sogar schon bis Ugarit. In diesem Zusammenhang bekam die Marine eine neue Aufgabe zugewiesen. Seitdem der König auf seinen zahlreichen Feldzügen die nordsyrische Küste erreicht hatte, war er systematisch bemüht, hier Operationsbasen einzurichten, die es ihm ermöglichten, ägyptische Truppen auf dem kräfte- und zeitsparenden Seeweg dorthinzubringen, an Land zu setzen und zu verpflegen. Von einer solchen Basis aus gelang es dem König auf seinem achten Feldzug 1447, über Aleppo bis zum Euphrat und damit ins Kerngebiet des Mitanni-Reiches vorzudringen.

Seine Annalen enthalten die Angaben über die Inspektion und die Ausrüstung dieser Häfen, und wir besitzen die Tagebücher einer Werft in der Nähe von Memphis, in welcher der Kronprinz, der spätere Amenophis II., eine lebhafte Tätigkeit entfaltete und den Nachschub an Bauholz überwachte. Dort wurden keine Kriegsschiffe hergestellt, sondern Truppentransporter. Ihr Einsatz setzte voraus, daß Ägypten im östlichen Mittelmeer die Seeherrschaft ausübte.

Nach einigen Kämpfen bei Aleppo überschritt Thutmosis 1447 bei Karkemisch den Euphrat, ließ neue Grenzstelen errichten und zog mehrere Tagesmärsche weit stromabwärts. Für die Ägypter floß hier der Fluß in verkehrter Richtung, nämlich anders als der Nil von Norden nach Süden. Zum Transport auf dem Euphrat dienten Schiffe, die im 400 Kilometer entfernten Byblos gebaut worden waren. Sie wurden über Land auf vierrädrigen, von Ochsen gezogenen Karren herbeigeschafft. Da der Mitanni-König eine Schlacht vermied, plünderte Thutmosis III. das flache Land. Der Rückmarsch schließlich führte ihn an den Orontes, wo er seinen erfolgreichsten Feldzug mit der Einnahme von Kadesch krönte und nach dem Beispiel seines Großvaters Thutmosis I. Elefanten jagte (S. 240) – die Zerstreuungen der Pharaonen wurden allmählich ebenso gleichförmig wie ihre künstlerischen Darstellungen.

Es war vor allem die eher symbolisch als strategisch wichtige Überquerung des Euphrat, die bei den Zeitgenossen einen tiefen Eindruck hinterließ. Die Nachbarstaaten – Hettiter, Babylonier und Assyrer – hielten es für ratsam, Gesandtschaften zu Thutmosis zu schicken. Am Euphrat kam es sogar zu einem Gipfeltreffen zwischen Thutmosis III. und dem babylonischen König Kaschtiliasch III., das die guten Beziehungen zwischen beiden Ländern begründete. Ägypten war zwar wieder eine Vormacht im syrischen Raum geworden, hatte aber das Mitanni-Reich noch nicht entscheidend schwächen können, und so kam es auch in den folgenden Jahren immer wieder zu neuen Kämpfen, vorwiegend um das Gebiet von Aleppo.

Der Ruhm dieser Kriege verbreitete sich unter der Bevölkerung, und manches aufregende Abenteuer aus den syrischen Feldzügen gewann Gestalt in Volksmärchen, denen man mit lebhaftem Interesse auf den Marktplätzen lauschte. Ein Zufall hat uns eine von diesen Erzählungen, niedergeschrieben von einem Schüler – immer wieder sind es die Schüler – auf ein paar Papyrusseiten, erhalten. Sie handelt von Djehuti, dem großen General Thutmosis' III., und schildert, wie er die Stadt Jaffa eingenommen hat: Er versteckte seine Elitesoldaten in Körben und konnte sie so in die Stadt schmuggeln (S. 308). Derartige Listen gehörten im Altertum durchaus zur Kriegführung, sie sind aber auch ein Topos, der uns etwa im Alten Testament oder in der Ilias – Trojanisches Pferd – und besonders in der Odyssee immer wieder begegnet.

Thutmosis und seine Ratgeber hatten offensichtlich aus der früheren ägyptischen Kontrolle über diese Region gelernt. Bisher hatten sich die Pharaonen meist damit begnügt, durch die lokalen Herrscher Syriens und Palästinas als Oberherren anerkannt zu werden. Eine derartige politische Vereinbarung blieb aber nicht nur häufig ohne direkte Konsequenzen, sondern war regelmäßig immer dann gefährdet, wenn bei einem der Vertragspartner ein Herrscherwechsel anstand: Die damaligen Verträge waren an die Person der sie schließenden Partner gebunden, so daß ein Thronwechsel meist zu neuen militärischen Auseinandersetzungen führte. Thutmosis III. zog aus solchen Erfahrungen die Konsequenz und richtete für die asiatischen Gebiete eine straffe Verwaltung ein, wie sie sich für Nubien schon längst bewährt hatte. Zum ersten dieser »Vorsteher der nördlichen Fremdländer« ernannte der König den General Thot, der von den bisherigen Feldzügen her die Region gut kannte. Später wurde das asiatische Einflußgebiet in weitere Provinzen unterteilt, als deren Verwalter diejenigen lokalen Stadtherrscher im Amt blieben, die sich der ägyptischen Herrschaft unterworfen hatten; ihre Söhne erhielten als Geiseln am Königshof eine ägyptische Erziehung, während viele ihrer Töchter im Harem des Königs verschwanden.

Auch im Süden hat Thutmosis III. nochmals über die bisherigen Grenzen bis zum vierten Katarakt hinausgegriffen, als er die Gegend von Napata, wie wir einem Gedenkstein des Jahres 1432 entnehmen können, in die Provinz Kusch einbezog. Hier kamen die Ägypter mit Farbigen in Berührung, die von nun an in den Darstellungen der Beamtengräber unter den Fremdvölkern auftauchen.

Aus den Bergwerken der nubischen Ostwüste floß ein unversiegbar scheinender Strom von Gold nach Ägypten. In den Annalen des Pharao erscheinen ab seinem 31. Regierungsjahr die nubischen Tributlisten. Für das Jahr 41 geben sie beispielsweise 300 Kilogramm Gold an – eine riesige Menge, welche die Monopolstellung Ägyptens im östlichen Mittelmeerraum begreiflich macht. Dazu kamen Halbedelsteine, Ebenholz und Elfenbein, Nutzhölzer, Straußenfedern, Pantherfelle, Nashörner, Giraffen und Affen. Diese Tributlisten lesen sich passagenweise wie ein modernes Verzeichnis geschützter Tierarten. Wirtschaftlich bedeutungsvoller war allerdings die Einfuhr von nubischen Rindern – im 33. Jahr beispielsweise 523 Stück. Und schließlich gab es den Import von Menschen.

Für seine Zeit und für die Nachwelt ist Thutmosis III. der große Eroberer gewesen, dessen Feldzüge in zahlreichen Abenteuergeschichten weiterlebten. Wichtiger noch aber war die Tatsache, daß er seinen Eroberungen durch eine Reihe von verwaltungstechnischen Regelungen Dauer verleihen konnte. Seine Handlungen vermitteln generell das Bild eines klug und weitsichtig agierenden Herrschers, und dazu paßt auch die rechtzeitige Sicherung der Nachfolge: Sein Sohn Amenophis erhielt – insbesondere in militärischer Hinsicht – eine gründliche Ausbildung, namentlich im Armeehauptquartier in Memphis. Die auch darin sich äußernde Bedeutung des Militärs ging Hand in Hand mit dem Aufbau einer neuen, soldatisch geprägten Führungsschicht, die bald auch nach politischem Einfluß verlangen sollte.

Selbstverständlich waren die immer wieder betonten militärischen Leistungen kein Selbstzweck, sondern sie verbanden sich mit den von den Herrschern propagierten Bemühungen um die Stärkung und Erweiterung des Staatsganzen. Diesem Ziel diente neben den Handelsbeziehungen und der Intensivierung der Verwaltung vor allem – daran hatte sich nichts geändert – die Bautätigkeit zu Ehren der Götter. Von Byblos, der nördlichen Grenze Ägyptens, bis zum vierten Katarakt im Süden ließ Thutmosis neue Tempel errichten oder alte erweitern. Im Vordergrund stand allerdings der Amun-Tempel von Karnak, dem der König den Löwenanteil an seiner Kriegsbeute und an den ausländischen Tributen zukommen ließ.

Das Fazit seiner Regierungszeit sei mit einer Strophe aus einem Lobeshymnus der Priester des Amun gezogen, die den Gott selbst sprechen lassen: »Ich bin gekommen, daß ich dich (diejenigen) niederschlagen lasse, die (an den) Enden der Erde (wohnen); was das Meer umgibt, ist von deiner Faust umklammert, daß ich ihnen deine Majestät zeige als einen, der Falkenflügel hat, der erobert, was er sieht, wie er es will.«[21]

Amenophis III. und Teje

Als der große Architekt des ägyptischen Imperiums, Thutmosis III., 1425 starb, war sein Sohn Amenophis II. (1427–1401) schon seit einiger Zeit Mitregent gewesen. Es gelang ihm ein Vierteljahrhundert lang, das von seinen Vorgängern aufgebaute Großreich zusammenzuhalten. Stärker noch als sein Vater fühlte sich der neue König als Krieger. Daher legte er besonderes Gewicht darauf, daß man seine persönlichen Großtaten auf diesem Gebiet gebührend herausstellte, und die Verfasser entsprechender Berichte sparten nicht an hochtrabenden Formulierungen.

Amenophis II. scheint außergewöhnlich athletisch gewesen zu sein. Inschriften, die von überragenden Leistungen seiner Regierung künden, betonen stets seine ›olympische‹ Begabung. Man wird einiges davon abstreichen müssen, da viele Pharaonen dieser Dynastie – jeder auf seine Weise – körperliche Eigenschaften oder Vorlieben und Vorstellungen ins Extrem steigern (S. 315 und 335); manches spricht für Großtuerei. Den Höhepunkt solcher Panegyrik erreicht ein Text, der nahe bei dem großen Sphinx gefunden wurde und in dem es über Amenophis heißt: »Er war aber als König erschienen, als er ein ausgewachsener Jüngling war, der seinen Körper schon in der Gewalt hatte und der 18 Jahre auf seinen Schenkeln in Tapferkeit vollendet hatte, wobei er alle Tätigkeiten des (Kriegsgottes) Month kannte, ohne daß es seinesgleichen auf dem Schlachtfeld gab. Und er kannte die Pferde, ohne daß es seinesgleichen im ganzen riesigen Heer gab. Keiner von ihnen konnte seinen Bogen spannen, und man konnte ihn nicht im Wettlauf erreichen. Seine Arme waren stark, ohne daß er ermüdete, sobald er das Ruder ergriff.«[22]

Später beschreibt der Verfasser, wie der König eine kupferne Zielscheibe aufstellte und seine Pfeile mitten hindurch schoß; ein Bogen fand sich auch im Grab des Herrschers.[23] Bildlich dargestellt

39. Amenophis II. als Bogenschütze

ist diese Szene auf einem Relief aus Granit in Karnak (Abb. 39). Es zeigt Amenophis als Bogenschützen, dessen Pfeile eine Kupferscheibe durchbohren, an der er auf seinem Streitwagen im gestreckten Galopp vorbeijagt. Die dem Bild beigefügte Inschrift unterstreicht, daß der König auf Kupfer bestanden habe; da er viel stärker sei als gewöhnliche Sterbliche, hätten seine Pfeile das übliche Holz wie Papier durchschlagen. Auf dem Boden liegt eine weitere Scheibe, in der bereits fünf Pfeile stecken.

Ob aus der körperlichen Kraft des Pharao eine tatsächlich größere Roheit folgte oder ob das Vokabular des ›größten Athleten aller Zeiten‹ auf die Kriegsberichterstattung abfärbte – jedenfalls sind die Texte von bisher unbekannter Brutalität geprägt, die in der Tat ein charakteristischer Zug dieses Königs gewesen zu sein scheint, da wir sie bei seinem Vater nicht antreffen. Nach einem

Feldzug ließ er sieben gefangene Fürsten am Bug des Königsschiffes aufhängen. Sechs von ihnen opferte er in Theben persönlich Amun und hängte ihre Leichen an den Mauern der Stadt auf, den siebten sandte er nach Nubien, nach Napata, damit er dort, öffentlich zur Schau gestellt, als Warnung dienen konnte.

In diese Atmosphäre allgemeiner Militarisierung paßt auch die Übernahme neuer asiatischer Kriegsgottheiten in das ägyptische Götterpantheon. Verständlich werden diese Tendenzen dadurch, daß am Hofe des Königs immer stärker jene Männer dominierten, die mit ihm zusammen eine vor allem militärische Erziehung genossen oder sich auf seinen Feldzügen bewährt hatten. Alteingesessene Beamtenfamilien wie die des Wesirs Rechmire, die seit über 60 Jahren in mehreren Generationen das höchste Staatsamt bekleidet hatte, verloren ihren Einfluß an die Feldherren des neuen Königs.

Als Bauherr trat Amenophis II. hinter seinem Vater zurück, »aber der kriegerische Geist des Zeitalters vermag die Blüte aller Kunstzweige nicht zu hemmen«, bemerkt E. Hornung.[24] Eine solche Gegenüberstellung ist zu schematisch. Für Ägypten wie für andere antike Staaten gilt: »Der Krieg hat im Dasein des Staates seine Saison, eine relativ kurze in der damaligen Zeit, und ebenso haben die Feiern ihre Zeit.«[25]

Bereits im Frühjahr 1427 zog Amenophis II. nach Syrien, um dem Vordringen des Mitanni-Königs Sauschsatar (1430/1420) entgegenzutreten. Das Mitanni-Reich hatte sich deutlich konsolidieren können, denn es war Sauschsatar gelungen, seinen Machtbereich über den Euphrat bis zum Orontes auszudehnen. Amenophis blieb immerhin das Gebiet bis zu diesem Grenzfluß, und vor allem konnte er in Ugarit langfristig eine ägyptische Garnison ansiedeln. Dennoch stellte Syrien-Palästina einen dauernden Unruheherd dar, da die Mitanni dort immer wieder Aufstände gegen die Ägypter unterstützten. In den ägyptischen Texten tauchen, unter den Beutestücken, die in den Kämpfen gemacht werden, immer wieder Angehörige der Apiru genannten Bevölkerungsgruppe auf (S. 244). Gegen Ende der Regierungszeit Amenophis' II. jedoch zeichnete sich eine erneute Verschiebung des Kräfteverhältnisses im Vorderen Orient ab: Die Hettiter dehnten ihre militärischen Aktionen wieder ins nördliche Syrien aus; als sie dadurch das Mitanni-Reich bedrohten, kam es zu einer Verständigung der bisherigen Kontrahenten. Friedensverhandlungen zwischen Ägypten und Mitanni wurden eingeleitet und unter Amenophis' Nachfolger erfolgreich beendet.

Von einer ganz anderen Leistung dieses neuen Pharao Thutmosis IV. (1401–1391) kündet ein Gedenkstein zwischen den Vorderpranken des großen Sphinx von Giza. Der König schildert darauf, daß der Sonnengott ihm im Traum das Königtum verheißen habe, wenn er das gewaltige Löwenbild vom Treibsand befreie. Als erste größere Tat seiner Regierung hat Thutmosis IV. das dem Gott gegebene Gelübde eingelöst. Möglicherweise dürfen wir darin, daß der Gott, der den Prinzen beruft, der uralte Sonnen- und Schöpfergott Re und nicht Amun ist, schon ein Anzeichen für den Beginn der Spaltung sehen, die am Ende der Dynastie die Existenz des ganzen Landes erschütterte. Es wäre nicht das einzige Indiz für den Beginn der Spannungen schon in dieser Zeit. Hervorzuheben ist an der Geschichte auch die Wunschübermittlung durch das Medium des Traumes, das uns im Verhältnis Gott – König in Ägypten hier zum ersten Mal begegnet und von da an immer häufiger auftauchen wird.

Thutmosis IV. ist es, wie bereits angedeutet, zu Beginn seiner Regierung gelungen, ein Abkommen mit dem Mitanni-Reich zu schließen, das ein weiteres Vordringen der Hettiter in Nordsyrien vorläufig noch verhindern konnte. Nach langen Verhandlungen besiegelte man den Vertrag durch eine dynastische Heirat: Eine Tochter des Mitanni-Königs Artatama (um 1400) wurde in den Harem Thutmosis' IV. aufgenommen. Doch der Pharao konnte sich kaum noch eine aktive Militärpolitik in der Region leisten; Ägypten mußte seine Grenze bis auf die Höhe von Kadesch zurückziehen, vermochte aber die syrischen Häfen dank der ägyptischen Seehoheit zu behaupten.

In der Baupolitik des Königs, bei der manche Anlagen aufgrund seines frühen Todes unvollendet blieben, zeigt sich ein Hang zum Kolossalen, der sich über seinen Sohn Amenophis III. bis zum Höhepunkt der Ramessidenzeit steigern sollte. Hand in Hand mit dieser Gigantomanie geht ein enormer Detailreichtum; die Grabmalereien der hohen Beamten dieser Zeit wurden mit einer Fülle von Genrebildern für nahezu alle Lebensbereiche ausgestattet.

Seit Beginn des 14. Jahrhunderts entstehen immer mehr und immer größere Statuen, was der Masse an Kolossalbauten zu verdanken ist, für die große Mengen an Bauschmuck gebraucht wurden. Der Reichtum des Landes, der durch die Tribute aus den eroberten Gebieten noch gesteigert werden konnte, ließ mit den Bauten auch die Plastiken ins Gigantische wachsen: Allein im Totentempel des Amenophis III. standen 575 jeweils zwei Meter hohe Dioritskulpturen der Göttin Sechmet mit Löwinnenkopf, und ähnlich imposant war die Phalanx der widderköpfigen Sphingen im Amun-Tempel desselben Königs.

Auffällig sind die zahlreichen Frauenstatuen, die in den fünf Jahrhunderten des Neuen Reichs gefertigt wurden, gelegentlich aus Stein, meist aber aus Holz. Wie die Dichter proklamierten auch die Bildhauer das Ideal weiblicher Schönheit. Der Trend – wenn man so sagen darf – ging weiter zur Kind-Frau: ein jugendlicher Körper, geschmeidig und wohlproportioniert, häufig hervorgehoben durch die enganliegende Tunika, die eine kleine, hohe Brust umhüllt und über die linke Schulter geführt wird, während sie die rechte frei läßt. Schwere und ungemein komplizierte Perücken umrahmen die feinen Gesichtszüge, zum Beispiel bei der berühmten Königin Teje

40. Königin Teje

(Abb. 40). Die Abbildung zeigt sie mit dem erst in jüngster Zeit ›entdeckten‹ Kopfschmuck.

Diese kluge und energisch agierende Gemahlin Amenophis' III. (1391–1353) wurde eine der bedeutendsten Frauengestalten des Neuen Reiches. Der Pharao hat sie, die Tochter eines Beamten aus einer Provinzstadt, gegen alle Tradition trotz ihrer ›bürgerlichen‹

Abstammung zu seiner Hauptgemahlin erhoben. Teje scheint die eigentlich politisch führende Persönlichkeit gewesen zu sein; sie konnte sich auf eine Reihe von fähigen Beamten stützen. Wer allerdings, wie E. Hornung, bemerkt, daß »die Außenpolitik, wie in den Tagen der Hatschepsut, weibliche Züge« angenommen habe,[26] der denkt dabei offensichtlich mehr an Schillers in die Fremde drängenden Knaben und an die zu Hause bleibende züchtige Jungfrau als an konkrete Geschichte.

Das erste Jahrzehnt des Pharao erinnert mit einem nubischen Feldzug und großen rituellen Jagden noch an seine Vorgänger; fast gewinnt man den Eindruck, er habe damit einer eher lästigen Pflicht Genüge getan, denn in den folgenden drei Jahrzehnten scheint er sich ganz auf den Prunk seiner Hofhaltung konzentriert zu haben. Im Süden der thebanischen Weststadt ließ der Pharao eine Palastanlage mit einem 185 mal 35 Meter großen künstlichen See errichten, eine der wenigen königlichen Residenzen, von denen noch wesentliche Teile erhalten sind. Auf diesem See ließ sich das königliche Paar auf der Barke »Die Sonnenscheibe ist erglänzt« rudern.

All dies verstand der König als historische Ereignisse, da er sie durch Gedenkskarabäen feiern ließ, ein von Amenophis immer wieder genutztes Mittel, ihm wichtige Ereignisse seiner frühen Regierungsjahre zu verewigen. Auch von ihm gibt es Listen umfangreicher Erfolge, allerdings sind sie anderer Art als bei den meisten seiner Vorgänger. So rühmte er sich, an einem einzigen Tag 76 Wildtiere, die man vorher in einem weiten Gehege zusammengetrieben hatte, erlegt zu haben. In zehn Jahren will er 102 Löwen zur Strecke gebracht haben.

Anstelle von Kriegen betrieben Amenophis III. und Teje eine Politik dynastischer Heiratsbindungen. Das Ausgreifen der Hettiter in den Westen beispielsweise machte ägyptische Gegenmaßnahmen erforderlich; Amenophis suchte ein Bündnis mit Tarhundaradu von Arzawa: »Ich habe zu dir geschickt Irschappa, meinen Boten (mit dem Auftrag): ›Laß uns die Tochter sehen, die ihr meiner Majestät zur Ehe anbietet.‹ Und er soll Öl auf ihr Haupt gießen (als Zeichen der Verlobung). Ich habe dir einen Sack Gold geschickt, es ist ausgezeichnet.«[27] Irgendwann kommt das Schreiben auch auf das Bündnis gegen die Hettiter zu sprechen.

Mit dem aus den Jahrzehnten des Überflusses angehäuften Reichtum an Gold erkaufte sich der Pharao für Ägypten Jahre der Ruhe. Rückblickend ist klar, daß er damit auf lange Sicht die Weltmachtstellung seines Reiches verspielte. Eine solche Heiratspolitik ließ zwar die Zahl der Haremsfrauen ins Unermeßliche wachsen, doch zuverlässige Gefolgschaften ergaben sich daraus nicht. Statt dessen mußte Amenophis III. auch die zahlreichen diplomatischen Eheschließungen teuer bezahlen: Durch seine großzügigen Geschenke weckte er die Gier seiner Vasallen und Nachbarn nach immer mehr Gold. Vor allem einer seiner Schwiegerväter, der Mitanni-Herrscher Tuschratta (um 1360), ließ in seinen Bettelbriefen nicht locker: »So (möge) mein Bruder Gold in sehr großer Menge, welches nicht mehr zu zählen ist, (das) möge mein Bruder mir übersenden, und mein Bruder möge mehr Gold übersenden als das, was mein Vater (Schuttarna) erhielt. Ist doch inmitten des Landes meines Bruders das Gold wie Staub in Menge da.«[28]

Nach zähen Verhandlungen, in denen es um Gold als Mitgift ging, hatte der König 1382 bereits Giluchepa, eine Tochter des Mitannikönigs Schuttarna II., in seinen Harem aufgenommen. Wie ein Skarabäus berichtet, begleiteten sie 317 Ehrendamen und eine Unmenge von Mitgiftgaben auf ihrem Weg in den Harem Amenophis':

»4 schöne Pferde, die feurig sind

1 Wagen, dessen ... insgesamt aus Gold sind, 320 Schekel Gold (= 2.794 Gramm) sind es, die darauf verwendet sind

1 Peitsche aus ..., mit Gold überzogen, an deren Knauf (?) ein schöner hulalu-Stein ist, worin 1 Siegel aus schönem hulalu-Stein hervorragt, 5 Schekel (= 43,6 Gramm) Gold sind darauf verwendet

2 Rosenkränze für Pferde, aus hulalu-Stein in Gold gefaßt, 88 (Steine) an der Zahl, 44 Schekel Gold (= 384,2 Gramm) Gold sind es, die darauf verwendet worden sind

1 (Ding) zum Wegschaffen von Fliegen, (aus) Gold ... 3 Schekel (= 26,1 Gramm) in seinem Gewicht

1 Handring aus Eisen, mit Gold überzogen ... 5 Schekel (= 43,6 Gramm) Gold sind darauf verwendet

1 Fußring (aus) Gold, 5 Schekel (= 43,6 Gramm) Gold sind darauf verwendet

1 Paar Schuhe aus Hammelhaut und mit Perlen aus Gold überstreut, deren Knöpfe (aus) hiliba-Stein sind ... 13 Schekel (= 113,5 Gramm) Gold sind darauf verwendet.«[29]

Ich breche hier ab, aber es könnte seitenlang weitergehen.

Es folgten zahlreiche Töchter kleinerer Dynasten, eine babylonische Prinzessin und gegen Ende der Regierung mit Taduchepa eine weitere Mitanni-Prinzessin, diesmal Tochter des neuen Königs Tuschratta. Über diese Taduchepa ist viel spekuliert worden. Wir wissen nicht, ob sie noch zu Lebzeiten Amenophis' III. den ägyptischen Harem erreichte, ob sie in den Harem Amenophis' IV. überging, und erst recht nicht, ob wir in ihr die spätere und so bekannte Nofretete wiedererkennen dürfen.

Wir können für den hier geschilderten Zeitraum auf eine ganz besondere Art von Quellen zurückgreifen. 1887 fand eine Bäuerin in den Ruinen der Residenz Echnatons, in El-Amarna in Mittelägypten, etwa 380 Tontafeln. Diese Tafeln enthielten neben Schultexten vor allem Briefe in akkadischer Sprache. Es handelt sich um Schreiben vorderasiatischer Könige (Babylon, Assur) und syrisch-palästinischer Kleinfürsten (Aschkelon, Geser, Megiddo, Jerusalem u. a.) an die Pharaonen Amenophis III., Echnaton und Tutanchamun sowie um Kopien von Briefen dieser Pharaonen an jene Herrscher. Bei der späteren Aufgabe der Hauptstadt hatte Echnatons Außenministerium mit dem Namen »Ort der Briefe des Pharao«

einen Teil seiner abgeschlossenen Vorgänge zurückgelassen. Der (wenn auch nicht vollständig) gelungenen Rettung des Archivs verdanken wir ein lebendiges Gesamtbild der Ereignisse in Syrien und Palästina. Allerdings tragen die Briefe und Briefentwürfe keine Daten, so daß die genaue Abfolge der Ereignisse nur mit Mühe wiederherzustellen ist. Ferner haben 1929 begonnene Ausgrabungen in der Handelsmetropole Ugarit ein reiches Textmaterial auf Keilschrifttafeln zutage gefördert. Ihr Inhalt ist hauptsächlich ökonomisch-administrativer Art. Sie ergänzen das ägyptische Material hervorragend.

Der Anfang eines solchen Briefes, den Tuschratta an seinen ägyptischen Bundesgenossen richtete, sei zitiert: »An Nimmuria (der persönliche Name Amenophis' III.), den großen König, den König von Ägypten, meinen Bruder, meinen Schwiegersohn, der mich liebt und den ich liebe. So spricht Tuschratta, der große König, Dein Schwiegervater, der Dich liebt, der König von Mitanni, Dein Bruder. Mir geht es wohl. Möge es auch Dir wohl ergehen! Deinem Hause, meiner Schwester und Deinen übrigen Frauen, Deinen Kindern, Deinen Wagen, Deinen Pferden, Deinem Heere, Deinem Lande und allem, was Dir gehört, möge es sehr, sehr wohl ergehen! – Einst haben Deine Väter mit meinen Vätern sehr gute Freundschaft unterhalten. Du hast sie noch gesteigert und hast mit meinem Vater sehr innige Freundschaft unterhalten. Jetzt, da wir miteinander Freundschaft halten, hast Du sie zehnmal größer gemacht als mit meinem Vater. Die Götter mögen die (Dinge) leiten, daß wir gerade so Freundschaft unterhalten. Teschop,[30] mein Herr, und Amun mögen es für ewig so, wie es jetzt ist, verkünden.«[31] So weit der von der diplomatischen Höflichkeit geforderte Vorspann, ehe Tuschratta zu seinem Hauptthema – weiteren Forderungen nach Goldlieferungen – kommt.

Dieser Mitannikönig verweist erneut auf die internationale Lage. Schuppiluliuma I. (1370–1330) hatte das Hettiterreich zu einer bis dahin nicht gekannten Großmachtstellung geführt. Innenpolitisch hatte er den Feudaladel entmachtet und eine effiziente Beamtenschaft ins Leben gerufen, ganz ähnlich wie die Pharaonen der zwölften Dynastie. Im Jahre 1364 konnte Tuschratta noch einmal einen Angriff Schuppiluliumas abwehren. Unmittelbar darauf suchte er den Kontakt zum ägyptischen Hof, und mit seiner Tochter sandte er auch Anteile der Kriegsbeute an Amenophis III. Ägypten war aber nicht mehr in der Lage, in das Kräfteverhältnis Nordsyriens einzugreifen. Als sich immer mehr Stadtstaaten den Hettitern anschlossen, gelang es diesen, das ohnehin schon geschwächte Mitannireich zu zerschlagen.

Kopf der Aufstandsbewegungen gegen Mitanni war den Amarnatexten zufolge der Fürst Abdi-Aschirta von Amurru; er herrschte über das Gebiet zwischen Ugarit und Byblos. Unter dem Vorwand, ägyptisches Territorium zu verteidigen, hatte er sein Gebiet auf Kosten anderer Stadtfürsten ausgedehnt. Einer von ihnen, Rib-Addi von Byblos, forderte daraufhin in mehreren Schreiben ein Eingreifen der Ägypter. Doch erst spät entsandte Amenophis III. ein Kontingent, das eine Zeitlang die Lage der ägyptischen Vasallen verbessern konnte.

Die letzten Regierungsjahre Amenophis' III. scheinen von seiner Krankheit geprägt worden zu sein. Auch die Feier des Sed-Festes und zwei Wiederholungen vermochten die Kraft des alternden Königs nicht mehr zu erneuern.

Keiner – einmal abgesehen von Ramses II. (1279–1213) – baute in Ägypten so viel und derartig kolossal wie Amenophis. Eine Besonderheit ist zu seiner Zeit in einigen Heiligtümern Nubiens zu beobachten: In den beiden Tempeln von Soleb und Sedeinga, nördlich des dritten Kataraktes, befanden sich neben Statuen des Gottes Amun auch solche des Königspaares. Gewiß, der Herrscher war zu Lebzeiten Gott, aber einen Tempelbau für »sein lebendes Bild auf Erden« wie in Soleb hatte es bislang nicht gegeben; in Sedeinga entstand ein ähnlicher Bau für seine Gemahlin Teje. Erst jetzt, in der Mitte der achtzehnten Dynastie, entstehen die ersten Zeugnisse der persönlichen Vergottung des lebenden Herrschers.

Eines der schönsten erhaltenen Bauwerke aus der Zeit des Amenophis' III. ist sein Tempel in Luxor. Vor allem aber der Totentempel des Königs auf dem Westufer sollte an Ausmaß und Pracht alle vergleichbaren Bauten seiner königlichen Vorgänger übertreffen. Heute sind nur noch geringe Reste von ihm bewahrt, darunter die beiden »Memnon-Kolosse«, welche die thebanische Ebene beherrschen. Unter diesem Namen sind seit der Antike die riesenhaften Statuen Amenophis' III. bekannt, die ihn auf seinem Thron sitzend darstellen, technische Wunderwerke, wenn man bedenkt, daß jede aus einem einzigen Sandsteinblock gefertigt worden ist. Mit ihrer heute nicht mehr erhaltenen Krone waren sie einst 21 Meter hoch. Jeder der 700 Tonnen schweren Kolosse hat (was heute zum Problem wird) so gut wie kein Fundament und wurde auf einem Floß, bestehend aus acht Schiffen, transportiert: »Das ganze Land stand am Ufer und jubelte ... meine Zeugen sind unter euch, die ihr nach uns kommt«, schrieb der Baumeister.[32] Wieder einmal kennen wir ihn. Er trägt den gleichen Namen wie sein König: Amenophis, der Sohn des Hapu. Wie sein berühmter Vorgänger Imhotep (S. 52) lebte er in der Erinnerung der Ägypter und Griechen als Weiser, später sogar als Heilgott.

Die Statue (Abb. 41) zeigt jenen Sohn Hapus als Schreiber mit untergeschlagenen Beinen, ein Statuentyp, der häufig Verwendung fand (vgl. Abb. 44, S. 285). Zur konventionellen Darstellungsweise gehören auch die Bauchfalten, die Wohlergehen anzeigen. Amenophis trägt eine wellige, gelockte Perücke und den üblichen Schurz. Eine Schreiberpalette hängt über die Schulter mit zwei Näpfchen für schwarze und rote Tinte, eine weitere liegt auf seinem linken Knie. In den Kartuschen, die man auf Arm und Brust erkennt, sind die Königsnamen Amenophis' III. eingraviert. Eine Inschrift auf der

41. Amenophis, Sohn des Hapu

Statuenbasis fordert die Menschen auf, den Pharao in ihren Gebeten als Mittler einzusetzen, damit er ihre Wünsche an Amun-Re weiterleiten kann. Seinen eigenen Namen hatte Amenophis auf der Papyrusrolle verewigen lassen. Hier sind die Hierogylyphen aber nahezu ausgelöscht, weil Tempelbesucher über Jahrhunderte hinweg diese Stelle berührten, um von dem nach seinem Tod als Gott Verehrten Hilfe zu erlangen.

Die Kolosse, die Amenophis hatte erbauen lassen, galten seit der Ptolemäerzeit als Bilder des Königs Memnon. Einer von beiden war in der Antike berühmt für seinen ›Gesang‹: Stets zu Sonnenaufgang vibrierte der seit einem Erdbeben gesprungene Koloß, bedingt durch die Veränderungen von Feuchtigkeit und Temperatur, und gab einen Klagelaut von sich. Die Alten erinnerte dieses Geräusch an die Klagen des Äthiopiers Memnon, der von Achill im trojanischen Krieg erschlagen worden war und der bei jedem Sonnenaufgang seine Mutter Aurora grüßte. Eine Restaurierung durch den Kaiser Septimius Severus an der Wende vom 2. zum 3. nachchristlichen Jahrhundert beendete diese touristische Attraktion, nicht aber die Erinnerung daran.

In seinem Totentempel und im Heiligtum der Göttin Mut in Karnak hat Amenophis III. fast 600 Statuen der löwenköpfigen Göttin Sechmet aufstellen lassen. Die Statuen dokumentieren die öffentliche Anerkennung eines Tierkultes, der bei breiten Schichten der Bevölkerung schon seit je in hohem Ansehen stand. Es war besonders diese Seite der ägyptischen Religiosität, die bei Griechen wie Römern auf Verwunderung, Ablehnung und manchmal sogar auf Abscheu stieß. Auch die Verehrung göttlicher Vorgänger-Könige nahm zu, allen voran die Amenophis' I. Möglicherweise sah man in den ehemaligen Königen, die bereits zu Lebzeiten als Hoherpriester den Kontakt zu den Göttern hergestellt hatten, besonders geeignete Bindeglieder zwischen Menschen und Göttern.

In dieser Zeit taucht in Litaneien zum Lobpreis der Götter der

Name Aton – die Bezeichnung für die sichtbare Sonne, die Sonnenscheibe – immer häufiger auf. Man verehrte ihn als wohltätige Himmelsmacht und feierte ihn als den großen Lichtspender und Schöpfer aller Wesen: »Deine Strahlen sind im Angesicht, (aber) man erkennt sie nicht. Weißgold, es kommt deinem Glanz nicht gleich … Gegrüßet seist du, Sonne des Tages, der die Menschheit hervorbringt und ihren Lebensunterhalt erschafft.«[33]

SIEBTES KAPITEL

Kunst und Literatur

Bildhauerei

Bereits aus der vorgeschichtlichen Periode sind Statuen von Frauen und Männern erhalten, die noch sehr grobschlächtig wirken; sie sind aus Elfenbein geschnitzt oder aus Basalt gearbeitet, nur wenige Zentimeter hoch.

Das Erscheinungsbild der frühesten bildhauerischen Menschendarstellungen ist meist einheitlich: Männer mit zusammengepreßten Beinen, die Arme an den Körper gelegt, so daß die Gliedmaßen nicht von dem eigentlichen Block getrennt sind. Die Figuren stehen aufrecht. Auf dem Kopf tragen sie Käppchen, bisweilen sind kurze Haare angedeutet. Ihre Gesichtszüge zeigen keinerlei individuelle Merkmale, die Augen sind extrem groß. Manchmal findet man die *karnata*, die libysche Phallustasche. Die Frauenstatuetten betonen den Fruchtbarkeitsaspekt: Sie stehen ebenfalls aufrecht, aber mit auseinandergestellten Beinen; auch bei ihnen sind die Gesichtszüge kaum herausgearbeitet, um so mehr die Rundungen der Hüften und des Bauches. Besonders einprägsame Schöpfungen stellen die sogenannten Tänzerinnen dar, stark stilisierte Frauenfiguren mit hocherhobenen Armen, die freilich genausogut als Beterinnen interpretiert werden können (Abb. 4, S. 32).

Mit der historischen Zeit macht die Kunst Fortschritte: Individuelle menschliche Züge werden stärker berücksichtigt, und an den wenigen Beispielen der Königsdarstellungen, die uns erhalten sind, läßt sich eine zunehmende Ausgewogenheit der Proportionen beobachten: Zwei zerstörte Statuen des Chasechemui (2655–2628), des letzten Königs der zweiten Dynastie, zeigen ihn in einer Haltung, die ›klassisch‹ werden sollte. Er sitzt auf einem kubischen Thron (vgl. Abb. 27, S. 155), mit der weißen Krone Oberägyptens bedeckt und dem Jubiläumsmantel bekleidet. Die Gesichtszüge sind sorgfältig herausgearbeitet, und um ein Gleichgewicht mit der nach hinten geneigten Krone herzustellen, ist der Kopf leicht nach vorn gebeugt. Die Muskulatur des Körpers tritt unter dem Mantel hervor.

Inzwischen gewannen die Darstellungen der Herrscher ihre über Jahrtausende prägende Gestalt. Bei den Porträts einzelner Pharaonen handelt es sich nicht um individuelle Abbildungen, sondern um die Wiedergabe der Idee, die sich die Ägypter vom Königtum machten und welche die Herrscher vermitteln wollten. Wie der König viele Namen trägt, so hat er viele Erscheinungsformen; denn wie kein einzelner Name den König adäquat zu erfassen vermag, so wenig vermag dies ein einzelnes Porträt; es kann jeweils nur einen Aspekt des Königs wiedergeben.

Solche Porträts sind von zwei komplementären Prinzipien bestimmt. Einerseits stehen seine Züge fest, was dazu führt, daß man Könige aus der gleichen Dynastie oft kaum voneinander unterscheiden kann, wenn ihre Namen nicht beigeschrieben sind. Andererseits dient in einer bestimmten Epoche das Königsporträt selbst wieder als Modell für Götter- oder Menschendarstellungen. Zwei Göttinnen etwa, die Mykerinos (2490–2471) flankieren, sind dem König wie aus dem Gesicht geschnitten, und auch die Menschendarstellungen der Amarnazeit lehnen sich meist eng an das Bild Echnatons (1353–1336) an.

Die Erscheinung des Königs ist prachtvoll wie die der Götter. Normalerweise ist er hochgewachsen, die Arme hängen, er stellt den linken Fuß leicht vor, was den Eindruck des Schreitens hervorruft; dabei stehen seine Fersen flach auf dem Boden (vgl. Abb. 46, S. 288). Mit den Göttern teilt der König wesentliche Attribute. Wie sie trägt er einen Tierschwanz an seinem Gürtel, einen falschen Bart, verschiedene Szepter und Kronen und schließlich eine Uräusschlange auf der Stirn. Beim Tierschwanz, der am Gürtel des Schurzes befestigt ist und hinten fast bis auf die Füße fällt, handelt es sich um ein Überbleibsel aus der Zeit, als der Häuptling der Anführer auf der Jagd war und sich ganz oder teilweise in den Balg des erlegten Tieres hüllte. Der falsche, trapezförmige Bart wird am glattrasierten Kinn befestigt. Im Vergleich damit ist der Götterbart schmaler, gezöpfelt und an seinem unteren Ende leicht aufgebogen.

In seinen Händen hält der König verschiedene Szepter, eins mit dem Kopf des Seth-Tieres, das seine Macht und Gewalt markiert, ein anderes in der Form eines Krummstabs, das häufig mit Flagellum oder Wedel kombiniert wird; die beiden letzteren sind auch das Abzeichen des Osiris-Königtums. Meist finden wir auf Statuen oder Reliefs das Nemes-Kopftuch, das mit gefälteltem Stoff das Gesicht einrahmt, vorn mit abgerundeten Ecken auf die Schultern fällt und hinten im Nacken zusammengedreht ist.

Als Herrscher von Ober- und Unterägypten tragen die Könige die Doppelkrone, die Pschent (»die beiden Mächte«). Sie kombiniert die rote Haube des Deltas mit der weißen oberägyptischen Mütze. Von diesen Kronen ging eine gewaltige Macht aus; zu ihren Ehren wurden Hymnen gesungen. Auf der Stirn des Königs prangte der Uräus. (Die latinisierte Form des griechischen Wortes geht auf einen ägyptischen Ausdruck zurück, der »die auf seinem Kopf ist« bedeutet.) Der Uräus hat die Form einer sich auf der Stirn des Herrschers aufrichtenden Kobra mit geblähtem Hals, deren Körper sich von hinten über den Kopf des Königs windet. In der Uräusschlange nimmt eine Gottheit mit vielen Namen Gestalt an, die den König beschützt, indem sie seine Feinde vernichtet. Entsprechend verkündet die Schlangengöttin ihre Macht über die königlichen Feinde und

42. Rahotep und Nofretete

ihre himmlische Herrschaft: »Ich erhebe mich auf ihrem Haupt, ich wachse auf ihrer Stirn, ich vereinige mich mit ihr (in diesem Falle ist die Königin Hatschepsut gemeint), so wie ich auch meinen Vater (den Gott) ziere. Meine Jubelrufe als Uräus für sie sind groß. Ich überwinde die Nubier für sie, wenn ich mich auf ihrer Stirn aufrichte. Ich unterwerfe für sie alles, was die Sonnenscheibe umfaßt. Für sie feiere ich das Regierungsjubiläum im Südhimmel, und ich bewirke, daß ihr der Nordhimmel zujubelt.«[1]

Die Statuen der Privatleute kopierten die Pose des Herrschers, der allerdings durch seine Attribute unverwechselbar blieb. Gelegentlich zeigten sich auch Amtsinhaber, ebenfalls sitzend, mit Zeichen ihrer Stellung oder Tätigkeit in Händen. Wahrscheinlich handelt es sich bei solchen Statuetten um Geschenke des Herrschers an seine Würdenträger, um diese damit auszuzeichnen. Denn wie schon früher üblich (S. 41), errichteten die hohen Beamten des Alten Reiches, die sich zumeist noch immer aus der weitverzweigten Verwandtschaft des Pharao rekrutierten, ihre überwiegend aus Ziegeln gebauten Gräber dicht bei den Pyramiden ihres königlichen Herrn, um diesem auch im Jenseits nahe zu sein. Für sie produzierten die Werkstätten des Hofes daher lebensgroße Grabfiguren, oft – im Gegensatz zu den seltenen Doppelbildnissen des Pharao mit seiner Frau (Abb. 46, S. 288) – Paardarstellungen. Das vielleicht schönste Exemplar, das seine einstige Farbenfrische bewahrt hat, zeigt Rahotep, Sohn des Königs Snofru, Hoherpriester von Heliopolis, mit seiner Frau Nofretete, der »Schönen«, wie man ihren Namen übertragen könnte (Abb. 42). Beide sitzen auf einem Stuhl mit Rückenlehne; Rahotep wirkt massiv, kantig, Nofretete dagegen rund, mit einer Tunika bekleidet, die verhüllt und zugleich die Körperformen betont. Die Haut des Mannes ist – der Konvention entsprechend – rötlichbraun, die der Frau mattgelb; beider Haar, auch die Perücke der Frau, ist schwarz. Außerordentlich kunstvoll sind die eingelegten Augen gearbeitet: Die Augenlider sind aus Kupfer, das Weiße besteht aus Quarz, die Hornhaut aus Bergkristall, die Iris wahrscheinlich aus Harz mit einer dunklen Pupille. Wenn man die älteren Interpretationen der Darstellungsweise anschaut, gewinnt man den Eindruck, derartige Bildwerke seien in ihrer Wirkung zeitlos: er imposant, bestimmend, sie schön, eher sanft, mit kostbarem Schmuck behangen.

In manchen solcher Darstellungen glauben wir eine ›Interpretation‹ des Künstlers von seinem Modell erahnen zu können, gelegentlich auch eine Spur von Humor. Nehmen wir ein Paar aus dem Louvre. Er ist groß, mit langem Gesicht, eine kräftige Erscheinung; sie dagegen kleiner, mit fast kindlichen Zügen. Mit einer Geste, die vermutlich große Zuneigung ausdrücken soll, streckt sie sich, um die Taille ihres Mannes zu umfassen; aber ihr Arm ist zu kurz, und so gelingt es nicht völlig. Das bringt die gesamte Erscheinung etwas aus dem Gleichgewicht.

Mit sicherlich ebensoviel Sympathie wie Humor ist die Statue des Seneb und seiner Familie gestaltet (Abb. 43). Der kleinwüchsige Seneb und seine Frau ragen beide gleich hoch auf, doch er sitzt mit überkreuzten Beinen neben ihr, die ihn mit der üblichen Umarmung stützt. Um auch Seneb ein ›komplettes‹ Aussehen zu geben, hat der Künstler vor der Bank zwei Kinder aufgestellt – beide farblich dem Geschlecht der Eltern angepaßt und durch den Finger am Mund als jung gekennzeichnet –, die gleichsam die Figur ihres Vaters fortsetzen und die notwendige Parallele zu den Beinen ihrer Mutter bilden. Insgesamt zeigen die Statuen der Privatleute eine größere Freiheit als die Königsdarstellungen, die sich notwendigerweise durch spezifische Symbole und Gesten in ein engeres Schema fügen mußten.

Statuen von einzelnen Frauen kommen weitaus seltener vor als die von Männern, doch tritt bereits früh eine wichtige, offenbar gewollte Überzeichnung auf: Die weiblichen Figuren haben überproportional lange Beine. Dies schafft keineswegs ein Ungleichgewicht, sondern verleiht der Figur in unseren Augen eine Eleganz und ju-

43. Der Zwerg Seneb und seine Familie

gendliche Grazie, die sie wohl auch für die Ägypter hatte. Zudem könnte man vielleicht sagen, daß sich der ägyptische Ehegatte mit solchen Skulpturen das Ideal zahlreicher Männer in Männergesellschaften erfüllte: Er hatte im Jenseits eine junge Frau um sich.

Seit der Zeit des Cheops (2551–2528) findet sich in den Gräbern der Würdenträger ein Statuentyp, der großen Erfolg haben sollte: der hockende Schreiber, wie er in einer Statue aus der Mitte des

25. Jahrhunderts in der typischen Sitzhaltung mit gekreuzten Beinen dargestellt ist (Abb. 44). Durch diese Sitzhaltung wird der Schurz, mit dem er bekleidet ist, straff gespannt, so daß auf ihm der teilweise entrollte Papyrus aufliegen kann, über dem seine Rechte den Schreibgriffel hält. Der Mann trägt eine schwarze Strähnenperücke, seine eingelegten Augen sind von dicken, Schminke nachahmenden Kupferringen umrahmt. Der unbemalte Streifen am Hals läßt darauf schließen, daß die Figur einmal einen Halskragen trug. Den Schreibgriffel in der Hand, die Papyrusrolle auf dem Schoß, ist er bereit, das Diktat – also den Befehl des Herrschers – aufzunehmen. So ließ sich Setka, Sohn des Cheops, darstellen, und andere ahmten den Typus rasch nach. Die Konstruktion der Statue ist erstaunlich pyramidal: Über einem gedrungenen, großen Sitzblock erhebt sich die Vertikale des Körpers. Die Komposition zeigt zwei Horizontalen, Sockel und Blatt, zwischen ihnen die beiden Diagonalen der Beine. Im Körper nehmen die angewinkelten Arme die Verbindung auf, das ›Gebäude‹ strebt nach oben und findet seinen krönenden Abschluß im leicht nach vorn geneigten Kopf. Die Gesichter der Schreiber unterscheiden sich zwar, aber sie drücken alle Aufmerksamkeit – vielleicht darf man sagen: Intelligenz – aus.

Die Veränderungen der Grabanlagen gegenüber früheren Zeiten konzentrierten sich weiter statt auf das Äußere der Monumentalbauten auf die reicheren Bildprogramme in der Innenausstattung. In den bildlichen Darstellungen verkehrt der Gottkönig mit den Göttern wie mit seinesgleichen. Mykerinos steht in seinem Totentempel zwischen der Göttin Hathor und einer Bezirksgottheit, die ihn bei der Hand nehmen oder vertraulich den Arm um ihn legen, wie es unter Familienmitgliedern üblich ist. Gelegentlich thronend, meist aufrecht stehend, zeigte sich der Herrscher auf diese Weise als Bindeglied zwischen Göttern und Menschen. Er war selbst Gott, und so nahm die Göttin den Platz seiner Gemahlin ein. Im Sockel solcher Statuen ist die königliche Titulatur eingemeißelt. Und viel-

44. Der Schreiber Setka

leicht lassen die Porträts individuelle Züge erkennen: das schwer wirkende Gesicht des Chephren, die kleineren und runderen Züge des Mykerinos, den dreieckigen und feinen Kopf des Djedefre und die Adlernase Phiops' I.

Eine solche Individualität prägt auf jeden Fall die Darstellungen mancher Privatpersonen. Die Mastabas von Giza, Sakkara und Memphis haben uns die Statuen von Verstorbenen bewahrt, die

45. Statue des Kaaper

bereit sind für ihre Wiedergeburt im Jenseits. Vieles ahmt auch hier königlichen Habitus nach. Hemiun, ein Neffe des Cheops und wohl verantwortlich für den Bau der Pyramide, sitzt auf einem Kubus. Mit Genauigkeit und Meisterschaft hat der Künstler den Aspekt der Fettleibigkeit wiedergegeben: die zusammengesunkene Brust, durch Falten eigens betont, dazu schwere Arme und Beine. Aufrecht stehend dagegen, den Kommandostab in der Hand, ist der besonders dünne Bezirksfürst Merti dargestellt. Anders wiederum wirkt ein weiterer Würdenträger; er ist gut genährt. Als dessen 110 Zentimeter große Statue (Abb. 45) aufgefunden wurde, erschraken die ägyptischen Arbeiter – sie dürften allerdings wegen der Arbeit in den Gräbern recht schreckhaft gewesen sein –, weil sie glaubten, ihr Dorfchef sei ins Grab gefallen. Die Statue aus der Regierungszeit Userkafs (2465–2458) stellt in Wahrheit einen Vorlesepriester mit Namen Kaaper dar. Sockel, Beine und der Stock, auf den Kaaper sich stützt, sind rekonstruiert, die Arme – wie bei Holzfiguren üblich – einzeln gearbeitet und an den Rumpf angefügt. Die von den Arbeitern spontan bezeugte Lebendigkeit verdankt die Statue den Augäpfeln aus Bergkristall, die wie bei dem Schreiber (Abb. 44, S. 285) von Kupferringen umschlossen sind, die Schminke imitieren. Die Figur scheint äußerst realistisch gestaltet – vor allem wegen des auffallenden Doppelkinns –, repräsentiert aber wohl dennoch einen Typus: den reichen und mächtigen Mann, dem man seinen Wohlstand eben ansieht und der sich allein aufgrund seines Körperumfangs langsam und würdevoll bewegt. Realistisch erscheint auch die Statue des Netheti, Chef der königlichen Domänenpächter, mit schmalem Gesicht, dünnem Leib und extrem langen Gliedmaßen – besonders auffällig die Hände.

Die erste – uns erhaltene – Darstellung eines königlichen Paares zeigt Mykerinos (2490–2471) mit seiner Gemahlin (Abb. 46). Die Statue beeindruckt durch ihr Linienspiel; Königin und König stehen aufrecht, Seite an Seite, er ist ein wenig größer – vielleicht verpflich-

46. Mykerinos und seine Gemahlin

tet die Männlichkeit dazu –, sie umfaßt mit ihrem rechten Arm seine Taille und legt ihre linke Hand auf den Arm des Mykerinos. In dieser ganz auf die Vertikale ausgerichteten Komposition zieht eine Horizontale die Aufmerksamkeit auf sich: der Arm der Königin, der das Band der Einheit zwischen dem Ehepaar herstellt. Die Skulptur ist nicht vollendet worden, blieben doch die unteren Gliedmaßen ungeglättet.

Aufschluß über die Herstellungstechniken derartiger Statuen geben uns die unvollständigen Exemplare in den Depositorien der Tempel oder Überreste aus den Werkstätten der Handwerker: Auf einen monolithischen Block zeichnete man in roter Farbe die Konturen der Statue. Dann wurde der Rohentwurf ausgeführt, den man vorsichtig verbesserte und verfeinerte. Es folgte eine erste Politur mit einem gröberen Stein und einer Paste auf Quarzpuderbasis. Nun schnitt man diejenigen Teile ab, die nicht mehr benötigt wurden, polierte erneut und machte sich an die Details: Die Beine wurden herausgearbeitet, Nasen und Augen beispielsweise mit einem Silexstein gebohrt. Zum Schluß erfolgte abermals eine Politur, die dem Gesicht und der Gestalt das endgültige Aussehen verlieh. Die fertige Skulptur ging an die Schreiber, die sie mit einer Inschrift versahen, und schließlich an die Steinmetze, die diese einmeißelten. Als letztes legten die Maler Hand an und gaben den Statuen Farbe und dadurch ›Leben‹.

Malerei

Die Originalität und der Reichtum der ägyptischen Kunst zeigen sich vor allem auf dem Gebiet der Malerei; auch die Skulpturen und Reliefs gingen von Zeichnungen aus. Stets bewegten sich die bildlichen Darstellungen zwischen der Orientierung an der realen Welt und einem intellektuellen Konzept, einer Idee: Sie sollten nahe genug an der Wirklichkeit bleiben, um noch erkennbar zu sein und um ebendiese Realität widerzuspiegeln, waren aber dennoch idealisiert genug, um Vergnügen zu bereiten, so wenn etwa der wohlhabende Auftraggeber in seinem Grab das Ergebnis der künstlerischen Arbeit betrachtete und dabei seine himmlische Existenz ›ausgemalt‹ sah. Dank der Meisterschaft der ägyptischen Maler können wir an diesem Vergnügen teilhaben. Schauen wir uns die Darstellungsprinzipien an, und beginnen wir beim Menschen.

Das Gesicht erscheint traditionellerweise im Profil, der charakteristischsten Ansicht des Kopfes – man denke nur an die berühmte Nase der Kleopatra, deren Gestalt angeblich den Lauf der Weltgeschichte bestimmt hat. Dabei wird das Auge jedoch von vorn dargestellt. Offenbar hielt man den Blick für ein so wesentliches Element des menschlichen Gesichtes, daß man auf seine Wiedergabe nicht verzichten wollte. Die Haut des Mannes ist üblicherweise in rötlichem Ocker gemalt, diejenige der Frau in einem Gelbton, seit der achtzehnten Dynastie gelegentlich auch in Rosa. Bei beiden erscheint der Oberkörper en face und damit in seiner ganzen Breite; bei den Frauen wird darauf die Brust im Profil gezeigt, bei den Männern kann die Muskulatur herausgearbeitet werden, und der Eindruck von Kraft und Stärke entsteht. Weil das Becken allerdings leicht seitlich gedreht ist, befindet sich der Nabel nicht in der Mitte des Rumpfes, wo er nach dem von oben hinabwandernden Blick zu erwarten wäre, sondern seitlich versetzt am Rande der Figur. Die im Profil wiedergegebenen Beine schließlich nehmen eine Schrittstellung ein, wodurch ihre Zweizahl hervorgehoben wird.

Auch bei anderen Sujets treffen wir die Verschmelzung mehrerer Positionen und Perspektiven an. Zum Beispiel sehen wir den Nil, einen See oder einen Teich stets von oben. Dadurch lassen sich die Wellenbewegungen des Wassers darstellen. Aber die Lotuspflanzen, die das Wasser schmücken, oder die Ente, die auf einem See, das Flußpferd, das im Nil schwimmt, werden im Profil geboten; aus derselben Perspektive wie das Wasser betrachtet, wären Tiere und Pflanzen kaum auszumachen. Die ägyptischen Künstler hielten ihre Motive in einer für diese jeweils charakteristischen Weise fest. Wenn ein Boot über den Nil gleitet, den man von oben sieht, wird es aus einem seitlichen Blickwinkel gemalt; sein Segel allerdings wird, nochmals verschoben, von vorn gezeigt, weil man nur so seine Größe und seine Form erkennen kann.

Dieses Prinzip der Verbindung unterschiedlicher Perspektiven gilt auch für die Darstellung des Phänomens ›Zeit‹. Ebenso wie der ägyptische Zeichner unterschiedliche Gesichtspunkte wählt, um den optimalen Blick auf die menschliche Person zu erhalten, begibt er sich quasi auch an mehrere Zeitpunkte, um das Wesen der Dinge besser erkennen zu können. Auf diese Weise vermag er in einem Gemälde die Verkettung und Verknüpfung von Geschehnissen, die verschiedenen Phasen einer Operation zusammenzufassen und wiederzugeben, etwa die unterschiedlichen Momente der Feldarbeit, von der Vorbereitung der Felder über das Pflügen und Säen bis zur Ernte (vgl. Abb. 56a–56e, S. 365). Wir erleben einen Film auf Stein: einzelne Bilder eines Zeichentrickfilms. Eine vollständige Schau also jedes Dinges, aber auch eine universale Präsentation aller Dinge der Welt.

Bemerkenswert sind ferner die Verfahren und Möglichkeiten, welche die Maler entwickelten, um Gegenstände oder Personen, die eigentlich durch andere verdeckt sind, der künstlerischen Darstellung zugänglich zu machen. Wenn ein Gegenstand hinter einem anderen verschwindet, dann lösen sie das Problem mit einem gleichsam chirurgischen Schnitt: Durch das dichte Laubwerk einer Akazie hindurch erscheinen so die Vögel, die den Baum bevölkern, und sogar die Zweige werden sichtbar. Die Künstler spielen mit dieser Methode und zeigen uns Dinge, die wir normalerweise gar nicht sehen können.

Immer wenn sich mehrere Personen hintereinandergestaffelt be-

47. Konzertszene

finden oder bewegen, verdeckt der erste oder die erste Gruppe die übrigen. Der ägyptische Maler schiebt in solchen Fällen die einzelnen Figuren in eine Reihe nebeneinander; so können wir alle erkennen: die Teilnehmer an einem Bankett oder die Musikanten bei einem Konzert. Im Grab des Nenchefetka aus der Zeit um 2400 ist eine Konzertszene über einem Register tanzender Mädchen dargestellt (Abb. 47). In mehreren Gruppen sitzen sich die Musiker gegenüber: Von links nach rechts sehen wir einen Flötenspieler Auge in Auge mit einem Sänger, dann aber, mit dem Rücken zu diesem, einen weiteren Sänger und einen Doppelklarinettenspieler, und schließlich, wiederum in dessen Rücken, zwei Sänger vis-à-vis mit einem Harfenspieler. All dies ist auf einer Ebene abgebildet, eine auf den ersten Blick bizarre Erscheinung: Mehrere Personen wenden sich voneinander ab und können sich nicht sehen. Das Konzert ist aber – wie der Name sagt – ein Zusammenspiel zwischen Musikern und Sängern, und wenn man in der Vorstellung die Gruppen hintereinandergleiten läßt, dann ist es komplett und perfekt.

Nach dem gleichen Prinzip hebt der ägyptische Zeichner Dinge scheinbar in die Höhe, um sie vollständig und detailliert wiedergeben zu können. Auf diese Weise werden die unterschiedlichen Weihegaben, die für die Gottheit oder den Toten angehäuft sind, in ihrer ganzen Vielfalt und ihrem ganzen Reichtum gezeigt. Ähnlich geht man vor, wenn eine Hülle etwas verbirgt: Man stellt dann den Inhalt über der Hülle dar.

Die Szene (Abb. 48) ist auf einem Relief zu sehen, das sich auf dem Sarkophag der Kawit, einer Prinzessin am Hof Montuhoteps I. (2061–2010), befindet. Der gesamte Darstellungszyklus bietet Einzelbilder aus dem Leben der jungen Dame: Kawit, mit einer runden Löckchenperücke, sitzt auf einem Sessel und riecht an einer Lotusblüte. Sie ist mit einem langen Kleid mit gerippten Trägern und darüber einem plissierten Schal bekleidet. Erlesen wie ihre Kleidung ist der Schmuck, den sie trägt: Halskette, Arm- und Fußreife. Ähnlich

48. Sarkophag der Kawit

elegant die stehende Dienerin, die ihrer Herrin mit einem Gänseflügelfächer Kühlung verschafft und ihr ein Salbtöpfchen reicht.

Ist der Schmuck der jungen Dame schon erlesen, so wird an der links unten dargestellten Schatulle deutlich, über welche Preziosen sie zudem verfügt. Die eben angesprochene Technik, auch eigentlich Verborgenes darzustellen, ist hier besonders anschaulich. Gewiß handelt es sich um einen repräsentativen Schmuckkasten, doch weitaus mehr ist der Betrachter an seinem Inhalt interessiert. Dieser Neugier kommt der Künstler entgegen, indem er den Inhalt sorgfältig über und neben der Schatulle aufreiht. So sehen wir ein weiteres Salbtöpfchen, zwei Armreifen, vier einfache sowie einen äußerst kunstvollen fünfreihigen Halskragen. Was eigentlich ordentlich verwahrt in der Truhe ruht, entfaltet sich anschaulich vor unseren Augen.

All dies geschieht, um das Leben in seiner Vielfalt zu präsentieren und zu verstehen. Auch wenn viele Ebenen und zahlreiche Personen einbezogen werden müssen, kann man auf dieses Verfahren zurückgreifen. In Paheris Grab (S. 364) überblickt dieser die Feldarbeit. Die Szene ist auf drei Etagen verteilt. Alles rollt vor dem Besitzer ab, dessen übergroße Figur die Einheit der Komposition herstellt. Um deutlich zu machen, daß die über- und nebeneinander gemalten Einzelkomponenten zusammengehören oder gleichzeitig ablaufen, zeichnet man unter die Füße der Personen, Tiere oder Gegenstände eine durchlaufende Linie, die ›Bodenlinie‹, eine Art Zeitleiste. Hier liegt der Ursprung der Register, in die Reliefs und Gemälde eingeteilt sind. In solchen Fällen muß die ›Lektüre‹ bei dem untersten Register beginnen.

Die ägyptischen Maler haben variantenreiche Verfahren entwickelt, um die zahlreichen Aspekte des Lebens ins Bild zu setzen. Und für den zeitgenössischen Betrachter mußten die Darstellungen von Lebewesen und Dingen, aber auch von Handlungen, neben deren äußerer Erscheinung noch einen wesentlichen Aspekt zum

Ausdruck bringen, um vollständig zu sein: ihren Wert. Er wird durch die gewählte Größe des Gegenstandes oder der Person kenntlich gemacht. Auf diese Weise läßt sich die Familien-Hierarchie wiedergeben: Der Gatte ist meist größer als die Gattin, der Herr größer als die Sklaven. In der sozialen Hierarchie des Staates funktioniert das ebenso: Der Pharao wird häufig in heroischen Ausmaßen gezeigt, und die Götter können solche Dimensionen nochmals übertreffen.

Dieses Prinzip kann auch angewendet werden, um in einer Szene ein wichtiges Detail oder wesentliches Moment herauszuheben. Auf einem Relief aus seiner Mastaba in Sakkara jagt der Wesir Mereruka in den Nilsümpfen. Dabei versucht er, das Vordringen einer Ginsterkatze zu einem Nest mit kleinen Vögeln zu verhindern, die sie fressen möchte. Die Größe des Tieres, die derjenigen des Mannes beinahe entspricht, ist augenscheinlich überdimensional. Aber damit ist die Rolle der Katze herausgehoben. Sie ist die Hauptperson in dem kleinen Drama, das sich vor unseren Augen auf dem Nil abspielt.

Lebensweisheiten

Den Einfluß ägyptischer Traditionen und Vorstellungen auf die Nachbarn und die Nachwelt aufzuzeigen, würde den Rahmen dieses Buches sprengen, wenn sich solche Zusammenhänge nicht gleichsam nahtlos in den Handlungsablauf einbinden lassen. Dies ist allerdings bei der Behandlung des ägyptischen Wissens, wie es uns vornehmlich in der Listenweisheit entgegentritt, der Fall. Die diplomatischen und wirtschaftlichen Kontakte zu dem damaligen ägyptischen Staat regten am Hof des Herrschers der hebräischen Doppel-Monarchie Juda und Israel, Salomo (um 965–932), neben vielen anderen Dingen das geistige und kulturelle Leben an. Die

Zeitgenossen ebenso wie die auf Salomo folgenden Generationen staunten über die Pracht der Bauten wie über die »Weisheit« des Königs, die überall im Lande gerühmt wurde.

Die alttestamentliche Überlieferung gibt über zwei Arten der Weisheitslehre Aufschluß, indem sie die Prinzipien der Listenweisheit umreißt: »Die Weisheit Salomos war größer als die Weisheit aller Söhne des Ostens und alle Weisheit Ägyptens. Er war weiser als alle Menschen ... und er war berühmt bei allen Völkern ringsum. Und er dichtete 3.000 Sprüche, und es gab von ihm 1.005 Lieder. Er redete über die Bäume, von der Zeder auf dem Libanon bis zum Ysop, der aus dem Meer wächst. Und er redete über die Landtiere, die Vögel, die Kriechtiere und die Fische.«[2]

Bei den hohen Zahlen, die in dieser Zusammenfassung genannt werden, ist von vornherein eine gewisse Übertreibung anzunehmen, und statt auf Lieder und Sprüche dürften sie sich in Wahrheit wohl auf Listen beziehen. Diese Weisheit wird zunächst auf die Kenntnis von Erscheinungen der Tier- und Pflanzenwelt angewandt. Dabei stellt der Text diese Naturkenntnis zu Recht in einen größeren altorientalischen Bezugsrahmen. Für die Hebräer dürfte der ägyptische Einfluß maßgeblich gewesen sein. Eine solche Listenwissenschaft hat Salomo an seinem Hof angeregt. Er öffnete damit sein Reich der Wissenschaft und Kultur, deren Einfluß sich allerdings in der kleinräumigen, nationalen Enge der hebräischen Monarchien rasch wieder verlor.

Den Versuch, eine Enzyklopädie allen Wissens zu bieten, wenn auch nur in Form einer sachlich geordneten Aufzählung aller Kategorien von Wesen und Dingen, stellt das um 1100 entstandene ›Onomastikon des Amenemope‹ dar,[3] von dem ein 610 Stichwörter umfassender Teil erhalten ist. Das ehrgeizige Ziel des Werkes kommt schon in der Überschrift zum Ausdruck: »Belehrung ... über alles, was da ist, was Ptah geschaffen und Thot aufgezeichnet hat, über den Himmel, was zu ihm gehört, über die Erde und was in ihr ist, was die Berge ausspeien und was die Flut bewässert, an allen Dingen, die Re bescheint, und allem, was auf der Erde grünt.«

Es folgt eine Aufzählung von Erscheinungsformen des Himmels, des Wassers und der Erde, der göttlichen und königlichen Personen, der Höflinge und Beamten, Berufe und Gruppen, Stände und Menschentypen in Ägypten und im Ausland. Ferner werden Angaben über Städte in Ägypten sowie Gebäude und ihre Grundrisse, Ländereien, Getreidearten und die aus ihnen gewonnenen Produkte, Speisen und Getränke, Körperteile des Rindes und Fleischsorten aneinandergereiht.

Die Ägypter nannten solche Listen »Lehre«, weil mit ihnen die Vielfalt aller Erscheinungen in eine Ordnung gebracht und die Welt dadurch besser lesbar gemacht werden sollte. Eine zweite Komponente der Weisheitslehre umfaßte Regeln für das Verhalten und Zusammenleben der Menschen. Solche Maximen sind in Form von Sprüchen, Sentenzen oder Liedern tradiert worden und vermittelten vor allem den königlichen Beamten jene Standesmoral, nach der sie sich bei der Erfüllung ihrer vielfältigen Regierungs- und Verwaltungsaufgaben richten sollten.

Bei der Mehrzahl der ägyptischen Texte, die unter dem Stichwort »Lehre« oder »Unterweisung« zusammengefaßt werden, handelt es sich um sogenannte Schülerhandschriften. Mit diesen Abschriften stellten »Schüler« – künftige Beamte – ihre kalligraphischen Kenntnisse unter Beweis und konnten daraufhin zu Schreibern erklärt werden. Die auf diese Weise auf uns gekommenen Texte sind freilich keine Schulbücher im eigentlichen Sinn, sondern sie wollen zu einer geistigen Schulung beitragen. Gleichwohl haben die ägyptischen Lebensweisheiten einen utilitaristisch-praktischen Charakter nie ganz geleugnet: Man rät den jungen Männern zu einem richtigen Benehmen, damit sie Glück im Leben haben; dazu gehört, daß sie rücksichtsvoll, ehrlich und freundlich gegen jedermann sind.[4] Und weil sich als Urheber solcher Lehren meist hohe Beamte ausgaben, die damit in erster Linie ihre Söhne zu geeigneten Nachfolgern erziehen wollten, waren solche Texte naturgemäß konservativ – im Sinne von bewahrend.

Die jungen Beamten sollten durch ein ruhiges Verhalten Achtung vor den Mitmenschen zeigen und keinerlei Anstoß erregen – auch gegenüber Tiefergestellten: Man soll sich nicht vordrängen, sich keinen betrügerischen Vorteil verschaffen, als Gast zurückhaltend im Essen und Trinken sein, dem anderen nicht die besten Bissen wegnehmen. Gelegentlich scheinen noch alte, eher bescheidene agrarische Verhältnisse durch: »Wer kommt, ohne eingeladen zu sein, für den ist das Haus zu eng.«[5]

Immer wieder wird betont, daß Reden und Schweigen ihre Zeit haben; vor allem werden lautes und heftiges Sprechen sowie Jähzorn verurteilt, denn eine lärmende Stimme bringt dem Körper ebenso Schaden wie eine Krankheit. Wer zu schnell drauflosredet, sagt leicht das Falsche. Wenn aber jemand Schlechtes spricht, dann soll man sich dazu äußern und ihm im rechten Augenblick entgegentreten; wer zur Unzeit schweigt, gilt als Dummkopf. »Sei gewandt im Reden, damit du die Oberhand behältst.« Oder: »Die Zunge ist die Macht des Mannes, Reden erfolgreicher als jedes Kämpfen. Einen Klugen kann niemand überlisten.«[6] Dabei imponieren jene Sprüche, die von einer Doppelzüngigkeit abraten. Man soll nicht sein Herz von seiner Zunge scheiden.

Verständiges Reden war sicherlich für einen Berufszweig wichtig, der in Hierarchien dachte und handelte, und selbstverständlich übten solche Lebensweisheiten vor allem die hierarchischen Strukturen ein, wie sie nun einmal zu einem stark gegliederten Beamtentum gehörten. Ein Hinweis lautet: »Wenn du hinter einem Beamten hergehst, so folge mit großem Abstand.« Es sei gut, viel herumzukommen, denn dann höre man die Worte der hohen Beamten und könne viel lernen. Eine andere Empfehlung rät, am Tisch eines Oberen viel zu lachen; wenn dieser auch lacht, wird es seinem Herzen guttun, und was man selbst dann unternimmt, wird jenem angenehm sein. Es wird zwar vor Schmeichelei gewarnt, da allein die Wahrheit zum Ziele führe, aber viele Ratschläge klingen in dieser Hinsicht recht pragmatisch.

Der Grat zwischen gebotener Diskretion und gesellschaftlich empfohlener Anpassung war stets schmal. »Belausche nicht die Rede eines Großen in seinem Hause, und erzähle sie nicht einem anderen draußen. Laß nicht dein Gerede in der Außenwelt weitertragen, damit dein Herz sich nicht verbittere. Das Herz des Menschen ist die Nase Gottes, hüte dich, das zu vernachlässigen.«[7] Wer in ein fremdes Haus eintritt, soll seinen Blick nicht in erster Linie auf das richten, was darin nicht in Ordnung ist, und selbst wenn man Unzulänglichkeiten registriert, soll man sie für sich behalten; sie auszuplaudern könnte leicht als todeswürdiges Verbrechen angerechnet werden. Solche wiederholt ausgesprochenen Drohungen lassen den ethischen Charakter derartiger Lehren letztlich hinter einer utilitaristischen Grundhaltung zurücktreten.

Man muß bei diesen Ratschlägen häufig an Amtsstuben denken, wenngleich vieles innerhalb der Gesamtgesellschaft zu beherzigen war. Dankbarkeit etwa wird empfohlen; sie beginnt gegenüber der Mutter, die das Kind so lange gestillt und sich vor nichts, was es tat, geekelt hat, und diese Dankesschuld setzt sich fort, weil jeder jemanden findet, der ihm übergeordnet ist. Am Ende oder vielmehr an der Spitze dieser Skala stehen schließlich die Götter. Als die großen Laster gelten Geiz und Habgier, und auch ein Sprichwort wie »Unrecht Gut gedeihet nicht« ist überliefert; es war in Ägypten sicherlich schon so falsch wie zu allen anderen Zeiten – realistischer urteilte da der griechische Bauer Hesiod, als er feststellte, daß die Übeltäter gediehen wie ein blühender Olivenbaum.

Wieder und wieder werden die Menschen ermahnt, schlechten Umgang zu meiden; besonders vorsichtig soll man Frauen gegenüber sein. Wie in allen patriarchalisch geprägten Gesellschaften sind dabei die Anschauungen der Männer ambivalent: »Dem Frechen geschieht Böses wegen seiner Liebe zu Frauen. Er denkt nicht an den morgigen Tag noch an Gott, wenn es das Verbrechen gegen die Frau eines anderen gilt. Der Tor, der eine fremde Frau betrachtet, ist wie eine Fliege im Blut, denn er endet im Schlafzimmer, falls nicht die Hand eines anderen sein Ende wird. Seine Liebe zu Dirnen schadet seinem Leben, er verliert es. Wer aber seine Lust zu beherrschen versteht, ersetzt dadurch jede Lehre. Wenn eine Frau schön ist, offenbart sich in ihr dein Herr ... Eine Frau mit gutem Charakter ist eine Schatzkammer. Die sittlich schlechten Frauen kommen zu keinem Wohlstand, denn das Gute im Haus geschieht durch die Frau ... Es gibt Frauen, die als ›Herrinnen ihres Hauses‹ (ein Ehrentitel) wegen ihres Charakters Herrinnen des Lobes werden. Es gibt aber auch solche, wie sie in dem Buch ›Die Fehler der Frauen‹ beschrieben sind.«[8] (Leider ist dieses Buch, nebenbei bemerkt, nicht erhalten geblieben.) Sowohl die gute als auch die schlechte Frau wird allerdings vom Befehl Gottes bestimmt; dies mochte manchem ein Trost sein: »Das Herz einer Frau lernt man niemals kennen, sowenig wie den Himmel.«

Trotz der einigermaßen gesicherten Position der Frau im Scheidungsrecht (S. 404) sollte man gleichzeitig daran erinnern, daß ihr öffentliches Erscheinungsbild von der Perspektive der Männer geprägt war. Sprüche wie die folgenden spiegeln das Mißtrauen gegenüber Frauen wider, wobei die Männer keinen Gedanken an die Gründe für deren angebliches Verhalten verschwenden: »Öffne dein Herz nicht deiner Frau. Was du ihr gesagt hast, gehört der Straße ... Eine Frau belehren heißt einen Sandsack füllen, der an der Seite aufgeschlitzt ist.« Auch hier finden sich Parallelen in griechischen oder römischen Denkmustern; einen Satz wie: »Laß deine Frau dein Vermögen sehen, aber vertrau es ihr nicht an«,[9] hätte auch Hesiod unterschrieben.

Das Leidige an Lebensweisheiten ist ja – und dies gilt nicht nur für die ägyptischen –, daß es von Verboten nur so wimmelt. Um so lieber greift man zu den Aufforderungen, das Leben zu genießen, doch die sind gleich wieder mit Warnungen vor exzessivem Wein- und Biergenuß, übermäßigem Geschlechtsverkehr, vor Freßgier und sonstigen Ausschweifungen gespickt. Alles mit Maß – so lautet auch in Ägypten eine zentrale ethische Maxime: »Ein bißchen feine Freude belebt das Herz, ein bißchen Tau belebt das Feld.«[10]

Wer die Zeugnisse der ägyptischen Lebensweisheiten durchmustert, findet überall die gleichen Grundgedanken. Viele berühren sich zwar, sie sind aber nie zu einem philosophischen System ausgebaut und entwickelt worden. Immer wieder verdeutlichen die Verfasser solcher Texte ihre Gedanken durch aus dem Leben gegriffene Bilder oder Gleichnisse. Das Verfahren ist uns aus Homer oder aus dem Alten Testament geläufig, wobei letzteres in mancher Hinsicht auf ägyptischen Vorstellungen und Überlieferungen basiert. Esel und Ochse, der kämpfende Stier, das Pferd, der junge Wolf, Gans und junge Vögel, die Spitzmaus, der Hund, die Fliege, selbst die Heuschrecke treten uns entgegen; der Mensch ist Lehm und Stroh, wie der Ziegel, der Staat gleicht einem Schiff, das in stürmische See kommt, und wer an seiner Spitze steht, heißt Kapitän, Steuermann oder Lotse. Oft wird auch die Nilüberschwemmung für Vergleiche herangezogen.

Manchmal sprechen die Verfasser mit beißender Ironie: Dem Bauern, der in den Sümpfen arbeiten muß, geht es gut – so gut wie einem Menschen unter Löwen. Bemerkungen wie diese sind Texten entnommen, die durch die satirische Schilderung sämtlicher praktischer Berufe davon abschrecken wollen, sich solchen zu widmen, statt »Schreiber« zu werden. Dennoch blieben die Lehren der Weisheitsliteratur nicht auf den Beamtenstand beschränkt; sie drangen in alle Schichten der Bevölkerung ein. Das beweisen die vielen Bruchstücke auf Scherben und Holztafeln, die an zahlreichen Orten gefunden wurden.[11] Ihre weite Verbreitung verdankten solche

Lebensweisheiten vor allem der Volkstümlichkeit ihrer Bilder; jeder ägyptische Leser, oder besser gesagt, Hörer konnte dadurch immer wieder auf seine eigenen Erfahrungen zurückgreifen.

Literatur

Ob die Ägypter bessere Erzähler als andere Völker der Antike waren, kann man nicht beurteilen, da das Vergleichsmaterial weitgehend fehlt. Jedenfalls erfreute sich in Ägypten Literatur im weitesten Sinn seit dem Beginn des Mittleren Reiches großer Beliebtheit. Aus folkloristischen Erzählungen, mythischen Dichtungen, Wunder- und Abenteuergeschichten konnte man eine beachtliche Bibliothek zusammenstellen.[12] In solchen Werken vermischen sich die Schicksale des Menschen, sei es des kleinen Mannes oder des Königs, mit denen der Götter.

Zu den bekanntesten folkloristischen Erzählungen zählt die ›Geschichte vom beredten Bauern‹ (S. 213), eine der ältesten und zugleich eine der längsten dieser Art. Sie ist durch vier Papyri aus dem Mittleren Reich bekannt und handelt vom Bauern Chunanup. Wie alle derartigen Erzählungen zu allen Zeiten, beginnt sie mit: »Es war einmal ein Mann ...« Chunanup bricht von seinem abgelegenen Hof auf, um die Erträge seiner Felder in der Stadt zu verkaufen. Auf dem Weg dorthin wird er von einem Gutsbesitzer um die Früchte seiner Arbeit gebracht, beklagt sich daraufhin bei einem Richter, und dieser ist von der Beredsamkeit des Bauern dermaßen überrascht, daß er dem Pharao davon erzählt. Schließlich werden dem begeisterten König die neun Gesuche des beredten Bauern vorgelegt. Man wird annehmen können: Ende gut – alles gut.

Soweit die Rahmenhandlung, welche die neun Vorträge oder Gesuche des Bauern einkleidet. Eigentlich geht es in dem Text um diese Reden, denn sie füllen vier Fünftel der Erzählung aus; sie beweisen die Freude des Ägypters an der rhetorisch geschliffenen Sprache und an der Diskussion, eine Begeisterung und ein Vergnügen, das sich in der gesamten ägyptischen Geschichte beobachten läßt. Wir haben auch bei den »Lebensweisheiten« eine Reihe von Sentenzen kennengelernt, die sich mit der Rede befassen (S. 298). Diese wuchernde Liebe zum Wort läßt sich schon an wenigen Passagen aufzeigen: »Obergütervorsteher, mein Herr, du Größter der Großen, du Herrscher über alles, was ist und nicht ist! Wenn du herabsteigst zum See der Wahrheit und Gerechtigkeit und du auf ihm bei günstigem Winde daherfährst, soll dein Segel nicht schlapp herabhängen, dein Schiff nicht aufgehalten werden, kein Unglück soll deinen Mast befallen, deine Segelstangen sollen nicht brechen, du sollst nicht scheitern, wenn du dich dem Land näherst. Die Strömung soll dich nicht mit fortreißen, du sollst das Gefährliche des Stromes nicht schmecken, kein schreckenerfülltes Gesicht sollst du um dich sehen. Die dahinschnellenden Fische sollen zu dir kommen, die fettesten Vögel sollst du erbeuten. Denn du bist ja der Vater der Waisenknaben, der Gatte der Witwe, der Bruder der Verstoßenen, der Schutz der Mutterlosen. Möge ich dir einen Namen in diesem Lande verschaffen, wie er zu jeder guten Verfügung paßt, ein Herrscher ohne Habsucht, ein Hoher, der keine Niedrigkeit kennt, ein Vernichter aller Falschheit, ein Förderer alles Gerechten, einer, der auf den Ruf des Bittenden kommt. Ich spreche, mögest du mich hören! Sei gerecht, du Gelobter, gelobt von denen, die selbst gelobt werden. Mache meine Bedürftigkeit zunichte, siehe, ich bin schwer belastet. Erprobe mich, mir fehlt es sehr.«

In Ägypten übertrug man seine Seelenzustände in konkrete, klare und einfache Bilder, die häufig der Welt der Flußschiffer entnommen sind; denn auch auf diesem Gebiet prägte der Nil das Denken und Empfinden der Menschen. So schildert der Bauer anschaulich seinen Kummer: »Wahrhaftig, mein Bauch war voll, mein Herz schwer beladen. Es brach aus meinem Leib wegen solcher Umstände. Es war ein Bruch im Damm, das Wasser floß über; mein Mund öffnete sich, zu sprechen. Ich setzte meinen Sondierungsstab an, schöpfte mein Wasser aus, ich machte meinem Bauch Luft, wusch mein beschmutztes Hemd. Jetzt ist meine Äußerung beschlossen, mein Elend ist in deiner Gegenwart beendigt, was willst du noch mehr?«

Alliterationen und rhythmische Textpassagen prägen mitunter solche volkstümlichen Erzählungen. Auch Elemente der hohen Literatur, etwa die Königshymnen, gehen in dieses Genre ein: »Obergütervorsteher, mein Herr! Du bist Re, der Sonnengott, Herr des Himmels, in Gesellschaft mit deinen Hofleuten. Die Befriedigung der Bedürfnisse aller Leute kommt von dir wie die Flut (des Nil). Du bist der Nilgott, der die Wiesen grünen läßt und die verwüsteten Stätten versorgt.«

Zu allen Zeiten berauschten sich die Menschen am Übernatürlichen. Bedenkt man, welche Rolle die Magie im religiösen Denken und Handeln der Ägypter spielte (S. 148), versteht man den prominenten Platz, den Wundererzählungen in ihrer Literatur einnahmen. Der Papyrus Westcar, aus dem Beginn des Mittleren Reiches, enthält vier solche Erzählungen:[13] König Cheops, dessen Popularität nach seinem Tod ungebrochen war, sitzt eines Tages in seinem Palast und langweilt sich – eine klassische Beschäftigung aller Monarchen. Daraufhin läßt er seine Söhne kommen, und jeder von ihnen erzählt seinem Vater eine Geschichte; das ›Decamerone‹ des Boccaccio oder die ›Geschichten aus 1001 Nacht‹ sind vergleichbare Sammlungen dieser Art.

Der erste Sohn, der spätere Pharao Chephren, beginnt mit der ›Geschichte des betrogenen Ehemannes‹ – zweifellos ein universelles Thema, zu dem die ägyptische Magie allerdings eine überraschende Variante beisteuert: Die Frau des Priesters Ubaone empfängt jeden Tag ihren Geliebten in einem Gartenpavillon. Ihr Gatte, der das endlich bemerkt, stellt ein kleines Krokodil aus Wachs her, in das er eine magische Formel einritzt. Als der Liebhaber zum Baden in den See geht, wirft der Priester die Figur ins Wasser; sie wächst, erwacht zum Leben und verschlingt den Ehebrecher. Magie und Zauberei werden zum persönlichen Nutzen eingesetzt, ein Phänomen, auf das viele Ägypter im Alltag ihre Hoffnung richteten. Die Frau wird übrigens – ganz ohne Wundermittel – verbrannt.

Der zweite Sohn, Bauefre, trägt die ›Geschichte der Ruderin‹ vor. Sie handelt davon, wie einst der Priester Djadjaemank den Vater des Cheops, König Snofru – auch er litt bereits unter königlicher Langeweile –, mit einem Zauberkunststück aufheiterte. Dem mit magischen Künsten vertrauten Priester gelang es nämlich, trokkenen Fußes aus einem See ein Schmuckstück herauszuholen, das einer der hübschen Ruderinnen des königlichen Harems entglitten war. Zu diesem Zweck teilte er das Wasser des Sees in zwei Teile, setzte die eine Hälfte auf die andere und fand so leicht den verlorenen Gegenstand. – Mose konnte offenbar bei der Flucht aus Ägypten auf dort erworbene magische Kenntnisse zurückgreifen.

Um seinen Vater zu zerstreuen, holt der dritte Sohn, Dedefhor, den Magier Djedi herbei, der das gesegnete Alter von 110 Jahren erreicht hat und dessen Spezialität es unter anderem ist, abgeschlagene Köpfe wieder aufzusetzen. Cheops befiehlt auf der Stelle, einen der Gefangenen holen zu lassen – die waren am Hofe leicht zur Hand. Die Antwort Djedis bezeugt den Respekt der Ägypter vor dem menschlichen Leben: »Nein, kein menschliches Lebewesen, mein Herr und Meister, denn man kann so etwas auch nicht mit Tieren durchführen, die einem Gott geweiht sind.« Daraufhin bringt man ihm eine Gans. Nachdem man sie geköpft hat, legt man ihren Körper in die westliche Ecke des großen Saales und ihren Kopf in die östliche. Djedi spricht einige magische Formeln, und Kopf und Körper watscheln aufeinander zu. Sobald sich die beiden Teile getroffen und wiedervereinigt haben, beginnt die Gans fröhlich zu schnattern.

Djedi ist auch bei der vierten Geschichte beteiligt. Er sagt in diesem Fall die Zukunft voraus: die Geburt der ersten Könige der fünften Dynastie, die anderthalb Jahrhunderte später derjenigen des Cheops folgte (S. 67). Die Erzählung beschreibt, wie der Sonnengott Re selbst mit einer irdischen Frau königlicher Abkunft den Thronfolger zeugt. Die Göttinnen Isis und Nephthys sind bei der Geburt zugegen, denn es werden insgesamt drei Kinder geboren, deren göttliche Abstammung durch die drei Götter und durch das äußere Erscheinungsbild der Kinder bestätigt wird: »Ihre Gliedmaßen werden mit Gold überzogen sein, und sie tragen Haare aus Lapislazuli« wie der Sonnengott selbst. – Damit ist, um die Geschichte in ihre historische Dimension zu stellen, der Durchbruch des Sonnengottes innerhalb der Herrschaftsübernahme vollzogen. – Ehe sie entschwinden, fertigen die Göttinnen drei königliche Diademe an, die sie in einem Gerstensack verstecken, und befehlen, daß dieser in einem versiegelten Raum aufbewahrt werden soll. Als man einige Tage später keine Gerste mehr hat, um Bier zu brauen, dringt eine Dienerin, dem Verbot zuwider, in den Raum ein. »Da hörte man den Lärm von Gesang, Musik, Tanz und Akklamationen, alles das, was man für einen König tut.« Daraufhin sind die Eltern entzückt und feiern einen glücklichen Tag.

Solche glückverheißenden Töne, die die Ankunft eines neuen Herrschers verkünden, waren ein der ganzen Antike vertrautes Phänomen. Ich möchte in diesem Zusammenhang Plutarch zitieren: »Während dieser Nacht (im August des Jahres 30), so sagt man, ungefähr in ihrer Mitte, während die ganze Stadt (Alexandria) ruhig war und niedergeschlagen vor Furcht vor dem, was kommen sollte, hörte man plötzlich eine übernatürliche Musik. Man hörte eine Vielzahl von Instrumenten, Gesänge und die Rufe einer Menge Bacchanten. Ein riesiger Tumult erfüllte die Stadt, obgleich niemand zu sehen war. Und dieser Musikzug bewegte sich durch die Stadt zu dem Tor, das dem Feind (Octavian) am nächsten lag. Dort verstärkte sich die Musik nochmals und brach dann plötzlich ab, als ob der unsichtbare Festzug die Stadt verlassen hätte.«[14] Auch dies markiert gleichsam die Geburt eines neuen ägyptischen Königs: diejenige Octavians (S. 459), des späteren Augustus, der durch eine solche Erzählung für die Ägypter in die Tradition ihrer Pharaonen gestellt wurde. Ich hätte auch eine Passage aus dem Lukas-Evangelium zitieren können.

In antiken ebenso wie in modernen Erzählungen ist das Motiv der ›Vorherbestimmung‹ geläufig – meist für Könige oder Prinzen. Solche Geschichten ähneln unseren Märchen und denen anderer Völker. Ein Papyrus aus dem Neuen Reich bietet allerdings nur den Anfang einer solchen typischen Erzählung, mit der sich die Bauern abends unterhielten: Ein Pharao war verzweifelt, weil er keinen Sohn hatte. Die Götter ließen sich schließlich durch das Flehen des Königs erweichen, und prompt wurde ihm der ersehnte Thronfolger geboren. Allerdings bestimmten die Hathoren – sieben Göttinnen und Götter, welche die Rolle unserer Feen spielen – sein Schicksal voraus: Er werde entweder durch ein Krokodil oder durch eine Schlange oder durch einen Hund umkommen. Also versuchte man, das Kind von der Gefahr fernzuhalten, indem man ihm ein Haus in der Wüste errichtete. Nach einer Weile sah der Prinz einen Mann, der mit seinem Hund spazierenging. Er wünschte sich nichts sehnlicher, als ebenfalls einen Hund zu besitzen, und um seine Schwermut zu beenden, willigte sein Vater schließlich ein und gab ihm das Tier. Dennoch plagte die Einsamkeit den Jüngling weiter, und er bat seinen Vater: »Du weißt doch, daß ich meinem Schicksal unterworfen bin, dem ich nicht entgehen kann. Laß mich doch nach meiner Weise leben bis zu dem Tag, an dem der Gott vollendet, was er sich vorgenommen hat.« Also zog er fröhlich mit seinem Hund in die Welt.

Eines Tages kam er in das Land Naharina, nördlich von Phönikien. Der dortige König hatte seine bildhübsche Tochter demjenigen versprochen, der bis zu ihrem Fenster heraufspringen konnte. Nun gehört so ein Sprung in ungefähr 36 Meter Höhe für einen ägyptischen Prinzen, der die Künste der Magie beherrscht, zu den leichtesten Übungen – er erreichte das Fenster und die Hand der Prinzessin. In Zukunft übernahm seine liebende Frau die Aufgabe seines Vaters und wachte über ihn. Es gelang ihr beispielsweise, eine Schlange zu töten, die sie im Zimmer des Prinzen fand. Aber während ihr Mann mit seinem Hund spazierenging, sagte dieser zu ihm: »Ich bin dein Schicksal.« Der Prinz floh, fiel ins Wasser, und dort ereilte ihn sein vorbestimmtes Los: Ein Krokodil verschlang ihn.

Solche Geschichten entführten den ägyptischen Bauern eine Zeitlang aus der Monotonie seines Alltags; ebensogerne lauschte man den Abenteuern derer, die einmal ›in die Welt gekommen‹ waren, wie etwa die Soldaten. Daher gehen manche Romane von historischen Ereignissen oder von erlebten Geschehnissen aus und verknüpfen sie mehr oder weniger stark mit Elementen der Sage. Hierher gehören die Abenteuer des Sinuhe (S. 165) oder die Erzählung von der ›Einnahme von Jaffa‹. Letztere spielt in der Regierungszeit Thutmosis' III. (1479–1425), während einer seiner 17 asiatischen Feldzüge. Der General Djehuti, dessen historische Existenz auf einem Becher im Louvre bezeugt ist, konnte Jaffa nicht einnehmen. Folglich beschloß er, durch eine List in den Hafen einzudringen. Nachdem er unter dem Vorwand, er veranstalte ein Fest, den Prinzen von Jaffa in seine Hand gebracht hatte, tötete er ihn mit der königlichen Keule, die ihm Thutmosis III. geschickt hatte. Dann ließ er 200 Leute in 200 Körbe stecken und diese vor die Tore der Stadt tragen. Der Gattin des Prinzen ließ er ausrichten, man bringe ihr den General Djehuti und seine Leute als Gefangene in den Körben. Die Einwohner Jaffas öffneten die Tore, und ... die Stadt wurde erobert. Die Idee sollte Schule machen: Ein Grieche namens Odysseus ließ sich später mit seinen Männern in einem Pferd in die Stadt Troja ziehen – vielleicht hatten sie keine Körbe zur Hand.

Andere Geschichten kennen wir so ähnlich aus unserer eigenen Märchen- und Sagentradition: In ›Die Schöne mit den Rosenwangen‹[15] will Königin Nitokris, die letzte Herrscherin der sechsten Dynastie, den Tod ihres Gatten rächen, der durch ein Komplott ums Leben gekommen ist. Zu diesem Zweck läßt sie in ihrem Palast einen unterirdischen prächtigen Saal mit einer direkten Verbindung zum Nil bauen. Alle, die sich an dem Komplott gegen ihren Gatten beteiligt haben, lädt sie zu einem Fest in diesen Saal – mit dem zu erwartenden Ergebnis.

Die damit schon zu ›märchenhaftem‹ Ruhm gekommene Königin gab immer wieder Anlaß zu neuen Erzählungen. Eine sei noch angeführt; die Königin hat allerdings inzwischen ihren Namen in Rhodopis geändert: Eines Tages badete sie als junges Mädchen im Nil. Da kam ein Vogel, nahm einen Schuh, den sie am Ufer zurückgelassen hatte, und flog mit ihm davon. Just als er sich in Memphis über dem Pharao befand, ließ er seine Beute fallen. Von der unglaublichen Zartheit des Schuhs entzückt, die auf eine ebenso zarte Trägerin schließen ließ, schickte der Pharao Boten aus, um die Besitzerin ausfindig zu machen. So wurde Rhodopis/Nitokris Königin von Ägypten. Und wenn sie nicht gestorben sind …

Der antike Mensch – nicht nur in Ägypten – sah sich beständig von Göttern und göttlichen Kräften umgeben und beeinflußt. Solche Götter waren mächtig, ihre Möglichkeiten übertrafen oft menschliche Vorstellungskraft, und deshalb konnte man bei den zahlreichen mythischen Erzählungen nicht nur atemlos dem ungewöhnlichen Tun der Himmlischen lauschen, sondern auch Hoffnung schöpfen, daß es bei aller irdischen Ausweglosigkeit vielleicht doch Rettung gab – wie in der ›Geschichte des Schiffbrüchigen‹, deren Manuskript auf Papyrus wiederum vom Beginn des Mittleren Reiches datiert.[16]

Mitten auf dem Roten Meer wird ein ägyptisches Schiff von einem schrecklichen Sturm erfaßt, kentert und geht mit Mann und

Maus unter. Nur ein einziger Seefahrer kann sich, an eine Planke geklammert, auf eine einsame Insel retten. Es ist eine Insel des Luxus, die Insel des Ka. Als er nach einem langen Schlaf von drei Tagen die Möglichkeiten der Insel erkundet und seinen Hunger gestillt hat, hört der Seemann plötzlich einen gewaltigen Donner; die Bäume biegen sich, die Erde bebt, und eine große, 15 Meter lange Schlange nähert sich ihm. Ihr Bart, den sie wie ein Gott oder ein Pharao trägt, mißt einen Meter, ihr Körper ist mit Gold bedeckt, die Augen sind aus reinem Lapislazuli; offensichtlich haben wir es mit einer göttlichen Erscheinung zu tun. Diese Schlange bringt den Schiffbrüchigen in ihr Domizil und läßt ihn seine Geschichte erzählen. Dann prophezeit sie ihm, er werde in vier Monaten von einem Schiff abgeholt – was sich zum Schluß auch bewahrheitet –, und vertraut ihm nun ihre eigene Geschichte an. Ihre Familie, 75 Schlangen, ist von einem Meteoriten, der auf die Insel fiel, getötet worden; sie allein hat überlebt. Der Mann verspricht ihr, von zu Hause reiche Geschenke zu senden, doch die Schlange weist ihn zurecht: Es gebe auf der Insel alles; sie selbst entbehre nichts. Und der Seemann werde das Eiland nie wiedersehen, denn es verschwinde in den Fluten, sobald er es verlassen haben werde.

Die Geschichte ist aus mehreren Gründen interessant. Manches hat sie mit späteren Texten wie der ›Odyssee‹ gemeinsam – man denke an die Ankunft des Odysseus auf der Insel der Phäaken. Auch zum ›Gilgamesch-Epos‹ gibt es Parallelen. Da ist zunächst das Motiv der Insel: An einem abgesonderten, begünstigten Ort befinden sich Götter oder privilegierte Menschen, meist gelangt jemand dorthin, der als einziger einer Katastrophe entging. Gilgamesch will auf seiner Insel jene Pflanze finden, die Unsterblichkeit verleiht; die Insel des Seemanns heißt »Ka«, genauso wie jene Kraft, die jedem Menschen innewohnt und die ewiges Leben spendet. Beide Inseln versinken, nachdem sie ihre Funktion erfüllt haben. Symbol des ewigen Lebens war für viele antike Völker Afrikas die Schlange. Sie wird ›wiedergeboren‹ nach jeder Häutung; sie lebt unter der Erde und damit von jener Kraft, die den Pflanzen das Wachstum ermöglicht. Schließlich das Thema des Schlafes: Auch Gilgamesch muß sich, wie der Schiffbrüchige, erst dem todesähnlichen Schlaf hingeben, ehe er auf der Insel die Erfüllung findet.

Was hier nur angedeutet werden konnte, ist in den zahlreichen Sammelbänden altägyptischer Texte nachzuvollziehen: Sie bezeugen einen erstaunlichen Reichtum an literarischen Formen und Genres. Wir erfahren nicht wenig über die Gedankenwelt der Beamten wie über die Sehnsüchte und Wünsche der ›kleinen Leute‹, zumindest über ihre Art von Vergnügen und Unterhaltung. Und wenn vieles davon in den Erzählungen des Orient oder gar in unseren Märchen Entsprechungen findet, dann liegt das eben daran, daß Mentalitäten – mit dem französischen Historiker Fernand Braudel gesprochen – zu Phänomenen der »langen Dauer« zählen, die erst teilweise durch das Industriezeitalter verändert worden sind.

ACHTES KAPITEL

Das Neue Reich II

Amenophis IV. / Echnaton

Eine Tageszeitung[1] schrieb 1976 unter der Überschrift ›Das Wunder von Amarna‹: »Der junge Mann mit der überlangen Nase, den verhältnismäßig schmalen Augen und den vollen, sinnlichen Lippen trägt den Helm eines ägyptischen Pharaos. Sein Name ist Echnaton. Nofretete, die weltberühmte Königin mit dem rassigen Profil und mit dem fast zerbrechlichen zarten Hals war seine Frau. Beide lebten vor 3200 Jahren. Um diese Zeit begann die griechische Kultur. Das römische Weltreich gab es noch nicht. Und in Deutschlands Wäldern sagten sich noch Füchse und Wölfe Gute Nacht. Obwohl das alles so weit zurückliegt, fesselt die Geschichte Nofretetes und Echnatons die modernen Menschen. Denn in Amarna vollzogen die beiden eine Revolution von oben.« – Eine sehr gedrängte Zusammenschau, die ich im folgenden ein wenig entzerren möchte.

Während der ersten Jahre der Regierung Amenophis IV. (1353 bis 1336), des späteren Echnaton, bestimmte seine Mutter Teje die Richtlinien der Politik. Das geht vor allem aus der diplomatischen Korrespondenz hervor. Neben Teje sorgte der Prinzenerzieher Aja, vielleicht ein Verwandter von ihr, für das reibungslose Funktionieren der Verwaltung.[2] Ihn hatte Amenophis III. mit der Erziehung des späteren Echnaton betraut. Aja sollte während der gesamten Regierungszeit Amenophis' IV. zur engsten Umgebung des Königs gehören und nach dessen Tod zuerst die Regierungsgeschäfte und später die Königswürde übernehmen.

Bedenkt man, wie viele antike Staatsverträge allein durch die vertragschließenden Personen garantiert wurden, so ist es verständlich, daß die asiatischen Verbündeten Ägyptens, besonders der Mitannikönig Tuschratta, die Kontinuität der ägyptischen Politik nur durch die Person der Königinmutter garantiert sahen. Geradezu beschwörend klingt das Kondolenzschreiben, das Tuschratta an Amenophis IV. sandte: »Die Worte allesamt, die ich mit deinem Vater geredet habe, die kennt Teje, deine Mutter. Irgendein anderer kennt sie nicht, und bei Teje, deiner Mutter, wirst du sie erfragen können. Sie möge dir verkünden, daß dein Vater mit mir Freundschaft unterhielt. So möge denn auch jetzt mein Bruder mit mir Freundschaft unterhalten. Auf etwas anderes von irgendeinem möge mein Bruder nicht hören.«[3]

Anfangs folgte die Außen- und Innenpolitik gewohnten Bahnen, und der Herrscher ließ sich auch in den üblichen Reliefs beim Opfer vor dem Reichsgott Amun darstellen. Es war zunächst nicht ungewöhnlich, daß er neben Amun die Gottheit Aton hervorhob, die er als Erscheinungsform des alten Sonnengottes Re-Harachte – Re-Horus im Lichtband – anbetete; denn dieser Aton war bereits von Thutmosis IV. und Amenophis III. verehrt worden. Doch schon nach wenigen Jahren mehren sich die Hinweise, daß Amenophis IV. Vorkehrungen trifft, Aton zum zentralen und schließlich einzigen Gott zu erklären. Offenbar haben der König und seine Berater den bald spürbaren Wandel der Religion sorgfältig und von langer Hand geplant. Vermutlich in seinem vierten Regierungsjahr (1350) setzte der König in dem von ihm errichteten Aton-Tempel in Karnak seine Vorstellungen erstmals sichtbar um; in rascher Folge griffen die Neuerungen auch auf die Gebiete der Kunst und der Verwaltung über – allerdings waren die offiziellen Erlasse im fünften Jahr immer noch mit dem alten Namen Amenophis gezeichnet.

Die wesentlichen, durch den König veranlaßten Veränderungen betrafen die Erscheinungsform und die Bezeichnung des von ihm verehrten Sonnengottes. Ansonsten waren die dem Sonnenglauben des späteren Echnaton zugrundeliegenden Gedanken nicht neu; sie lassen sich auf Vorstellungen zurückführen, die es mindestens seit Ende des Alten Reiches gab. Allerdings wurden sie nun mit einer bislang unbekannten Intoleranz und Einseitigkeit verwirklicht. Möglich geworden war dies durch eine Entwicklung, die sich schon bei den früheren Herrschern der achtzehnten Dynastie beobachten läßt: Die persönlichen Eigenschaften treten in der öffentlichen Präsentation und in den Herrschaftszielen immer stärker hervor. Thutmosis III., der außergewöhnliche Krieger; Amenophis II., der außergewöhnlich starke Mann; Amenophis III., der außergewöhnlich prachtliebende Genußmensch; und jetzt Echnaton – weder kriegerisch noch kräftig, noch genußsüchtig, aber tief religiös und in diesem Punkt ebenso extrem wie seine Vorgänger auf anderen Gebieten. Und noch ein weiteres kam hinzu: All jene individuellen Neigungen kosteten enorm viel Geld; auch Echnatons gigantischer Bau von Amarna verschlang Unsummen, die dann fehlten, wenn man ähnlich kostspielige Feldzüge durchführen wollte.

Ich habe bereits darauf hingewiesen, daß sich in der ägyptischen Religiosität Stränge finden, die einerseits – gerade nach der Hyksoszeit – das Nationalgefühl untermauerten, andererseits aber mit dem Entstehen eines Weltreiches Vorstellungen begünstigten, es gebe Götter der ganzen Erde, über die der Pharao ja zu großen Teilen herrschte. E. Otto bringt das folgendermaßen auf den Punkt: »Amun war der ägyptische Nationalgott, Aton ein Weltgott.«[4] Diese scheinbar widerstrebenden Tendenzen führte Echnaton mit einer erstaunlichen Konsequenz zusammen.

Was unter ihm geschah, war in Ägypten zwar immer wieder passiert: Neue Götter oder neue Aspekte alter Götter kamen auf und setzten sich durch; auch Echnaton griff eine bekannte Strömung auf, vielleicht sogar eine Strömung, die breiten Anklang bei der Bevölkerung fand. Doch bislang hatten die Pharaonen in diesem Prozeß eine eher ausgleichende Rolle gespielt, um die Herrscher aller Ägypter und aller Götter zu sein. Nun bezog ein König erstmals dezidiert Position.

An die Stelle des falkenköpfigen Re trat das Bild der Strahlensonne. Auch damit orientierte sich der König an einem uralten, literarisch geprägten Bild: Die Strahlen der Sonne umfangen, schützend und lebensspendend zugleich, sämtliche Kreaturen – Menschen, Tiere und Pflanzen. Auf diesen Aton gingen die Eigenschaften eines Herrschers über: Wie die Könige trägt auch er den Uräus, wird auch sein Name künftig von den königlichen Namensringen umrahmt und besitzt Aton das Vorrecht, Jubiläumsfeste zu feiern. Aus all dem geht hervor, daß Echnaton seine Ideen bereits sehr früh mit einer Tendenz zum Monotheismus vortrug.

Zwei Einwände gegen die neue Lehre mußten sich den Ägyptern aufdrängen: Zum einen wurde die sich damals gerade entwickelnde Möglichkeit eines persönlichen Verhältnisses zu Gott durch die Religion Echnatons wieder eingeschränkt, denn der Weg zu Aton führte ausschließlich über die Person des Königs. Aton war sein Gott, er allein verstand dessen Gebote, vermochte sie zu deuten und zu verwirklichen. Der andere grundsätzliche Einwand betraf die Einseitigkeit der Lehre. Diese ignorierte – bewußt oder unbewußt –, daß neben der Welt des Lichtes, der Schönheit und des irdischen Daseins die der Nacht, der Not und der Gefährdung steht, daß der Tod die notwendige Ergänzung des Lebens ist. In einem Atonhymnus heißt es: »Gehst du unter im westlichen Lichtland, ist die Erde in Finsternis, in der Verfassung des Todes.«[5] Die Frage, was nach dem Tod geschieht, war plötzlich aus dem Blickfeld geraten. Aton hatte nicht nur Amun, sondern auch Osiris entthront.

Vom Zeitpunkt der Neuordnung an erscheint neben Amenophis IV. die Königin Nofretete – »die Schöne ist gekommen« –, welche den Titel »Große königliche Gemahlin« trägt. Der König legte größten Wert darauf, stets in Begleitung seiner Gemahlin dargestellt zu werden, als ob er damit zeigen wollte, daß er sie an seiner Macht teilhaben lasse. Wie Echnaton wurde sie später von den Untertanen in kleinen Hausaltären verehrt; im König und seiner Familie sah man ein Pendant zum Sonnengott, der selbst König war und die Rolle von Vater und Mutter alles Lebendigen übernommen hatte.

Diese Ideen – fast ausschließlich mit dem Namen Echnatons verbunden – sind in einem Kreis von Ratgebern entstanden, den wir allerdings nicht genau kennen. Was wir indes wissen, ist, daß der König viele neue Beamte einstellte, die aus breiten Schichten der Bevölkerung, zum Teil aus dem Ausland und insbesondere aus dem Militär stammten. Ohne eine entsprechende Familientradition verdankten sie ihre einflußreiche Stellung allein dem Herrscher, demgegenüber sie sich in devoten Formulierungen wechselseitig übertrafen. Ihr »Verdienst« bestand im sorgsamen »Hören« auf Echnaton, und vielleicht war es wirklich eine entsagungsvolle Aufgabe, sich mit den Theorien des neuen Propheten immer und immer wieder zu befassen. Über seinen Kammerherrn Tutu etwa sagt Echnaton: »Du bist mein großer Diener, der meine Lehre hört.«[6] Entsprechend verdienstvolle Beamte überschüttete der König förmlich mit Auszeichnungen. In der – stark rekonstruierten – Darstellung (Abb. 49) sehen wir Echnaton, seine Gattin Nofretete und drei Töchter bei der Verleihung des Ehrengoldes an Aja und dessen Frau, die den vertrauten Namen Teje trägt. Der General nimmt in respektvoller Haltung einen breiten goldenen Halskragen aus der Hand des Königs entgegen. Hinter ihm steht Teje mit preisend erhobenen Händen. Beide tragen auf den Perücken hohe Salbkegel; Aja ist bereits mit sechs Halsketten dekoriert, die seine häufigen Auszeichnungen bezeugen. Die Szene wird beherrscht von Aton, der segenspendend seine Arme ausstreckt und den Menschen Lebenssymbole überreicht.

49. Echnaton verteilt Auszeichnungen. Skizze

Mit der Restrukturierung der Beamtenschaft war die sorgfältig geplante Umgestaltung des Staates und der Religion endgültig möglich geworden. Dazu gehörten vor allem die Gründung einer neuen Residenz und die Änderung des königlichen Geburtsnamens. War der König bisher »Sohn der Sonne« und hieß »Amun ist zufriedengestellt«, so fügte er jetzt den Beinamen »Einziger des Re« hinzu und gab sich den Titel »Hoherpriester des Re-Harachte (Re-Horus im Lichtband)«. Nun endlich war er Echnaton, »dem Aton wohlgefällig«, oder noch nachdrücklicher übersetzt: »Aton will es«.

In Mittelägypten, ungefähr auf halbem Wege zwischen Memphis und Theben, hatte der König einen Ort für seine neue Hauptstadt ausgesucht, der nach dem Namen eines modernen Beduinenstammes meist El-Amarna genannt wird. Ob man über die Gründe für eine neue Residenz wirklich so spekulieren muß, wie dies in der Literatur geschieht? Auch andere Könige ließen sich Paläste erbauen; Echnaton folgte dieser Tradition, übersteigerte sie aber. Die Planungen in Amarna begannen im sechsten Regierungsjahr (1348), und bereits Ende des Jahres 1346, nachdem wenigstens die ersten Paläste, Tempel und Wohnquartiere fertiggestellt waren, übersiedelte der Hof.

Die eigentliche Stadt wurde auf dem östlichen Nilufer errichtet, in einer halbkreisförmigen trockenen Ebene, die gegen Osten durch das Randgebirge der arabischen Wüste geschützt und etwa dreizehn Kilometer lang und fünf Kilometer breit war. Die Versorgung mit Lebensmitteln hing von dem am westlichen Ufer gelegenen Ackerbau- und Viehzuchtgebiet ab, wo sich das fruchtbare Niltal zu großer Breite ausdehnte. Der neuen Stadt gab Echnaton den Namen »Horizont (Lichtland) der Sonnenscheibe«. Offenbar war Amarna zunächst nur für den engeren Hofstaat und als Kultort für den Gott-»König« Aton gedacht, während ein großer Teil der staatlichen Verwaltung in den bisherigen Zentren Memphis und Theben verblieb.

Die Inbesitznahme der neuen Residenz war für Echnaton das Signal, den bisher beschrittenen Weg fortzusetzen und noch radikaler mit der Vergangenheit zu brechen. Wenn es allein den von ihm leidenschaftlich gepriesenen Gott Aton gab und keine anderen Götter mehr verehrt werden sollten, dann hatten mit deren Kulten auch die Namen zu verschwinden. Es müssen ganze Trupps von Handwerkern im gesamten Reich unterwegs gewesen sein, um die Namen der Gottheiten auszumeißeln und damit ihre Existenz auszulöschen. Mit beeindruckender Konsequenz erklommen jene Trupps selbst die Spitzen der Obelisken, arbeiteten sich unter die Vergoldung der Säulen vor und wurden sogar in Keilschriftbriefen der Archive fündig.

Die größte Sorgfalt verwendeten die königlichen Arbeiter auf die Tilgung des Amun-Namens, und vereinzelt zerstörten sie sogar das Zeichen für »Götter«. Diese Gründlichkeit läßt darauf schließen, daß Amun bislang diejenige Rolle im ägyptischen Götterpantheon gespielt hatte, die nun Aton übernehmen sollte. Aton löste Amun als höchster Gott ab, als derjenige, der letztlich auch hinter den Erscheinungen der anderen Gottheiten stand. Auffällig ist, daß die Namen der übrigen, besonders der tiergestaltigen Gottheiten, nicht systematisch getilgt wurden; sie bildeten nicht das eigentliche Ziel der Aktion. Unklar bleibt für uns das Schicksal der bisherigen Tempel, ihrer Priesterschaft und ihres Vermögens. Möglicherweise erhielten sie neue kultische Aufgaben neben den Heiligtümern Atons, mit deren Bau man freilich erst begann; die Neugestaltung des staatlichen Kultes war ungefähr im Jahre 1343 abgeschlossen. In Zukunft sollten Re und Aton die einzig gültigen Gottesnamen sein.

Unsere Hauptquelle für die Ideen des Königs ist der berühmte große Sonnengesang. Im Unterschied zu den traditionellen Götterhymnen, deren mythologischer Inhalt sich in ermüdender Gleichförmigkeit darbietet, bezaubern uns die Aton-Hymnen durch ihre Poesie. Sie sind vom Schauspiel des Lebens inspiriert und setzen die Werke der Natur in Beziehung zum fortdauernden Walten des Tagesgestirns, Quelle des Lebens und der Freude, zugleich aber auch Prinzip der Ordnung und des Gleichgewichts im Universum. Die früher üblichen Anspielungen auf die Mythen, in denen die Ägypter seit unvordenklicher Zeit die Welt gedeutet hatten, finden sich kaum noch, was uns den Gesang so eingängig macht:

»Du erscheinst schön im Lichtland des Himmels,
du lebende Sonne, die Leben zuweist!
Du bist aufgegangen im östlichen Lichtland,
du hast jedes Land erfüllt mit deiner Schönheit.
Du bist schön, gewaltig und funkelnd,
du bist hoch über jedem Land ...
Die Vögel fliegen auf aus ihren Nestern,
ihre Flügel in Lobgebärden für deinen Ka.
Alles Wild tanzt auf seinen Füßen,
alles, was auffliegt und sich niederläßt,
sie leben, wenn du für sie aufgehst.«[7]

Es stand im Einklang mit den jahrhundertealten religiösen Bräuchen Ägyptens, daß Echnaton als Hoherpriester aller Götter sich nun ausschließlich für den Gott zuständig fühlte, den er nach langer Vorbereitung verkündet hatte. Auch seine Rolle als Sohn dieses Gottes und als alleiniger Mittler zwischen ihm und den Menschen entsprach der Tradition. Neu jedoch war, daß Echnaton gleichsam als Verkünder der neuen Gottheit auftrat; immer wieder berichten die Beamten von der persönlichen Unterweisung durch den König, der als einziger das Wesen des Gottes kannte. Und neu war vor allem, daß die Menschen nun vor Hausaltären beteten, welche die Königsfamilie unter der Strahlensonne zeigten. So charakterisiert der Ägyptologe Erik Hornung die Amarna-Religion mit der knappen Formel: »Es ist kein Gott außer Aton, und Echnaton ist sein Prophet.«[8]

Außergewöhnlich und überaus faszinierend sind jene Darstellungen, in denen die Künstler der Zeit versuchen, die irdische Wirkung Atons ins Bild zu setzen; anrührend besonders die Szenen intimer Zärtlichkeit zwischen den Mitgliedern der Königsfamilie – wie sie allerdings auf die Zeitgenossen gewirkt haben, wissen wir nicht. Offensichtlich sollen sie die Vorstellung vermitteln, daß alles Leben, also auch die Liebe zwischen den Menschen, Atons Werk ist. Die

Darstellungen sind voller Licht und Leben, und genau dafür stand Aton. Weder in den bildlichen noch in den literarischen Zeugnissen stoßen wir auf jene Schattenseiten der Wirklichkeit, die es zu allen Zeiten gab; sie kamen in Echnatons religiösem Weltbild wie gesagt nicht vor. Derart friedvolle und heitere Aspekte des Daseins erwecken den Eindruck einer Idylle und faszinieren uns; doch eine solche Idylle dürfte auch die Amarna-Zeit nie gewesen sein.

In dieses Bild scheinen lediglich die Statuen und Reliefs Echnatons nicht zu passen, die immer wieder als abstoßend häßlich empfunden worden sind. Möglicherweise ließ sich der König mit einer auch auf anderen Gebieten zu beobachtenden Rigorosität als Repräsentant einer Fruchtbarkeit darstellen, die männliche und weibliche Züge in seiner Person vereinte, und so wie der Gott des Anfangs weder männlich noch weiblich (beziehungsweise männlich und weiblich zugleich) war, erscheint auch Echnaton als eine Art Schöpfergott. Fest steht jedenfalls, daß die oft gezeigten Statuen kaum Abbilder eines menschlichen Individuums sind und daß sie keine krankhafte Deformierung wiedergeben.

Nirgendwo in der ägyptischen Kunst ist die Etikette des Hoflebens in so strengen Formen veranschaulicht worden wie in den Darstellungen der Zeit Echnatons. Die Damen des Hofstaats halten sich in ehrerbietiger Entfernung vom Königspaar, Hofleute und Priester verharren in unterwürfiger Verneigung. Wenn man den szenischen Darstellungen Glauben schenkt, dann haben ägyptische Beamte den Rücken niemals tiefer vor ihrem Herrn gekrümmt als in der Amarna-Zeit. Ägypter und Vertreter ausländischer Völker liegen auf den Knien, um den Boden vor dem König zu küssen. Das Aufgebot fremder Söldner, die in klarer Charakterisierung ihrer Herkunft dargestellt sind, dient anscheinend der Demonstration der außenpolitischen Anerkennung. Trotz der betonten Ergebenheit seiner Beamten hat die aus ausländischen Söldnern gebildete Polizeitruppe Echnatons oft genug eingreifen müssen. Doch gescheitert ist dieser wohl weniger wegen der einseitigen Übersteigerung seiner Ideen, sondern an der außenpolitischen Lage.

Ägypten war vor allem durch seine Gebiete in Syrien-Palästina in die Gesamtentwicklung des Vorderen Orients eingebunden. Die wenigen Stadtfürsten, die wie Rib-Addi aus Byblos zu Ägypten gestanden hatten (S. 271) – die Macht am Nil war fern genug, um die eigene Selbständigkeit entfalten zu können –, sahen sich erneut starkem Druck ausgesetzt. Den wichtigsten Unruheherd – Amurru, jetzt regiert von Fürst Aziru – haben wir bereits kennengelernt. Von dort aus griff der Flächenbrand, angefacht von den Hettitern, rasch nach Süden über, und in Palästina schürten einzelne Stadtfürsten die Aufstände gegen Ägypten. Welche Turbulenzen die ganze Region erfaßt hatten, läßt sich daran ablesen, daß immer häufiger Angriffe räuberischer Banden (Apiru, die »Herüberkommenden«) gegen die befestigten Orte geschildert werden. Erheblichen Prestigeverlust, aber auch konkrete Machteinbußen bedeutete für Ägypten die Aufgabe der nördlichen Hafenstädte Ugarit und Byblos, die trotz aller Verluste im Landesinnern Nachschubbasen für weitere Aktionen geblieben waren. Nun besaß der ägyptische König keine Möglichkeit mehr, das Mitannireich, seinen bislang wichtigsten Verbündeten, zu unterstützen. Nach dem Mord an König Tuschratta hatten die Hettiter leichtes Spiel, und mit der Eroberung von Aleppo und Alalach war der Hettiterkönig Schuppiluliuma I. (1370–1330) praktisch Herr über ganz Syrien. Wir können diese Ereignisse konstatieren, vermögen aber nicht einzuschätzen, ob Echnaton ihnen keine Bedeutung beimaß oder ob er aufgrund der enormen Bautätigkeit nicht die Mittel besaß, militärisch in Syrien durchzugreifen.

Deuteten sich Schwierigkeiten auch im Innern an, als Echnaton um 1340 seinen Verwandten Semenchkare mit einer seiner Töchter verheiratete und zum Mitregenten machte? Unklar bleibt auch das Schicksal Nofretetes, die etwa gleichzeitig gestorben oder vielleicht in Ungnade gefallen ist; ihr Name ist auf einigen Denkmälern ersetzt. Vielleicht hat Echnaton gegen Ende seiner Regierung das Scheitern seiner Bemühungen gespürt, und Semenchkare sollte Veränderungen in der Religionspolitik durchführen, zu denen sich der König selbst nicht mehr in der Lage sah. Als Nefernefruaton (»mit der schönsten Schönheit des Aton«) ließ Semenchkare in Theben einen Totentempel errichten, der zugleich dem Amun geweiht war. Damit begann eine etwa fünfjährige Übergangszeit, in der Amun und Aton in Theben sowie in Amarna nebeneinander verehrt wurden. Die Regierungszeit Echnatons hatte zwar den Namen des Amun, keineswegs aber die Erinnerung an ihn und die zahlreichen anderen Götter des Landes ausrotten können. Selbst in den Ruinen von Amarna fanden sich beispielsweise Bes- und Horusaugen-Amulette. Man kann sich vorstellen, wie zäh sich außerhalb der Hauptstadt die jahrhundertealten Traditionen bewahrt haben, wenn man bedenkt, daß diese sich später selbst noch in einer christlichen Umwelt hielten.

Eine bedeutsame und für die Folgezeit prägende Änderung bewirkte Echnaton bei der Anlage des Königsgrabes, indem er dessen Kammern wieder an einer geraden Achse ausrichtete; dies machte das Grab für die Strahlen der Sonne, seines Lichtgottes Aton, zugänglich. Unabhängig von allen politischen und kultischen Einschnitten nach dem Ende seiner Regierungszeit, führten Echnatons Nachfolger die Entwicklung konsequent fort; am Ende der Ramessidenzeit werden die Gräber der Pharaonen nicht mehr in dunkle Tiefen hinabführen, sondern lichtdurchflutete Bauten sein. Auch dies beweist, daß Echnaton Entwicklungen aufnahm, die sich auch ohne seine gewaltsame Übersteigerung durchgesetzt hätten.

Kurz nacheinander sind Echnaton (1336), seine Halbschwester Marithaton (1335), die den Kronprinzen vertrat, und ihr Gatte Semenchkare (1334/33) gestorben. Ihr Nachfolger wurde der etwa siebenjährige Tutanchaton (»lebendiges Abbild des Aton«), der vielleicht ein Sohn des Mitregenten, auf jeden Fall wohl ein Mitglied der Königsfamilie war. Mit Semenchkare und vor allen Dingen mit dem jungen und leicht lenkbaren Tutanchaton begann eine allmähliche, gewaltfreie Restauration der alten Zustände. Für den unmündigen Pharao führte der »Gottesvater« Aja – vielleicht bedeutet dieser Titel »Prinzenerzieher« – die Regentschaft.

Nachdem er bereits unter Echnaton einflußreicher Ratgeber gewesen war, bestimmte Aja nun die Politik des folgenden Jahrzehnts. Die Residenz blieb für weitere zwei Jahre in Amarna. Erst 1331 wurde sie nach Memphis verlegt und Amarna überstürzt geräumt; Enttäuschte wie Erbitterte rasten in Zerstörungswut durch die Stadt und machten sie dem Erdboden gleich. So rasch ging alles vor sich, daß man sich nicht einmal die Zeit nahm, die Hunde von ihren Ketten zu lösen und die Rinder aus ihren Ställen zu treiben, die Schriften aus den Archiven zu holen und die Modelle aus den Werkstätten der Bildhauer zu bergen.

Das auffälligste ›Abfallprodukt‹ aus der Modellkammer des Bildhauers Thutmosis ist die berühmte Büste der Nofretete (Abb. 50), die seit ihrer Aufstellung im Ägyptischen Museum bekannteste ›Berlinerin‹. Sie trägt eine hohe Krone mit Diadem und Uräus sowie einen aufwendig gearbeiteten Halskragen. Es handelt sich um einen Modellkopf, der nie vollständig ausgeführt war, weshalb das linke Auge fehlt. Sie kam als Geschenk Ägyptens an einen Berliner Mäzen, der sie wiederum dem preußischen Staat übereignete.

Von Memphis aus erließ Tutanchaton, der sich jetzt Tutanchamun nannte, ein sehr allgemein gehaltenes Restaurationsedikt, das die Amarna-Zeit endgültig beendete. Er bemühte sich, den Kult der alten Götter im ganzen Land wiederzubeleben. In seinem Edikt wurde Aton nicht mehr genannt, aber auch nicht verfolgt, so daß sein Andenken bald verblaßte: »So machte das Land eine Krankheit durch, und die Götter vernachlässigten dieses Land. Wenn man Soldaten nach Syrien schickte, um die Grenzen Ägyptens zu erweitern,

50. Büste der Nofretete

so wurde kein irgendwie gearteter Erfolg durch sie herbeigeführt. Wenn man einen Gott anflehte, um sich von ihm etwas zu erbitten, kam er nicht her; und wenn man ebenso eine Göttin anging, so kam sie nicht her. Ihre Herzen waren schwach in ihnen, und sie hörten auf zu schaffen. Nachdem nun diese Tage vorübergegangen waren, da erschien seine Majestät auf dem Thron des Vaters. Er beherrschte die Ufer des Horus, indem das schwarze Land (Ägypten) und das rote Land (Wüste) unter seiner Gewalt waren. Jedes Land war in Verbeugung vor seiner Macht.«[9] Letzteres war freilich Zukunftsmusik.

Daß eine energische ägyptische Außenpolitik vor allem vom Willen des Herrschers abhing, bewies der Oberbefehlshaber des

Heeres Haremhab, neben Aja der einflußreichste Beamte. Nachdem die Truppen – wie schon so häufig in der ägyptischen Geschichte – auf einem Feldzug gegen Nubien gleichsam für größere Aufgaben geschult worden waren, führte ihn ein Vorstoß in Syrien bis vor Kadesch. Immerhin gelang es auf diese Weise, ägyptische Präsenz zu demonstrieren, was gegenüber manchen lokalen Stadtherren bereits genügte, um der einstigen Weltmacht am Nil wieder Respekt zu verschaffen.

Als Tutanchamun 1327 starb, war mit ihm die Königsfamilie in männlicher Linie erloschen. Wie häufig in solchen Situationen ergriff eine Frau aus dem Herrscherhaus die Initiative, diesmal die verwitwete Königin Anchesenamun, eine Tochter Echnatons. Ihr Vorhaben war spektakulär wie kaum ein anderes: Sie bot dem Hettiterkönig Schuppiluliuma an, einen seiner Söhne zu heiraten und damit zum Herrscher Ägyptens zu erheben. Verständlicherweise zog der Hettiterkönig zunächst Erkundigungen ein, um mögliche Hintergedanken des bislang gefährlichsten Gegners auszuschließen. Es scheint, daß beide Seiten dann aber den Plan, der als kühn bezeichnet werden kann, für realisierbar hielten; denn der hettitische Prinz Zannanza war bereits auf dem Weg nach Ägypten, als er ermordet wurde. Was wäre geschehen, wenn es zu dieser Hochzeit gekommen wäre und ein Sohn die Herrschaft der beiden Großreiche angetreten hätte?

Inzwischen hatte Aja seine Ansprüche auf den Thron unüberhörbar angemeldet. Als er Haremhab auf seine Seite ziehen konnte, verstummte jeglicher Widerspruch dagegen, und er wurde Pharao. Folgerichtig übernahm er das für Tutanchamun gedachte Königsgrab für sich selbst und ließ dessen Mumie in einem viel kleineren Grab bestatten. Zufällig ist diese Anlage der staunenden Nachwelt fast unversehrt erhalten geblieben, und Tutanchamun erlangte damit einen politisch durch nichts gerechtfertigten Ruhm. Das Einverständnis Haremhabs zur Thronerhebung Ajas dürfte dadurch

›erkauft‹ worden sein, daß Aja, der keinen männlichen Erben hatte, den General zu seinem Stellvertreter und Nachfolger ernannte. Nach wenigen Jahren erfolgte die reibungslose Thronfolge von Aja zu Haremhab (1322–1295). Unter diesem wiederholte sich, was wir bereits nach dem Tod der Hatschepsut beobachten konnten: Die Vorgänger wurden ignoriert, Haremhab zählte seine Regierungszeit vom Tod Amenophis' III. an. Damit war die heute so genannte Amarna-Zeit ausgelöscht.

Mit der Verlegung der Residenz nach Memphis hatte sich der Schwerpunkt des Landes wieder nach Norden verlagert und geradezu zwangsläufig den Blick nach Osten geöffnet. In die Amunstadt Theben reiste Haremhab wie in manche große Heiligtümer nur noch zum jährlichen Opferfest, setzte allerdings durch großzügige Neubauten die lange Tradition jener Vorgänger fort, an die seine Regierungszeit sich offiziell nahtlos anschloß.

Bei der Planung seines Grabes dagegen folgte Haremhab den Neuerungen Echnatons, gestaltete aber die Dekoration der Sargkammer um. Statt Malereien wurde das bemalte Relief verwendet, und an die Stelle des ›Amduat‹ trat ein anderes Unterweltsbuch, das Buch von den Pforten des Jenseits, das sogenannte ›Pfortenbuch‹. Auch wurden die Texte nun weder vollständig noch durchgehend gestaltet, sondern in einzelne Abschnitte aufgelöst und sogar auf mehrere Räume des Grabes verteilt; offenbar kam ihnen nur eine dekorative Funktion zu. Folgerichtig finden wir am Ende dieser Entwicklung, bei Ramses XI. (1099–1070), sowohl in den mythologischen Papyri als auch in den Darstellungen auf Särgen Abschnitte aus unterschiedlichen religiösen Werken miteinander vermischt.

Zu seinem Nachfolger bestimmte Haremhab den Offizier Paramessu, den er als Wesir und Stellvertreter des Königs mit einer ähnlichen Machtfülle ausstattete, wie sie ihm selbst von Aja verliehen worden war. Unter dem Namen Ramses I. bestieg Paramessu, dessen Vater Seth »Hauptmann der Truppen« gewesen war, 1295 den Thron und begründete die neunzehnte Dynastie. Ob gewollt oder nicht: Die Zeit Echnatons hatte dem Militär zum entscheidenden Einfluß im Staat verholfen. König Aja hatte seine Karriere als Truppenoffizier begonnen, ebenso sein Nachfolger Haremhab, der seinerseits den aus einer alten Offiziersfamilie stammenden General Paramessu zu seinem Nachfolger bestellte und seine wichtigsten Gehilfen aus ebenjenem Soldatenstand rekrutierte, aus dem er selbst hervorgegangen war. Dementsprechend stand die Ramessidenzeit im Zeichen einer Militarisierung des öffentlichen Lebens.

Ramses II.

Die Statuen, die Paramessu zeigen, stellen ihn als königlichen Schreiber dar. Der halbentrollte Papyrus auf seinen Knien zählt all die hohen Positionen auf, in die er berufen wurde: Außer dem Wesirat bekleidete er noch das Amt eines Oberaufsehers der Pferde, eines Festungskommandanten, eines Oberaufsehers der Flußmündungen, eines Befehlshabers des Heeres der Herren der beiden Länder – von zahlreichen Priesterämtern ganz zu schweigen. Am bedeutsamsten ist jedoch, daß er von sich behauptet, »Stellvertreter des Königs in Ober- und Unterägypten« gewesen zu sein. Paramessu verband in seiner Person folglich politische, wirtschaftliche und militärische Führungsfunktionen des Landes.

Als er die Königswürde errang, ließ er den bestimmten Artikel in seinem Namen – P(a) – fort und nannte sich Ramses. Seine Regierung (1295–1293) ist zu kurz gewesen, um wesentliche Spuren hinterlassen zu haben. Als er starb, konnte die Krone zum erstenmal seit 60 Jahren wieder in direkter Erbfolge vom Vater auf den Sohn übergehen, so wie es die Tradition eigentlich verlangte. Sethos I. (1293–1279) trägt seinen Namen, wie sein Großvater, nach dem

Gott Seth. Schon als Kronpinz war er Hoherpriester dieser Gottheit gewesen, die in Auaris im Delta, der Heimat der Familie, verehrt wurde. Die Hyksos hatten sie dort vorgefunden und ebenfalls anerkannt. Sethos I. fühlte sich als Begründer einer neuen Ära, einer »Wiederholung der Geburten (Schöpfung)« – wir haben diese Formulierung bereits zu Beginn der zwölften Dynastie bei Amenemhat I. kennengelernt (S. 159).

Seit der Verlagerung der Residenz nach Memphis entwickelte sich Theben immer mehr zur »Heiligen Stadt«. Im Laufe der Regierung Sethos' I. verschob sich das Verwaltungszentrum des Reiches noch weiter in das östliche Delta hinein: In der Nähe der längst untergegangenen Hyksosstadt Auaris errichtete der König eine Palastanlage. Doch nicht allein die Verlagerung des politischen Schwerpunktes knüpfte an die Zeiten der Hyksos und deren enge Kontakte zu Syrien-Palästina an. Auch der ehemals von den Hyksos verehrte Gott Seth, der zeitweise mit der Erinnerung an diese Könige verdrängt worden war, erfuhr eine wahre Renaissance. Fortan gehörte er neben Amun, Re und Ptah zu den großen Göttern Ägyptens. Dies kommt augenfällig darin zum Ausdruck, daß die jetzt vier Abteilungen des ägyptischen Heeres nach diesen vier Göttern benannt wurden.

Die angedeutete Orientierung an den Traditionen der Hyksos wurde bereits im ersten Regierungsjahr Sethos' augenfällig, als er von der Grenzfestung im Osten des Deltas aus, die den römischen Namen Sile trägt, auf der alten Heerstraße nach Gaza marschierte. Dann besetzte er die in die Hände der Beduinen gefallenen Stützpunkte und kämpfte sich bis zum Libanon vor. Die Grenze des ägyptischen Reiches lag damals auf der Höhe von Tyros. In dieser Zeit erwuchs den Ägyptern im Westen des Deltas ein neuer Gegner; libysche Stämme erschienen als Vorboten einer neuen Völkerbewegung – noch konnte Sethos sie zurückschlagen. Auch in Nubien kam es zu bewaffneten Konflikten; etwa in der Mitte zwischen der zweiten und dritten Stromschnelle gründete der König bei Amara eine große befestigte Stadt. Am Ende seiner Regierungszeit schienen die außenpolitischen Probleme der Amarna-Zeit überwunden.

Da aber das Unrecht, das Echnaton und seine Anhänger den Göttern des Landes zugefügt hatten, noch nicht völlig wiedergutgemacht war, sah der König hier eine Gelegenheit, sich zu profilieren. Er begann mit der Restauration der beschädigten Inschriften und ließ in Abydos, der berühmten Heimstätte des Osiris, einen Tempel bauen, der es an Größe mit den prachtvollsten seiner Vorgänger aufnehmen konnte.[10] Hier befindet sich die sogenannte Königsgalerie, die auf einer Wandtafel die Liste von 76 Herrschern von Menes bis zu Sethos I. zeigt (vgl. Abb. 2, S. 23). Schon immer hatten die Pharaonen in Abydos eine rege Bautätigkeit entfaltet, aber niemand hat den Ort so geehrt wie Sethos. Mit dieser Osiris-Stätte war zugleich die Verbindung zu Seth hergestellt, denn dieser war der Mythologie zufolge der Mörder des Osiris. Vielleicht steckte auch der Gedanke dahinter, Osiris – der ja bereits durch die einseitige Theologie Echnatons an Einfluß eingebüßt hatte – zu besänftigen.

Bei der Neugründung oder der Wiedereinweihung eines Tempels war aber mit der Beendigung der Bauarbeiten noch längst nicht alles getan. Priester der verschiedensten Stufen waren zu ernennen, und Personal zur Verrichtung der niederen Dienste wie Instandhaltung und Lebensmittelversorgung mußte eingestellt werden. Ferner waren die Ländereien auszusuchen, welche die für den Unterhalt erforderlichen Einkünfte erwirtschaften sollten. Zu diesem Zweck erging in der Regel ein königliches Dekret, in dem die Rechte der heiligen Stätte und ihres Personals festgelegt waren.

Eine Inschrift gibt uns Auskunft über das Privileg, das Sethos seinem großen neuen Heiligtum in Abydos erteilte. Sie findet sich auf einem hohen Felsen bei Nauri, ein Stück nördlich des dritten Kataraktes. In dieser Inschrift folgen einem langen poetischen Vor-

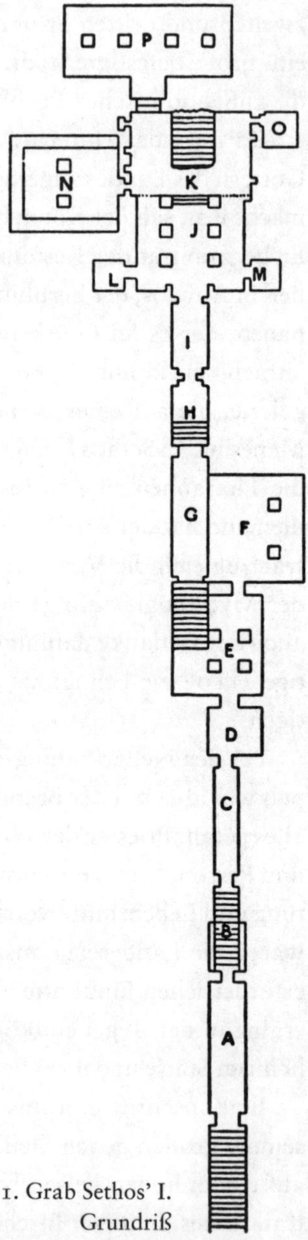

51. Grab Sethos' I.
Grundriß

spruch, der den Reichtum und die Schönheit des über 950 Kilometer entfernten Tempels preist, die jeweiligen Anweisungen an »den Wesir, die Beamten, die Hofbeamten, die Gerichtshöfe, den Königssohn von Kusch, die Truppenhauptleute, die Oberaufseher des Goldes, die Bürgermeister (der Städte) und Oberhäupter der Dörfer Ober- und Unterägyptens, die Wagenlenker, die Stallmeister, die Standartenträger, einen jeden Vertreter des Königshauses und eine jede Person, die in einer Mission nach Kusch geschickt ist«.[11] Sie hatten eine ganze Fülle von Bestimmungen zu beachten; die Privilegien der Tempelangehörigen waren etwa dann verletzt – um nur einige Beispiele zu nennen –, wenn sie persönlich festgenommen oder von einem Bezirk in einen anderen geschoben wurden, wenn man sie zum Pflügen oder Mähen abkommandierte, am Fischen oder am Vogelfangen hinderte oder ihnen ihr Vieh wegnahm und so fort. Und jeder Beamte, der eine Verletzung dieser Vorschriften nicht verfolgte, war selbst streng zu bestrafen.

Außer dem von Sethos I. errichteten Teil des Tempels in Karnak verdient vor allem ein weiteres Bauwerk dieses Pharao Erwähnung: sein Grab im Tal der Könige, die größte aller dort gebauten Anlagen (Abb. 51).[12] Zunächst führen Korridore (A–C) in Vorsäle (D–F), von denen weitere Korridore (G, H) abzweigen, bis man durch eine Halle (I) in den Sarkophagsaal (J) gelangt; an ihn schließen sich weitere Seitenräume (L, M, O), eine Opferkammer (N) sowie ein nicht fertiggestellter Raum (P) an. Sethos führte die Entwicklung des königlichen Felsgrabes auf ihren Höhepunkt. Von nun an wurden nicht nur ausgewählte Räume, sondern alle Wände und Decken des Königsgrabes vom Eingang bis zur Sargkammer vollständig dekoriert. Wie über der Mittelachse der Tempel erscheinen jetzt an der Decke des ersten Korridors fliegende Geier, die den Weg in das Grab beschützen. Auch der erhaltene Alabastersarg Sethos' I. weist als erster Königssarkophag eine Dekoration auf, die alle Flächen bedeckt.

Mit diesen neuerlichen Erweiterungen der Grabanlage war die Umsetzung eines Bildprogramms möglich geworden, mit dem der König alle seine Vorgänger übertraf. Auf den Wänden der 100 Meter langen Korridore und zahllosen Kammern seines Felsgrabes ließ er in bemaltem Flachrelief eine Sammlung aller bedeutenden religiösen Texte seiner Zeit anbringen. Diese Flächen nahmen die beiden großen Unterweltsbücher ›Amduat‹ und ›Pfortenbuch‹ auf, dazu die gesamte ›Sonnenlitanei‹, das ›Buch von der Himmelskuh‹ mit einem Bericht über die geplante Vernichtung und glückliche Rettung des Menschengeschlechtes (S. 96), das Ritual der »Mundöffnung« und eine Fülle von neuen Götterszenen, denen vor allem die zusätzlich eingezogenen Pfeiler in den Nebenräumen Platz boten. Darüber hinaus erhielt auch der Sarkophag ein weiteres Exemplar des Pfortenbuches. Diese einschneidenden Neuerungen seines Vaters hat Ramses II. übernommen und seinerseits ergänzt und erweitert. Hinzu traten später quantitative Änderungen; so wurde die Zahl der Pfeiler in der Sargkammer, die seit Amenophis II. (1427–1401) konstant geblieben war, von sechs auf acht und die Zahl der Nebenräume von sechs auf zehn erhöht.

In einem anderen abgelegenen Wüstental erhielt die Mutter Sethos' I. ihr Felsengrab. Dieses »Tal der Königinnen« wurde zum Begräbnisplatz für die Königinnen und Prinzen der Ramessiden-Zeit. Erwähnenswert ist weiterhin der von Sethos I. errichtete Teil des Tempels in Karnak, auch dies eine Reverenz vor Amun.

Die sechsundsechzigjährige Regierungszeit des Sethos-Nachfolgers Ramses' II. (1279–1213) ist nur von Phiops II. (2254–2160) an Länge übertroffen worden. Dieser Ramses hat sich zu einem Pharao der Rekorde entwickelt, und das selbst noch in der Moderne: In den sechziger Jahren des vorigen Jahrhunderts wurde sein Felsentempel von Abu Simbel (Abb. 52) mit gigantischem Aufwand Stein für Stein abgetragen und 64 Meter höher in Originalform wiederaufgebaut. Seine Leistungen blieben aber keineswegs auf eine »Erwei-

52. Tempel Ramses' II. in Abu Simbel

terung des Bestehenden« auf architektonischem Gebiet beschränkt: Als Feldherr konnte er es – trotz der inzwischen für Ägypten ungünstigen geopolitischen Gesamtlage – mit dem bis dahin unübertroffenen Thutmosis III. aufnehmen.

Der Tempel von Abu Simbel war nur ein Beispiel für die von keinem anderen Pharao erreichte Bautätigkeit des Königs. Lieder, wie sie in seiner Regierungszeit populär waren, besangen seine Residenz, die »Ramsesstadt« im Ostdelta, die er aus bescheidenen Anfängen zur Zeit seines Vaters zu einer prachtvollen Metropole ausbaute: »Seine Majestät – ihm sei Leben, Reichtum, Gesundheit – hat sich ein Schloß gebaut, dessen Name ›Groß an Siegen‹ lautet. Es liegt zwischen Palästina und Ägypten und ist voll von Nahrung und Vorräten. Es gleicht Hermonthis (so hieß Theben ursprünglich), und seine Dauer ist wie die von Memphis. Die Sonne geht in seinem Horizont auf und geht in seinem Inneren unter. Alle Menschen haben ihre Städte verlassen und sich auf seinem Gebiet angesiedelt. Sein westlicher Teil ist der Tempel des Amun, sein südlicher der Tempel des Seth. Astarte erscheint an seiner Ostseite und Utho (die unterägyptische Schlangengöttin) an seiner Nordseite. Das Schloß, das darin ist, ist wie der Horizont des Himmels.«[13] Viele Schmuckelemente wie Sphingen oder Statuen wurden, um die Fertigstellung zu beschleunigen, aus Bauten des gesamten Reiches zusammengebracht.

Wie wir aus dem Alten Testament erfahren, spannte Ramses II. unter anderem die »Kinder Israels« bei diesen gewaltigen Projekten ein. Die Einwanderung und der Verbleib von semitischen Nomaden in Ägypten sind in zahlreichen Texten vom 15. bis zum 12. Jahrhundert bezeugt. Häufig kamen sie im Zuge von Hungersnöten ins Land; sie mußten die Grenzfestungen passieren und wurden dabei registriert. In einem Bericht aus der Zeit um 1200 schreibt ein für die Kontrolle der Ein- und Ausreise zuständiger Beamter an den Pharao: »Wir sind damit fertig geworden, die Schasu-Stämme von Edom durch die Festung des Merenptah in Tkw passieren zu lassen bis zu den Teichen von Pitom des Merenptah in Tkw, um sie und ihr Vieh auf der großen Besitzung des Pharao, der guten Sonne eines jeden Landes, am Leben zu erhalten.«[14] Im Gegenzug mußten die Hirten sich an den Bauarbeiten beteiligen – auch unter Ramses II.

Für den Beginn seiner Herrschaft bildet eine recht umfangreiche Inschrift – sie nimmt im Tempel Sethos' I. in Abydos eine ganze Wand ein – die Hauptquelle. Darin wird Ramses II. in hochtönenden Worten dafür gepriesen, daß er das Heiligtum seines Vaters vollendet habe. Auf bestimmte Ereignisse geht der Text nur am Rande ein; immerhin beschreibt ein wichtiger Abschnitt Ramses' Ernennung zum Kronprinzen und seine Zeit als Mitregent: »Der Herr der Welt (Sethos I.) selbst machte mich groß, als ich noch ein Kind war, bis ich Herrscher wurde. Er gab mir das Land, während ich in dem Ei war; die Großen berochen die Erde vor meinem Angesicht, als ich als der älteste Sohn zum Erbprinzen auf dem Thron eingesetzt wurde. Ich berichtete als Befehlshaber der Fußtruppe und der Wagentruppe. Wenn mein Vater in der Öffentlichkeit auftrat, als ich noch ein Kind auf seinen Armen war, sagte er über mich: ›Krönt ihn zum König, damit ich seine Schönheit sehe, solange ich mit ihm zusammen lebe!‹ Hofbeamte erschienen, um die Doppelkrone auf mein Haupt zu setzen. ›Setzt ihm die Große (Uräusschlange) auf sein Haupt‹, sagte er über mich, während er auf Erden weilte.«[15]

Wir besitzen auch Statuengruppen, die Ramses II. als Kind darstellen, wie er von dem riesigen Falkengott Huron beschützt wird (Abb. 53). Das Gesicht des Gottes war möglicherweise beim Transport der Kolossalstatue beschädigt und aus lokalem Kalkstein ersetzt worden. Ramses ist als Kind der Darstellungstradition entsprechend nackt, er trägt die Knabenlocke und hält den Finger an den Mund. Seinen Kopf bedeckt eine Haube mit dem Uräus und der Sonnenscheibe. Da Ramses mit der linken Hand eine Papyrusbinse greift, symbolisiert seine Statue in monumentaler Weise jene Hieroglyphen, aus denen sein Name gebildet wird: Ra (Sonnenscheibe) mes (Kind) su (Binse): Ra-mes-su (S. 328). Ganz so jung, wie es hier – traditioneller Topik jugendlicher Herrschaft verpflichtet – unterstellt wird, war Ramses allerdings bei seiner Inthronisation wohl nicht mehr.

Zu Anfang seiner Regierung werden zum erstenmal in einer ägyptischen Quelle die Scherden oder Sardana erwähnt, jene Seeräuber, nach denen später Sardinien seinen Namen erhielt; noch aber lebten sie in einer anderen Gegend des Mittelmeerraumes. Eine Stele in Tanis berichtet, sie seien gekommen »in ihren Kriegsschiffen aus der Mitte der See heraus, und keiner vermochte ihnen standzuhalten«.[16] Irgendwo vor den Flußmündungen muß eine Seeschlacht stattgefunden haben, denn kurze Zeit später tauchen zahlreiche Sardana in der Leibgarde des Pharao auf; in Darstellungen sind sie an ihren gehörnten Helmen, runden Schilden und großen Schwertern zu erkennen, mit denen sie in den Schlachtszenen hettitische Feinde töten. Diese frühen Sardinier waren Vorboten eines immer drängenderen Seevölkerproblems (S. 353).

Im vierten Jahr seiner Regierung unternahm Ramses den »ersten Feldzug des Sieges«, wie großangelegte Kriegszüge nach Vorderasien in den ägyptischen Berichten heißen. Ramses zog mit seinen Truppen an der Küste Palästinas entlang nach Norden, etwa einige Kilometer über Beirut hinaus, und das Unternehmen führte zum Anschluß Amurrus unter seinem König Bentesina an Ägypten. Langsam schob sich das ägyptische Einflußgebiet wieder an Ugarit heran, und ein Jahr später kam es zu jener gewaltigen Schlacht, in der Ramses persönlich eine Waffentat vollbrachte, die seinen Untertanen auf den Wänden der von ihm erbauten Tempel vor Augen zu stellen er nicht müde wurde.

Der Hettiterkönig Muwatalli II. (1295–1272) hatte seine ganze militärische Macht in die Waagschale geworfen, um Amurru zurückzugewinnen. Bei der vielumkämpften Stadt Kadesch am Orontes erwartete er mit seinen Verbündeten und 3.500 Streitwagen im Mai 1274 den ägyptischen Vormarsch von Süden her. Es gelang ihm, Ramses II. in eine Falle zu locken. Dieser konnte zwar eine völlige Niederlage verhindern, mußte seinen Vormarsch jedoch abbrechen und Amurru den Hettitern überlassen. Doch folgen wir im Detail dem ägyptischen Bericht.[17]

In der Frühlingszeit seines fünften Regierungsjahres überschritt Ramses mit seiner Armee die ägyptische Grenze. Nach einem Marsch von genau einem Monat erreichte er eine Anhöhe, von der aus er die etwa 25 Kilometer entfernte Feste Kadesch überblicken konnte. Ihre strategische Bedeutung beruhte auf ihrer Lage nahe dem Ausgang des Hochtals zwischen dem Libanon und dem Antilibanon. Jedes Heer mußte auf dem Wege nach Norden durch dieses Tal marschieren, wenn es die schmale Straße entlang der Küste mei-

53. Ramses II. als Kind

den wollte, die von zahlreichen Flußmündungen durchschnitten wird. Diese Stadt war offensichtlich das Ziel des ägyptischen Königs; sie hat der Schlacht den Namen gegeben.

Von der eben erwähnten Hügelkette aus brach Ramses am nächsten Morgen in aller Frühe auf, wohl in der Hoffnung, die Festung an diesem Tag nehmen zu können. An der Spitze der Heeresgruppe »Amun« zog er etwa 180 Meter zu der durch den Orontes führenden Furt hinab. Entweder vor oder unmittelbar nach der Durchquerung des Flusses brachte man zwei Beduinen zu ihm, die erklärten, sie gehörten zwar zum Heer des hettitischen Königs, wollten aber zum Pharao überlaufen. Sie behaupteten, die Hettiter stünden noch in der Gegend um Aleppo. Ramses ließ sich davon täuschen, trennte seine Leibgarde von den übrigen Truppen und schickte sich an, nordwestlich der Festungsstadt, etwa 10–12 Kilometer von der Furt entfernt, ein Lager aufzuschlagen. Er wartete nicht ab, bis der Rest des Heeres das linke Flußufer erreicht hatte; erst dann hätte die Armee geschlossen vorrücken können. Statt dessen legte der König einige Kilometer zwischen sich und die Heeresgruppe »Re«, während »Ptah« noch weiter zurückblieb.

Erst als der König im Lager auf seinem goldenen Thron saß, erfuhr er die Wahrheit: Zwei gefangene hettitische Späher verrieten, daß die vereinigte Armee der asiatischen Verbündeten östlich von Kadesch im Hinterhalt liege, vollständig ausgerüstet, zum Kampfe bereit. Ganz offensichtlich hatten die ägyptischen Kundschafter versagt; das kam aber bei derartigen Unternehmungen in der Antike oft genug vor.

Ramses hatte nicht einmal mehr Zeit, seinen Offizieren Vorwürfe zu machen – die Macht der Feinde brach schon über ihn herein. Die Hettiter hatten die Stadt im Süden umgangen, den Fluß durchquert und sich einen Weg durch die Heeresgruppe »Re« gebahnt. Ramses schickte seinen Wesir aus, um das Eintreffen der Heeresgruppe »Ptah« zu beschleunigen.

An dieser Stelle gewinnt das Streben nach Glorifizierung des Herrschers in den Berichten vollends die Oberhand, und die Darstellungen verweilen sehr ausführlich bei seiner persönlichen Tapferkeit. Er erscheint als jemand, der ganz allein, von seinem Gefolge im Stich gelassen, gegen das mächtige Heer der Hettiter angehen muß: »Und Seine Majestät erhob sich wie sein Vater Month (Kriegsgott). Er griff nach der Kriegsausrüstung und legte seinen Harnisch an. Er war wie Baal in seiner Stunde. Das große Pferdegespann Seiner Majestät hieß ›Sieg in Theben‹ aus dem berühmten Stall ›Geliebt von Amun‹. Dann sprengte Seine Majestät in die Mitte des hettitischen Feindes hinein; er war ganz allein und kein anderer bei ihm. Seine Majestät blickte ringsum und sah sich umgeben von 2.500 Pferdegespannen mit all den schnellen Truppen der hettitischen Feinde und der vielen Verbündeten – von Arzawa, Masa, Pidasa, Keschkesch, Arwen, Kizzuwadna, Aleppo, Ugarit, Kadesch und Luka.[18] Sie waren zu dritt auf einem Pferdegespann als eine Einheit. Kein Hauptmann war bei mir, kein Streitwagenlenker, kein Soldat des Heeres, kein Schildträger.«

Reliefs an den Tempelwänden des Landes stellen gerade diese Szene immer wieder dar: der König, allein im Kampf (Abb. 54). Hinter, unter und vor Ramses herrscht das Chaos (vgl. Abb. 31, S. 190): gefallene Hettiter so weit das Auge reicht. Wagen, Pferde und Menschen purzeln durcheinander, viele getroffen von den Pfeilen des Königs; die Leichen treiben sogar im Orontes. Eingerahmt wird die Szene von hettitischen Streitwagen, von denen es im Text heißt, daß sie mit drei Mann bestückt waren.

»Meine Infanterie und meine Wagentruppe lösten sich vor ihnen auf, kein einziger von ihnen hielt stand, um mit ihnen zu kämpfen. Da sprach seine Majestät: ›Was geschieht, mein Vater Amun? Ist es denn eines Vaters Art, seinen Sohn zu vergessen? Habe ich irgend etwas getan, daß du mich nicht mehr kennst? Ging ich nicht und hielt ich nicht an auf dein Wort hin? Ich habe keinen deiner Befehle miß-

54. Schlacht bei Kadesch. Nachzeichnung

achtet. Zu groß ist der Große Herr Ägyptens, daß er Fremdlingen erlaubt, auf seinem Pfad zu gehen. Was kümmern dein Herz, oh Amun, diese Asiaten, die so abscheulich sind und nichts von Gott wissen? Habe ich nicht für dich sehr viele Bauten errichtet, deine Tempel mit meinen Reichtümern gefüllt, für dich mein Haus der Millionen Jahre gebaut und dir alle meine Schätze als einen bleibenden Besitz gegeben? Ich gab dir alle Länder, um deine Altäre zu versorgen, ich habe dir Zehntausende von Rindern geopfert und alle Arten von wohlriechenden Kräutern. Keine gute Tat habe ich ungetan gelassen, als wären sie nicht zu verrichten gewesen in deinem Heiligtum. Ich baute große Pylone für dich, ich selbst richtete ihre Flaggenmasten auf; ich schaffte für dich Obelisken von Elephantine herbei, und ich war es selbst, der die Steine trug. Ich führte die Schiffe auf dem Meer zu dir, um dir die Erzeugnisse der (fremden) Länder zu bringen. Sollen die Menschen sagen: ›Der Gewinn ist gering für den, der sich deinem Willen unterwirft‹?«[19]

Wen wundert es, daß sich der Gott Amun daraufhin eines Besseren besann und Ramses siegen ließ? In den hettitischen Annalen sieht die Sache freilich anders aus: Die Ägypter blieben zwar offenbar siegreich, doch zogen sich weitere Kämpfe in Syrien und im wieder unruhig gewordenen Palästina bis ins Jahr 1265 hin.

Für die Kriegsberichterstattung hatte Sethos I. als erster König die Außenseite einer Tempelmauer benutzt, nämlich die Nordwand des großen Säulensaales im Amun-Tempel von Karnak. Er begnügte sich nicht damit, die Ereignisse in Worten zu beschreiben und sich darstellen zu lassen, wie er die Feinde erschlägt, sondern er ließ Einzelheiten aus seinen Feldzügen in Schlachtszenen festhalten. Die Schauplätze sind dabei wie in einer Landkarte mit beigefügten Namen wiedergegeben. Ramses II. übernahm und erweiterte diese Methode.

Zweifellos ist die Darstellung der Kadesch-Schlacht in Wort und Bild im Zusammenhang mit einer großangelegten Propagandaaktion zu sehen, in der Forschung ist jedoch umstritten, wofür der König damit werben wollte. Eine Theorie bringt die Kadesch-Publizistik in Verbindung mit einem Ereignis, das sechzehn Jahre nach der Schlacht stattfand: dem Friedensvertrag Ramses' II. mit dem Hettiterkönig Hattusilis III. Zwischen dem fünften und dem einundzwanzigsten Regierungsjahr, also zwischen der Schlacht und dem Vertrag, habe Ramses II. eine Wende von einer Kriegs- zu einer Versöhnungspolitik vollzogen, die er nur gegen den Widerstand des Militärs habe durchsetzen können. Der Heidelberger Ägyptologe Jan Assmann folgert: »Nachdem Ramses II. das Militär, wie man annehmen muß, nicht für seine neuen politischen Zielsetzungen gewinnen konnte, mußte er versuchen, sich von ihm zu distanzieren und es als innenpolitischen Machtfaktor möglichst weitgehend auszuschalten. Dazu schien ihm kein Mittel geeigneter als die schonungslos und öffentlich verbreitete Anprangerung des Versagens, das sich die Armee bei Kadesch hatte zuschulden kommen lassen.«[20]

Hier ist einiges übersehen oder überinterpretiert. Sicherlich übt Ramses II. Kritik an seinen Offizieren, werden in seinem Bericht doch auch Mißerfolge des ägyptischen Heeres dargestellt. Mißerfolge und Schwierigkeiten aber hatte schon Thutmosis III. nicht verschwiegen, weshalb ich bei ihm vom Beginn einer Geschichtsschreibung im engeren Sinne gesprochen habe (S. 256). Kritik an Offizieren ist meines Erachtens mit der schon jahrhundertealten topischen Kritik an den königlichen Ratgebern zu vergleichen: Die Beamten geben einen schlechten Rat, der Pharao entscheidet sich dagegen und behält recht. Vor diesem Hintergrund dürften auch die Nachfolger Ramses' II. die Texte und Bilder verstanden haben, denn Ramses III. übernahm die Darstellungsweise, und es ist kaum zu vermuten, daß er schon nicht mehr wußte, was sein großes Idol wollte.

Einige Jahre nach der Schlacht bei Kadesch nahm der neue Hettiterkönig Hattusilis III. (1272–1245) Verhandlungen mit Ramses II. auf, die 1259 zum feierlichen Abschluß eines Friedens- und Bündnisvertrages führten. An diesen Vereinbarungen ist ein bemerkenswerter historischer Tatbestand ablesbar: Offensichtlich gab es bereits seit geraumer Zeit feste Formen des internationalen Verkehrs und so etwas wie internationales Recht. Bei den Vertragspartnern mag zunächst die Überlegung maßgebend gewesen sein, daß – wie die Erfahrung gezeigt hatte – keines der beiden Reiche in der Lage war, den Gegner entscheidend und endgültig zu besiegen. Die Entfernung zwischen den Zentralgebieten im Inneren Kleinasiens und am Nil war für eine direkte militärische Auseinandersetzung zu groß, und beide Mächte befanden sich zudem in einer Situation, die es nicht ratsam erscheinen ließ, die wirtschaftlichen Möglichkeiten in unentschiedenen und letztlich erfolglosen Kriegen zu vergeuden: Bei der Thronbesteigung Hattusilis war es zu dynastischen Auseinandersetzungen gekommen, und das Hettiterreich hatte die Vergrößerung Assyriens nicht verhindern können. In Ägypten dagegen machte sich die Bedrohung von Westen her immer deutlicher bemerkbar; hier waren es die Libu aus der Gegend des späteren Libyen, die als Vorläufer einer Völkerwanderung an die Grenzen des Landes drängten.

Der ursprünglich auf Silbertafeln ausgefertigte Vertrag ist in babylonischer und ägyptischer Version erhalten. Zwei hieroglyphische Kopien stammen aus Karnak und dem Ramesseum, die keilschriftliche Fassung von einer Tontafel des hettitischen Staatsarchivs von Boghaz-Köy.[21] Es handelt sich um einen Nichtangriffs- und Verteidigungspakt, mit dem ein früheres Abkommen, das zur Zeit Schuppiluliumas I. (1370–1330) bestanden hatte, erneuert wurde. Das Bündnis sollte nun auch über den Tod eines der beiden Herrscher hinaus gültig bleiben. Keine Vertragspartei durfte unberechtigt in das Gebiet der anderen eindringen, und jede verpflichtete sich, bei einem Angriff von dritter Seite Beistand zu leisten. Auch für die Auslieferung politischer Flüchtlinge war Vorsorge getroffen; sie sollten bei ihrer Rückkehr in die jeweilige Heimat nicht als Verbrecher behandelt werden.

Der Vertrag mit den Hettitern verlangte der ägyptischen Kanzlei einiges ab. Man mußte sich beispielsweise von der bisherigen Bezeichnung des dortigen Herrschers als »Feind von Chatti« verabschieden; die neue Anrede des Hettiterkönigs lautete »Großkönig der Chatti-Länder«. So ganz aber wollte die Umstellung wohl nicht gelingen, denn der Hettiter beklagte sich darüber, Ramses II. behandle ihn »wie einen Untergebenen«.

Dieser erste erhaltene, offensichtlich nach hettitischem Recht abgeschlossene Staatsvertrag zwischen zwei antiken Großmächten ist von beiden Seiten eingehalten worden. Er gab den vertragschließenden Parteien die Möglichkeit, die militärischen Potentiale auf andere Gegner zu konzentrieren. Da die bisherigen Schwierigkeiten zwischen Ägyptern und Hettitern allerdings nicht nur in den jeweiligen Kanzleien empfunden wurden, bemühte man sich, das Verhältnis der beiden nunmehr befreundeten Mächte nicht nur durch die üblichen Heiratsbindungen, sondern auch durch persönliche Kontakte zu verbessern. Wären die ägyptischen Pläne aufgegangen, dann hätte es einen Staatsbesuch Hattuschilis in der Ramses-Stadt gegeben; es war bereits vereinbart, daß Ramses dem Hettiterkönig bis nach Kanaan entgegenkommen sollte. Ein solches Zusammentreffen hatte es in der Antike bislang noch nicht gegeben; allerdings wurde es durch eine Augenkrankheit des Hettiterkönigs verhindert. Statt dessen erbat sich Hattuschili ägyptische Ärzte und Heilmittel, die damals bereits ›weltweiten‹ Ruf genossen.[22]

Erfolgreicher verliefen die Verhandlungen über eine dynastische Heirat. Ein Angebot Hattuschilis, Ramses seine sechzigjährige Schwester zur Frau zu geben, stieß bei diesem nicht auf Gegenliebe. So einigte man sich schließlich auf eine Tochter des Hettiterkönigs, die im Winter 1246/45 mit großem Pomp und propagandistischem Aufwand in Ägpten eintraf. Die offiziellen Berichte, von denen sich Abschriften in Karnak, Elephantine, Abu Simbel und Amara fanden, heben besonders hervor, wie sich Ägypter und Hettiter bei gemeinsamen Gelagen verbrüderten: »Es waren (Hettiter)truppen, Bogenschützen und Reiterei, alle Leute des Landes der Hettiter, gemischt mit denen von Ägypten. Sie aßen und tranken miteinander. Sie waren einmütig wie Geschwister, ohne daß einer dem anderen grollte. Friede und Freundschaft war zwischen ihnen, wie (sonst nur zwischen Ägyptern) selbst.«[23] Aber die Beziehungen zum freundschaftlich gesinnten fremden Machthaber werden mit wenig schmeichelhaften Worten dargestellt; trotz aller Euphorie sind die uralten Vorurteile gegen die »elenden Asiaten« keineswegs überwunden.

Mehr als die Hälfte des ägyptischen Textes besteht aus überschwenglichen Lobeshymnen auf dem Pharao, und wo der Verfasser schließlich mit der Erzählung von Fakten beginnt, liest sich sein Bericht wie folgt: Die syrischen Fürsten hätten regelmäßig Tribute an den ägyptischen König geschickt und nicht einmal ihre eigenen Kinder davon ausgenommen. Nur die Hettiter hätten abseits gestanden, so daß Seine Majestät gezwungen gewesen sei, Tributleistungen mit Waffengewalt durchzusetzen. Jahre des Mangels seien für das Hettiterreich gefolgt, bis sein König sich entschlossen habe, seinem siegreichen Gegner Vorschläge zu machen: »Der Großfürst der Hettiter schrieb, seine Majestät zu begütigen, Jahr um Jahr. König Ramses hörte es sich niemals an. Und als sie ihr Land in diesem schlimmen Zustand (der Verwüstung) sahen unter der gewaltigen Macht des Herrn der Länder (durch den Pharao also), sprach der Großfürst der Hettiter zu seinem Heer und seinen Edlen: ›Warum dies? Unser Land ist verwüstet. Unser Herr Seth ist unzufrieden mit uns. Der Himmel gibt uns keinen Regen. So empfehle ich, daß wir uns alle unserer Sachen begeben, an ihrer ersten Stelle meine älteste Tochter. Laßt uns dem guten Gott (Pharao) ein Huldigungsgeschenk bringen, daß er uns Frieden gibt und wir leben.‹«[24]

Ungeachtet solcher verbaler Entgleisungen führten beide Staaten die Heiratsdiplomatie fort; Ramses II. nahm im Laufe seiner langen Regierungszeit zahlreiche Prinzessinnen in seinen international zusammengesetzten Harem auf. Wir kennen ferner mehrere »Große Königsgemahlinnen«, unter denen Nefertari durch ihr Grab im Tal der Königinnen sowie durch ihren Felstempel in Abu Simbel die bekannteste wurde. Politisch wichtiger war allerdings Isisnofret, deren Söhne der König zur Nachfolge vorgesehen hatte, von denen ihn jedoch nur Merenptah überlebte. Ramses II. war auf seine zahlreiche Nachkommenschaft derart stolz, daß er die Namen seiner Söhne und Töchter in langen Aufzählungen auf den Wänden seiner Tempel festhielt. Ein lückenhafter Text in Wadi Es-Sebua in Unternubien nennt mehr als 100 Prinzen und Prinzessinnen.

Außenpolitisch verlief die Regierungszeit Ramses II. weitgehend ohne Probleme. Der Friedensvertrag mit dem zweiten Großreich, den Hettitern, mit denen es im Vorderen Orient zu Konflikten hätte kommen können, erfüllte die in ihn gesetzten Hoffnungen. Im Westen gelang es noch, die immer stärker nach Ägypten drängenden libyschen Stämme abzuwehren; auch im Süden blieb die ägyptische Herrschaft in Nubien unbeeinträchtigt. Ramses konnte daher erhebliche Mittel für seine über ganz Ägypten verstreuten kostspieligen Bauten einsetzen. Selbstverständlich baute er in Karnak, und auf dem Westufer Thebens entstand sein Totentempel, das Ramesseum. Immer wieder variierten die Künstler an den Außenmauern seiner Tempel ein Thema: den Sieg des Königs über seine Feinde.

Kein Pharao hat einen derart tiefen Eindruck bei seiner Nachwelt hinterlassen wie dieser Ramses. Ein Vierteljahrhundert nach ihm begann eine Reihe von zehn Königen, die seinen Namen trugen. Einer von ihnen betete um eine Regierung von 67 Jahren, wie sie seinem großen Vorfahren vergönnt gewesen war, und alle versuchten – mit unterschiedlichem Erfolg –, seinen Glanz nachzuahmen. Jedem, der in den nächsten 150 Jahren den Thron bestieg, hat Ramses II. seinen Stempel aufgedrückt; es war fortan unmöglich, König zu sein, ohne daß man zugleich ein ›Ramses‹ war.

Die Ramessiden

Für die Darstellung der Ramessidenzeit,[25] vor allen Dingen der Regierungsjahre des Merenptah (1213–1203), des Sohns Ramses' II. und Isisnofrets, ist es notwendig, den Film der Geschichte anzuhalten und zurückzuspulen. Wir müssen uns kurz die Wanderungsbewegungen der sogenannten Seevölker vergegenwärtigen. Die frühesten Zeugnisse für deren Auftreten finden sich in den Amarna-Briefen des treu zu Ägypten stehenden Vasallen Rib-Addi von Byblos (S. 271). Wiederholt ist dort von *se-ir-da-nu*-Männern die Rede, die im Dienst von Byblos standen und offenbar der Leibwache des Stadtfürsten angehörten. Daraus läßt sich folgern, daß

Sardana-Gruppen an der Levanteküste früher als im unmittelbaren Bereich des Niltales aufgetreten sind und bereits gegen Mitte des 14. Jahrhunderts an den syrischen Residenzen als Söldner Fuß fassen konnten.

Andererseits zeigen die Angaben und Hinweise auf den Stelen Ramses' II., daß es schon vor dessen Thronbesteigung an der Küste Unterägyptens erhebliche Probleme mit Sardana-Kriegern gegeben hat. Der Charakter dieser Angriffe – Landungsunternehmen von Seeinvasoren – tritt ebenso deutlich hervor wie die Tatsache, daß als Ausgangsbereich, zumindest aber als Zwischenstation für die Heerfahrten von »der Mitte des Meeres« in erster Linie die südliche Ägäis in Betracht kommt. Für das Ausmaß der Kämpfe, die über das Format von sporadischen Piratenüberfällen hinausgingen, ist es jedenfalls bezeichnend, daß bereits im Bildbericht vom Kadesch-Feldzug Ramses' II. ein starkes Sardana-Korps in der ägyptischen Armee erwähnt und ausgezeichnet wird.

Etwas pathetisch gesagt, betreten mit diesen wandernden Eroberern »die europäischen Völker zum ersten Mal den Schauplatz der Geschichte«.[26] Da diese Seevölker schon geraume Zeit vor dem Regierungsantritt Ramses' II. Überfälle gegen den Küstenbereich des Niltals durchgeführt hatten und zu einer Plage für die Bevölkerung Unterägyptens geworden waren, läßt sich die Verbindung zu den Amarna-Notizen herstellen, die, wie gesagt, das Erscheinen von Sardana-Männern an der Levante-Küste gegen Mitte des 14. Jahrhunderts bezeugen.[27]

Durch die Texte von Ugarit und Zeugnisse aus dem Hettiter-Reich verstärkt sich der Eindruck, daß der große Umbruch im Levante-Bereich – festzumachen an der Besetzung Zyperns und der Plünderung Ugarits durch die Seevölker – sich in einer sehr kurzen Zeitspanne, ja mit geradezu erstaunlicher Schnelligkeit vollzogen haben muß. Die verheerenden Zerstörungen im hettitischen Kernbereich erfolgten zwar später, stehen aber fraglos im gleichen Kontext. Dagegen sind die Philister und die mit ihnen offenbar enger verbundenen Stammesgruppen erst im ausgehenden 13. Jahrhundert in den Gesichtskreis der Großmächte des östlichen Mittelmeerraumes getreten. Und damit sind wir wieder in der Zeit Merenptahs angekommen. Ägyptens einstige Gegner in Asien – Hettiter, Ugarit, Amurru – standen inzwischen in freundschaftlichem Verkehr mit dem Pharaonenreich, da sie alle mit den gleichen Schwierigkeiten zu kämpfen hatten. Zu Beginn seiner Regierung etwa unterstützte Merenptah das von einer Hungersnot heimgesuchte Hettiter-Reich mit Getreidelieferungen.

Immer heftiger bedrohten die Seevölker auch Ägypten. Im Frühjahr 1208 vereinigten sich große Gruppen von ihnen mit libyschen Stämmen zu einem gemeinsamen Angriff, doch in der Nähe von Buto im Westdelta konnte das ägyptische Heer diese riesige Wanderungsbewegung stellen und in einer mörderischen Schlacht, bei der angeblich 6.000 Feinde Ägyptens gefallen sind, abwehren. Diesen Sieg und die Niederschlagung von Aufständen in Palästina feierte Merenptah in einer Stele, die als sogenannte Israelstele bekannt geworden ist – unter den Gebieten und Völkern, die Ägypten beherrscht oder bezwungen hat, erscheint neben Kanaan, Askalon und Geser erstmals auch ein Stamm ›Israel‹.

Hier ist ein weiterer Exkurs notwendig: Seit dem 4. Jahrtausend war im ganzen Vorderen Orient und in Ägypten das Meteor-Eisen bekannt; die Ägypter nannten es »Erz des Himmels«. Allerdings hielt sich seine Verwertung wegen seiner Seltenheit in engen Grenzen; meist wurde es zu Perlen oder Amuletten verarbeitet. In der ersten Hälfte des 2. Jahrtausends dann setzte in Kleinasien, Armenien und Persien der Abbau von tellurischem Eisen ein, das gewonnene Metall diente aber zunächst weiterhin vor allem der Schmuckherstellung. Erst im Verlauf des 2. Jahrtausends weitete sich der Einsatzbereich aus. Besonders die Hettiter verhütteten jetzt Erz aus den Fundstellen in Kleinasien, und sie erlangten darin eine gewisse

Monopolstellung. Nun wurde das Metall zu Waffen und Werkzeugen verarbeitet. In Ägypten, Syrien und Mesopotamien ist Eisen während des 2. Jahrtausends äußerst selten anzutreffen – als besondere Kostbarkeit hat sich im Grab Tutanchamuns ein eiserner Dolch erhalten –, doch um 1200 bürgerte sich im östlichen Mittelmeerraum der Gebrauch dieses Materials zur Herstellung von Werkzeugen und Waffen schnell ein. Die Völkerbewegung, die zur gleichen Zeit diese Gebiete berührte, dürfte zur Verbreitung des Metalls beigetragen haben, zumal die Seevölker offenbar mehr Eisenwaffen besaßen als die Ägypter.

Mehrere Faktoren trafen also zusammen, als um 1200 die Seevölkergruppen auch im südlichen Palästina Fuß fassen konnten. Ausschlaggebend war dabei die Schwächung Ägyptens, wobei sich angesichts unserer Quellenlage nicht entscheiden läßt, ob die außenpolitischen Schwierigkeiten die innenpolitischen verursachten oder umgekehrt.

Ungeachtet solcher Probleme trieb Merenptah die Entwicklung des Grabbaus weiter voran. Die Höhe der Korridore steigerte er von fünf auf sechs und zum Teil auf sieben Ellen (eine damalige Elle entspricht ungefähr einem halben Meter, genau 52,3 Zentimetern), und kolossale Ausmaße nahmen jetzt auch die Sarkophage an; der Außensarg Merenptahs ist über fünf Meter lang. In der Dekoration verwendete man immer häufiger das versenkte Relief, das sich schneller herstellen ließ und für die geradezu bauwütige Ramessidenzeit so kennzeichnend ist.

Merenptah veränderte ferner die Gesamtanlage seines Grabes dadurch, daß er den Eingang nicht mehr versteckte, sondern höher als bisher und repräsentativ anlegte; das Königsgrab erhielt eine beeindruckende, monumental ausgestaltete Fassade. Gleichzeitig verlaufen die Korridore nicht mehr steil in die Tiefe, sondern – wie schon bei Sethos II. – fast waagerecht. Dies war wohl für den Transport der riesigen Sarkophage notwendig geworden. Nachdem man die Grabbauten eine Zeitlang ständig an Höhe »vermehrt« hatte, erweiterte man nun auch die Breite der Korridore, was den monumentalen Gesamteindruck der Anlage nochmals verstärkte.

Unter Merenptahs Nachfolger Sethos II. (1203–1196) mehren sich die Anzeichen für innenpolitische Probleme. Der nubische Vizekönig Messui, selbst ein Mitglied des Königshauses, lehnte sich gegen den neuen Pharao auf. Nach längeren Kämpfen konnte er für einige Zeit Oberägypten besetzen. Er beanspruchte dabei als Amenmesse die Königsherrschaft, und es gelang ihm sogar, sich ein Grab im Tal der Könige anlegen zu lassen.[28] Ägypten war damals weder fähig, seinen Stützpunkten im nördlichen Syrien zu helfen, noch dazu, die Kontrolle in Südpalästina zu sichern. Mit der eben geschilderten Einführung des Eisens verloren freilich – dies ist ebenfalls zu bedenken – die Kupferminen des Sinai für Ägypten an Attraktivität. Entscheidender war aber sicher die innere Schwäche der Monarchie.

Erneut nahm jetzt – wie zu Zeiten der Hatschepsut – eine Frau die Königstitulatur an: Tausret. Sie hatte zunächst an der Seite ihres Gatten Sethos II. regiert, dann die Regentschaft für ihren Stiefsohn Siptah übernommen und herrschte nach dessen frühem Tod schließlich für weitere zwei Jahre allein. Äußerer Ausdruck ihres Thronanspruchs ist ihr Grab im Tal der Könige.

Mit Tausret ging die neunzehnte Dynastie zu Ende; die Herkunft Sethnachts (1186–1184), des Begründers der zwanzigsten, ist unbekannt. Doch der Dynastiewechsel brachte keine einschneidenden Veränderungen mit sich. Die Kontinuität wurde vor allen Dingen dadurch garantiert, daß die meisten Beamten den Dynastiewechsel überstanden, und sie kam insbesondere in dem Geburtsnamen »Ramses« zum Ausdruck, den alle Nachfolger Sethnachts trugen. Der bedeutendste von ihnen war der Sohn Sethnachts, Ramses III.[29]

Ramses III. ist das beste Beispiel dafür, wie sehr die Nachfolger Ramses' II. diesen zu imitieren suchten: Er kopierte dessen Thronnamen und Totentempel, ja sogar die Darstellung der Schlacht von Kadesch gegen das inzwischen untergegangene Hettiterreich ließ er nachbilden. Dabei hätte Ramses III. es gar nicht nötig gehabt, sich in den Schatten des zweiten zu stellen. Aus heutiger Sicht betrachtet, war seine militärische Leistung der seines berühmten Vorgängers zumindest ebenbürtig.[30]

Gemeint ist die Abwehr einer doppelten Wanderungsbewegung, die zwischen 1180 und 1174 Ägypten bedrohte. In diesem Zeitraum wurden die von Westen vorstoßenden Libyer geschlagen, die Überlebenden in Unter- und Mittelägypten in Militärkolonien angesiedelt und rasch in die ägyptische Kultur integriert. Als um 950 ein libysches Häuptlingsgeschlecht an die Macht kam, empfanden die Ägypter das nicht mehr als Fremdherrschaft.

Die andere Bedrohung ergab sich im Norden: 1177 wurden die landsuchenden Scharen der Seevölker – hervorzuheben sind vor allem die Danuna (die Danaer der Ilias), die Peleset (Philister) und die Tjekker (Teukrer) – in den Nilmündungen des Deltas aufgerieben. Die Darstellungen der Seevölkerschlacht sind wie ähnliche Aktionen Tutanchamuns (Abb. 31, S. 190) oder Ramses' II. (Abb. 54, S. 342) vom Gegensatz zwischen Ordnung und Chaos geprägt (Abb. 55). Auf ägyptischer Seite läuft alles geordnet ab: Während die Soldaten in völliger Ruhe das feindliche Schiff mit einem Enterhaken festhalten, breitet sich dort Panik aus; zwei Matrosen fallen ins Wasser. Auf die Besatzung eines anderen Schiffes geht vom Land her ein Hagel von Pfeilen nieder; der wichtigste Bogenschütze ist der Pharao selbst, der auf niedergestreckten Feinden steht. Eine Reihe von ägytischen Soldaten – unten links an ihren Perücken zu erkennen – führen Gefangene ab, die Schilfkronen tragen und denen man teilweise die Arme auf dem Rücken gefesselt hat.

Die Überlebenden solcher Kämpfe reihte der Pharao teils in das ägyptische Heer ein, teils siedelte er sie geschlossen in bedrohten Teilen des Reiches an. Mit oder ohne ägyptische Genehmigung ent-

55. Seevölkerschlacht Ramses' III. Nachzeichnung

standen so die Herrschaftszentren der Philister um Gaza und Askalon, zu denen sich rasch weitere gesellten. Angesichts der unbestreitbaren Erfolge mutet es grotesk an, wenn Ramses III. am Ende seines Rechenschaftsberichtes feststellt: »Ich ließ das Heer und die Wagentruppe zu meiner Zeit daheim sitzen. Die Sardana und die Kehek (Libyer) lagen in ihren Ansiedlungen lang auf dem Rücken ohne Besorgnis. Da war kein Kampf in Nubien und kein Feind in Syrien. Die Bogen und Waffen lagen friedlich in den Zeughäusern. Sie waren satt und trunken in Wohlsein. Ihre Frauen und Kinder waren bei ihnen.«[31] Dies war der Traum von einer anderen Welt.

Ein weiteres Beispiel für die Imitation des großen Vorbilds Ramses' II. finden wir im Totentempel in Medinet-Habu (Abb. 16, S. 113), der sich eng an das Ramesseum anlehnt. In Form von ausgemalten Nischen im 1. und 2. Korridor fügte Ramses III. allerdings traditionsgemäß ein neues Element hinzu, bereicherte ferner das Bildprogramm um viele ungewöhnliche Motive und steigerte schließlich die Zahl der Türdurchgänge in der Achse des Grabes. Damit war allerdings ein Endpunkt in der Entwicklung des Königsgrabes erreicht, denn die fortgesetzte »Erweiterung des Bestehenden«, von der bereits mehrfach die Rede war, stieß im Wortsinn an Grenzen – in diesem Fall an das Grab des Amenmesse. Es galt, neue Lösungen zu finden.

Zunächst verkürzte daher Ramses IV. den Grundriß der Gesamtanlage und verzichtete notgedrungen auf die mehrfache Darstellung der Unterweltsbücher. Eine solche Beschränkung darf aber als Akzentverschiebung interpretiert werden, zumal in anderer Hinsicht die Ausmaße nochmals gesteigert wurden. Vor allem die Breite und Höhe der Korridore und die Ausmaße des Sarkophags erreichten bisher unbekannte Dimensionen. Das Grab Ramses' IV. war schließlich so geräumig, daß es viele Ägyptenreisende des 19. nachchristlichen Jahrhunderts als willkommenes ›Hotel‹ nutzten. Damit bricht allerdings die Endphase des königlichen Felsgrabes an – nach dem Tod Ramses' XI. (1070) wurde das Tal der Könige als Begräbnisplatz der Pharaonen aufgegeben.

So nachhaltig Ramses III. in großen Schlachten die außenpolitische Bedrohung Ägyptens abgewendet hatte, so wenig gelang es ihm und seinen Nachfolgern, mit den innenpolitischen Schwierigkeiten fertigzuwerden. Möglicherweise hat das mit den kostspieligen militärischen Unternehmungen zu tun; doch andere Probleme traten hinzu. In der spätestens seit der achtzehnten Dynastie etablierten Monarchie vollzog sich eine ähnliche Entwicklung, wie wir sie im Alten und Mittleren Reich beobachten konnten: die Verselbständigung regionaler Autoritäten. Nun machten sich vor allem die negativen Auswirkungen einer immer stärker werdenden Beamtenschaft bemerkbar, deren Eigenmächtigkeiten die Quellen der Zeit überreich dokumentieren.

Insbesondere die Papyri und Ostraka aus der Arbeiterstadt Deir El-Medine bei Theben vermitteln uns einen Einblick in die Alltagsprobleme und in die wachsende wirtschaftliche Not der Bevölkerung (S. 395). In dieser von der Außenwelt abgeschirmten Siedlung wohnten die Handwerker, die beim Bau und bei der Ausgestaltung der königlichen und privaten Gräber des thebanischen Westufers eingesetzt wurden. Sie waren auf Versorgung durch den Pharao, ihren Arbeitgeber, angewiesen, aber seit Ramses III. begann sich ihre Lage zu verschlechtern, und es kam innerhalb kurzer Zeit zu Preissteigerungen um mehr als das Fünffache. Als im Jahre 1156 die Entlohnung mit Naturalien bereits zwei Monate in Rückstand geriet, streikten die Arbeiter und veranstalteten einen Protestmarsch zum Verwaltungssitz im Ramesseum. Solche Proteste und Streiks sollten sich häufen, da Unfähigkeit und Korruption die Versorgung immer wieder gefährdeten.

Es ist gar nicht so unwahrscheinlich, daß diese Widerstandsbewegungen auch auf den Hof übergegriffen haben. 1153 verband sich die Königin, die den schon aus früheren Zeiten vertrauten Namen Teje trug, mit einer Reihe von höheren Beamten, um ihren Sohn – der Pharao hatte ein anderes seiner Kinder als Nachfolger vorgesehen – mittels einer Haremsverschwörung auf den Thron zu bringen. Zwar wurde Ramses III. ermordet, doch der rechtmäßige Thronfolger konnte sich als Ramses IV. durchsetzen. Übrigens ist das Schicksal des toten Ramses III. charakteristisch für den früheren Umgang mit ägyptischen Altertümern: Die Mumie des Königs befindet sich im Ägyptischen Museum in Kairo, der Sarkophag im Louvre und dessen Deckel in Cambridge.

Von einem Sondergericht, bei dem der Ermordete selbst, so jedenfalls die Aktenlage, die Anklageschrift vorlegte, wurden die Verschwörer abgeurteilt und ihrem Rang entsprechend bestraft: Die Vornehmen, von denen in Zukunft weiterhin Gefahr für die Herrschaft drohte, verurteilte das Gericht zum Tode; allerdings gestattete man ihnen, ihr Leben durch Selbstmord zu beenden, um der Familie eine entehrende öffentliche Hinrichtung zu ersparen.

Die bei derartigen Unternehmungen stets vorhandenen Mitläufer tötete man nicht, aber nachdem ihnen Nase und Ohren abgeschnitten worden waren, dienten sie als lebende Warnung.

Um seine Herrschaftsansprüche zu untermauern, ließ Ramses IV. anläßlich seiner Thronbesteigung ein angeblich von seinem Vater verfaßtes Testament zusammenstellen: Der ›Große Papyrus Harris‹ aus dem British Museum – mit einer Länge von über 40 Metern, einer Höhe von 42 Zentimetern und 117 Kolumnen der größte erhaltene ägyptische Papyrus – informiert uns, weshalb die wirtschaftlichen Probleme des Landes immer größer wurden. Darin bestätigt der König die Schenkungen, die sein Vater den Tempeln des Landes hatte zukommen lassen, unter anderem etwa ein Zehntel des gesamten anbaufähigen Bodens. Die in diesem Zusammenhang genannten Größenordnungen sind ungeheuer (S. 121). Ferner mußten die Pharaonen – das sollte sich auch so bald nicht ändern – die Söldner mit Landbesitz entschädigen. Auf diese Weise wurden die wirtschaftlichen Möglichkeiten des Herrschers immer mehr beschnitten.

Während der nächsten sieben Jahrzehnte regierten sieben Ramessiden, über die wenig zu berichten ist. Auf Ramses IV. folgten zwei seiner Söhne: Ramses V., dessen Mumie darauf schließen läßt, daß er jung an den Pocken starb, und der schon ältere Ramses VI. Gelegentlich können wir die nach wie vor beträchtliche Ausdehnung des ägyptischen Reiches an Zeugnissen einzelner Pharaonen ablesen. In Megiddo findet sich eine Statuenbasis Ramses' VI., und einen südlichen Punkt markieren Kartuschen des Königs im Tempel von Kawa, jenseits des dritten Kataraktes.

Die Regierungszeit Ramses' IX. war erneut von wirtschaftlichen Schwierigkeiten gekennzeichnet, Grabraub daher in der thebanischen Metropole längst ein übliches Mittel zum Broterwerb. Die damals durchgeführten gerichtlichen Untersuchungen offenbaren die Korruption der Verwaltung von der Spitze bis in die untersten

Ränge. Am bekanntesten ist in dieser Hinsicht eine Episode aus der Zeit Ramses' X., als die aufgebrachten Nekropolenhandwerker in Theben wieder einmal die Arbeit niederlegten. Das Tagebuch der Totenstadt notiert ihre Klagen: »Wir sind schwach und hungrig, denn wir erhalten die Rationen nicht, die der Pharao uns schuldet.« Oder: »Wir haben Hunger und Durst, wir haben keine Kleider, kein Fett, keine Früchte und kein Gemüse.« Geradezu an Auseinandersetzungen des 20. Jahrhunderts erinnert der klassenkämpferische Ausruf eines Arbeiters: »Der Wesir soll die Bretter selber tragen!«[32]

Doch diese Parolen richteten sich schon längst an die Falschen, denn der König oder der Wesir hatte kaum noch Möglichkeiten, sich durchzusetzen. Wichtiger waren inzwischen längst wieder lokale Machthaber, der Hohepriester des Amun zum Beispiel oder der Vizekönig von Kusch. Solche Funktionäre lösten sich zunehmend von der Zentrale und setzten durch, daß ihre Posten über Generationen hinweg in einer Familie blieben. Auf diese Weise entfalteten die regionalen Zentren eine immer größere Eigenständigkeit.[33] Gerade das Amt des Vizekönigs von Kusch ließ den Süden des langgestreckten Reiches, der lange nur eine Geld- und Menschenquelle für das übrige Ägypten gewesen war, stärker hervortreten; dieses Gebiet entwickelte sich zum Staat im Staate. Und die generell schwierige Lage wurde dadurch weiter verschärft, daß die Libyer ihre Einfälle in das Niltal inzwischen wiederaufgenommen hatten und bis nach Theben ausdehnten.

Eine ganze Fülle von Faktoren bedingte also die zunehmende Schwächung Ägyptens: Die verlustreichen und teuren Kriege gegen Libyen und die Seevölker, die teilweise ins Maßlose gesteigerten Bauten und die unermeßlichen Stiftungen zugunsten der Tempel überbeanspruchten auf Dauer die finanziellen Möglichkeiten des Landes. Gleichzeitig gingen die Tribute aus Syrien-Palästina, wo Ägypten seine Vormachtstellung aufgeben mußte, zurück und fielen schließlich ganz aus.

Unter Ramses XI. führten um 1090 Hungersnöte in Theben zum Aufstand gegen den Hohenpriester und zu einem monatelangen Bürgerkrieg, in dem plündernde Banden und marodierende Söldner die Thebaïs verheerten. Die Ordnung konnte schließlich nur dadurch wiederhergestellt werden, daß der Vizekönig von Kusch, Panehsi, in Mittelägypten militärisch eingriff. Er konnte sich eben nach wie vor auf die bewährten nubischen Söldner verlassen. Nach Panehsi übernahm 1082 Herihor zusätzlich zu dem Titel eines Vizekönigs von Kusch und eines »Oberbefehlshabers von Ober- und Unterägypten« das Amt eines Hohenpriesters von Theben. Damit kontrollierte er den Süden des Reiches, wenngleich nominell noch gestützt auf die Autorität des Königs.

Doch auch im Norden war Ramses XI. längst nicht mehr Herr der Lage. Der aus dem Jahr 1077 stammende Reisebericht des thebanischen Beamten Wenamun[34] zeigt überdeutlich, daß von einer Kontrolle durch den Pharao keine Rede mehr sein konnte. Dieser faszinierende Text gewährt uns Aufschlüsse über die damaligen innerägyptischen Verhältnisse und über die Stellung Ägyptens zu Vorderasien. Als eigentliche Machthaber in Ägypten nennt er Smendes (so sein griechischer Name) und seine Frau, die Königin Tentamun. Sie war wohl eine Angehörige des alten Herrscherhauses und als solche in der Lage, die politischen Ansprüche ihres Gemahls zu legitimieren.

Aus Wenamuns Bericht geht ferner hervor, daß Byblos nicht mehr zum ägyptischen Einflußbereich gehörte. Es entrichtete nun seine Tribute der neuen Macht in Mittelsyrien: Assur. Tiglat-Pileser I. (1112–1074) führte Assyrien zu neuer Stärke, als er in 28 Feldzügen das syrische Gebiet bis zum Libanon in seine Gewalt brachte. Südlich davon übernahmen die Philister für einige Zeit die Kontrollfunktionen der Ägypter, die nun völlig auf ihre alten Kernlande zurückgeworfen waren.

NEUNTES KAPITEL

Der Alltag

Landwirtschaft

Wie in allen Agrargesellschaften, so war die Haltung gegenüber der Landwirtschaft auch im alten Ägypten ambivalent: Für die wohlhabenden Ägypter war sie mit Vergnügungen in reizvoller Natur verbunden und mit den Genüssen, die ein gepflegter Garten, ein Teich, Bäume und die immer präsente und diskrete Aufmerksamkeit der Diener boten; für diejenigen dagegen, die sie betreiben mußten, bedeutete sie harte Arbeit und körperliche Mühen, wenngleich der Ackerbau hier in mancher Hinsicht leichter war als anderswo. Von außen betrachtet, sah man vor allem den hohen Ertrag, häufig genug Anlaß für den Neid anderer Stämme und Völker. In Zeiten von Hungersnöten oder der nahezu üblichen jahreszeitlich bedingten Knappheit an Nahrungsmitteln pflegten immer wieder Gruppen von Wanderhirten auf der Suche nach Weideland für ihre Herden nach Ägypten zu ziehen. Kam es dort aufgrund gelegentlicher Dürren oder zu niedriger oder besonders hoher Nilüberschwemmungen ebenfalls zu Versorgungsengpässen, dann konnte die Vorratshaltung der Ägypter häufig die schlimmsten Folgen lindern.

Als ihm die Lebensmittel ausgingen, soll einst Abraham Zuflucht am Nil gesucht haben: »Es kam eine Hungersnot über das Land, so daß Abraham nach Ägypten zog, um eine Zeitlang dort zu verweilen.«[1] Später war es dann Jakob, der seine Söhne nach Ägypten geschickt haben soll: »Ich habe gehört, daß es in Ägypten Korn gibt; zieht hinab und kauft uns dort welches, auf daß wir leben und nicht sterben.«[2] Bei den Nachbarn galt Ägypten als die Kornkammer schlechthin, und das Land konnte diese Funktion übernehmen, weil die Abschöpfung der Überproduktion in Ägypten so effektiv war wie sonst kaum irgendwo – mit all den verheerenden Konsequenzen, die dies für die Masse der Bauern hatte.

Für die Beamten und Vornehmen war ein bäuerliches Leben selbstverständlich nicht erstrebenswert. Vor allem die jahreszeitlich bedingten Notlagen scheinen als kennzeichnend für die Situation auf dem Lande empfunden worden zu sein, und außerdem brachte die Landwirtschaft viel zu harte Arbeit mit sich. »Werde Schreiber!« heißt es deshalb in einem Text, was in unsere moderne Anschauungsweise übertragen soviel bedeutet wie: »Werde Beamter!« Denn: »Es rettet dich vor harter Arbeit und bewahrt dich vor jeder Art von Mühe. Es schützt dich davor, eine Hacke tragen zu müssen, und (es stellt sicher,) daß du nicht einen Korb schleppen mußt.«[3]

Das Leben der Bauern beschreibt ein ähnlicher Text realistisch und detailverliebt: »Laß mich dir die Situation des Bauern erklären ... Wenn das Wasser voll ist, bewässert er die Felder, er kümmert sich um seine Geräte. Tagsüber schnitzt er Werkzeuge und nachts knüpft er Seile. Sogar seine Mittagsstunde verwendet er für landwirtschaftliche Arbeit. Er rüstet sich aus, um zum Feld aufzubrechen wie ein Krieger. Das Feld liegt ausgetrocknet vor ihm; er geht, um sein Gespann zu holen. Nachdem er viele Tage lang hinter den Hirten her war, greift er das Gespann auf und kommt mit ihm zurück. Er bereitet ihm einen Platz auf dem Feld. Im Morgengrauen geht er hinaus, um früh zu beginnen, und findet es nicht an diesem Platz. Er verbringt drei Tage, um es zu suchen und findet es im Morast steckengeblieben. Aber er findet keine Haut mehr an ihm, da die Schakale an ihm genagt haben.« Nach einer Aufzählung weiterer naturbedingter Notlagen fährt der Verfasser fort: »Da landet der Schreiber am Ufer. Er überwacht die Ernte. Diener begleiten ihn mit Stöcken und Nubier mit Knüppeln. Einer sagt: ›Her mit dem Getreide!‹ ›Es ist keines da‹. Der Bauer wird heftig geschlagen. Er wird gebunden, in den Teich geworfen und kopfüber untergetaucht. Seine Frau wird in seiner Gegenwart gebunden, seine Kinder sind in Fesseln. Seine Nachbarn verlassen sie und fliehen. Aus! Wenn es vorbei ist, gibt es kein Getreide mehr. Wenn du nur ein wenig Verstand hast, werde Beamter« – Verzeihung – »Schreiber!«[4] Freilich trugen solche Beschreibungen recht dick auf, um die Studenten bei der sicher auch nicht leichten Tätigkeit des Schreibenlernens zu motivieren.

Ein etwas anderes Bild vom bäuerlichen Leben zeichnen die dekorierten Gräber der thebanischen Metropole; schließlich sollten sie ihre Besitzer im besten Licht erscheinen lassen. Entsprechende Szenen finden sich auch im Grabe des Wesirs Rechmire. Darin ist Rechmire – so die beigegebene Bilderläuterung – dargestellt, wie er »den Anblick des Viehs genießt, sich bei der Arbeit auf den Feldern vergnügt und die Arbeit der Jahreszeiten, der Ernte und des Anbaus betrachtet«. Es war längst üblich geworden, bei einer so hochgestellten Person von Vergnügung zu sprechen, wenn sie anderen bei der Arbeit zusah, vor allem, wenn es sich um Landarbeit handelte. Stehen wir allerdings vor der Alternative, entweder solchen idealisierenden Bildern oder jenen abschreckenden Beschreibungen zu folgen, so sollten wir eher den Texten Glauben schenken.

Um einen lebensnäheren Eindruck vom Landleben zu gewinnen, unternehmen wir einen kurzen Ausflug nach dem etwa 50 Kilometer südlich von Theben gelegenen El-Kab, Hauptstadt des dritten oberägyptischen Bezirks. Der von den lokalen Fürsten benutzte Friedhof liegt auf dem östlichen Ufer des Nil. Hier finden wir das Felsengrab des Paheri, der – wahrscheinlich unter Thutmosis III. (1479–1425) – Bürgermeister zweier Orte war. In seinen Jenseitsvorstellungen kam der Landwirtschaft erstrangige Bedeutung zu; die Szenen der unterschiedlichen bäuerlichen Tätigkeiten bedecken den größten Teil einer der beiden Längsseiten der Grabkammer, und die Beischrift von Aussprüchen, die den Arbeitern in den Mund gelegt wurden, verleiht diesen Darstellungen eine besondere Lebendigkeit.[5] Die im folgenden erläuterten Bilder bieten anschauliche Belege für unterschiedliche Gestaltungskonzepte der Malerei (S. 289).

Den oberen Teil der Wand, der die Hauptszenen enthält, nehmen mehrere Bildfolgen in kleinem Maßstab ein, überblickt von der stark vergrößerten Figur Paheris. Er wird als derjenige beschrieben, »der die Zeit der Trockenheit (Ernte) sieht, die Zeit des Hervorkommens (Anbau) und alle Arbeiten auf dem Felde«, und als derjenige, »der Inspektion hält im Land der südlichen Provinz«. Gegenstand seiner Inspektion ist das, was in drei von unten nach oben sowie von rechts nach links zu ›lesenden‹ Registern (S. 294) vor uns ausgebreitet wird.

Die erste Gruppe im unteren Register besteht aus sechs Männern, die von Hand pflügen und säen (Abb. 56a). Vier von ihnen ziehen mit großer Anstrengung den Pflug, der von einem älteren Mann gelenkt und in die Erde gedrückt wird. Sein Alter und wahrscheinlich auch sein höherer Rang sind durch die dünnen Haarsträhnen und den dicken Bauch – in ägyptischen Darstellungen immer ein Zeichen von Wohlhabenheit – angedeutet. Ein junger Mann geht hinter dem Pflug her und sät.

Ein solcher typischer ägyptischer Pflug war ebenso einfach wie wirkungsvoll konstruiert. Er bestand aus einer Holzstange, an deren hinterem Ende eine Pflugschar lose befestigt war. Mit einem Seil wurde diese in einem günstigen Winkel fixiert, und ein Griff am Ende der Stange diente dazu, sie in die Furche zu drücken. Die wenigen erhaltenen Exemplare zeigen uns, daß die Pflugschar meist aus einem zugespitzten, möglicherweise im Feuer gehärteten Stück

Holz bestand. Seltener scheinen Bronzeblätter angebracht gewesen zu sein, die aber nicht so geformt waren, daß sie die Erde zur Seite drückten.

Die Männer, die den Pflug ziehen, verwenden zwei unterschiedliche Vorrichtungen: Das vordere Paar greift einen an der Spitze der langen Stange befestigten Querstab, während das zweite Paar Seile oder Riemen benutzt, die ungefähr in der Mitte der Stange befestigt sind. Normalerweise wurde diese schwere Arbeit jedoch von einem Ochsengespann verrichtet, wie wir es auch an anderer Stelle in diesem Register sehen. Trotz der Anstrengung machen die Männer einen fröhlichen Eindruck; dies vermitteln zumindest die ›Sprechblasen‹ über ihren Köpfen. Die Arbeiter rufen oder singen: »Laßt uns arbeiten! Sieh uns an! Habt keine Sorge um die Felder, sie sind im besten Zustand!« Der junge Sämann schließt sich ihnen nicht weniger begeistert an: »Ein gutes Jahr, frei von Schwierigkeiten! Alle Felder stehen in Blüte, und die Kälber sind über die Maßen prächtig!« Und der Alte pflichtet ihm bei: »Wie recht du hast, mein Sohn!«

Links daneben arbeiten vier weitere Männer mit Hacken, um den Boden zusätzlich aufzulockern, nachdem die Furchen gezogen

56a – 56e. Szenen aus dem Grab des Paheri. Nachzeichnung

worden sind. Einer von ihnen nimmt den heiteren Umgangston der Pflügenden auf: »Ich werde für den Vornehmen noch mehr tun als die zugeteilte Arbeit!« Aber die beiden Kollegen hinter ihm sind nicht ganz einverstanden: »Mach schnell, mein Freund, damit du uns rechtzeitig nach Hause gehen läßt!« Der Boden Ägyptens ist in trockenem Zustand leicht und bröcklig, nach der Überschwemmung aber durch die Feuchtigkeit schwer und klebrig. Gelegentlich mußten die großen Erdklumpen nach dem Pflügen sogar von Hand zerkleinert werden. Die hier gezeigten Hacken ähneln in der Konstruktionsweise dem Pflug, außer daß der Teil, welcher der Pflugschar entspricht, länger ist als der Griff.[6] Dabei weisen die Hacken des einen Paares dieselben Verbindungsseile auf wie der Pflug, die anderen sind wahrscheinlich aus einem einzigen Stück Holz hergestellt. Der Künstler, der diese Szene ausführte, hat sorgfältig beide Hackentypen mit ihren Unterschieden wiedergegeben.

Eine andere Art des Pflügens sehen wir im linken Teil des unteren Registers: Hier kommen Ochsengespanne zum Einsatz (Abb. 56b). Die Holzstange des Pfluges ist an einem Querstab befestigt, der mit Seilen an den Hörnern der Ochsen angebunden ist. Jedes Gespann wird von einem Arbeiter geführt, der die Pflugschar in den

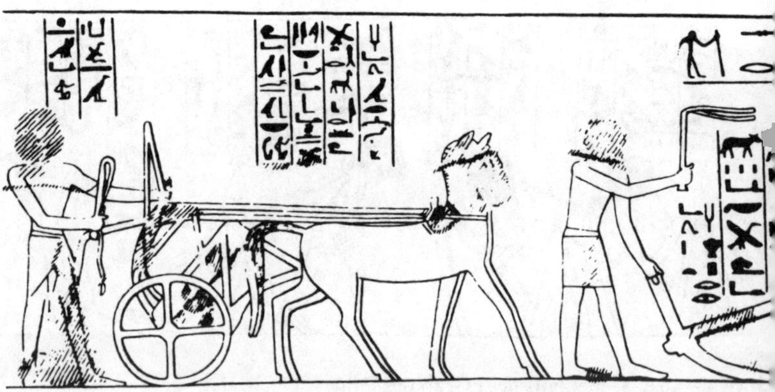

56b

Boden drückt, und von einem weiteren begleitet, der sät. Der Mann hinter dem einen Gespann schwingt eine Peitsche mit zwei Riemen, um die Tiere anzutreiben, während bei dem anderen ein Kind diese Aufgabe übernimmt.

Eine Textzeile über den beiden pflügenden Gruppen schreibt auch diesen Männern Freude an der Arbeit zu: »Ein schöner Tag. Es ist angenehm kühl. Das Vieh zieht den Pflug. Der Himmel ist uns geneigt. Laßt uns für den Vornehmen arbeiten!« Ein anderer mahnt: »Beeile dich, Chef, treib die Ochsen an! Sieh, der Bürgermeister steht da und schaut zu!« Paheri hat sich also auf die Felder begeben, um zu kontrollieren, wie die Arbeit voranschreitet. Links von den Arbeitern steht sein von zwei Pferden gezogener Wagen mit dem Wagenlenker; in der einen Hand hält dieser die Zügel und eine Peitsche, in der anderen einen Bogen. Er scheint einige Mühe zu haben, das Gespann zu bändigen: »Still gestanden! Sträube dich nicht, edles Gespann des Bürgermeisters, geliebt von deinem Herrn, der vor jedermann mit dir prahlt!« Damals, im frühen 15. Jahrhundert, waren Pferde in Ägypten noch etwas Neues. Vielleicht war Paheri der erste Bürgermeister der Gegend, der einen solchen Wagen besaß. Und während der Wagenlenker mit den lebhaften Tieren

kämpft, hat der Bürgermeister durch seine bloße Anwesenheit eifrige Geschäftigkeit hervorgerufen.

Von den beiden der Ernte gewidmeten Registern zeigt das mittlere das Mähen des Getreides, das obere das Einbringen und Speichern. Zum Ernten der Gerste benutzt man elegant geformte Sicheln (Abb. 56c), die von den Schnittern auf den ersten Blick recht linkisch gehandhabt werden. Sie sind sehr schematisch dargestellt, in der Form, wie sie uns in Zeichen der Hieroglyphenschrift begegnen und wie sie der Künstler sicherlich am besten wiederzugeben vermochte. Betrachtet man originale, aus dem Altertum erhaltene Exemplare, so merkt man, daß der ungewöhnliche Winkel, in dem der Griff zur Klinge steht, sehr gut für den praktischen Gebrauch geeignet war, wenngleich nicht in der hier gezeichneten Art und Weise. Solche Sicheln wurden seit frühester Zeit aus Holz gefertigt und mit kurzen, schräg geschliffenen, eingekerbten oder gezähnten Klingen aus Feuerstein versehen, mit denen die Stengel des Getreides in einem Streich durchtrennt werden konnten.

Paheris Schnitter arbeiten zu zweit. Sie ergreifen mit ihrer Linken die Ähren und schneiden sie gleich darunter ab. Diese Art des Mähens war während des ganzen Altertums verbreitet und hatte ge-

56c

wisse Vorteile gegenüber der Methode, bei der die ganzen Stengel gekappt werden: Man mußte nur jenen Teil des Halmes auf den Dreschplatz transportieren, auf den es ankam; außerdem hätte die antike Dreschmethode das Stroh so zerkleinert, daß es höchstens noch als Streu oder Häcksel verwendbar gewesen wäre. So jedoch konnte das stehengebliebene Stroh später in einwandfreiem Zustand von den Feldern geholt und zu verschiedenen landwirtschaftlichen und industriellen Zwecken gebraucht werden: in der Korbflechterei, bei der Lehmziegelherstellung sowie als wichtigstes Brennmaterial für die Öfen der Töpfereien. Abgesehen davon erforderte diese Art und Weise, Getreide zu mähen, weniger Kraftaufwand.

Mit ähnlichen Worten, wie sie den Ochsentreibern in den Mund gelegt wurden, erklären die arbeitenden Schnitter in einer Art Wechselgesang: »Dieser Tag ist schön. Geh hinaus aufs Land. Der Nordwind hat sich erhoben, der Himmel ist uns geneigt, und unsere Arbeit bindet uns zusammen.« Andere sind mit ihrem Abschnitt des Feldes fertig und machen eine Pause; ein weiterer hat die Sichel unter den Arm geklemmt und trinkt. Im Kontrast zu seinem einfachen Krug steht die Freiluft-›Bar‹ am rechten Ende des Registers: Über

zwei Gefäßen auf hölzernen Ständern schwingt ein Diener einen Fächer aus Palmwedeln; ein gefaltetes Tuch, das er in der Hand hält, kennzeichnet ihn als Mitglied des Haushalts und setzt ihn somit deutlich von den einfachen Feldarbeitern ab. Hier konnte Paheri während seines ›anstrengenden‹ Besuchs eine Erfrischung zu sich nehmen.

Den vergnügt singenden Schnittern folgen eine junge Frau und ein Mädchen, Ährenleserinnen. Die vordere trägt einen Korb auf dem Rücken, während das Mädchen den seinen in der Hand hält. Sie bücken sich, um zu sehen, ob etwas zu Boden gefallen oder von den Schnittern übriggelassen worden ist. Die eine der beiden grummelt: »Gib mir eine Handvoll, oder du machst, daß wir am Abend wiederkommen! Wiederhole heute nicht die Böswilligkeiten von gestern!« Offenbar waren die Schnitter – oder mindestens einer von ihnen – zu knauserig gewesen; es war üblich, daß ein mitfühlender Arbeiter absichtlich einige Ähren zu Boden fallenließ, so daß ohne große Mühe eine gute Nachlese gehalten werden konnte. Andernfalls müßten die Frauen das Feld später nochmals nach ein paar zufällig übersehenen Ähren absuchen.

Ährenlesen war zweifellos eine wichtige Art, bescheidene Le-

56d

bensmitteleinkünfte zu ergänzen, und wurde als ein eifersüchtig verteidigtes Recht von einzelnen Familien auf bestimmten Feldern ausgeübt. Wurden die tradierten Regeln nicht eingehalten, konnte es zum Streit kommen, wie er im Grabe eines anderen Beamten dargestellt ist: Zwei Mädchen ziehen sich balgend an den Haaren, während das gesammelte Korn zwischen ihnen verschüttet auf dem Boden liegt. Derartige Szenen gestalteten die Maler zu Genrebildern, die viel über den Alltag der ›kleinen Leute‹ verraten.

Unmittelbar an die Gerstenernte schloß sich das Dreschen, Worfeln, Abmessen und Speichern an (Abb. 56d). Durch diese Arbeitsschritte führt uns das obere Register der Westwand in Paheris Grab. Zwei Arbeiter bringen die abgeschnittene Gerste in einem großen Korb, den sie an einer Stange auf ihren Schultern tragen, von den Feldern. Die Zeit scheint zu drängen, denn die Ernte hat kurz vor dem Steigen des Flusses stattzufinden; der Aufseher erhebt seinen Stock und befiehlt: »Beeilt euch, bewegt eure Füße, das Wasser kommt schon und erreicht die Gerstengarben!« Doch die Männer beschweren sich: »Die Sonne ist heiß! Der Sonne soll der Wert der Gerste in Fisch gegeben werden!« Damit meinen sie wohl, daß der Fluß das, was er an Gerste wegnimmt, in Form von Fischen ersetzt –

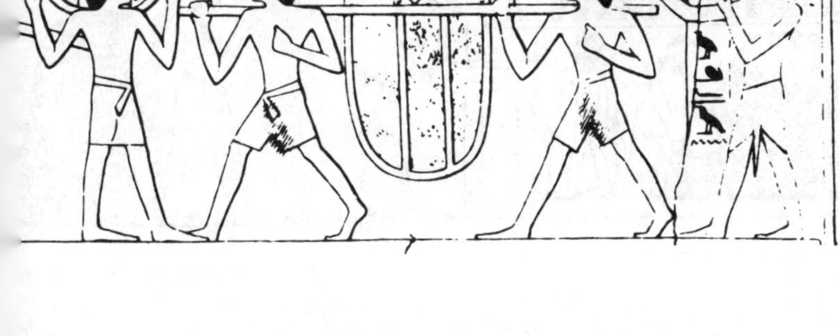

eine Übertragung des Tauschsystems auf die Natur. Das nächste Arbeiterpaar kehrt auf die Felder zurück; einer von ihnen trägt einen leeren Korb, der andere die Stange: »Verbringt diese Tragstange nicht den ganzen Tag auf meinen Schultern? Wie stark ist mein Herz!«

Die Ähren werden auf die Tenne, einen runden Platz mit gestampftem Erdboden, geschüttet, wo ein Ochsengespann sie zertritt. Ein Knabe treibt die Ochsen mit einer Peitsche an und singt dazu ermunternd:

»Drescht für euch, drescht für euch, ihr Rinder,
drescht für euch, drescht für euch!
Das Stroh zum Futter, das Korn für eure Herren!
Laßt eure Herzen nicht matt werden!
Es ist kühl und angenehm.«[7]

Der Rhythmus des Liedes, der im Ägyptischen offensichtlich vorhanden ist, obwohl wir den wirklichen Klang der Worte nicht kennen, diente hier, wie bei allen solchen Gesängen, der Motivation. Ein anderer Arbeiter beaufsichtigt unterdessen das Dreschen, kehrt neue Ähren unter die Füße der Ochsen, entfernt die zertretenen, sobald sich die Körner herausgelöst haben, und häuft den Abfall

56e

rings um den Dreschplatz auf. Es folgt das Worfeln der gedroschenen Gerste: Mit speziell geformten Schaufeln werfen vier Arbeiter, deren Haar mit Kopftüchern vor der Spreu geschützt ist, das Getreide in die Luft.

Zuletzt wird das Korn abgemessen und gespeichert (Abb. 56e). Zwei Männer – sie sind so eng nebeneinander gezeichnet, daß sich ihre Umrisse fast decken – füllen es in Maßbehälter. Diese bestehen wahrscheinlich aus Holz und sind mit Leder umwunden. Sie waren für einen festgesetzten Inhalt, etwa 4,5 Liter, berechnet. Ob ein solcher Maßbehälter genau war oder nicht, spielte für den eigenen Haushalt keine so große Rolle, aber sobald ein Bauer mit einem anderen, den Steuerbehörden oder Händlern in Kontakt trat, gab es oft genug Streit um das rechte Maß, da es gezielt zum Vorteil des Besitzers eingesetzt werden konnte – in Ägypten wie anderswo. Homer beschreibt uns einmal zwei Bauern, die sich nicht über den Grenzverlauf zwischen ihren Feldern einigen konnten. Da jeder seine eigene hölzerne Meßlatte mitgebracht hat, erweist sich das Verfahren als untauglich; schließlich entscheiden sie die Angelegenheit, indem sie mit den Holzstangen aufeinander einprügeln.

Es war immer von Vorteil, wenn man sein eigenes Maß verwen-

dete, weil man dessen Kapazität kannte. Daher heißt es in einem äußerst realistischen Lehrspruch für Bauern: »Gebrauche dein eigenes Maß, bestimme zu geschäftlichen Zwecken dein eigenes Maß, und du wirst sehen, wie weit du es gebracht hast. Gebrauche eines anderen Mannes Maß, und du wirst mit großer Wahrscheinlichkeit Verluste erleiden.«[8]

Auf einem der Gerstenhaufen kauert »der Schreiber, der das Korn zählt, Dschehutinefer«. Er notiert die Meßergebnisse, während ein anderer, vielleicht eine Art Aufseher, eine weniger formelle Aufstellung der gezählten Kornmaße auf eine Wurfschaufel zu kritzeln scheint. Bezeichnenderweise wird der Schreiber als einziger mit Namen genannt. Es war gewiß wichtig, über das, was abgemessen wurde, genau Buch zu führen, und die beiden Protokollanten vertreten wahrscheinlich die administrative und die gutsinterne Seite des Verfahrens.

Zwei mal zwei Arbeiter tragen das abgemessene Korn in Säcken auf ihren Schultern weg. Sie gehen auf einen mit einer Art Zinnenmauer umgebenen Hof zu, wo ein Mann die Gerste auf einen Haufen schüttet, während ein anderer mit zwei leeren Säcken durch das Tor hinausgeht. Da es in Ägypten zur Erntezeit praktisch nie regnete, war es kein Risiko, Korn und sonstige landwirtschaftliche Produkte unter freiem Himmel zu deponieren. Im allgemeinen aber waren Produkte, die auf diese Weise gelagert wurden, nicht zur Verwendung am Ort vorgesehen, sondern zum Weitertransport, zum Beispiel zur Bezahlung von Steuern.

In anderen, hier nicht mehr abgebildeten Szenen, wird Paheri gezeigt, wie er durch die Felder spaziert, hier und da haltmacht und dem Beladen der Schiffe zusieht. Im Text dazu heißt es: »Der Fürst Paheri, der Gerechtfertigte, geht, um die Schiffe im Feld zu beladen. Er sagt zu den Feldarbeitern: ›Beeilt euch, die Felder sind leer, und die Überschwemmung ist sehr groß!‹« Vier Schiffe haben sternförmig angelegt, und über eine Laufplanke schafft man das Getreide in die Laderäume. In mehreren Kolumnen wird diese Szene beschrieben: »Beladen der Schiffe mit Gerste und Emmer. Sie sagen: ›Müssen wir den ganzen Tag Gerste und weißen Emmer schleppen? Die Speicher sind voll, die Haufen quellen zu ihren Öffnungen heraus. Die Barken sind schwer beladen, das Korn bricht hervor. Und doch werden wir angetrieben, noch schneller zu gehen. Sind unsere Herzen aus Kupfer?‹«

Dieser mißmutige Ton gibt nur eine Ahnung davon, was in Wirklichkeit bei der Feldarbeit in sengender Hitze gesagt worden sein mag. Die teilweise als kleine Idyllen gestalteten schönen Bilder der Grabkammer Paheris illustrieren zwar detailgetreu die technischen Abläufe des Pflügens, Erntens oder Verladens, aber sie verraten nichts über die körperliche Anstrengung, die mit jedem einzelnen Vorgang verbunden war, oder über das harte Los des ägyptischen Feldarbeiters allgemein.

Die angedeutete ambivalente Haltung der Ägypter gegenüber der Landwirtschaft läßt sich in ihrer positiven Seite an den Jenseitsvorstellungen ablesen, die geprägt waren durch das bäuerliche Wissen um die Gesetzmäßigkeit der Natur. Es war der Nil, der den Zyklus der Jahreszeiten bestimmte und mit seiner jährlichen Überschwemmung Höhe und Erfolg der Ernte festlegte. Dieser Rhythmus der Natur, ins Ideal gesetzt, wurde zum Inbegriff ländlicher Freuden und lieferte das Muster für die Vorstellung eines Lebens nach dem Tode, dem der darauf vorbereitete Ägypter entgegenstrebte.

Überstand er das Totengericht in der Halle des Osiris, des göttlichen Königs des Jenseits, so würde er seine Zeit im Binsengefilde zubringen, einer Art Elysium oder Paradies, das man sich als jenseitiges Ägypten vorstellte, von einem jenseitigen Nil durchflossen. Hier würde er dann pflügen und ernten, als wäre er ein Bauer. In einer für den Schreiber Ani hergestellten Kopie des Totenbuches zeigt die gemalte Vignette Ani bei dieser Tätigkeit. Die Beischrift sagt: »Anfang der Sprüche des Opfergefildes, der Sprüche des Herausgehens am Tage, des Eintretens und (wieder) Herausgehens im Totenreich, der Vereinigung mit dem Binsengefilde und des Sich-Befindens im Opfergefilde, (in) der Großen Stadt ›Herrin des Windes‹. Machtvoll zu sein dort, verklärt zu sein dort, zu pflügen dort und zu ernten; zu essen dort und zu trinken dort, geschlechtlich zu verkehren dort und alles zu tun, was auf Erden getan wird.«[9]

In dieser Äußerung wird die zentrale Bedeutung der Landwirtschaft für den Ägypter deutlich; dies ist verständlich und verwunderlich zugleich. Denn in ihrem irdischen Leben hatten die meisten von denen, die ihre Grabkammern reich ausmalen lassen konnten, noch nie einen Pflug in der Hand gehalten. Im jenseitigen Leben hoffte man aber, als Bauer im Binsengefilde die Ewigkeit zu genießen. Bei dieser Arbeit konnten manche auf Hilfe zurückgreifen. Seit dem Mittleren Reich sind die Totenfiguren (Uschebti) als Grabbeigaben generell verbreitet. Sie sollten im Jenseits die schwere Landarbeit verrichten; mehr als 700 finden sich manchmal in einem einzigen Grab, bereit, die Befehle des Toten entgegenzunehmen.

Ausdrücklich werden bäuerliche Wertvorstellungen im sogenannten negativen Bekenntnis des Totenberichtes erwähnt (S. 131). Erschien der verstorbene Ägypter vor Osiris und den Totenrichtern, dann stellte er nicht nur unmoralische Handlungen sowie fehlende Kultausübungen in Abrede, sondern erklärte auch folgendes: »Ich habe die Ackerflächen nicht gemindert, ich habe an den Feldern eines anderen nichts verändert ..., ich habe die Herden nicht von ihren Weiden vertrieben ..., ich habe das Überschwemmungswasser nicht falsch geleitet in seiner Jahreszeit, ich habe das fließende Wasser nicht mit einem Damm zurückgehalten.«[10] Was hier für den wohlhabenden ägyptischen Beamten lediglich ein Lippenbekenntnis war, bildete im bäuerlichen Alltag eine der entscheidenden Grundlagen für die gute Bewirtschaftung des Landes. Solche Kenntnisse bestimmten sowohl die Idee eines richtig geführten Lebens auf

Erden als auch die Hoffnung auf einen vom Pflügen und Ernten geprägten Lebenswandel im Jenseits.

Stadtleben

Für die Antike bestand zwischen Stadt und Land kein Gegensatz im heutigen Sinne. Die Stadt war zunächst der Ort, an dem die Bauern wohnten, von dem aus sie auf das Feld gingen. Dies bestimmte wesentlich das Aussehen antiker Ortschaften, und wir dürfen keineswegs die riesigen Metropolen als Modell für viele tausend andere Städte nehmen.

Die Lage der Siedlungen im alten Ägypten wurde vor allem durch einen Faktor bestimmt, der bis in die moderne Zeit ausschlaggebend war: die Höhe des Landes über der Nilflut. Denn kein vernünftiger Mensch baute sein Haus dort, wo es jeden Sommer vom Hochwasser erreicht und weggeschwemmt werden konnte. Man legte die Orte entweder – wie etwa die Dörfer zwischen den Gräbern der thebanischen Nekropole – auf den Anhöhen außerhalb der bebauten Fläche des Niltals an, oder auf jenen geringfügigen Erhebungen mitten im bebauten Land, die wenigstens in den allermeisten Jahren nicht von der Flut bedeckt wurden. Dafür genügte ein knapper halber Meter über dem Niveau des Hochwasserstandes. Und falls die Flut doch einmal höher stieg als gewöhnlich, so war dies den Göttern anzulasten und nicht mangelnder menschlicher Vorsicht.

Gingen die Ägypter daran, eine neue Stadt zu planen,[11] so stand am Anfang die Anlage von regelmäßigen Hauptstraßen; das Hieroglyphenzeichen, das einen Stadtplan darstellt, zeigt einen Kreis, in dem sich zwei schmale Bänder rechtwinklig kreuzen: ⊕. Es handelt sich offensichtlich um eine runde Ansiedlung mit zwei Hauptstraßen, die den bewohnten Bezirk in vier gleiche Gebiete teilen.

Von diesem Prinzip ist noch einiges in jenen Orten zu erkennen, die gründlich genug ausgegraben wurden, um von ihnen Karten anfertigen zu können. Abgesehen von dieser groben Struktur scheint nur sehr wenig geplant worden zu sein. Das gilt möglicherweise nicht für jene Orte, die eine ausgesprochen militärische Funktion hatten, wie zum Beispiel die Festungen in Nubien, oder für spezielle Arbeitersiedlungen, in denen allerdings nicht unbedingt normales städtisches Leben zu erwarten war. Davon wiederum eine Ausnahme bildete das Arbeiterdorf Deir El-Medine, das über Generationen hin von Familien bewohnt wurde (S. 388).

Auch die meisten heutigen Dörfer Ägyptens bestehen, abseits der wenigen Hauptverkehrsadern, aus einem scheinbar regellosen Gewirr von Gebäuden aller Art; sie stoßen aneinander, ja greifen sogar ineinander über. Zwischenräume können mit improvisierten Bauten aus Holz, Schilf oder Tüchern ausgefüllt sein, die zu bestimmten Anlässen errichtet werden. In manchen Fällen geschieht dies, um einen Anspruch auf ein Stück Boden zu dokumentieren, über dessen Besitzverhältnisse Unklarheit herrscht.

In einem Dorf war es früher nicht immer leicht, den Besitzer eines bestimmten Gebäudes oder des Grundes, auf dem es stand, zu ermitteln; oft genug war eine solche Information nur durch Akteneinsicht zu erhalten. Sogar eine einzelne Palme oder ein Olivenbaum konnte verschiedenen Besitzern gehören, und es kam gelegentlich zum Streit, vor allem dann, wenn durch Vererbung die Zahl der Besitzer immer weiter anstieg und eine der Parteien eine Änderung wünschte. In diesem Fall wurden juristische oder halbjuristische Argumente auf der Ebene der Ortsvorsteher, der Provinzdistrikte oder vielleicht sogar auf höchster Ebene ausgetauscht.

Über einen solchen Erbstreit sind wir durch ein Grabmal informiert, das ein gewisser Mose, ein Schreiber des Schatzhauses des Gottes Ptah, in der großen Nekropole von Sakkara anlegte. Dort sind zwei Wände mit einem bemerkenswerten Text bedeckt, in dem das langwierige Verfahren der Vererbung einer bestimmten Parzelle für die »Nachwelt« aufgezeichnet ist.[12] In dem betreffenden Prozeß mußten die Besitzverhältnisse für ein Stück Land geklärt werden, das über 200 Jahre lang von Generation zu Generation, von Sachwalter zu Sachwalter weitergegeben worden war, bis dann Mose, der nur einen Teilanspruch hatte, diesen gerichtlich feststellen ließ.

Der Unterschied zwischen einem modernen ägyptischen Dorf und der altägyptischen Stadt ist wahrscheinlich gering. Obwohl das Quellenmaterial für die Antike nicht sehr umfangreich ist, deutet alles darauf hin, daß die Besiedlungsdichte der Städte, in denen die Gebäude in großem Durcheinander zusammengedrängt standen, enorm war. Die Baufläche war zwar nicht grundsätzlich knapp, lag aber meist am Rand der Wüste und damit zu weit vom Fluß, der Hauptverkehrsader Ägyptens, oder von den Feldern entfernt. Wo irgend möglich – wie im Falle von Achetaton (El-Amarna), der Neugründung Echnatons (S. 313) –, wurde solches Wüstenland genutzt.[13]

Achetaton hatte breite Straßen und, obwohl es keine 20 Jahre lang bewohnt war, überfüllte Quartiere mit bereits in der ersten Phase in zufälliger Anordnung beieinanderstehenden Häusern. In diesem Gewimmel kann man wohl die Anfänge einer typisch ägyptischen Stadt sehen. Vermutlich wurde diese Art zu wohnen bewußt gewählt, denn anders als in den meisten ägyptischen Stadtanlagen, deren Grenzen von der Nilflut bestimmt waren, bestand in Achetaton keine Landknappheit; die öffentlichen Teile der Stadt waren großzügig konzipiert, und diese Struktur hätte auch von den Vorstädten nachgeahmt werden können.

Ob die meisten übervollen Quartiere Elendsviertel gewesen sind, läßt sich nicht mehr überprüfen. In Achetaton beispielsweise ist von den geplünderten und ihrer begehrtesten Teile – steinerne Türstürze und hölzerne Türen, Säulen und Balken – beraubten Häusern nur wenig übriggeblieben. Wir können daher nur schwer

Gewißheit über die Lage der Bewohner solcher Quartiere erlangen. Es ist auch nicht mehr festzustellen, in welcher Form die Einwohner Achetatons das Land, auf dem ihre Häuser gebaut waren, besessen oder möglicherweise auch gepachtet haben.

Wahrscheinlich hatte die Hauptmasse der Bevölkerung keine große Wahl, was ihre Wohnbedingungen betraf. Einen Eindruck von den Schwierigkeiten, die jemanden erwarteten, der ein Haus in einer Stadt bauen wollte, vermittelt uns eine Vertragsurkunde auf einem Papyrus des Britischen Museums in London. Sie stammt aus dem Jahre 290, dem 16. Regierungsjahr des ersten Ptolemäer-Herrschers, Ptolemaios Soter I.[14] Der Vertrag wurde zwischen Taheb, der Tochter Petenefhoteps, und einem gewissen Pleehe geschlossen, um es Taheb zu ermöglichen, ein Haus an der Seite von Pleehes Haus anzubauen.

Nach dem Datum und der Vorrede beginnt der Vertrag folgendermaßen: »Ich (Taheb) verpflichte mich, dir (Pleehe), wenn ich mein Haus baue, das die westliche (Grenze) deines Hauses bildet (und) im nördlichen Distrikt von Theben – das-Haus-der-Kuh – liegt, dessen Grenzen (die folgenden sind): im Süden der Hof des Hauses Petenefhoteps ...; in seinem Norden das Haus der Frau Tetenefhotep ..., die Königsstraße zwischen ihnen liegend; in seinem Osten dein Haus, an das im Süden und im Norden mein Haus anstößt, indem deine Mauer mir als Stützmauer dient, sofern ich keine Balken daraufsetze. In seinem Westen das Haus Pabimuts und das Haus von ..., das heißt zwei Häuser, die Königsstraße zwischen ihnen liegend – (ich verpflichte mich also), daß ich mein Haus von meiner südlichen Mauer bis zu meiner nördlichen Mauer an deine Mauer bauen werde, sofern ich kein Holz in sie einlasse, außer dem Holz des Gebäudes, das vorher dastand. Und sie wird mir als Stützmauer dienen, sofern ich kein Holz in sie einlasse. Und ich werde meine Balken von Süden nach Norden legen, so daß ich das Erdgeschoß überdache, wenn ich darüber zu bauen wünsche, und ich

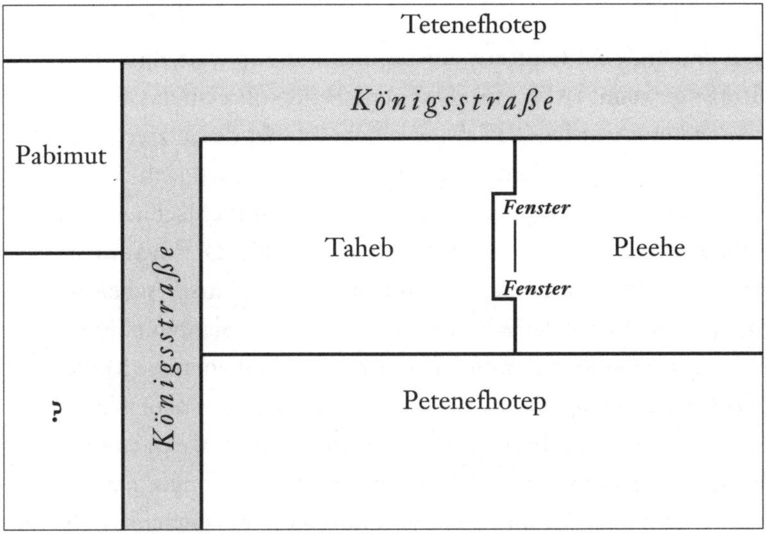

57. Skizze eines Bauplans

werde meine oben erwähnten Mauern bis hinauf zur Mauer deines Hauses bauen, die mir als Stützmauer dienen soll. Und ich werde den Lichtschacht gegenüber deinen Fenstern belassen im Abstand von einem Lehmziegel zu den Lehmziegeln, die vor deinem Haus gegenüber deinen Fenstern errichtet sind. Und ich werde nördlich und südlich (von den Fenstern) an deine Mauer anbauen, und ich werde sie von Süden nach Norden überdachen … Wenn ich nicht entsprechend allem Obengenannten handeln sollte, so werde ich dir fünf Silberstücke, das sind 25 Stater, zahlen … Wenn du mich am Bau meines Hauses hindern solltest, so werde ich entsprechend all dem Obengenannten zuwider handeln, und ich werde mein Haus bauen, ohne für dich einen Lichtschacht zu lassen – straflos.«

Der Vertrag informiert uns nicht nur über die Bedingungen, die beim Bau von Häusern herrschten, als Theben längst nicht mehr die große Reichsstadt war. Wir erfahren darüber hinaus auch etwas über die Lage der Häuser in einem Quartier, das von bescheidenen Leuten bewohnt wurde. Tahebs Grundstück war auf zwei Seiten eng von anderen Häusern umstanden und von weiteren durch eine Straße getrennt (Abb. 57). Das neue Haus sollte an das bestehende so angebaut werden, daß die westliche Mauer des letzteren als Ostwand des ersteren diente, außer an der Stelle, wo sich die Fenster des Nachbarhauses befanden. Hier sollte ein Lichtschacht von der Breite eines Lehmziegels offengelassen werden. Dies war nicht viel, aber direktes Sonnenlicht im Inneren eines Hauses schätzten die Ägypter nicht sonderlich; die meisten Fenster dienten eher der Belüftung als der Beleuchtung. Da keine Holzbalken in die Mauer von Pleehes Haus eingelassen werden durften, war das neue Haus letztlich doch von dem bereits bestehenden getrennt, wenn es sich auch unmittelbar daran anschloß. Über alle Punkte einigte man sich in vorhergehenden Gesprächen, und durch die Niederschrift als Vertrag und dessen offizielle Registrierung wurden die von 16 Personen bezeugten Abmachungen rechtskräftig.

Während der achtzehnten Dynastie und in der gesamten Zeit des Neuen Reiches war Theben Hauptstadt und Verwaltungssitz des oberägyptischen Wesirs; damals dürfte es schwierig gewesen sein, Bauland zu erwerben. Daher errichtete man, wo es ging, ein zweites oder mehrere Stockwerke. Die Nähe zum Hof zwang viele Beamte, aus dem Raum, den die Stadt bot, das Beste zu machen. Wir besitzen eine sogenannte »Ortsliste vom Westen Thebens« mit 182 Häusern, die sich zwischen den Tempeln Sethos' I. und Ramses' III. drängten.[15] Hier lebten Menschen von wahrscheinlich ganz unterschiedlicher sozialer Stellung; eine Abgrenzung nach Berufen oder nach Wohlstand existierte in dieser Gemeinschaft offenbar nicht. Von der Beschreibung her erinnert manches an das römische Pompeji.

Ausgrabungen im Tempelbezirk von Medinet-Habu haben ein Gewirr von Straßen und Häusern aus der Zeit von 1100 bis 900 freigelegt, das über die einigermaßen geplante Siedlung der vorangegangenen Epochen bereits weit expandiert war. Die Leichtigkeit, mit der das übliche Baumaterial, ungebrannte Lehmziegel, verarbeitet werden konnte, machte ein solches »Wachstum« der Häuser möglich. Man konnte weiter- oder umbauen, wenn sich beispielsweise aufgrund der Zerstörung oder Aufgabe von benachbarten Liegenschaften die Gelegenheit dazu ergab. Wohnverhältnisse dieser Art, wie sie in der eng zusammengepferchten Siedlung Medinet-Habu geherrscht haben müssen, können veranschaulichen, womit sich die meisten ägyptischen Stadtbewohner abzufinden hatten. Es war nicht das, was ein Ägypter von einem gewissen Rang als ideal ansah.

Gegenüber solchen, in mehreren Jahrhunderten gewachsenen Strukturen war die Siedlung von Deir El-Medine für die Arbeiter im Tal der Könige geradezu ein ›Modelldorf‹. Wie der Plan der Siedlung verdeutlicht (vgl. Abb. 60, S. 390), ist der Grundriß der meisten Häuser schmal, von der Breite eines Raumes; in der Länge reichen sie von einer Dorfstraße bis an die Umfassungsmauer. Die größten Gebäude waren etwa 27 Meter lang und 6 Meter breit, die kleinsten nicht viel mehr als 13 Meter lang und 4 Meter breit. Da die Mauern sehr dünn sind, gab es wohl kein zweites Geschoß. Ein solches Haus (Abb. 58) betrat man von der Straße (a) her und stieg zwei oder drei Stufen hinunter in einen etwa quadratischen Raum mit einer Deckenöffnung, die Licht und Luft einließ (b); der untere Teil der Wände war weiß gestrichen. In einer Ecke befand sich eine Art Bettschrank, aus Lehmziegeln gemauert, dessen Boden 75 Zentimeter über dem Niveau des Raumes lag. Eine schmale Ziegeltreppe führte hinauf.

Das daran anschließende Zimmer (c) war normalerweise das größte des Hauses. Fußboden und Decke waren gegenüber dem Eingangsraum höher. Die Decke bestand aus Palmholz und Stroh und wurde von einer oder zwei hölzernen Säulen auf Steinbasen gestützt. Licht fiel durch ein Fenster hoch oben in der Wand, die den ersten und zweiten Raum voneinander trennte. Ein niedriges, aus

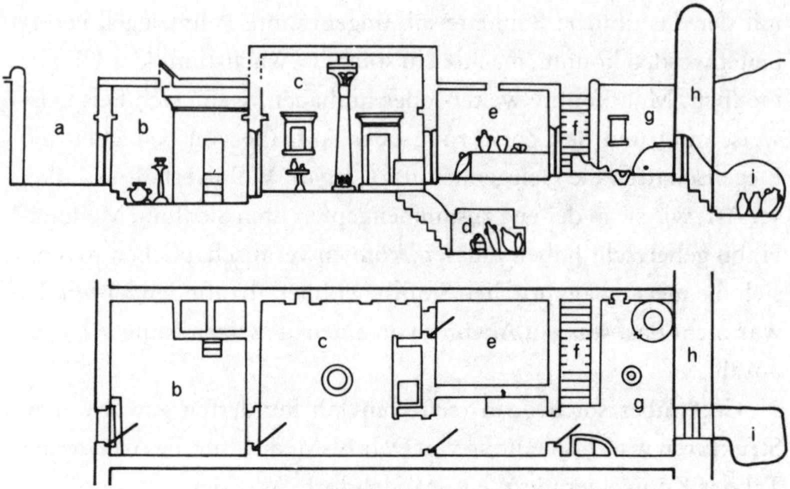

58. Querschnitt und Grundriß eines Hauses in Deir El-Medine

Lehmziegeln errichtetes Podest markierte den Ort, wo der Hausherr üblicherweise saß, um Gäste zu empfangen. Im Boden daneben war eine Falltür eingelassen, durch die man auf einer kurzen Treppe in einen Keller (d) gelangte, der die besonders wertvollen Güter des Hauses barg. In den Wänden befanden sich Nischen für Götterbilder oder Statuen, und auch die Scheintüren, die wie Nischen in die Wände eingelassen waren, dienten kultischen Zwecken: In einigen Häusern fanden sich vor ihnen symbolische Opfergaben oder die Reste von wirklichen Opfern. Außerdem bestätigen die Beschriftungen der Türpfosten und Türstürze den religiösen Charakter einer solchen Einrichtung. Dieser große Raum dürfte vorwiegend den Männern des Hauses als Aufenthaltsort gedient haben.

Vom Hauptwohnraum aus geht es weiter in ein kleines Zimmer (e), das sowohl als allgemeiner Vorratsraum wie auch als Schlafraum benutzt worden zu sein scheint. Der Fußboden lag etwas höher als derjenige des Hauptraumes, die Decke hingegen war niedriger. Hinter diesem Zimmer befanden sich – über einen Korridor erreichbar – die Küche (g) und eine weitere, auf das Dach führende Treppe (f). Einige Häuser hatten zusätzlich noch einen zweiten Keller (i), den man von der Küche aus (h) erreichte und in dem Vorräte aufbewahrt wurden. Aus den Angaben zahlreicher in der unmittelbaren Umgebung gefundener Grabstelen wissen wir, daß oft sehr große Familien in diesen Wohnungen lebten. Das war nur möglich, wenn die Schlafstellen einfach waren und man je nach Bedarf in irgendeinem Raum oder auf dem Dach übernachten konnte. Private Zurückgezogenheit stand außer dem Hausherrn niemandem zu.

Die Küche lag, wie in unserem Beispiel, häufig am weitesten vom Eingang entfernt. Damit der Rauch abziehen konnte, hatte sie kein Dach, sondern war zum Schutz vor der Sonne nur mit Zweigen und Stroh abgedeckt. In einer Ecke stand der Backofen, und bisweilen war ein Steinmörser zum Mahlen von Getreide in den Boden eingelassen oder ein getünchter Backtrog an einer Wand angebaut. Auch in diesem Bereich befand sich häufig eine Nische für die Figur einer Gottheit. Lebensmittel zogen nicht nur Ungeziefer an, sondern weit gefährlichere Tiere wie Schlangen oder Skorpione, und dagegen halfen die bei den Ägyptern beliebten Hausgottheiten.

Wie man sich in Ägypten dagegen ein ›Traumhaus‹ ausmalte, erfahren wir, wenn wir uns erneut Bilder in den thebanischen Gräbern verschiedener hoher Beamter der achtzehnten Dynastie anschauen. Manche Szenen zeigen den Verstorbenen zusammen mit seiner Gemahlin, wie er sich vor seinem Haus anschickt, den Göttern ein Opfer darzubringen. Ein solches Haus steht meist frei und ist von Bäumen und einem Teich mit Lotusblumen und Wasservögeln umgeben. Weiter Raum, ausreichend Wasser und Schatten, viele Bäume und Blumen scheinen in dieser Idealvorstellung wichtige Elemente gewesen zu sein – Elemente, die den städtischen Häusern gewöhnlich fehlten.

Einen Eindruck vom Inneren eines Hauses bieten Bilder, die ein gewisser Dschehutinefer, königlicher Schreiber und Schatzmeister

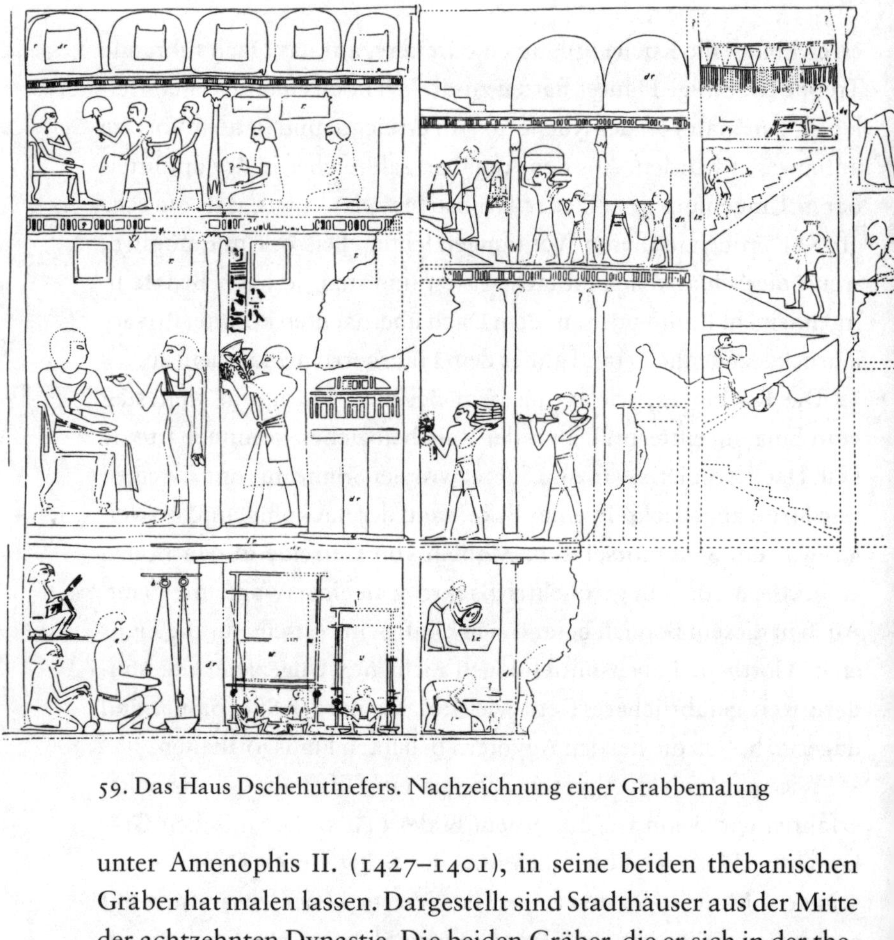

59. Das Haus Dschehutinefers. Nachzeichnung einer Grabbemalung

unter Amenophis II. (1427–1401), in seine beiden thebanischen Gräber hat malen lassen. Dargestellt sind Stadthäuser aus der Mitte der achtzehnten Dynastie. Die beiden Gräber, die er sich in der thebanischen Nekropole im Abstand von kaum mehr als 200 Metern anlegen ließ, entsprechen wohl zwei Phasen seiner Laufbahn; das kleinere wurde vermutlich aufgegeben, als er auf der Karriereleiter hinaufgestiegen war.

Die dort abgebildete Szene (Abb. 59) zeigt ein Haus im Querschnitt. Das Gemälde läßt mehrere Deutungen zu: Zwar könnten die Teile des Hauses, die der Künstler wiedergegeben hat, sich auch hintereinander auf gleicher Ebene befunden haben; am einleuchtendsten ist es jedoch, das Gebäude als dreistöckiges Haus mit zusätzlichen Aufbauten auf dem Dach zu interpretieren. Im Erdgeschoß sehen wir Bedienstete mit der Zubereitung von Brot und der Herstellung von Kleidung beschäftigt. Dieser unterste Stock ist ohne Fenster dargestellt; vielleicht war er allerdings gegen die Straße oder einen Hof hin teilweise offen. Wenn wie in diesem Fall Haushaltsarbeiten zu ebener Erde erledigt wurden, konnte man die Wohnräume der Familie so hoch über der Straße einrichten, daß ihnen weder die vom Grundwasser verursachte Feuchtigkeit noch eine außergewöhnlich hohe Nilflut schaden konnte. Auf der zweiten Etage lagen die wichtigsten Empfangsräume des Hauses, im obersten Stockwerk hatte der Hausherr sein Büro. Auf dem Dach schließlich befanden sich Behälter für die Aufbewahrung von Getreide; hier wurde auch gekocht, so daß Gerüche und Hitze vom eigentlichen Wohnbereich ferngehalten wurden.

Der Künstler hat die einzelnen Räume mit Szenen ausgestaltet, die Mitglieder des Haushaltes bei unterschiedlichen Tätigkeiten zeigen. Es dürfte ihm weniger um eine konkrete Wohnsituation gegangen sein als darum, möglichst viele alltägliche Vorgänge ins Bild zu setzen. Einige Personen arbeiten an Webstühlen, andere mahlen Korn und sieben Mehl, wieder andere eilen mit Speisen und Getränken zu den Küchenräumen hinauf und bereiten das Essen für Dschehutinefer vor, der in seinem Empfangsraum sitzt. Er ist dabei von Schreibern umgeben, während Diener ihm Luft zufächeln und eine Erfrischung reichen.

Informationen über die Binnenstruktur der Städte und Dörfer sind schwierig zu erhalten. Ich möchte daher lediglich zwei Probleme kurz ansprechen: Die Wasserversorgung war – um nochmals Achetaton als Beispiel zu nehmen – durch Brunnen gewährleistet, die unterirdisch vom Nilwasser gespeist wurden; freilich konnten nur die größeren Anwesen auf eigene Brunnen zurückgreifen. Für die Masse der Bevölkerung standen öffentliche Anlagen zur Verfügung. Häufig waren sie mit eigens dafür errichteten Brunnenhäusern versehen. Eine Treppe führte ungefähr acht Meter hinunter zu einer Plattform, die sich über dem Wasserspiegel befand. Dort wurde das Wasser mit Hilfe eines Schöpfgerätes oder aber mit einem Schöpfeimer von Hand gefüllt. Schwieriger war die Wasserversorgung in der Arbeitersiedlung Deir El-Medine, die hoch in einer felsigen Senke und fern vom Nil lag. Dort war es nicht möglich, Brunnen zu graben. Das Wasser mußte daher auf Eselsrücken oder von Hand aus dem Tal heraufgeschleppt werden. Rings um die Hauptsiedlung gab es Wasserstellen, an denen große Keramikbehälter das kostbare Naß bargen, und von hier wurde es an die einzelnen Haushalte im Dorf verteilt.

Die Abfallbeseitigung ging recht einfach vor sich. Lebte man nahe am Nil, so konnte man den Fluß bequem zur Entsorgung benutzen. In Karnak wurden in einem riesigen Loch vor einem der zahlreichen Pylonen Hunderte von Skulpturen vergraben, mit denen die Höfe und Hallen des großen Tempels einmal geschmückt gewesen waren, und in Deir El-Medine diente eine große Grube als – wenn man so will – Papierkorb, in den dankenswerterweise Tausende von beschriebenen Ton- und Steinscherben geworfen wurden. Heutige Wissenschaftler sind froh, auf solche Gruben zu stoßen; insbesondere aus jener Deponie in Deir El-Medine erhielten sie wichtige Aufschlüsse über den Alltag ägyptischer Arbeiter.

Arbeiteralltag

Die guten Informationen über die Vorarbeiter und ihre Untergebenen in der Arbeitersiedlung für das ›Tal der Könige‹ in Deir El-Medine verdanken wir einer ungewöhnlichen Fülle von Dokumenten aus dieser Niederlassung selbst, einer der wenigen erhaltenen Siedlungen aus pharaonischer Zeit.[16] Dreißig Jahre lang, von 1921 bis 1951 n. Chr., haben französische Archäologen nicht nur Gräber und Wohnanlagen freigelegt, sondern vor allem, wie bereits erwähnt, Tausende von beschrifteten Ton- oder Kalksteinscherben, sogenannte Ostraka, gefunden. Statt auf Papyrus griff man im Alltag auf dieses kostenlose und überall vorhandene Schreibmaterial zurück, das man wegwarf, nachdem es seinen Zweck erfüllt hatte, der Brief gelesen, das Notierte erledigt worden war. Das Material dieser Abfallgruben ist für die Kenntnis des Alltags der Arbeitersiedlung von unschätzbarem Wert.[17]

Wahrscheinlich wurde das Arbeiterdorf unter Thutmosis I. gegründet, also zu Beginn des 15. Jahrhunderts. Rings vom thebanischen Wüstengebirge und seinen Ausläufern umschlossen, drängten sich am Talboden etwa 70 Häuser auf engem Raum zusammen. Hier lebten jene Künstler und Handwerker mit ihrem Hilfspersonal, denen die Ausführung der zahllosen Gräber von West-Theben oblag. Am Rande des Wüstengebirges errichteten die Arbeiter auch ihre eigenen Gräber, mit reich und farbenfroh ausgemalten Hauptkammern. Die Form der Pyramide, die längst nicht mehr zum königlichen Grabmal gehörte, kam hier noch einmal zu Ehren. Sie ist eines von vielen ursprünglich königlichen Symbolen und Privilegien, die – von den Pharaonen einmal aufgegeben – auf breitere Bevölkerungsschichten übergingen.

Da Deir El-Medine die Arbeitersiedlung für die Totenstadt von Theben war, wurde Hausbesitz hier strenger kontrolliert als anderswo. Eine Liegenschaft ging normalerweise wie der Beruf vom Vater auf den Sohn über, und wegen der Mauer um das Dorf herum waren die Eigentümer nicht in der Lage, ihr Anwesen zu vergrößern (Abb. 60). Die einzelnen Gebäude entsprachen einem Typus, der oft als charakteristisch für die Häuser jener Ägypter angeführt wird, die zur mittleren Gesellschaftsschicht gehörten. Man darf allerdings die besondere Eigenart dieses Siedlung nicht außer Betracht lassen, denn als qualifizierte Facharbeiter waren die Bewohner, was die Be-

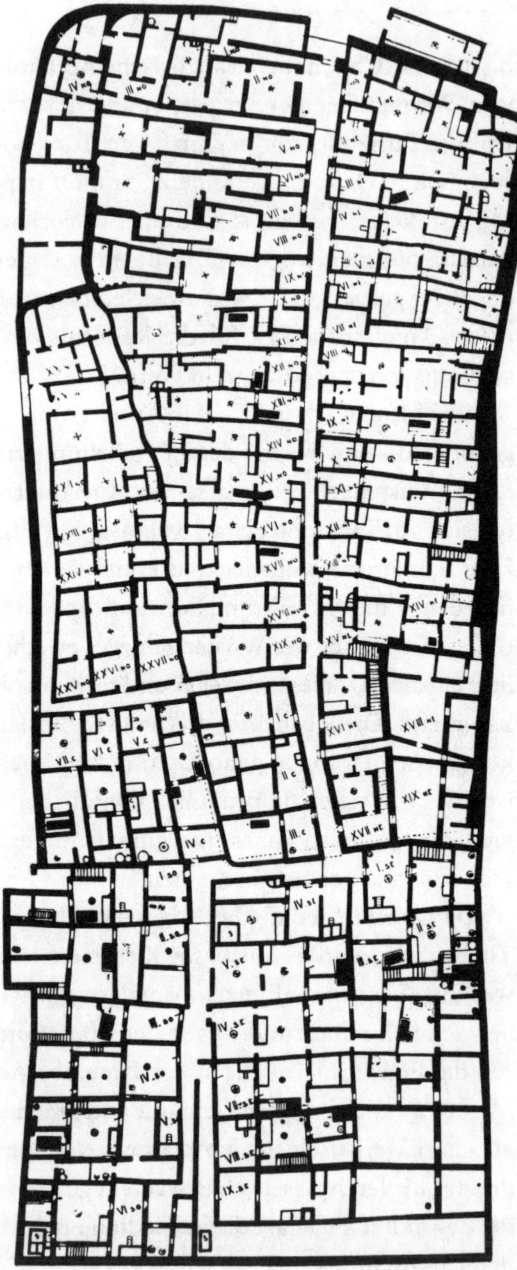

60. Grundriß der Arbeitersiedlung Deir El-Medine

schaffenheit ihrer Häuser angeht, offensichtlich besonders begünstigt; die meisten Klagen in den aus dem Dorf erhaltenen Dokumenten betreffen nicht die Unterkunft, sondern das Ausbleiben der Bezahlung oder die unzureichende Versorgung mit Nahrungsmitteln.

Auf den erwähnten Ostraka sind beispielsweise einzelne Arbeitsvorgänge, die Versorgung der Arbeiter mit den nötigen Werkzeugen und Lampen, ihre monatliche Entlohnung, aber auch ihre Tauschgeschäfte und Streitereien vor Gericht festgehalten worden. Sie enthalten ferner flüchtige Skizzen, nicht selten sexuellen Inhalts, die offenbar der Unterhaltung dienten und uns Einblicke in die sexuellen Phantasien der Arbeiter gestatten (Abb. 61). Insgesamt geben uns diese Quellen eine für das gesamte Altertum beispiellose Vorstellung vom täglichen Leben einer Siedlung, deren Bewohner allerdings, das muß nochmals betont werden, keine ›normalen‹ Bauern oder Handwerker waren, sondern (vergleichsweise) gutbezahlte Spezialisten im Staatsdienst.

Seit alter Zeit waren die Arbeiter an den großen staatlichen Bauten Ägyptens in »Wachen« oder »Abteilungen« militärisch straff organisiert; so auch in Deir El-Medine. Hier teilte man die Arbeiter, die sich stolz die »Mannschaft des Pharao« nannten, in eine (bezogen auf die lange Hauptstraße) »linke« und eine »rechte« Seite ein, jeweils geleitet von einem Vorarbeiter und seinem Stellvertreter. Die Bedeutung dieser Posten läßt sich daran ablesen, daß sie vom Wesir – nominell Bauleiter der Projekte – oder sogar vom König selbst vergeben wurden.

Die beiden Vorarbeiter trugen die Verantwortung für die Baumaßnahmen vor Ort und beaufsichtigten die täglichen Arbeiten. Sie verkehrten direkt mit den oberen Behörden, schlichteten Streitigkeiten auf ihrer jeweiligen »Seite« und wurden bei Rechtsgeschäften bevorzugt als Zeugen herangezogen. Unterstützt wurden sie von sogenannten »Schreibern des Königsgrabes«, von denen es zwei für jede der beiden »Seiten« des Dorfes gab.

61. Erotische Zeichnungen
auf Ostraka

Konflikte gab es genug in einer solchen Gemeinschaft, wenn schon aus dem Tausch von Öl gegen Gerste ein elf Jahre währender Streit entstehen konnte; vielleicht war es seinerzeit schwierig, die rechtmäßige Gegenleistung zu erhalten, wenn der Schuldner ein Polizist war: »Jahr 17, Tag ... des ersten Sommermonats in der Regierung Ramses' III. An diesem Tag gab der Arbeiter Menna den Topf frischen Öls dem Chef der Polizei Mentmose, der sagte: ›Ich will dich dafür mit Gerste bezahlen, durch diesen meinen Bruder,

der dafür verantwortlich sein wird. Er ist mein Bürge, und möge Re dich gesund erhalten!‹ So sprach er zu mir. Dreimal habe ich ihn vor Gericht angezeigt, vor dem Schreiber des Grabes Amunnacht, (aber) bis heute hat er mir nichts gegeben. Siehe! Ich habe ihn bei dem Schreiber des Grabes angeklagt am 5. Tag des 2. Sommermonats im 3. Jahr des Königs Ramses (IV.), das ist elf Jahre (später). Er leistete einen Eid beim Herrn, indem er sprach: ›Wenn ich ihm nicht vor dem letzten Tag des 3. Sommermonats des 3. Jahres diesen Topf bezahlt habe, werde ich hundert Stockhiebe erhalten und zur Bezahlung des doppelten Betrages verpflichtet sein.‹ So sprach er vor den drei Aufsehern, den Vertretern und zu der ganzen Mannschaft von Arbeitern.«[18]

Die Masse der erhaltenen Texte berichtet uns über die Aufgaben der Schreiber in der täglich anfallenden Verwaltung und Rechtsprechung. Die Schreiber waren auch mit den finanziellen Belangen des Dorfes befaßt: Sie trieben die Steuern ein und führten Listen über die Entlohnung der Arbeiter.

Dieser Lohn wurde monatlich in Naturalien ausgezahlt. Die Vorarbeiter erhielten jeder 7,5 Sack Getreide, die Arbeiter 5,5 Sack; damit konnten etwa 16 Personen ernährt werden, und da die Durchschnittsfamilie 8 bis 10 Personen umfaßte, blieb genug zum Tauschen übrig. Ein Sack Getreide entsprach dem Gegenwert von 2 Deben (beziehungsweise 180 Gramm) Kupfer. Nach dieser »Währung« – Deben Kupfer – berechnete sich der Wert aller übrigen Produkte, die gegen das nicht verbrauchte Getreide eingehandelt werden konnten. Einige Preise mögen das Spektrum des damaligen Lebensstandards verdeutlichen:

ein Korb: 0,5 bis 2 Deben
ein Rasiermesser (je nach Größe): 1–2 Deben
ein Paar Sandalen: bis zu 3 Deben
ein Bett oder Stuhl: 12–25 Deben
ein Ochse: 100 Deben.

Ein Arbeiter erhielt in ›Währung‹ 10–11 Deben monatlich; er konnte sich also jeden Monat 3 Paar Sandalen kaufen oder jedes Jahr einen Ochsen – dies ist natürlich nur eine theoretische Rechnung, da er zunächst sich und seine Familie ernähren mußte.

Die Gesamtstärke der Mannschaft von Deir El-Medine läßt sich nur schätzen; während dort zu manchen Zeiten rund 40, zu anderen etwa 60 Arbeiter lebten, waren es unter Ramses IV. um das Jahr 1150 herum vorübergehend sogar 120. Hinzu kam eine größere Anzahl von Hilfspersonal: Wasserträger (S. 388), Polizisten, unverheiratete junge Männer als Hilfsarbeiter, Sklavinnen und eben die Familienangehörigen, die mit in der Siedlung wohnten. Über viele alltägliche Einzelheiten informieren die Ostraka. Auf ihnen haben die Schreiber festgehalten, ob an einem Tag gearbeitet wurde oder nicht und weshalb einzelne Arbeiter abwesend waren. Schließlich mußten sie die Ausgabe von Werkzeug und Lampen notieren, damit überprüft werden konnte, ob etwas verloren- oder entzweigegangen war.[19]

Gearbeitet wurde vor- und nachmittags, mit einer Pause dazwischen, und die Woche hatte zehn Tage, von denen der letzte frei war. Während der Arbeiten an den Gräbern kehrte man nicht allabendlich in das Dorf zurück, sondern übernachtete in Hütten, die in unmittelbarer Nähe der Baustelle lagen. Aber die Freizeit verlängerte sich durch zahlreiche Festtage und konnte darüber hinaus durch unterschiedliche persönliche Gründe für erlaubte Abwesenheit weiter ausgedehnt werden. In der späteren Ramessidenzeit scheint es sogar zwei freie Tage innerhalb der Zehn-Tage-Woche gegeben zu haben; damit waren 60 Tage im Jahr arbeitsfrei. Für Deir El-Medine sind weiterhin jährlich 65 Feste belegt, darunter das 24 Tage dauernde Opet-Fest, das Hauptfest in Theben.

Vom Selbstbewußtsein der Facharbeiter zeugt ein Brief, den der Maler Parahotep um 1200 an seinen Vorgesetzten, den Schreiber Qenherchepeschef, schrieb: »Leben, Heil (und) Gesundheit! Was soll diese schlechte Art, (in) der du mir gegenüber handelst? Ich bin bei dir wie der Esel! Wenn es Arbeit gibt, wird der Esel geholt. Wenn es (aber) Essen gibt, wird der Ochse geholt. Wenn es Bier gibt, suchst du (mich) nicht. Wenn es (aber) Arbeit gibt, suchst du (mich). Obendrein, ich bin keineswegs ein schlechter Mensch durchs Bier (trinken). Suche (mich) nicht (mehr)!«[20]

Das klingt bereits wie eine Kündigung, und wenige Jahrzehnte später hören wir in der Tat davon, daß die gesamte Mannschaft die Arbeit niederlegte, um ihrer Forderung nach pünktlicher Bezahlung Nachdruck zu verleihen. Auf einem Ostrakon im ägyptischen Museum in Berlin hat der Schreiber die Klage einer Arbeitsgruppe notiert, daß sie seit zwanzig Tagen ohne Getreidezuteilung sei; der Schreiber sorgte dafür, daß ihnen am 23. Tag endlich eine Zahlung geleistet wurde. Ein anderer Hilferuf klingt weit dramatischer: »Möge mein Herr (gemeint ist der Wesir) handeln, (so daß) unser Lebensunterhalt (gewährt) wird! Denn wir sind schon am Sterben, wir werden kaum (noch am) Leben (bleiben). (Denn) man gibt sie uns nicht, nämlich irgendwelche Entlohnung.«[21] Und im Jahre 1156, dem 29. Regierungsjahr Ramses' III, spitzte sich die Lage durch immer neue Säumigkeiten der Verwaltung weiter zu. So kam es schließlich zum ersten bekannten Streik der Geschichte. Der ›Turiner Streikpapyrus‹[22] hält die Ereignisse in genauen Protokollen durch den Schreiber Amennacht fest.

Als die Geduld der Arbeiter erschöpft war, überschritt »die gesamte Mannschaft die fünf Mauern der Totenstadt« und führte mit der Parole »Wir haben Hunger!« bis zum Einbruch der Nacht einen Sitzstreik vor einem der offiziellen Gebäude des Westufers durch. Zunächst versuchten die zuständigen Behörden, die Demonstranten zu beschwichtigen, woraufhin diese zum Ramesseum, dem Hauptsitz der Verwaltung, zogen; es gelang ihnen sogar, in das Innere des Tempels einzudringen. Vergeblich wandte sich der Befehlshaber der örtlichen Polizei an den Bürgermeister von Theben, denn

»die Magazine sind leer, es ist nichts vorhanden«. Mit Mühe konnte man dem Tempelvorrat, dessen Kapazität bei vollen Speichern ausgereicht hätte, um etwa 17.000 bis 20.000 Menschen ein ganzes Jahr lang mit Getreide zu versorgen,[23] wenigstens eine Tagesration für die Arbeiter entnehmen. Daraufhin setzte sich am nächsten Morgen der Polizeichef selbst an die Spitze des noch immer friedlichen Demonstrationszuges, in den sich auf seinen Rat hin auch die Frauen und Kinder eingereiht hatten. Man zog zum Totentempel Sethos' I., wo offenbar noch größere Vorräte lagerten. Jetzt erhielten die Arbeiter einen vollen Monatslohn ausbezahlt.

Derartige Protestaktionen wiederholten sich im folgenden Monat und auch später mehrfach, weil die Arbeiter von der Verwaltung immer wieder mit Teilzahlungen hingehalten wurden. Auch ihre Hoffnung auf den Wesir, der eigentlich an einem zügigen Abschluß der Baumaßnahmen hätte interessiert sein müssen, blieb vergeblich; inmitten der allgemeinen Korruption scheint er machtlos und nicht in der Lage gewesen zu sein, wirkliche Abhilfe zu schaffen.

Es dürfte in solchen Notlagen dann nur noch ein kleiner Schritt gewesen sein, bis die Arbeiter ihre genauen Kenntnisse der Grabanlagen auszunutzen begannen. Sie stahlen, vorläufig in den nicht gut oder gar nicht bewachten privaten Gräbern, die Beigaben, um sich Getreide kaufen zu können. Bald jedoch wurde dieses Motiv nebensächlich; erste Plünderungen der Königsgräber wurden bekannt und gerichtlich untersucht. Einzelne wurden verhaftet, verhört und auch hingerichtet, aber das war nur die ›Spitze des Eisbergs‹ – oder sollte man in Ägypten besser sagen: die ›Spitze der Pyramide‹? – von Bereicherung und Korruption.

Aus den entsprechenden Verhörprotokollen erfahren wir detailgetreu, wie die Grabräuber arbeiteten: »Wir nahmen angezündete Kerzen in unsere Hände, beseitigten den Schutt, den wir am Eingang zu seiner Kammer fanden, und fanden diesen Gott (den König) ganz hinten in seinem Grab liegend. Und wir fanden den Begräbnisort der Königsgemahlin Nubchas, seiner Gemahlin, wie sie an seiner Seite lag, geschützt und abgeschirmt durch Gips und mit Schutt bedeckt. Wir räumten auch dies weg und fanden den Sarg der Königin ebenso daliegen. Da öffneten wir ihre Särge und Hüllen, in denen sie lagen. Wir fanden diese erhabene Mumie dieses Königs, ausgestattet mit einem Sichelschwert; eine große Zahl von goldenen Amuletten und Schmucksachen am Hals und den Kopf mit Gold bedeckt. Die erhabene Mumie dieses Königs war ganz mit Gold überzogen, und seine Särge waren innen und außen mit Gold und Silber bekleidet und mit allerlei prächtigen Edelsteinen ausgelegt. Wir rissen das Gold ab, das wir an der erhabenen Mumie dieses Gottes fanden, und ebenso seine Amulette und Schmucksachen, die an seinem Hals hingen, und Hüllen, in denen er ruhte. Die Königin fanden wir ebenso (ausgestattet), und wir rissen ebenso alles ab, was wir an ihr fanden. Ihre Hüllen verbrannten wir (S. 135) und stahlen auch ihren Hausrat, den wir bei ihnen fanden, an goldenen und silbernen und bronzenen Gefäßen. Wir teilten dann zwischen uns und teilten dies Gold, das wir bei diesen beiden Göttern gefunden hatten, an ihren Mumien, den Amuletten, Schmucksachen und Hüllen, in acht Teile. 1820 Gramm Gold fiel auf jeden von uns, acht Männer, das macht 14,5 kg Gold, die Bruchstücke der Gerätschaften nicht eingerechnet.«[24] Der Geständige, der seine Aussage vor hohen Beamten machte, war der Steinmetz Amunpanefer. Bei der geplünderten Grabkammer handelte es sich um das Grab eines Königs der siebzehnten Dynastie.

Ebenso spannend wie die Schilderung des Tathergangs ist die Fundgeschichte des Papyrus, auf dem dieser Text überliefert wurde; er ist nach dem Baron Amherst of Hackney benannt.[25] Dieser Papyrus Amherst bestand aus der unteren Hälfte einer Rolle, auf der das gerichtliche Verhör des Amunpanefer aufgezeichnet war, und stammt aus einem größeren Archiv eines Verwaltungskomplexes der zwanzigsten Dynastie, der in dem heute unter dem Namen Medinet Habu bekannten Teil Thebens lag. Wahrscheinlich ist diese Fundstätte in der Mitte des 19. nachchristlichen Jahrhunderts entdeckt worden – darauf lassen jedenfalls die Akzessionsdaten der Sammlungen schließen –, die genauen Fundumstände und die genaue Zahl der Dokumente sind allerdings unbekannt; ihre Hauptmasse ist über die Museen der ganzen Welt verstreut. Auch der Papyrus Amherst wurde in der Mitte des 19. Jahrhunderts erstanden.

1913, ein paar Jahre nach dem Tod des Barons, verkauften die Erben seine Papyri nach New York. 1935 besuchte der belgische Ägyptologe Capart das Königliche Museum der Kunst und Geschichte in Brüssel, um dort einige von König Leopold III. geschenkte ägyptische Objekte zu begutachten. Unter ihnen befand sich eine Holzfigur von der Art, die zuweilen als Behälter für Totenpapyri gebraucht und ins Grab gegeben wurde. Der Hohlraum dieser Figur war mit einem Stück Stoff zugestopft, und als dieser entfernt wurde, kam eine Papyrusrolle zum Vorschein. Es war aber kein Totenpapyrus, sondern die fehlende Hälfte des Papyrus Amherst in fast vollständigem Zustand. Nachforschungen ergaben, daß der spätere König Leopold II. die Figur auf einer seiner Ägypten-Reisen 1854 oder 1862/63 erworben hatte. Vermutlich haben die Plünderer des Archivgebäudes von Medinet Habu diesen Papyrus entzweigeschnitten; vielleicht um ihre Beute auf diese Weise so zu teilen, wie der Steinmetz Amunpanefer mit seinen Spießgesellen über 3.000 Jahre zuvor.

Amunpanefers Geständnis zufolge waren also insgesamt acht Männer an dem Coup beteiligt, die jeder 1,82 Kilogramm Gold erhielten. Wenn man bedenkt, daß der Monatslohn eines Arbeiters, wie gesagt, etwa 10 Deben betrug (was im Wert 3,1 Gramm Gold entsprach), dann hatte die Beute eines einzelnen Grabräubers somit einen Wert von rund 6.000 Deben oder 600 Monatslöhnen, sicherte also theoretisch den Lebensunterhalt einer zehnköpfigen Familie für 50 Jahre.

Was tat man mit so viel ›Geld‹? Nun, zuerst gab es da eine lange Reihe von Personen, die für ihr Schweigen oder für andere ›Handreichungen‹ bezahlt werden wollten. Die Liste derer, die Beuteanteile erhielten, verdeutlicht, wie tief alle Bevölkerungsschichten Thebens in solche Grabräubereien verwickelt waren. Die Aufzählung reicht von der Dame Tami, der Gattin des vierten Propheten Amuns, die einer der vornehmsten Familien Thebens entstammte und 10 Deben erhalten hatte, bis zu einem »Krüppel, der im Tempel Ramses' I. wohnte«; er hatte 6 Deben bekommen. Insgesamt leisteten die Grabräuber nicht weniger als 36 Zahlungen an Beamte des Amun-Tempels und noch mehr an Würdenträger der fünf königlichen Totentempel in West-Theben, unter ihnen Priester der Tempelfestung Ramses' III.

Die Empfänger weiterer 14 Beträge waren Tempelpriester außerhalb Thebens und ein Schiffsführer namens Efenamun, der die Räuber vermutlich bei ihren ›Geschäftsreisen‹ nilauf- und -abwärts beförderte. Als Mitwisser aus Deir El-Medine, die Beuteanteile erhalten hatten, waren 14 Personen benannt worden. Zu ihnen gehörten Verwandte der Diebe selbst wie auch nahe Verwandte des Vorarbeiters, der die ganze Angelegenheit gedeckt hatte. Dabei darf der Begriff ›Verwandtschaft‹ nicht zu eng gefaßt werden. Denn dazu zählte auch das Enkelkind der Naunacht, jener Frau, die fast 100 Jahre zuvor als Zwölfjährige den Schreiber Qenherchepeschef geheiratet hatte; er hatte sich in dem oben zitierten Brief über die unerträglichen Lebensbedingungen beschwert (S. 394). Kleinere Beträge – aber damit kommen wir auch schon zum Ende – gingen an Diener und Sklaven von Priestern und Beamten, ferner an Barbiere, Waschfrauen und Wasserträger.

Doch um die eben gestellte Frage abgewandelt zu wiederholen: Was tat man im 11. Jahrhundert mit einer Summe, die nach allen ›Abzügen‹ immer noch dem Arbeitslohn von 25 Jahren entsprach? Zunächst profitierten Händler aus Nordägypten, die nicht nur mit

Kupfer, sondern auch mit jeweils kleinen Mengen von gestohlenem Gold und Silber handelten. Fast ein Fünftel der nun noch verbliebenen Beute ging an diese fahrenden Hehler, ohne daß wir erfahren, welche Gegenleistungen die Räuber erhielten. Sicherlich kaufte man zunächst Nahrungsmittel, um wieder einmal genügend zu essen, und so stehen auch die Lebensmittelhändler weit oben auf der Liste der Beute-Empfänger: Bierbrauer, Ölsieder, Bäcker, Fischer und Schafhirten.

Insgesamt machen die Wünsche der Diebe einen bescheidenen Eindruck. Man erstand schöne Kleider, legte sich neue Sandalen zu, leistete sich mit aromatischen Ölen gewürztes Mehl oder ein gutes Bier. Und schließlich wurden die Räuber bereits gut einen Monat nach der Tat erwischt. Als die Untersuchungsbeamten – aber damit sei die Episode abgeschlossen – bei denjenigen vorsprachen, die auf der Liste der Grabräuber standen, stellten sie eine weitaus größere Menge an Gold, Silber und Kupfer sicher, als die Verhörten gestanden hatten – Amunpanefer und seine Bande waren also keineswegs die einzigen, die vom Diebstahl lebten.

Ehe und die Rolle der Frau

Ungeachtet des soeben im Zusammenhang mit der Beuteverteilung großzügig gebrauchten Begriffs der »Verwandtschaft« muß man sich die ägyptische Familie möglicherweise als eine Kernfamilie, also die Eltern und ihre Kinder, vorstellen. Darauf deutet auf jeden Fall die Tatsache, daß die ägyptische Sprache ein wenig differenzierendes Vokabular für Verwandtschaftsverhältnisse kennt: Vater, Mutter, Sohn, Tochter, Bruder, Schwester. Wollte man einen weiteren Verwandtschaftsgrad definieren, so mußte man ihn durch Nennung der Zwischenstufen umschreiben. Dies beweist zumindest, daß bei den Ägyptern die engere Familie gesellschaftsbildend war, nicht die größere Gemeinschaft der Sippe. Um ein Gegenbeispiel zu nennen: Homer kannte noch den Begriff »einater« – Frau des Bruders des Ehegatten (Schwägerin). Die griechische Frau verließ üblicherweise ihre Familie und zog zu ihrem Mann, der mit seinen Brüdern zusammen auf dem Hof des Vaters blieb. In der nachhomerischen Zeit, als die Söhne nach der Heirat in eigenen Höfen lebten, verschwand dieser Begriff aus dem griechischen Wortschatz, weil der Grund, ihn häufiger zu verwenden, weggefallen war. Es gab zwar weiterhin Schwägerinnen, aber sie wohnten nicht mehr im direkten Lebens- und Erfahrungsbereich, und deshalb war eine besondere Kennzeichnung nicht nötig.

Da in historischen Darstellungen im allgemeinen nahezu ausschließlich von Männern die Rede ist, soll an dieser Stelle die Rolle der Frau in der ägyptischen Gesellschaft etwas näher betrachtet werden.[26] Ihr Bild ist in der Fachliteratur durch geradezu polare Gegensätze gekennzeichnet. Während viele Autoren von einer stark »mutterrechtlichen« Komponente des Sozialgefüges sprechen, ist ebenso häufig vom »patriarchalischen« Grundcharakter Ägyptens die Rede. Keines des beiden Schlagworte »Matriarchat« und »Patriarchat« aber wird der Vielfalt der Phänomene gerecht. Der Ägyptologe Dietrich Wildung führt die differierenden Ergebnisse auf unterschiedliche Betrachtungsweisen zurück – rechtsgeschichtliche und kulturhistorische – und plädiert zu Recht dafür, sich nicht auf die schriftlichen Quellen zu beschränken.[27]

Nach Ausweis der Bilder nimmt die Frau im familiären Bereich eine dem Mann gleichrangige Rolle ein. In Paardarstellungen ist immer sie es, die den Mann umarmt oder an die Hand nimmt (vgl. Abb. 43, S. 283, Abb. 46, S. 288). Daß man daraus auf ihre Führungsposition schließen darf, bezweifle ich. Auch auf den ›klassischen‹ Fotos des ausgehenden 19. und beginnenden 20. Jahrhunderts der Neuzeit legt die Frau dem Mann die Hand auf die Schulter, ohne daß ich sie deshalb als initiativ bezeichnen möchte. Signifikant ist eher, daß auf solchen Fotos der Mann vorn sitzt, während die Frau hinter ihm steht, und das ist in ägyptischen Darstellungen, zumindest in denjenigen der Oberschichten, ganz ähnlich.

Eine herausragende Bedeutung – und vielleicht auch eine Vorbildfunktion – kam ferner der Rolle der Frau am Königshof zu. Die Königinmutter als die wichtigste Bezugsperson des Kronprinzen und späteren Königs übte nicht selten einen großen politischen Einfluß aus, und wenn es die dynastische Situation erforderte, trat die Königinwitwe ins Herrscheramt ein, ohne daß sie hierfür einer besonderen Legitimation bedurfte; seit Beginn des Alten Reiches sind Königinnen als Regentinnen bezeugt. Nur in wenigen Ausnahmefällen dagegen verließen Frauen die Funktion der Regentin und nahmen selbst die Königswürde für sich in Anspruch: Hatschepsut (1479–1457) während der achtzehnten und Tausret (1190–1188) während der neunzehnten Dynastie. Beide sind gescheitert. Erinnert sei hier auch an das Priesterinnenamt der »Gottesgemahlin des Amun«, das in der Mitte des zweiten Jahrtausends entstand (S. 414). Seit etwa 750 leitete diese Gottesgemahlin aus ihrer kultischen Position eine beträchtliche politische Macht ab, wie sie hohen Priesterämtern in dieser Zeit generell zukam.

Auch als Göttin war die Frau ein fester Bestandteil der Weltordnung. Zentrale Funktionsbereiche göttlichen Wirkens werden von weiblichen Gottheiten wahrgenommen, insbesondere die irdische und göttliche Gerechtigkeit, die Weltordnung, für welche die Maat zuständig ist. Dem Gott ist die Göttin zur Seite gestellt, das Modell irdischer Sozialordnung auf die Götterwelt übertragen; in der Zeit Echnatons wird so die glückliche Familie Abbild der Maat und Vorbild zugleich. Isis und Hathor als Muttergottheiten par excellence waren für drei Jahrtausende ein Inbegriff altägyptischer Göttergestalten.

Das Beispiel der Verbindung zwischen Osiris und Isis dürfte den für die Masse der ägyptischen Männer geltenden Normalfall beschrieben haben: die Ehe mit einer einzigen Frau. Lediglich für die sehr Wohlhabenden war die Polygynie, zumindest zeitweise, möglich, konnte ein Mann gleichzeitig mehrere Frauen haben; namentlich bei den Bezirksfürsten des Mittleren Reiches sind solche Beispiele sicher bezeugt. Beinahe die Regel scheint der Harem für die Könige gewesen zu sein.

Auf politischer Ebene hatte diese Möglichkeit des Pharao, eine geradezu unbeschränkte Zahl von Frauen heiraten zu können, eine wichtige Funktion – lassen wir einmal die persönlichen Interessen der (männlichen) Herrscher beiseite. Außenpolitische Bündnisse wurden im ganzen Vorderen Orient durch Heiraten besiegelt, und so bevölkerten im Laufe der Zeit Frauen der unterschiedlichsten Nachbarvölker den Harem des ägyptischen Königs. Aus den Ehen entsprangen zahlreiche Nachkommen, auf die man auf der einen Seite so stolz sein konnte, wie es Ramses II. gewesen war (S. 347); andererseits bot die große Zahl der Kinder – und hierbei zählten vor allem die Mädchen – die Gelegenheit, nicht nur auswärtige Herrscher, sondern auch die eigene Beamtenschaft durch Heiraten an das Königshaus zu binden.

Der Harem verlangte Regelungen hinsichtlich der vielen Ehefrauen. In der Repräsentation nach außen tritt die Hauptgemahlin als Königin in Erscheinung, Nebengemahlinnen hatten keine offizielle Funktion. Wir haben kaum Einblick in den konkreten Alltag eines solchen Harems, können aber aus vergleichbaren Institutionen anderer Völker die Vermutung ableiten, daß die Rangfolge unter den Frauen von der Sympathiezuweisung durch den Herrscher abhing; er konnte sich von der Hauptgemahlin trennen, um eine andere an ihre Stelle zu setzen, wenn etwa der Wunsch nach einem Sohn nicht erfüllt worden war. Vor dem Hintergrund solch wechselnder Konstellationen unter den Frauen erklärt sich die Rolle der Königinmutter, deren Autorität, wie gerade erwähnt, mitunter sehr groß sein konnte. In der Einehe – um wieder zum Normalfall zurückzukehren – beobachten wir eine in einzelnen Punkten gleichrangige Stellung der Frau.

Das Werben der Liebenden wird je nach Quellengattung unterschiedlich dargestellt: In den offiziellen Texten, also in der Sprache der Schreiber, der Männer, ›dominiert‹ die Ausdrucksweise »er machte sie zu seiner Frau«; in den Liebesliedern ergreift fast immer die Geliebte die Initiative, und dies bisweilen sehr direkt:

»Bin ich denn nicht bei dir?
Weshalb möchtest du fortgehen?
Willst du mich nicht mehr umarmen?
Bereitet es dir keine Lust mehr, meine Schenkel zu liebkosen?
Gehst du weg, weil du ans Essen denkst?
Bist du denn ein Mann, der seinem Bauch nachläuft?
Ist es, weil du dich um Kleidung sorgst?
Ich besitze doch feines Leinen.
Oder wolltest du gehen, weil du Hunger hast?
Nimm doch meine Brüste, ihr Inhalt flutet dir über.«[28]

Auch der Akt der Eheschließung bedeutete für die Frau nicht unbedingt eine einschneidende Veränderung ihres sozialen Status und ihrer rechtlichen Stellung. Die Hochzeit war weder juristisch noch protokollarisch formalisiert; jedenfalls kennen wir keine entsprechenden Bräuche. Und was normalerweise »Ehevertrag« genannt wird, war eine rein güterrechtliche Sicherung der Selbständigkeit der verheirateten Frau – vielleicht waren solche Verträge mit der Eheschließung gleichbedeutend. Sie hatten den Zweck, die materiellen Beziehungen der Ehegatten zu regeln.[29] Und eine Frau, die etwas in die Ehe mitbrachte, erwartete, daß dies vertraglich festgehalten wurde.

Aus solchen Abmachungen geht die – im Vergleich zu manchen antiken Gemeinschaften – günstige juristische Stellung der Ehefrau hervor. Ihnen liegt der Gedanke zugrunde, daß es dem Mann im Falle einer Scheidung offenbar leichter möglich war, wieder zu heiraten, als der Frau, welcher daher als Ausgleich eine güterrechtliche Versorgung zustand. Diese konnte einmal das gesamte Vater- und Muttergut des Mannes, bald nur ein Drittel, bald nur den Zugewinn betreffen. Die Rechtssprache hatte für diese Verträge eine Reihe von Formeln ausgebildet. Ein Muster kann wie folgt aussehen:

> Datierung. Name der Eheschließenden: Es hat gesagt N. N. zur Frau N. N.: Ich habe dich zur Ehefrau gemacht. Gegeben habe ich dir fünf Silberkite (45 Gramm) als deine Frauengabe.
>
> Scheidungsklausel I: Entlasse ich dich als Ehefrau und hasse ich dich und mache ich mir eine andere Frau zur Ehefrau als dich, so werde ich dir fünf Silberkite geben außer diesen fünf Silberkite, die oben beschrieben sind, die ich dir als deine Frauengabe gegeben habe. Und ich gebe dir das eine Drittel von allem und jedem, was ich uns erwerben werde. Wobei die Kinder, die du mir gebären wirst, die Herren von allem und jedem sind, was mir gehört, und dem, was ich erwerben werde. Siehe das Verzeichnis der Sachen, die du mit dir in mein Haus gebracht hast: ____. Wertsumme deiner Kupfersachen und deiner Kleider, der Sachen, die du mit dir in mein Haus gebracht hast, in Silberwert: ____. Bist du drinnen, so sind sie mit dir drinnen. Bist du draußen, so sind sie mit dir draußen.
>
> Scheidungsklausel II: Wenn du es bist, die geht, indem du mich als Ehemann entläßt, so wirst du mir geben zweieinhalb Silberkite aus diesen fünf Silberkite, welche oben beschrieben sind, die ich dir als Frauengabe gegeben habe. Es folgen die Namen der Zeugen.[30]

In dem Recht, sich scheiden zu lassen, zeigt sich die Selbständigkeit der Frau. Sie konnte die Auflösung der Ehe von sich aus betreiben und behielt im Scheidungsfall den von ihr eingebrachten Besitz, was sie wohl zumindest finanziell unabhängig machte. Zusätzlich stand ihr ein Anteil aus dem gemeinsamen Familienvermögen zu. In juristischer Hinsicht – und nur sie ist gemeint – ging die Frau aus einem Scheidungsfall unbeschadet hervor.

Schon diese Gleichrangigkeit war für die damalige außerägyptische Welt, die von der Dominanz der Mannes ausging, ungewöhnlich und befremdlich. Und wie das so geht – schnell wurde daraus in der antiken Historiographie ›Frauenherrschaft‹. So schreibt Diodor, ein griechischer Historiker des 1. vorchristlichen Jahrhunderts, die Frau herrsche in Ägypten über den Mann, und in einem Ehevertrag sei festgelegt, daß der Mann ihr in jeder Beziehung zu gehorchen habe.[31]

Ob die Ehescheidung an bestimmte Formalitäten gebunden war oder ohne weiteres erfolgen konnte, wissen wir nicht; doch würde eine allzu willkürliche Scheidung zu der geachteten Stellung der Ehefrau im Widerspruch stehen. Ein Ehebruch seitens der Frau hatte indes den Verlust jeden Rechtsanspruchs zur Folge, da er als eines der schwersten Verbrechen galt.

Die folgende Warnung eines Weisen an einen Jüngling vor einer Fremden, aber eben auch vor Ehebruch, findet sich in ähnlicher Form in den überlieferten Texten immer wieder: »Hüte dich vor einer fremden Frau, die niemand in der Stadt kennt. Starre ihr nicht nach, wenn sie vorbeigeht, erkenne sie nicht fleischlich! (Sie gleicht) einem tiefen Wasser, dessen Strudel man nicht kennt. Eine Frau, deren Gatte fern ist – ›ich bin hübsch‹, sagt sie täglich zu dir, wenn sie keinen Zeugen hat. So stellt sie ihre Falle auf; aber es ist ein großes todeswürdiges Verbrechen, wenn es herauskommt, weil ihr Mund es nicht hat behalten können.«[32] Oder, auf die Formel eines Spruches gebracht: »Liebe keine verheiratete Frau. Wer eine verheiratete Frau liebt, wird auf deren Schwelle umgebracht.«

ZEHNTES KAPITEL

Die Spätzeit

Bubastiden

Neun Herrscher der zwanzigsten Dynastie hatten den Namen Ramses getragen (III.–XI.) und sich damit an der Regierungszeit eines der bedeutendsten ägyptischen Könige orientiert. Manche von ihnen hätten es gar nicht nötig gehabt, ihre eigenen Leistungen an denen Ramses' II. zu messen. Und möglicherweise wäre es selbst diesem Herrscher nicht gelungen, das Land angesichts der immer stärker spürbar werdenden außen- wie innenpolitischen Schwierigkeiten zusammenzuhalten. Ägypten drohte auseinanderzubrechen.

Der Thronwechsel verlief allerdings noch einmal reibungslos, als die Krone nach dem Tod Ramses' XI. ohne Schwierigkeiten an Smendes – vermutlich war er mit dem Königshaus verschwägert – überging, der die einundzwanzigste Dynastie gründete (S. 359). Ägypten hatte seine asiatischen Gebiete verloren, und bald würde es auch Nubien und die Ostwüste mit ihren Goldminen einbüßen. Das Land geriet immer stärker in die Isolation, war aber letztlich nur auf seine alten Grenzen zurückverwiesen. Dieser Übergang zwischen dem Neuen Reich und der eigentlichen Spätzeit wird neuerdings gern »dritte Zwischenzeit« genannt.

Das Reich hatte praktisch zwei Hauptstädte: Tanis und Theben, doch kann man nur bedingt von einer Teilung des Landes sprechen, denn im Gegensatz zu früheren »Zwischenzeiten« blieb die staatliche Einheit formal gewahrt, da die Könige von Tanis im gesamten Land anerkannt wurden und ganz Ägypten nach ihren Regierungsjahren datierte. Und wenn die Hohenpriester im Süden gelegentlich den Königstitel führten, so offenbar mit Billigung der Herrscher im Norden.

In der Thebaïs übte der Hohepriester des Amun die Gewalt aus, indem er parallel das militärische Kommando innehatte. Nun erst kann man von einem »Gottesstaat« reden, in dem Amun durch Orakelentscheidungen alles lenkte, bis hin zur Aufklärung von Verbrechen und zur Einsetzung von Beamten. »Amun ist der König«, heißt es auch in Tanis im Thronnamen eines Pharao. »Damit tritt das Königtum seine Verantwortung für den Lauf der Welt endgültig an Gott ab«, formuliert E. Hornung zugespitzt.[1]

Eine Schlüsselrolle in diesem Prozeß kam dem bereits erwähnten Herihor aus Theben zu (S. 359). Seine Familie ist nicht bekannt, er selbst nennt nirgends seine Eltern. Auf jeden Fall begann er seine Karriere in der Armee, wo er den Titel eines »Wedelträgers zur Rechten des Königs« trug. Aufbauend auf seiner Offizierslaufbahn, erwarb er nach und nach die Schlüsselstellungen im Staat. Dabei ist die Reihenfolge bemerkenswert und wichtig, mit der er vorging: Zunächst brachte er als General und als Vizekönig von Kusch das Militär unter seine Kontrolle, dann übernahm er das oberägyptische Wesirat und damit die politische Führung, und schließlich bemächtigte er sich des geistlichen Amtes und wurde Hoherpriester des Amun. Die Errichtung des »Gottesstaates« ist also nicht vom Hohenpriestertum in Theben aus erfolgt, sondern die Inhaber der tatsächlichen Staatsgewalt haben sich umgekehrt dieser Würde bedient, um ihre Stellung zu untermauern.

Die in Theben verwirklichte Idee vom »Gottesstaat des Amun« wurde für die Folgezeit überaus wichtig. Freilich hob sie sich nicht als absolutes Novum von einem Staatskonzept im modernen, säkularisierten Sinne ab, sondern sie entfaltete sich allmählich aus dem altorientalischen theokratischen Königtum. Amun, der König der Götter, der gestaltenreiche Schöpfer aller Dinge, die geheimnisvolle Lebenskraft in jeder Kreatur, der physische Erzeuger des jeweiligen Pharao – das war alles längst vorbereitet: Seit der achtzehnten Dynastie hatte er gleichsam die Funktion eines Königs über dem König angenommen. Daß diese Möglichkeit der Theokratie jetzt, in der einundzwanzigsten Dynastie, so konsequent umgesetzt wurde, dazu trugen Entwicklungen der Ramessidenzeit bei. Hier ist vor allem die wachsende Autokratie der Tempel – besonders der Amun-Kultstätte von Karnak – zu nennen. Sie hing mit der organisatorischen Konzentration eines beträchtlichen Teils des Staatsvermögens in den Händen der Tempel zusammen, zu der es durch die unmäßigen Schenkungen Ramses' II. und III. gekommen war, und mit den entsprechenden ökonomischen Möglichkeiten der geistlichen Führer. Daraus ergab sich die tatsächliche Machtfülle ihres obersten Leiters, des Hohenpriesters; er stand an der Spitze eines Organismus, der mit Besitz und Einkünften aller Art, Beamten und Hörigen, Truppen und Priestern staatsähnliche Strukturen aufwies.

Amun war der König des Landes, und der Hohepriester regierte in seinem Namen. Der Gott erschien in seinem Kultbild in Karnak und drückte seinen Willen durch Orakel aus. Auch dies hatte schon früher im privaten wie im öffentlichen Leben Anwendung gefunden, jetzt aber erhob man es zum System. Ja, es wurde geradezu unumgänglich, in politischen, juristischen und privaten Fragen den unmittelbaren Befehl Amuns einzuholen. Über die Verbannung und Rückführung Aufständischer wurde zum Beispiel durch Orakelbeschluß entschieden, und im Falle eines Tempelbeamten, der des Diebstahls angeklagt war, legte man dem Gott bei einer Prozession zwei Tafeln vor, auf denen Verurteilung beziehungsweise Freispruch standen – Amun wählte den Freispruch, und der Beamte wurde wieder in seine Ämter eingesetzt.

Aus dem Alltagsleben sind Hunderte von Ostraka mit Orakelfragen erhalten, die zum Teil belanglose Kleinigkeiten betreffen. Auf theologischem Gebiet erinnert manches an die Zeit Echnatons, wobei etwa die dem Amun-Re gegebenen Beinamen interessanter sind durch das, was sie nicht sagen, als durch das, was sie sagen: Mythologische Ankläge sind nämlich rigoros ausgeblendet. Statt dessen betont man die Natur des Amun als Schöpfungsgott, aus dem alle anderen Götter hervorgegangen sind, und unterstreicht auch seine Einzigartigkeit sowie sein unerforschliches Wesen. Dabei wurde allerdings die Existenz anderer Götter eher ignoriert als geleugnet; eine Verfolgung ihrer Kulte wie in der Amarna-Zeit gab es nicht.

Kehren wir jedoch in den Norden zurück. Dort bemühte sich die neue Dynastie, die Traditionen der Ramessidenzeit fortzuführen. Die Residenzstadt Tanis lag in unmittelbarer Nähe der Ramsesstadt, und »Ramses« wurde ein ähnlicher Ehrentitel wie später bei den Römern »Augustus«. Zur gleichen Zeit orientierten sich die thebanischen Machthaber an der achtzehnten Dynastie, indem sie teilweise die aus dieser Zeit bekannten Namen neu aufleben ließen. Die Beziehungen der beiden Zentren des Landes zueinander blieben freundschaftlich. Zwischen König Psusennes I. (1040–990) und dem Hohenpriester Pinudjem I. (um 1070–1055) bestanden sogar verwandtschaftliche Bindungen: Pinudjen I. heiratete eine Tochter des Psusennes namens Hatschepsut.

Damals wurden die Königsgräber nicht mehr in der thebanischen Wüste angelegt, sondern im Tempelbezirk der neuen Residenz Tanis. Dort hatten bereits einige Könige der Ramessidenzeit ein Zweitgrab – einen Kenotaph – besessen. Das Tal der Könige verwaiste, aber die Hohenpriester betteten die noch erhaltenen Königsmumien in zwei Massenverstecke – die sogenannte Cachette bei Deir El-Bahari – um, wo sie der Neuzeit erhalten geblieben sind.[2] Diese Umbettungen wurden sorgfältig durch Aufschriften auf den Särgen protokolliert. Der überraschende Fund um die Wende vom

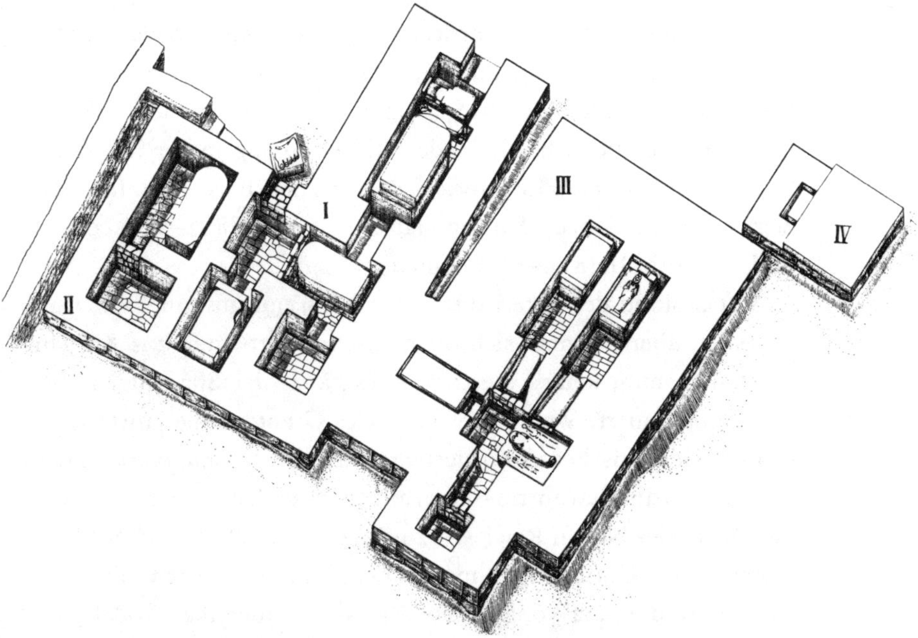

62. Grab im Tempelhof

19. zum 20. Jahrhundert ermöglichte der damaligen ägyptischen Regierung großzügige Schenkungen antiker Mumien an die Staatsoberhäupter in Nordamerika, Rußland und Westeuropa.

In Tanis wurde ein neuer Grabtypus entwickelt, den man als »Grab im Tempelhof« bezeichnet (Abb. 62). Seit Sethos II. (1203 bis 1196) war der Bautyp durch kleine, der Totenverehrung dienende Kultbauten im Vorhof des Amuntempels von Karnak vorbereitet. Nun verlegten die königlichen Baumeister die eigentliche Grabstätte ganz in den Bezirk eines der großen Göttertempel. Von diesen Bauten sind nur die unterirdischen, aus Stein ausgeführten Teile von eher bescheidenen Ausmaßen erhalten – verglichen jedenfalls mit den Pyramidenbauten und den großen Felsengräbern oder auch nur mit den reichdekorierten Beamtengräbern mancher Epochen; die größte dieser Anlagen, die für den ein halbes Jahrhundert regierenden Psusennes I. errichtet wurde, mißt gerade einmal 19 mal 12 Meter (Abb. 62, III rechts). Links neben ihm fand man Amenemope (993–984), nachdem dessen Sarkophag zunächst an anderer Stelle (IV) Platz gefunden hatte; in dem Komplex lag ferner das Grab Scheschonks II., des Hohenpriesters von Theben (S. 417). Identifiziert sind außerdem die Sarkophage Osorkons II. (862–833; I oben) und Takeloths II. (839–814; I unten).

Oft bestand der unterirdische Grabbau nur aus einer einzigen Kammer, über der man sich oberirdische Kultbauten aus Ziegeln vorstellen muß; keines dieser Königsgräber der Spätzeit hat bis heute überdauert. Weil die Neuheit des Grabtyps die jahrtausendealten ideologischen Anforderungen erfüllte, konnte man bei der Dekoration auf Bewährtes – etwa auf eines der Unterwelts- und Totenbücher des Neuen Reiches – zurückgreifen. Wenig später übernahmen die »Gottesgemahlinnen« des Amun in Theben mit manchen Attributen der königlichen Verwaltung auch das Modell dieser Grabbauten.

Als solche ›Gräber im Tempelhof‹ muß man sich die Anlagen Psammetichs I. (664–610) und seiner Nachfolger in Saïs vorstellen, die uns Herodot beschrieben hat.[3] Sie waren durch ihre Lage in einem besonders heiligen Bezirk bevorzugt und zeigen damit erneut eine Akzentverschiebung. Wir dürfen vermuten, daß das berühmte und in jüngster Zeit wieder einmal mit großem Aufwand gesuchte Sema in Alexandria – die Grabstätte Alexanders des Großen und der ptolemäischen Könige – Elemente des ägyptischen Königsgrabes der Spätzeit aufgegriffen hat.

Was bei den genannten Umbettungen außer den Mumien aus dem Tal der Könige entfernt worden war, benutzten die neuen Pharaonen für ihre Zwecke. Psusennes I. ließ sich in Merenptahs Sarkophag bestatten, Pinudjem I. in demjenigen Thutmosis' I. Die Mumie des Hohenpriesters Pinudjem befand sich mit vielen anderen in der ›Cachette‹ von Deir El-Badari (S. 410). Eine Papyrusrolle war zwi-

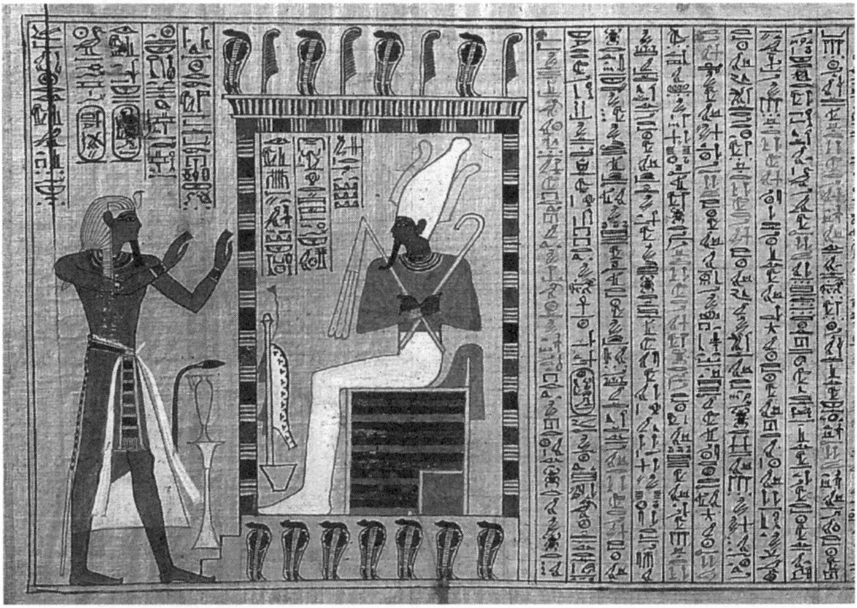

63. Totenbuch Pinudjems I.

schen ihren Beinen versteckt gewesen und so von den antiken Grabräubern übersehen worden; sie enthält wichtige Kapitel des Totenbuches, das mit Vignetten illustriert ist (Abb. 63). Auf einer davon sehen wir den Hohenpriester, der in der zweiten Hälfte seiner Amtszeit den Titel eines Königs angenommen hatte, in herrscherlichem Ornat. Mit betend erhobenen Händen tritt er vor den Totenrichter Osiris, der in einem Schrein thront; hinter der Gottheit beginnt der Text des Totenbuches.

Die Bautätigkeit dieser Zeit beschränkte sich im wesentlichen auf die Aneignung älterer Denkmäler. Ein weiteres Indiz für die generelle Knappheit der Ressourcen ist im auffallend ärmlichen Lebensstil selbst der thebanischen Hohenpriester zu sehen, der erheblich mit den früheren Möglichkeiten der Tempel kontrastiert. Offensichtlich hatten diese während der ausgehenden zwanzigsten Dynastie unter denselben wirtschaftlichen Schwierigkeiten zu leiden wie der Staatshaushalt. Zudem gingen die Hohenpriester den gleichen Weg wie zuvor die Pharaonen: Sie versorgten ihre männlichen und weiblichen Angehörigen mit Tempelpfründen und zersplitterten dadurch die Vermögen.

Erwähnenswert ist in diesem Zusammenhang erneut die Rolle der Frauen. Der Titel »Gottesgemahlin des Amun«, von dem bereits mehrfach die Rede war, gewann zunehmend an politischer Bedeutung. In einer langen Inschrift im Tempel von Karnak sind die Funktionen einer solchen Amtsinhaberin festgehalten: »Erste Vorsteherin der Konkubinen des Amun-Re-Götterkönigs. Verwalterin des Hauses der Mut, der Großen, Herrin von Aschru. Prophetin des Anhur-Schu, des Sohnes des Re (in Thinis). Prophetin des Min, des Horus und der Isis in Ipu (= Achmîm). Prophetin des Horus, des Herrn von Djuef (nördlich von Assiut). Gottesmutter des Chons, des Kindes. Erste des Amun-Re-Götterkönigs und höchste der vornehmen Damen.«

Die Gottesgemahlin übernimmt die gleichen Funktionen wie ein Hoherpriester und trägt durch ihre kultischen Verpflichtungen dazu bei, den Fortbestand des Reiches wie der Welt zu sichern. Auf der politischen Ebene regiert sie – mit der Gemahlin des Gottes Amun, Mut, gleichgesetzt – den thebanischen Gottesstaat mit ähnlichen Machtbefugnissen wie der König, dem sie jedoch untergeordnet bleibt. Im Beamtenstab der Gottesgemahlinnen fungieren vermehrt Frauen selbst in hohen Posten, die wie ihre männlichen Kollegen über beträchtliche Einkünfte verfügen.

Erst unter Siamun (978–960) begann das Königshaus in Tanis wieder tastende Versuche einer Art Außenpolitik. Ein Feldzug führte zur Eroberung der Philisterstadt Gezer und brachte den Pharao schließlich in Kontakt mit den hebräischen Monarchien Juda und Israel, die fortan für fast ein halbes Jahrtausend die Nachbarn Ägyptens in Syrien-Palästina werden sollten.[4] Von nun an treten die Texte des Alten Testaments zu den bislang vertrauten historischen

Quellen. Weitere Auseinandersetzungen in dieser Region wurden durch einen Heiratsvertrag vermieden; die ›Abgabe‹ einer Prinzessin in den Harem des hebräischen Königs Salomo symbolisiert in gewisser Weise einen Tiefpunkt ägyptischer Geltung. Auch im Süden verlor die Thebaïs nach dem Tod des Hohenpriesters Pinudjem II. (987–970) zusehends an Bedeutung.

Während dieser Zeit wuchs der Einfluß der libyschen Stammeshäuptlinge, die als Söldnerführer unentbehrlich waren, und unter Psusennes II. (960–945) kam es schließlich zur Entmachtung des Königs. Seit den Tagen Ramses' III. waren immer mehr libysche Söldner mit ihren Familien in Ägypten angesiedelt worden (S. 353). Jetzt ging die eigentliche Regierungsgewalt in Unterägypten auf Scheschonk I. über, den »Oberhäuptling der Maschwesch« – so der ägyptische Name der Libyer. Seine Vorfahren hatten in der Deltastadt Bubastis früh Grundbesitz und Einfluß erlangt, Manetho nennt die mit ihm eröffnete Reihe von Herrschern daher »die Könige von Bubastis«, die Forschung »Bubastiden«. In Herakleopolis saß ein weiterer Zweig der Familie; hier war ein Sohn Scheschonks »Führer des gesamten Heeres« und »Großer Führer der Ausländer«, also Söldnerkommandant.

Gestützt auf diese Familienmacht, bestieg Scheschonk I. (945 bis 924) nach dem Tod des letzten Taniten den Thron, knüpfte aber an die alte Dynastie an, indem er seinen Sohn und Nachfolger Osorkon mit einer Prinzessin aus dem alten Königshaus vermählte. Damit war Ägypten unter die Herrschaft libyscher Stammeshäuptlinge gekommen; man empfand das nicht als Fremdherrschaft, da die Libyer – wie erwähnt – bereits seit vielen Generationen in die ägyptische Kultur hineingewachsen waren. Zudem war gerade der Norden Ägyptens stets ethnisch bunt gemischt gewesen.

Für den Süden dagegen ist zweifellos eine gewisse Zurückhaltung zu bemerken, denn die herrschende Priesterschaft in Theben erkannte diese zweiundzwanzigste Dynastie nur zögernd an. Sche-

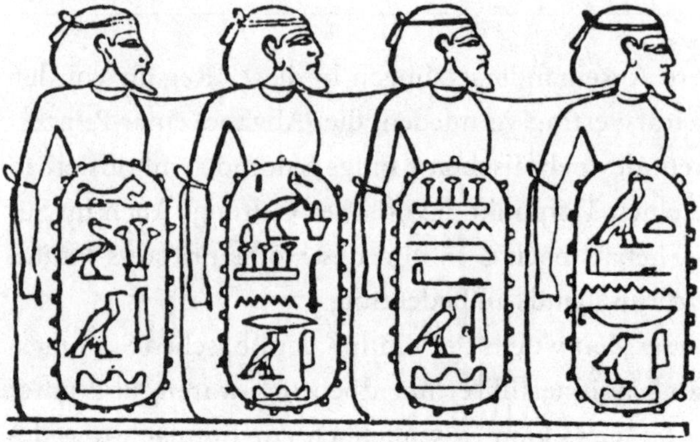

64. Eroberte Orte als Gefangene dargestellt.
Nachzeichnung aus dem Amun-Tempel in Karnak

schonk löste das Problem dadurch, daß er um 936 seinen Sohn Iputi als Hohenpriester nach Theben schickte, der dort – einer langen Tradition gemäß – in die Amun-Priesterschaft einheiratete und als Statthalter des Königs den »Gottesstaat« verwaltete.

In den folgenden Jahrhunderten bestimmte ein Modell die politische Struktur Ägyptens, das von der libyschen Stammesorganisation geprägt war. Die verschiedenen Fürsten standen gleichberechtigt nebeneinander, lediglich einer von ihnen galt als Primus inter pares. Eine solche Teilung der Macht, eine legale Rivalität, war ihnen vertraut und selbstverständlich. Unter diesen Bedingungen konnte sich kein straffer Zentralismus entwickeln und damit auch keine konstante Außenpolitik.

Scheschonk unternahm 926 einen Feldzug gegen die hebräischen Monarchien, von dem er mit reicher Beute heimkehrte. Unter anderem fiel der Tempelschatz, der unter der Regierung des dortigen Herrschers Salomo (um 965–932) angehäuft worden war, in seine Hände; deshalb verzichtete der Pharao auf eine Plünderung Jerusalems. Wie schwach Ägypten dennoch in außenpolitischer Hinsicht war, läßt sich daran ablesen, daß es in Palästina nicht Fuß fassen konnte, obwohl die hebräischen Monarchien durch das Auseinanderfallen in ein Nordreich Israel und ein Südreich Juda erheblich an ihrer einstigen Stärke eingebüßt hatten. Immerhin ermöglichte die Beute des Palästinazuges Scheschonk die Realisierung von Bauplänen, die sein Sohn Iputi im Karnaktempel leitete. In diesem Tempel stellte man die Erfolge des Pharao dar: Er führt dem Gott Amun 165 eroberte Orte als Gefangene an Stricken zu. Die Inschriften in den Kartuschen der Beispiele (Abb. 64) bezeichnen – von links nach rechts – die israelitischen Städte Rehab, Beth-Sean, Sunem und Thaanach in der Ebene von Megiddo.

Osorkon I. (924–887) setzte die Politik seines Vaters fort: Er installierte ebenfalls seinen Sohn (und späteren Mitregenten) Scheschonk als Hohenpriester in Theben. Dessen Sohn wiederum brachte das väterliche Amt an sich und erreichte eine unabhängige Stellung gegenüber dem Königtum. Allerdings mußte er die militärische Befehlsgewalt in Oberägypten mit dem Fürsten von Herakleopolis teilen.

Nun lag der Machtschwerpunkt des Landes ganz im Delta. Leider sind dort insgesamt weniger Monumente erhalten geblieben als in Mittel- und Oberägypten. Was die Regierungsjahre betrifft, liefern die Nilhöhenangaben in der Ufermauer vor dem Karnaktempel einige Daten, doch über den Nachfolger Osorkons bieten die Quellen kaum weitergehende Informationen; in der im Anhang abgedruckten Dynastienliste tauchen jetzt wieder Lücken auf, weil ich diejenigen Pharaonen auslasse, über die wir nur wenig wissen.

Der bedeutendste Herrscher dieser Dynastie war zweifellos Osorkon II. (862–833), der die Autorität des Königtums offensichtlich noch einmal festigen konnte. Er ging dabei nach bewährtem Muster vor: In Memphis löste er die dortige einflußreiche Familie des Hohenpriesters durch seinen Sohn, den Kronprinzen Scheschonk, ab. Dessen Nachkommen verwalteten das Amt bis zum Ende der Dynastie. Ein anderer Sohn amtierte als Hoherpriester des Amun von Tanis. Dort, in der offiziellen Hauptstadt, ist auch das

Grab des Königs gefunden worden. Gleichwohl blieb Bubastis die bevorzugte Residenz der Könige; Osorkon II. schmückte sie nach pharaonischer Tradition mit Tempelbauten aus. Daß sich Gerätschaften mit seinem Namen in Samaria in Palästina und als phönikische Handelsware sogar in Spanien gefunden haben, ist angesichts der langen Regierungszeit Osorkons II. keine Überraschung und muß nicht heißen, daß direkte Kontakte mit Ägypten bestanden haben.

Gegen Ende seines Lebens erhob der alternde König seinen Sohn Takeloth II. (839–814) zum Mitregenten. Zwar wurde dieser zunächst noch allgemein anerkannt, doch setzte bald darauf ein stetiger Machtverfall ein. In Theben brachen neue Unruhen aus. Als Kronprinz Osorkon dort 829 mit Militärgewalt einmarschierte und neuer Hoherpriester wurde, stellte er die Ordnung wieder her und hielt ein Strafgericht über seine Gegner ab. Sein Bruder kommandierte Herakleopolis, seine Schwestern heirateten hohe Beamte der Thebaïs. Somit waren zeitweise sämtliche Hohenpriester-Stellen im Land an Verwandte des Königshauses vergeben. Allerdings hatte diese ins Extreme gesteigerte Familienpolitik keinen dauerhaften Erfolg – schon vier Jahre später kam es erneut zu Tumulten.

Manches war im Laufe der Zeit immer bescheidener geworden. So rühmt sich Prinz Osorkon zum Beispiel, das Öl für eine große Lampe im Tempel des Amun-Re gestiftet zu haben.[5] Oder er berichtet stolz von der Lieferung je einer Gans täglich an zwei andere Tempel, also 730 jährlich – und dies alles in einer gespreizten, überschwenglichen Sprache.

Als Takeloth II. starb, wurde – symptomatisch für die Krisensituation der Zeit – nicht der Kronprinz Osorkon als König anerkannt, sondern ein Scheschonk III. (814–763), dessen Herkunft im dunkeln liegt. Das Königshaus der Bubastiden spaltete sich zunächst in zwei Linien, was sich in den beiden parallel laufenden Dynastien widerspiegelt. Manetho nennt als Begründer der dreiundzwanzigsten Dynastie einen König Petubastis (803–783). Es bleiben in der Königsliste zahlreiche Ungereimtheiten, zumal es leider nur wenige, stets sich wiederholende Königsnamen sind. Unter den Nachfolgern dieses Petubastis ragt lediglich ein Osorkon III. (760/50) hervor, der einmal mehr seinen Sohn Takeloth als Hohenpriester des Amun in Theben und gleichzeitig als Hohenpriester in Herakleopolis einsetzte. Auf diese Weise herrschte Osorkon III. nochmals über ganz Oberägypten.

Nach dem Tod Osorkons III. schritt der allgemeine Verfall rasch fort. Sein Sohn wurde als Takeloth III. (um 740) nur noch in Theben anerkannt; in Herakleopolis wie in Hermopolis übernahmen die dort Regierenden den Königstitel und begannen eine eigene Jahreszählung. Oberägypten zerfiel in mehrere, völlig machtlose Königreiche, und im Delta verlief die Entwicklung entsprechend. In Memphis traten inzwischen libysche Häuptlinge als Hoherpriester des Ptah auf. Schließlich konnte sich ein anderer Libuhäuptling, Tefnacht, von Saïs aus zum Herrn des gesamten Westdeltas machen. Mit ihm brach ein neuer Kampf um die Einigung des zerrissenen Landes aus, die jedoch erst Psammetich I. (664–610) in der sechsundzwanzigsten Dynastie verwirklichen konnte.

Für die Entwicklung Ägyptens hat die Bubastidenzeit neue Perspektiven aufgezeigt, so verworren sie auch war und so geschwächt die Region auch blieb. Die Lage des Landes bot zwei generelle Möglichkeiten einer Expansion: Die ältere von ihnen wies in nordsüdliche Richtung. Hierhin gehörte die Kolonisation des oberen Niltals einerseits und die Ausdehnung nach Palästina-Syrien andererseits; sie war in der achtzehnten Dynastie betrieben und in der zwanzigsten abgeschlossen worden.

Die zweite Möglichkeit – die jüngere – brachte eine Achsenverschiebung um 90 Grad mit sich: Ägypten erschien nunmehr als Bindeglied der Mittelmeerländer von Libyen (Kyrenaika) über das Nildelta wiederum nach Palästina. Der Eintritt in dieses Kräftefeld wurde in der Bubastidenzeit angebahnt und sollte die ägyptische Politik bis in die Perserzeit hinein bestimmen. Für die innere Geschichte des Landes bedeutete diese Umorientierung freilich einen Verzicht auf die Einheit: Es verfestigte sich die in der zweiundzwanzigsten Dynastie bereits vollzogene Trennung in den thebanischen »Gottesstaat«, der sich immer stärker abkapselte und allenfalls nach Süden blickte, und in das Delta, das unter der Herrschaft der libyschen Dynastien nun der weiteren Mittelmeergeschichte offenstand.

Äthiopenzeit

Das nördliche Nubien hatte mehr als 1.800 Jahre unter ägyptischer Herrschaft gestanden, das Land südlich des zweiten Kataraktes bis hinauf in die Gegend des vierten immerhin fast ein Jahrtausend lang. Für Ägypten war Nubien wegen der Fruchtbarkeit seiner Böden und vor allem wegen der reichen Goldminen im Gebirge östlich von Unternubien wichtig, aber auch wegen der Handelsverbindungen mit dem südlich gelegenen Sudan. Dieser enorme Reichtum hatte den Wohlstand Ägyptens ebenso gestärkt wie das Selbstbewußtsein der lokalen nubischen Eliten.

Scheschonk I. (945–924) hatte Nubien noch kontrolliert, und es ist wahrscheinlich, daß die Kataraktgegend wenigstens bis etwa 850 zu Ägypten gehörte. Im letzten halben Jahrtausend war Nubien aufs engste mit Theben und dem dortigen Tempel des Amun verbunden gewesen, wie vor allem Dokumente aus der Zeit Ramses' III. belegen (S. 357). Doch die Kontrolle, die der thebanische Hohepriester einst ausgeübt hatte, war inzwischen vollständig auf Nubien übergegangen, und das sollte in den folgenden 250 Jahren so bleiben.

Solche thebanischen Priester müssen es gewesen sein, die wahrscheinlich als politische Flüchtlinge nach Nubien kamen und dort die in ihrer Heimat vertrauten Herrschaftsformen der Theokratie des Amun einführten. In dieser Form, als ein voll entwickeltes nubisches Königreich, taucht das Gebiet nun vor unserem Blick auf. Der Regierungssitz befand sich in Napata, unmittelbar südlich des vierten Kataraktes, jenem Ort, der seit der Zeit Amenophis' III. (1391 bis 1353), also 700 Jahre lang, als ägyptische Grenzfestung gedient hatte. Als südlichster Punkt des einst ägyptischen Nubien war die Stadt am besten gegen Angriffe aus dem Norden gesichert.

Die neuen nubischen Könige, die bei den antiken Schriftstellern »Äthiopen« heißen,[6] fühlten sich ebenso wie die libyschen Stammeshäuptlinge in kultureller und religiöser Hinsicht als Ägypter. Sie übernahmen die ägyptische Schrift sowie die Formen des dortigen Königtums, und auch der in Ägypten in hohem Ansehen stehende Amun blieb für die Äthiopen höchste Gottheit; selbst den Tempel von Karnak ahmten sie nach: Der Amuntempel von Napata orientierte sich in Form und Funktion am thebanischen Vorbild. Damit trat im äußersten Süden des Landes in der Mitte des 8. Jahrhunderts eine neue politische Macht in Erscheinung. Aus einem nubischen Geschlecht stammend, das von Napata aus seit einigen Generationen ein bedeutendes Reich aufgebaut hatte, wurde der äthiopische König Kaschta (um 740) zunächst in Elephantine als Herrscher anerkannt, und Truppen seines Sohnes Pianchi besetzten etwa ein Jahrzehnt später die Thebaïs.

Auf zuvor ägyptischem Boden erschufen die neuen Machthaber einen Staat, den sie strikt nach ägyptischen Traditionen ausrichteten, die in dieser Konsequenz im eigentlichen Kernland gar nicht mehr existierten. Insbesondere die Amunverehrung der nubischen Herrscher war von einer Strenge, die – unter anderen Vorzeichen – an die Zeiten Echnatons erinnerte; mit dieser Strenge ging eine rigorose Beachtung korrekter äußerer Formen Hand in Hand. Amun war der Staatsgott, und er mischte sich durch genau formulierte

Orakel unablässig in die Regierungsangelegenheiten ein. Auch daß uralte Titel, die schon im Neuen Reich ausgestorben waren, nun in der ehemals südlichen Provinz wiederbelebt wurden, wirkt auf uns archaisch: Der nubische König führte alle Beinamen der alten Pharaonen und nannte sich sogar »Herr der beiden Länder«, als wäre er Herrscher über ganz Ägypten. Baudenkmäler der früheren Dynastien wurden restauriert, neue Tempel mit ägyptischen Reliefs geschmückt und mit ›klassischen‹ hieroglyphischen Inschriften und Weihungen versehen. In ihren Grabbauten bei Napata erneuerten diese Könige schließlich noch einmal die Pyramidenform.

In eine Zeit, deren archaisierende Tendenz das Bestreben zeigt, durch den Rückgriff auf alte Traditionen die Größe vergangener Zeiten wiederzubeleben, gehört der Würfelhocker des Priesters Anchpachereds (Abb. 65). Die ungewöhnliche Verbreitung dieses Statuentyps läßt sich wohl auf die Tatsache zurückführen, daß er als Rohmaterial nur einen kubischen Block erforderte und große Flächen für biographische Texte bot. In der Spätzeit stellte man diese Würfelhocker vornehmlich in Tempeln auf, um damit den Besitzern die Möglichkeit zu verschaffen, an den Opferhandlungen ›teilzunehmen‹. Mit der üblichen Perücke bekleidet, trägt der Priester nur einen Schurz, der vorne eine glatte Schreibfläche für eine Opferformel und seine Genealogie bietet, ansonsten aber den Körper freiläßt.

Um das Jahr 721 finden wir den nubischen König Pianchi (740 bis 713) – er sitzt mittlerweile seit 20 Jahren auf dem Thron – im Besitz von Oberägypten bis hinauf nach Herakleopolis. In allen wichtigen Städten an diesem Teil des Nil sind nubische Garnisonen eingerichtet. Pianchi garantiert in Anerkennung der eben geschilderten Traditionen – vor allem der Amunverehrung – den formalen Bestand des thebanischen »Gottesstaates«. Um die Hohenpriester, die zeitweise auch das militärische Kommando in der Region übernommen hatten, dennoch politisch entmachten zu können, beläßt

65. Würfelhocker des Anchpachered

Pianchi sie zwar als Kultfunktionäre im Amt, übergibt aber die ›weltlichen‹ Befugnisse des Gottes an die jeweils regierende sogenannte Gemahlin. Es handelte sich dabei um weibliche Angehörige des Königshauses, die unverheiratet blieben; ihr Amt gaben sie durch Adoption an ihre Nachfolgerin weiter.

Mit der Besetzung Thebens durch die Äthiopen hatten diese ihren Machtbereich so weit nach Norden vorgeschoben, daß es nahezu zwangsläufig zur Auseinandersetzung mit den dort ansässigen Herrschern kommen mußte. Zunächst aber hatten diese libyschen Häuptlinge, von denen mehrere den Königstitel führten, genug mit sich selbst zu tun; so leicht konnte keiner von ihnen sich mehr gegen die übrigen durchsetzen. Im Verlauf dieser Kämpfe hatte der ganz auf Bubastis selbst zurückgeworfene Osorkon III. (760/50) im Stadtfürsten von Saïs, Tefnacht, einen erfolgreichen Rivalen erhalten. Tefnacht konnte seinen Einflußbereich weit über Memphis hinaus bis zur Festung El-Hibe ausdehnen und den König von Herakleopolis zum Anschluß zwingen, während der König von Hermopolis in seiner Residenz anfänglich noch Widerstand leistete.

Nachdem Tefnacht Hermopolis schließlich doch eingenommen hatte, entsandte der Äthiope Pianchi von Süden ein Heer gegen ihn und ließ die Stadt belagern. Pianchi demonstrierte, was die Äthiopen unter religiöser Observanz verstanden, indem er zunächst nach Theben aufbrach, um dort seine kultischen Verpflichtungen zu erfüllen. Anschließend übernahm er persönlich den Oberbefehl über das immer wieder von Süden aus verstärkte Heer. Einige Monate später gelangte er selbst nach Hermopolis, intensivierte die Belagerung und erzwang bald darauf die Übergabe der Stadt. Danach begann er, den Bahr Jussuf hinabfahrend, gegen das Delta vorzurükken; im westlichen Teil ergaben sich die Städte ohne Widerstand. Der nubische König opferte zwar in allen Orten den einheimischen Göttern, konfiszierte aber gleichzeitig alles erreichbare Eigentum für den Staat des Amun und seine eigene Schatzkammer.

Memphis allerdings war durch Tefnacht stark befestigt worden. In der Antike stellte die Eroberung von Städten stets ein Problem dar; Pianchi entwarf für die Belagerung von Memphis ein besonderes Konzept. Die hohen Mauern der Stadt waren vor kurzem im Westen zwar weiter aufgestockt worden, dagegen hatte man die Ostseite, die man durch einen wahrscheinlich künstlich erhöhten Wasserstand geschützt glaubte, vernachlässigt. Hier lag der Hafen, in dem die Schiffe jetzt so hoch schwammen, daß ihre Bugseile an den Häusern der Stadt befestigt wurden. Pianchi richtete daher seinen Angriff zunächst gegen diesen Hafen und erbeutete die Flotte. An der nunmehr ungeschützten Ostseite ließ er seine Truppen über die Wälle steigen und nahm die Stadt ein.

Nun ergab sich das ganze Territorium von Memphis, und die übrigen Fürsten des Deltas brachten Geschenke als Zeichen der Unterwerfung. In Heliopolis, wo Pianchi die Tempel des Sonnengottes betrat, stattete ihm König Osorkon III. aus Bubastis einen Besuch ab und räumte dem Nubier die Oberherrschaft ein. Als sich schließlich auch Tefnacht für geschlagen erklärte, war Pianchis Ehrgeiz befriedigt; er sah von weiteren militärischen Aktionen in dem ohnehin schwer zu kontrollierenden Delta ab. Ein nubischer Pharao wurde im ganzen Land anerkannt, hatte die Libyer aus ihrer Machtstellung verdrängt und war Herr über ganz Ägypten geworden.

Von der Beute dieses Feldzuges errichtete Pianchi unter anderem in Napata eine Granitstele, deren vier Seiten den eben beschriebenen Verlauf des Feldzuges schildern.[7] Dieser Text erinnert in seiner weitgehenden Nüchternheit, in der auch Probleme und Rückschläge nicht verschwiegen werden, an die Geschichtsschreibung zur Zeit Thutmosis' III. (S. 256).

In der Zwischenzeit traten in Asien politische Veränderungen ein, die eine erneute Bedrohung für Ägypten mit sich brachten. Tiglat-Pileser III. (745–727) hatte Assyrien aus einer Periode vorübergehenden Niedergangs herausgerissen und vor allen Dingen durch Westeroberungen gestärkt. In den Jahren 734–732 hatte er Syrien und Palästina geplündert und war bis an die Grenzen Ägyptens vorgedrungen. Das aramäische Reich von Damaskus fiel, der ganze Westen wurde Assur einverleibt. Unter der kurzen Regierung Salmanassars V. (726–722) hatte sich Israel zusammen mit anderen Staaten den Tributzahlungen an die Assyrer widersetzt. Gegen die dadurch ausgelöste Strafexpedition vermochte sich die Hauptstadt Samaria zwar einige Jahre zu halten, mußte dann aber unter Sargon II. im Jahre 721 aufgegeben werden. Die vornehmsten Familien gerieten in Gefangenschaft, die dortige Monarchie fand ihr Ende.

Eine nicht unwichtige Rolle in den Vorgängen auf der syrisch-palästinischen Landbrücke spielten die Fürsten des ägyptischen Deltagebietes, weil sie immer wieder Unzufriedenheit und Empörung unter den Staaten in Syrien und Palästina schürten; auf diese Weise wollten sie eine Pufferzone gegen die bedrohlich werdende Macht der Assyrer erhalten. Im Jahre 720 erschien deren König Sargon erneut im Westen, um einen Aufruhr zu unterdrücken, an dem Ägypten ohne Zweifel beteiligt gewesen war. Nachdem er im Norden einen Sieg erfochten hatte, marschierte er nach Süden, bis Raphia. Dort schlug er unter anderem ein ägyptisches Kontingent vollständig. Bereits zum zweiten Mal waren syrische Heere an die Grenzen Ägyptens gestoßen, und die Deltafürsten müssen sich über die drohende Gefahr völlig im klaren gewesen sein. Im Jahre 715 berichtet Sargon über den Empfang von Geschenken des Pir'u (Pharao) – wahrscheinlich Bocchoris (717–711).

Eine glänzende Analyse der damaligen ägyptischen Verhältnisse verdanken wir dem hebräischen Propheten Jesaja, der nach dem Fall Israels in Juda, dem Südreich, davor warnte, bei einem Bündnis gegen die Assyrer auf Ägypten zu vertrauen. Ägypten hatte jetzt mehr als anderthalb Jahrhunderte unter der geteilten Herrschaft zahlreicher Stadtfürsten gestanden. Während die Bewässerungswerke zerfielen, die Heerstraßen ungeschützt lagen, der Verkehr zwischen den Bezirken unsicher war und der Handel mit auswärtigen Regionen allmählich ganz zum Erliegen kam, hatten die Städte unter permanenten Unruhen zu leiden, und die Ertragsfähigkeit des Landes ging immer mehr zurück. Diese hoffnungslose Situation erläutert Jesaja wie folgt: »Siehe, Jahwe fährt auf einer schnellen Wolke und kommt nach Ägypten. Die Götzen Ägyptens erbeben vor ihm, und das Herz der Ägypter verzagt in ihrer Brust. Und ich werde Ägypter aufwiegeln gegen Ägypter; und sie sollen kämpfen, ein Bruder gegen den anderen und jedermann gegen seinen Nachbarn. Stadt gegen Stadt und Reich gegen Reich ... und ich will Ägypten in die Hand eines grausamen Herrn geben, und ein böser König soll über sie herrschen, so spricht Jahwe, der Herr der Heerscharen. Die Wasser im Strom (im Nil) werden versiegen und der Fluß wird bis auf den Grund austrocknen. Und stinken werden die Kanäle, seicht und trocken die Flüsse Ägyptens sein. Rohr und Schilf verwelken. Das Riedgras schwindet dahin, alle Saat am Nil verdorrt, wird verweht und ist nicht mehr. Die Fischer werden klagen und trauern, alle, die die Angel in den Nil werfen ... Der Rat der weisesten Ratgeber des Königs ist kindisch geworden ... die Beamten von Zoan (Tanis) sind Narren geworden, und die Beamten von Memphis sind hintergangen. Die den Eckstein seiner Bezirke bilden, haben Ägypten in die Irre gehen lassen. Jahwe hat einen Geist der Verkehrtheit in ihre Mitte gesandt. Sie haben Ägypten in die Irre gehen lassen in all seinen Werken, wie ein Trunkener taumelt in seiner Kotze.«[8] Trotz aller theologischen Umformung: Deutlicher hätte der Zustand nicht ausgedrückt werden können.

Die Äthiopen blieben in dieser Zeit untätig. Nicht von ihnen wurden die ägyptischen Truppen aufgestellt, die in der erwähnten Schlacht von Raphia 720 auf der Seite des Fürsten von Gaza erfolglos gegen Sargon II. kämpften, sondern von den Fürsten des Deltas. Tefnacht war zwar inzwischen auf sein Stammgebiet im Westdelta zurückgeworfen, sein Sohn Bocchoris aber strebte offenbar wieder nach größerer Macht. Manetho zählt ihn als Gründer und gleichzeitig als einzigen König der vierundzwanzigsten Dynastie. Als Bocchoris Memphis unter seine Kontrolle bringen konnte, entschloß sich Pianchis Bruder und Nachfolger Schabaka (712–698) zum Gegenschlag, welcher der Dynastie von Saïs ein Ende machte. Seit 711 datierte man im ganzen Delta, wie in Oberägypten schon lange, nach den Äthiopenkönigen der fünfundzwanzigsten Dynastie.

Erneut muß sich der Blick nach Osten richten, wo es zum wiederholten Male zu antiassyrischen Aktionen kam. Herd des Widerstandes war die Philisterstadt Asdod, in der Thronwirren im Jahre 713 zur Einstellung der Tributzahlungen an den assyrischen Großkönig führten. Sargon berichtet, daß der Aufruhr rasch weitere Kreise zog und bald auf die Königreiche Juda, Edom und Moab übergriff. Wie so häufig bei derartigen Aufständen in diesen Jahrzehnten richtete sich die Hoffnung auf eine Allianz mit Ägypten. Hier hatte mit dem Pharao Schabaka ein neuer, starker äthiopischer Herrscher das Heft in die Hand genommen und betrieb eine energische Politik.

Schabaka ließ zunächst in den syrisch-palästinischen Staaten die Lage sondieren. Seine äthiopischen Gesandten sprachen unter anderem in Jerusalem vor; Jesaja beschreibt die fremdartigen Gestalten aus dem »hochgewachsenen und blanken Volke«.[9] In Juda warnte indessen eine skeptische Mehrheit, deren Sichtweise uns in den Prophezeiungen Jesajas entgegentritt, vor jeder Beteiligung an der Auflehnung und vor leichtfertigem Vertrauen auf ägyptische Hilfe – kein Wunder angesichts der bisherigen Entwicklung am Nil, die man auch in Juda aufmerksam verfolgt hatte. Die Front der Skeptiker setzte sich noch einmal durch, und so stand Juda bei der Rebellion der philisteischen Stadtkönige 713 abseits.

Der Ausgang der Revolte gab diesen Skeptikern recht: Die Hilfe der Ägypter erwies sich als völlig unzureichend. Als Sargon 711 den Aufstand in Asdod niederschlagen ließ und dessen König an den Nil floh, lieferte ihn der Pharao sogar an die Assyrer aus. Der Ägypter entpuppte sich als »geknickter Rohrstab, der dem, der sich darauf stützt, in die Hand dringt«.[10] Asdods Könige blieben in der Folgezeit loyale Vasallen Assurs, Juda zahlte weiterhin pünktlich seinen Tribut. Allzu lange hielt freilich die Wirkung dieses historischen Lehrstücks nicht an.

Sargon starb 705, und es ergab sich das sattsam bekannte Bild: Loslösungstendenzen kennzeichneten die Situation in nahezu allen

Reichsteilen. Nun schloß sich auch der judäische König Hiskia der Oppositionsbewegung an. In dem von Ägypten wenigstens propagandistisch unterstützten Aufstand nahm er eine Schlüsselrolle ein. Von seinen Vorbereitungen zeugen die Reste der Verteidigungsanlagen in den wichtigsten Festungen des Landes, wie der berühmte Siloah-Tunnel in Jerusalem. Der Nachfolger Sargons, Sanherib (705–681), mußte sich erst um Unruhen im Zweistromland und im Osten seines Reiches kümmern, bevor er sich 701 zu einem Feldzug nach Palästina aufmachen konnte. Zunächst fiel Tyros. Dieser Sieg wirkte derart ernüchternd, daß die Herrscher von Byblos, Asdod, Moab, Edom und Ammon in Scharen zu Sanherib eilten und Tribute überbrachten. Die Belagerung und Einnahme von Lachis, der wichtigsten judäischen Festung, ist durch assyrische Reliefs bestens dokumentiert. Nachdem Jerusalem isoliert war, bot Hiskia rechtzeitig die Unterwerfung an und rettete damit seine Hauptstadt vor der Zerstörung. Für ein dreiviertel Jahrhundert war Restjuda ein loyaler Vasall der Assyrer; judäische Könige steuerten sogar Truppen zu den Feldzügen der Assyrer gegen Ägypten bei.

Doch bevor es dazu kam, erlebten wenigstens Teile Ägyptens nochmals eine wirtschaftliche Blüte, ermöglicht durch die reichen Goldvorkommen Nubiens, auf welche die äthiopischen Herrscher zurückgreifen konnten. Äußeres Zeichen diese Aufschwungs sind monumentale Bauten, wie sie seit der zwanzigsten Dynastie nicht mehr errichtet worden waren. Taharka (690–664) eiferte als Bauherr den großen Königen des Mittleren und Neuen Reiches nach; im Zentrum seiner Projekte standen die Amunstädte Lapata und Theben. Politischer Machthaber der Thebaïs und eigentlicher Statthalter des Königs in Oberägypten war der jeweilige Amunpriester und gleichzeitige Bürgermeister von Theben. Das Porträt Taharkas (Abb. 66), des bedeutendsten Äthiopenherrschers, verbindet konventionelle Elemente der Idealisierung des Königs mit äthiopischen Gesichtszügen. Der Kopf ist von einer Kuschitenkappe umschlos-

66. König Taharka

sen, die wohl mit Gold überzogen war; an ihrer Stirnseite erhoben sich einstmals zwei Uräusschlangen.

Von den Ereignissen der offenbar noch friedlichen Anfangsjahre Taharkas hat die Nilflut seines sechsten Regierungsjahres (685) den tiefsten Eindruck hinterlassen. Mit über 21 Ellen Höhe war sie die gewaltigste bekannte Nilschwelle des Altertums und wurde in den Tempeln von Napata bis Tanis auf Gedenksteinen verewigt – in den »Annalen der Vorfahren« hatte man nichts Vergleichbares gefunden.[11] Obwohl diese Flut ohne Zweifel schwere Verwüstungen angerichtet haben muß, preisen die Zeitgenossen exaltiert die Gnade der Götter, die man in dem alles überschwemmenden Wasser symbolisiert sah.

Während die Texte das Wunder der Flut verherrlichen, treten außenpolitische Ereignisse im Interesse weit zurück. Wir erfahren aus ägyptischen Quellen nichts über die Veränderungen im Vorderen Orient, die bald weitaus schlimmere Folgen für Ägypten haben sollten als alle bisherigen Bedrohungen. In der Regierungszeit Taharkas wendet sich der Assyrerkönig Assarhaddon (681–669) gegen das Land am Nil, das so oft die Kleinstaaten Palästinas gegen die neue Weltmacht unterstützt hatte. Ein erster Angriff der Assyrer im Frühjahr 673 scheitert, aber 671 können sie bis Memphis vorstoßen, die alte Hauptstadt erobern und Taharka zur Flucht nach Süden zwingen. Die Kleinstaaten des Deltas, die dem Äthiopen nur widerstrebend gehuldigt hatten, läßt Assarhaddon als vermeintlich natürliche Bundesgenossen weiterbestehen.

Nach den Libyern und Äthiopen war Ägypten jetzt den Assyrern erlegen, die allerdings im Gegensatz zu jenen im Ausland residierten, keine Affinitäten zu ägyptischen Einrichtungen oder Gebräuchen hatten und nicht die geringste Neigung zeigten, diese anzuerkennen. So verwundert es nicht, daß die lokalen Herrscher im Delta, die dem assyrischen König den Treueeid hatten schwören müssen, unmittelbar nach dessen Abzug Taharka die Herrschaft in Unterägypten antrugen. Deshalb sah sich Assarhaddon gezwungen, erneut gegen Ägypten zu ziehen. Auf dem Marsch dorthin ist er 668 verstorben.

Erst im Winter 667/66 setzte der neue Assyrerkönig Assurbanipal (668–626) den Feldzug seines Vorgängers fort. Nachdem Taharka zwischen Memphis, das er mittlerweile wiedererlangt hatte, und der Grenze des östlichen Deltas vollständig geschlagen worden war, floh er nach Theben. Die Assyrer verfolgten ihn; sie scheuten den vierzigtägigen Marsch nicht, fest entschlossen, den Äthiopenkönig endgültig aus Ägypten zu vertreiben. Aber sobald sich Assurbanipal zurückgezogen hatte, schien alles von vorne zu beginnen: Die Fürsten im Delta nahmen Verbindung mit Taharka auf, um ihm erneut die Oberherrschaft anzubieten. Diesmal jedoch fingen assyrische Beamte ihre Korrespondenz ab, und die Verräter wurden in

Ketten nach Ninive geschickt. Dort gelang es einem von ihnen, Necho, das Vertrauen Assurbanipals zu gewinnen. Er wurde daraufhin begnadigt und erhielt sein Königreich zu Saïs zurück; sein Sohn Psammetich bekam ebenfalls ein Fürstentum – sicherheitshalber gab Assurbanipal den beiden assyrische Beamte zur Überwachung mit. In dieser Zeit konnte Taharka Theben behaupten, kontrollierte weiterhin den Süden und baute Napata zur königlichen Residenz aus.

Taharka lebte nur noch wenige Monate im fernen Napata, nachdem er einen Sohn Schabakas, Tanutamun, zum Mitregenten ernannt hatte. Dieser folgte ihm 664 auf den Thron. Durch einen Traum ermutigt, so berichtet er jedenfalls, machte Tanutamun sich an die Rückeroberung Ägyptens. Er siegte über kleinere assyrische Verbände, und als es ihm gelungen war, Memphis einzunehmen, befahl er den Fürsten des Deltas, sich zu unterwerfen. An deren Spitze stand Necho I., der wahrscheinlich in den Kämpfen gefallen ist; sein Sohn Psammetich floh zu den Assyrern.

Kaum hatte Tanutamun sich in Memphis niedergelassen, da erschien auch schon Assurbanipals Heer und vertrieb die Äthiopen nun endgültig aus Unterägypten. Die Assyrer verfolgten Tanutamun bis nach Theben, eroberten diese einstige Hauptstadt Ägyptens, plünderten sie und steckten sie in Brand. Die Nachricht von der Zerstörung Thebens verbreitete sich wie ein Lauffeuer; es war ein Ereignis, das die damalige Welt erschütterte. Für Theben begannen die langen Jahrhunderte stetigen Verfalls, die letztlich die Stadt zur Ruine machten – zur kolossalsten Ruine freilich, die aus der Antike in die Moderne herüberragt.

Als die Assyrer aus Theben abgezogen waren, kehrte Tanutamun in die verwüstete Stadt zurück, wo er sich mindestens noch sechs Jahre, bis 656, aufhielt; solange wurde in Theben weiter nach ihm datiert. Danach ist er, durch Tod oder Rückzug, aus Theben verschwunden – die Äthiopenherrschaft über Ägypten war zu Ende.

In der Folgezeit haben die Äthiopen nie wieder den Versuch unternommen, in die Geschichte des ägyptischen Reiches einzugreifen. Sie konzentrierten sich statt dessen auf den Ausbau ihrer Herrschaft in Nubien. Die ägyptischen Familien, die dort noch lebten, starben mit der Zeit aus, ohne daß neue Einwanderer nachrückten, und die ägyptische Sprache, welche die Bevökerung bereits angenommen hatte, verschwand ebenfalls. Dafür trat der theokratische Charakter der Regierung immer stärker hervor, bis schließlich der König nur noch eine Marionette der Priester war. Es kam vor, daß sie den Herrscher zwangen, sich selbst das Leben zu nehmen, um einem Nachfolger Platz zu machen, der meist noch schwächer war.

Um 560 siedelten die nubischen Könige in eine neue Hauptstadt südlich des fünften Kataraktes über; die Griechen nannten sie »Meroë«. Ihre strategisch günstige Lage hinter der schwer passierbaren Kataraktgegend ermöglichte es im Jahre 525 dem äthiopischen König Nestesen, den Zug des Persers Kambyses gegen Nubien zu vereiteln (S. 445). Indem die Herrscher ihre Aufmerksamkeit mehr und mehr auf den Süden richteten, verlor Nubien zuletzt jede Verbindung mit der nördlichen Welt. Äthiopien verschwand hinter einem Nebel von Sagen, und es wurde in der Erinnerung allmählich zu jenem Wunderland, das die griechischen Schriftsteller als die Quelle aller Zivilisation priesen.

Fremdherrschaft

Über den Herrschaftsantritt der sechsundzwanzigsten Dynastie erzählt Herodot, zwölf Könige hätten damals gleichzeitig über Ägypten geherrscht und sich gegenseitig verbündet, damit keiner eine Vormachtstellung über den anderen beanspruchen konnte.[12] Bei einem gemeinsamen Opfer im Ptah-Tempel von Memphis habe einer von ihnen, Psammetich, dem Gott versehentlich aus seinem

Kriegshelm Wein gespendet und damit ein Orakel erfüllt, das ihn zum alleinigen König bestimmte. Als er daraufhin von den Mitkönigen verbannt worden sei, habe er durch ein weiteres Orakel erfahren, daß die Stunde der Rache nahen werde, sobald sich eherne Männer vom Meer her sehen lassen würden. Auch das habe sich bewahrheitet: In Gestalt der mit Erz gewappneten ionischen und karischen Söldner seien die prophezeiten eisernen Krieger gekommen, und mit ihrer Hilfe habe Psammetich sich zum König aufgeschwungen.

Dieser legendenhafte Bericht spielt offensichtlich auf den Namen Psammetichs an, der »Glühwein-Verkäufer« bedeutet; darüber hinaus könnte er einen historischen Kern enthalten: Nach dem Abzug der Äthiopen und Assyrer blieb außerhalb der Thebaïs eine Vielzahl unabhängiger Stadtfürsten, Kommandanten und anderer lokaler Herrscher zurück, unter ihnen auch Psammetich, der Sohn Nechos, der seine Stellung bereits zur Zeit der Assyrer äußerst geschickt hatte behaupten können.

Erst als die Assyrer glaubten, in Psammetich I. (664–610) endlich einen ägyptischen Herrscher gefunden zu haben, dem sie vertrauen konnten, war es diesem möglich, die Zersplitterung der Deltaregion in viele kleine Fürstentümer zu beenden. Hinzu kam, daß er in seinen Plänen auch von den Äthiopen nicht behindert wurde. Auf welchem Weg Psammetich I. die Oberhoheit über die Kleinfürsten Nordägyptens erlangte, wissen wir nicht. Auf jeden Fall hatte er – wie der Assyrerkönig und Herodot bezeugen – ionische und karische Söldner des Königs Gyges von Lydien angeheuert. Dieser kleinasiatische Herrscher war an einem neuen Bundesgenossen gegen die auf dem Gipfel ihrer Macht stehenden Assyrer interessiert, die mit ihrer in alle Richtungen vorangetriebenen Expansionspolitik auch seinen Herrschaftsbereich bedrohten. Für Gyges verlief die Angelegenheit allerdings unglücklich; er wurde um 650 getötet. Herodots Bericht steht symbolisch für die Tatsache, daß die

Geschichte Ägyptens von nun an immer mehr mit der Geschichte des Mittleren Orients und Griechenlands verschmilzt.

Für das Jahr 657 wird zum letzten Mal ein »Oberhäuptling« der Libyer erwähnt, und um die gleiche Zeit ging Psammetich daran, seinem Reich auch den südlichen Teil des Landes einzuverleiben. Der formale Abschluß seiner Bemühungen war mit der Adoption seiner Tochter Nitokris durch die amtierende Gottesgemahlin erreicht.[13] Nitokris war nun deren Nachfolgerin, und die Thebaïs ging in den Besitz der neuen Dynastie über; bis zum Ende des Herrscherhauses blieb diese Konstellation – zumindest theoretisch – bestehen: Nitokris sollte später ihrerseits eine Tochter Psammetichs II. adoptieren, die bis zur Eroberung Ägyptens durch die Perser im Jahre 525 das Amt bekleidete.

Zum Staatsakt in Theben erschien Psammetich nicht persönlich. Als Repräsentanten des Gottesstaates waren der Gouverneur und die adoptierende Gottesgemahlin anwesend, die Dynastie wurde durch die Erbin und künftige Herrscherin Nitokris vertreten. Nitokris wurde in ihr Amt eingesetzt, ihr Besitz und ihre Einkünfte wurden in allen Einzelheiten festgeschrieben; unter anderem erhielt sie 90 Hektar Land. Eine wichtige Rolle spielte außerdem der Fürst von Herakleopolis; er führte die Oberaufsicht über den Schiffsverkehr auf dem Nil. Damit war im Jahre 656 die Herrschaft der sechsundzwanzigsten Dynastie über ganz Ägypten verwirklicht.

Die friedliche Form dieser neuen Einigung des Landes deutet darauf hin, daß Psammetich I. ein geduldiger, überlegen und konsequent regierender Staatsmann gewesen ist. Er vermied einen Bruch mit der Dynastie in Napata, indem er die Regentin der Thebaïs bis zu deren Tod anerkannte. Ganz im Sinne dieser auf Versöhnung und Zusammenarbeit ausgerichteten Politik ließ er die hohen äthiopischen Beamten noch eine Zeitlang im Amt, und so dauerte es mehrere Jahrzehnte, bis Psammetich schließlich auch die Thebaïs vollständig kontrollierte.

Da Psammetich erfolgreich versuchte, die bestehenden Kräftegruppen nach und nach abzulösen und durch einen der Dynastie ergebenen zentralen Verwaltungsapparat zu ersetzen, wies der Staatsaufbau äußerlich einige Ähnlichkeiten mit dem des Alten Reiches auf. Dem Pharao unterstanden unmittelbar die leitenden Beamten in den Ressorts der Zentralregierung und in den Provinzen des Landes. Sie konnten dem Zentralismus der Dynastie weder durch feudale Strukturen entgegenwirken noch dadurch, daß sie die Erblichkeit ihrer Ämter beansprucht hätten. Der Süden, Theben, blieb zwar aufgrund der Adoptionen unverändert unter der Herrschaft einer »Gottesgemahlin des Amun« aus dem regierenden Königshaus, doch hatte diese ihre politische Bedeutung verloren und stand künftig abseits.

Zum Stab der »Gottesgemahlin des Amun« Nitokris, der Tochter Psammetichs I., gehörte der Hohepriester Pabasa, der in Theben das Amt ihres Obergüterverwalters innehatte, als er die Statue der Taweret stiftete (Abb. 67). Der Beamte bittet in dem auf der Sockelfläche angebrachten Text die Gottheit um Schutz für Nitokris sowie für die Erhaltung ihres Besitzes. Die dargestellte Gottheit der Fruchtbarkeit, die den Frauen bei der Geburt half, ist als Mischwesen wiedergegeben: ein weibliches Nilpferd mit Hängebrüsten, stattlichem Bauch, Löwentatzen und Menschenarmen, die sich auf Schutzsymbole stützen. Das Wesen trägt auf dem Kopf eine geriffelte Perücke, auf der noch der Untersatz für den ursprünglichen Kopfschmuck zu erkennen ist; das Haar setzt sich nach unten in einen Krokodilpanzer mit Schuppen fort. Man fand die Statue in einem Schrein, der nur in Kopfhöhe der Göttin eine Öffnung besaß, was den Menschen erlaubte, einen Blick auf sie zu werfen, und der Göttin ermöglichte, die Bitten zu hören, die man an sie richtete.

Auf religiösem Gebiet wurden allmählich die Folgen einer langfristigen Entwicklung sichtbar: Der Amun von Theben trat hinter den Gottheiten des Osiriskreises zurück, die während der Römer-

67. Die Göttin Taweret

zeit im Isis- und Sarapiskult weltweit verehrt werden sollten; dies hatte sicherlich mit der wirtschaftlichen Schwächung Thebens zu tun. Nun nahmen die kultischen Formen endgültig jene Gestalt an, in der sie später den Reisenden und Autoren der Antike entgegentraten.

Die Bedeutung, die Psammetich in Ägypten erlangen konnte, verdankte er zu einem nicht geringen Teil der Tatsache, daß das Assyrerreich zu sehr von inneren Schwierigkeiten und äußeren Konflikten mit Feinden im Osten in Anspruch genommen war, um seine Macht im Westen durchzusetzen. In dieser Zeit entglitt auch das Königreich Juda unter Josia der assyrischen Oberhoheit. In Juda fand die angesprochene Entwicklung der ägyptischen Religiosität insofern eine erstaunliche Parallele, als sich unter Josia erste Ansätze der späteren jüdischen Religion zeigten.

Militärisch stützten sich die Ägypter mehr und mehr auf eine Söldnertruppe, die aufgrund der damaligen ›Marktlage‹ bunt zusammengewürfelt war. Unter dem Befehl ägyptischer und libyscher Generale dienten ionische, karische, nubische, libysche, phönikische und judäische Soldaten. Teilweise bestanden zwischen den verschiedenartigen Gruppen, vor allem zwischen Libyern und Griechen, erhebliche Rivalitäten, die sich nicht selten in blutigen Auseinandersetzungen entluden; mit griechischen Söldnern scheint es schon recht früh Schwierigkeiten gegeben zu haben. Die Grenzfestungen des Landes – Marea im Nordwesten, Daphnae an der Nordostgrenze und Elephantine im Süden – bildeten dabei die Unruheherde. Herodot erzählt, die Garnisonen seien unter Psammetich I. abtrünnig geworden, weil sie drei Jahre lang nicht abgelöst wurden.[14]

Ein ägyptischer Text aus dem Beginn des 6. Jahrhunderts berichtet von einer Meuterei der südlichen Garnison Elephantine.[15] Die dortigen Söldner – unter anderen Beduinen, Griechen und Asiaten – wollten vom König abfallen und nach Süden ziehen; nur mit Mühe habe der Befehlshaber sie zum Bleiben bewegen können. Solche Vorfälle zeigen deutlich, daß bisweilen ernste Schwierigkeiten mit den Söldnerheeren aufgetreten sind. Dabei standen nicht so sehr Soldzahlungen im Mittelpunkt, sondern die Unzufriedenheit der libyschen Militärkolonisten mit der immer stärkeren Bevorzugung der Griechen. Darüber hinaus kamen auch griechische Kaufleute ins Land und versuchten ebenfalls, Einfluß auf die inneren Verhältnisse zu gewinnen. Für eine gewisse Zeit konnten die Könige von Saïs noch für einen Ausgleich der widerstreitenden Interessen sorgen.

Gegen Ende seiner langen und weitgehend friedlichen Regierung ließ sich Psammetich I. in die Kriege um die Vorherrschaft im Vorderen Orient hineinziehen. Möglicherweise hatte er die Absicht, ein Gleichgewicht der Kräfte in dieser Region zu erhalten, indem er die Assyrer in Syrien gegen die Herrscher der aufstrebenden Macht Babylon unterstützte. In Ägypten war dies eine längst vertraute, oft erprobte Strategie: dem oder den Schwächeren zu helfen und durch Ausnutzung bestehender Rivalitäten den eigenen Einfluß zu stärken. Als jedoch im Sommer 616 ein ägyptisches Heer in Mesopotamien erschien, kam jede Hilfe für Assur bereits zu spät. Nachdem die Meder sich auf die Seite der Babylonier geschlagen hatten, war der Untergang des assyrischen Reiches besiegelt, und mit dem symbolträchtigen Fall der Hauptstadt Ninive im Jahre 612 wurde er vollzogen; der Machtbereich der Babylonier dehnte sich immer mehr aus.

Kurz darauf starb Psammetich I. Sein Sohn und Nachfolger Necho II. (610–595) brach bereits im ersten Frühjahr seiner Regierung, 609, mit einem starken Heer nach Asien auf. Er bezwang den judäischen König Josia, der ihm bei Megiddo entgegentrat; Juda wurde den Ägyptern tributpflichtig, und die phönikischen Küstenstädte kamen unter ägyptische Oberhoheit. Necho errichtete sein Hauptquartier am Orontes; ein Vorstoß über den Euphrat scheiterte, und die folgenden Jahre sahen wechselvolle Kämpfe westlich des Stromes, bis Necho 605 bei Karkemisch eine empfindliche Niederlage gegen den babylonischen Kronprinzen Nebukadnezar einstekken mußte und nach Ägypten zurückgeworfen wurde. Lapidar, aber zutreffend heißt es im Alten Testament: »Und der König in Ägypten zog nicht mehr aus seinem Lande. Denn der König zu Babel hatte ihm alles genommen, was dem König in Ägypten gehörte, vom Bach Ägyptens (in der Nähe von Pelusium) bis zum Wasser des Euphrat.«[16]

Von Ägypten aus konnte Necho einen Vorstoß der Babylonier gegen das Niltal abwehren, was die Kleinstaaten Palästinas noch einmal zum Aufstand gegen die neue Großmacht ermutigte. Bei der ersten Eroberung Jerusalems 597 sah der Pharao allerdings nur tatenlos zu. Erfolgreicher war Ägypten dagegen auf dem Meer: Necho schuf eine Flotte von Dreiruderern, dem damals modernsten und überlegenen Schiffstyp, und phönikische Seeleute führten in seinem Auftrag die erste Umsegelung Afrikas durch. Ferner leitete er die Arbeiten an einem Kanal ein, der das Rote Meer mit dem Nil und dem Mittelmeer verbinden sollte und den erst der Perserkönig Darius in Betrieb nehmen konnte.

Ob die Äthiopen die Fehlschläge des ägyptischen Königs in Vorderasien ausgenutzt hatten, um nach Norden zu expandieren, oder ob der neue Pharao Psammetich II. (595–589) seine Regierung wie viele seiner Vorgänger mit einem energischen Kriegszug nach Süden beginnen wollte, wissen wir nicht. Auf jeden Fall startete er einen Feldzug gegen den nubischen König Aspalta (um 593–568). Die Generale des Pharao, von denen der eine die ägyptische Miliz, der andere die Söldner befehligte, stießen 593 bis über den dritten Katarakt hinaus nach Süden vor und bedrohten die äthiopische Hauptstadt Napata. Auf einem Bein des zweiten Ramseskolosses von Abu Simbel haben griechische Söldner während dieses Feldzugs ihre ›Visitenkarten‹ hinterlassen.[17] Das Unternehmen brachte

Ägypten zwar wenig ein, hatte aber erhebliche Konsequenzen für das Äthiopenreich: In der Folge verlagerte man dort, wie erläutert (S. 433), das Machtzentrum des Landes von Napata weiter südwärts nach Meroë oberhalb der Atbara-Mündung.

Psammetich II. nutzte seine restliche Regierungszeit, um die Wirtschaft Ägyptens und mit ihr das ganze Land zu stabilisieren. Dazu war es notwendig, mit der neuen Großmacht im Osten Frieden zu halten und die Babylonier in Syrien-Palästina gewähren zu lassen. Erst sein Sohn Apries (589–570) verabschiedete sich von dieser vorsichtigen Politik und unterstützte nach seiner Thronbesteigung den Abfall des judäischen Königs Zedekia und der phönikischen Städte von Nebukadnezar. Doch es kam nicht zur erhofften Schwächung der babylonischen Macht – im Gegenteil: Nebukadnezar kesselte Jerusalem ein und schlug einen Entsatzversuch des ägyptischen Königs ab. Im Sommer 587 erstürmten seine Truppen die judäische Hauptstadt und führten große Teile der Bevölkerung in die sogenannte »babylonische Gefangenschaft«. Viele andere Judäer, unter ihnen der Prophet Jeremia, fanden in Ägypten Zuflucht. Wir treffen sie in der Folgezeit häufig als Söldner im ägyptischen Heer an. Auf der Nilinsel Elephantine am ersten Katarakt entstand eine jüdische Militärkolonie mit einem eigenen Jahwe-Tempel; das Schicksal der Siedlung läßt sich durch aramäische Papyri über einen längeren Zeitraum hinweg verfolgen.

Obgleich mit dem Königreich Juda der letzte Pufferstaat zwischen dem babylonischen Großreich und Ägypten gefallen war, blieb eine erneute Eroberung des Nillandes aus. So verlief die Regierung des Apries im großen und ganzen friedlich. Das gibt uns Gelegenheit, einen Blick auf die Entwicklung im Westen zu werfen. Die dortigen libyschen Stämme hatten sich gegen die Erweiterung der griechischen Kolonie Kyrene – einer Gründung aus der Zeit Psammetichs I. – gewehrt und baten nun den ägyptischen König um Hilfe. Dieser entsandte ein Heer, aber nachdem es geschlagen wurde, rebellierten libysche Teile der ägyptischen Armee, und als Apries den General Amasis zu den Meuterern schickte, um wieder Ordnung herzustellen, machte dieser mit den Aufständischen gemeinsame Sache und ließ sich zum König ausrufen. 569 kam es zu einer Schlacht zwischen den beiden Herrschern – Apries, auf dessen Seite die griechischen Söldner kämpften, wurde besiegt. Der Vorgang beleuchtet schlaglichtartig die heikle Situation der Dynastie zwischen den Kräften des Westens und des Ostens sowie die seit Psammetich I. zu beobachtende Abhängigkeit von Griechen und Libyern. Letztere konnten sich für den Augenblick mit dem Pharao Amasis durchsetzen.

Letzte Dynastien

Amasis (570–526) gelang es allerdings – welche konkrete Strategie er dabei anwendete, wissen wir nicht –, Libyer und Griechen wenigstens kurzfristig miteinander zu versöhnen. Ein Abkommen mit der wichtigen Stadt Kyrene untermauerte er mit einer dynastischen Heirat. Wegweisend für die Zukunft sollte werden, daß er den Griechen die ehemals von Milet gegründete Stadt Naukratis im Westdelta als Handelsstützpunkt überließ. Naukratis wurde die erste griechische Polis auf ägyptischem Boden und sollte einen wesentlichen Beitrag zur Verschmelzung ägyptischer und griechischer Kultur leisten. Durch solche Maßnahmen erwarb sich Amasis den Ruf eines »Freundes der Hellenen«.[18] Außerdem verlegte er die größte griechische Garnison von Daphnae nach Memphis. Das war zwar auf den ersten Blick eine Ehrung, war Memphis doch die alte Krönungs- und Königsstadt, bedeutete aber auch eine stärkere Isolierung von anderen griechischen Söldnern und eine engere Einbindung in das Land.

Beide Maßnahmen trugen einem Faktor Rechnung, der in Ägypten insbesondere durch die Griechen und dann durch die Perser gefördert wurde, dem Gefühl für nationale Eigenheiten. Dieses Gefühl, oder anders ausgedrückt: der im Lande schwelende Fremdenhaß entlud sich außer gegen die Griechen vor allem gegen die Juden; gerade sie bekamen jetzt die ständig virulente Antipathie gegen Fremde und Söldner – Griechen, Nubier, Libyer, Asiaten – zu spüren. Topoi, aus denen sich später die antijüdischen Ressentiments speisten, sind wohl in dieser Zeit um die jüdische Garnison in Elephantine herum geboren worden.

Mit seiner Griechenfreundschaft, die über den eben zitierten Herodot bis zu den Schriftstellern der römischen Kaiserzeit ihr Echo fand, knüpfte Amasis politische und kulturelle Verbindungen bis zum griechischen Festland. Er leistete einen Beitrag zum Wiederaufbau des zerstörten Apollo-Tempels von Delphi und stiftete in Lindos und Samos wertvolle Weihegeschenke. Seine Freundschaft mit dem Tyrannen Polykrates von Samos[19] hat Schiller in seinem Gedicht ›Der Ring des Polykrates‹ verewigt. In Griechenland suchte Amasis Bündnispartner gegen die aufstrebende Perserherrschaft: Eine »klare Stellungnahme für das Abendland«, schreibt E. Otto,[20] verkennt damit aber die gemeinsame ostmediterrane Kultur, zu der Griechenland damals gehörte.

Aus der Zeit des Amasis ist das Grab des Hekaemsaf, eines Oberaufsehers der königlichen Flotte, erhalten. In seinem mit Harz angefüllten Sarkophag befand sich ein hölzerner bemalter Sarg und in diesem die Mumie (Abb. 68). Die Mumienverkleidung besteht aus einer Maske aus getriebenem Gold, deren Augen in Halbedelsteinen eingelegt sind. Ein Halskragen aus 18 Perlenreihen wird von zwei Falkenköpfen aus Gold gehalten (S. 170). Darunter erscheint die Göttin Mut mit Sonnenscheibe und ausgebreiteten Flügeln, die in dem sich nach unten anschließenden Text zum Schutz des Verstorbenen angerufen wird. Zu beiden Seiten des Mittelstreifens erkennt man ferner die vier Schutzgottheiten der Eingeweide.

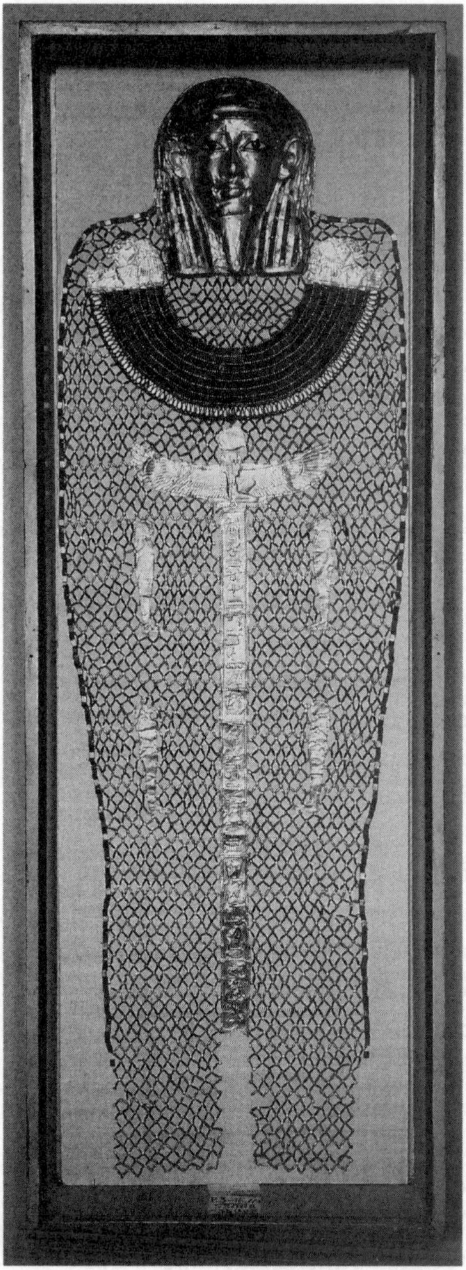

68. Mumienverkleidung

Als der Aufstieg des Perserreiches die Macht der Babylonier zu schwächen begann, sah Amasis eine Chance, an lange Traditionen ägyptischer Außenpolitik in Syrien-Palästina anzuknüpfen. Von Ägypten aus konnte man beobachten, wie 546 der Lyderkönig Kroisos sein Reich an den Perser Kyros verlor. Der Aufstieg der Perser vollzog sich mit einem für die Nachbarn erschreckenden Tempo. Bereits 539 zogen sie in Babylon ein und unterwarfen in den folgenden Jahren rasch die phönikischen Städte der Levanteküste. Daß der persische Landhunger mit diesen Eroberungen nicht gestillt war, lag auf der Hand. Der Angriff auf Ägypten fand allerdings nicht mehr unter Kyros statt, sondern erst während der Regierungszeit seines Sohnes Kambyses (530–522). Amasis starb zu Beginn des Winters 526 und mußte die ägyptische Niederlage nicht mehr erleben.

Es war sein Sohn Psammetich III. (526–525), der 525 von den Persern geschlagen und nach kurzer Belagerung in Memphis gefangengenommen wurde. Als Kambyses rasch auch das übrige Ägypten kontrollieren konnte, unterwarfen sich die Nachbarn Ägyptens kampflos der neuen Weltmacht. Rückschläge brachten Kambyses seine Feldzüge gegen die Äthiopen (S. 433) und sein berühmter Zug zur Oase Siwa. Das auf dem Weg nach Siwa während eines Sandsturms in der Wüste verschollene Heer des Kambyses gehört zu jenen sagenhaften archäologischen ›Objekten‹, denen jede Generation erneut nachspürt.

Mit Psammetich III. endete die vorläufig letzte Dynastie, die noch einmal über anderthalb Jahrhunderte versucht hatte, die Selbständigkeit des ägyptischen Reiches zu behaupten. Ägypten war eine Provinz Persiens geworden, des größten Reiches, das die Antike bis dahin kannte. Mit Kambyses beginnt Manetho die siebenundzwanzigste Dynastie der »acht persischen Könige«.[21] Die Herrscher dieses Weltreiches, das zum ersten Mal den gesamten Orient in einer Hand vereinigte, traten in Ägypten als direkte Nachfolger der Pharaonen auf; sie übernahmen deren Titel, wurden aber anders als die libyschen und äthiopischen Könige und ähnlich wie die Assyrer als Fremdherrscher abgelehnt.

Der Name »Meder« für die Perser geriet zu einem Schimpfwort. Daran haben sicherlich auch die griechischen Schriftsteller ihren Anteil, die diesen Haß der Ägypter nachfühlen konnten und gerne ausschmückten, einen Haß, der sich bei den Griechen auf die Person des Eroberers Kambyses konzentrierte. Ihm wurden die furchtbarsten Untaten zugeschrieben; viele, vielleicht sogar alle Berichte von angeblichen Greueln sind jedoch auf die griechische Dominanz der Quellen zurückzuführen. Eine sachliche Grundlage haben die Ressentiments darin, daß er Tempelvermögen konfiszierte, und eine ideelle darin, daß Kambyses die Reihe der wirklichen Fremdherrscher eröffnete.

Wie auch immer die Regierung des Kambyses einzuschätzen ist: Sein Nachfolger Darius I. (522–486) jedenfalls nahm auf die religiösen Gefühle der Ägypter Rücksicht und konnte damit das Ansehen der neuen Herrscher festigen. Er erweiterte das Serapeum von Sakkara, die Begräbnisstätte der Apisstiere, und errichtete einen Amuntempel. Darius ließ das ägyptische Recht kodifizieren, allerdings zeichnete man die alten Gesetze in Aramäisch, der Amtssprache der Perser, auf. Diodor, der griechische Geschichtsschreiber des ersten vorchristlichen Jahrunderts, bezeichnet Darius daher in seiner typischen Art als den größten ägyptischen Gesetzgeber.[22]

Die neue aramäische Amtssprache sollte längst nicht die Bedeutung erlangen, wie sie später das Griechische unter den Ptolemäern hatte. Da die persischen Statthalter sich auf eine bewährte ägyptische Verwaltung stützten, die zur loyalen Zusammenarbeit bereit war, kamen sie mit wenigen fremden, also persischen Beamten aus. So war Darius für seine überwiegend ägyptischen Beamten der rechtmäßige Pharao, der sich von seinen Vorgängern lediglich dadurch unterschied, daß er im fernen Ausland residierte. Zweifellos hat Darius den Wert der neuen Provinz erkannt und sich den größtmöglichen Gewinn davon versprochen, daß er ihr die eigene, historisch gewachsene Verwaltungs- und Lebensform beließ.

Von ägyptischer Seite besitzen wir ein Zeugnis, das die Ereignisse von Amasis bis Darius darstellt. Es handelt sich um die Biographie eines Mannes, der in Saïs lebte und am Ende der sechsundzwanzigsten Dynastie Flottenkommandant war. Er stellte sich sofort der neuen Macht der Perser zur Verfügung und bemühte sich in seiner apologetischen Biographie, deren Wohltaten – auch die des Kambyses – für Ägypten und seine Heimat Saïs hervorzuheben.[23] Dabei vergaß er nicht, seine eigenen Leistungen gebührend zu betonen: Er selbst habe bewirkt, daß Kambyses die Tempelanlagen in Saïs wiederherstellte. Auf seine Veranlassung hin habe der König befohlen, daß die Fremden, die sich im Tempelgebiet niedergelassen hatten, vertrieben wurden, ihre Wohnstätten abbrachen und eigenhändig ihren Unrat entfernten. Danach habe man den Tempel gereinigt, Tempelschule und Altäre seien eingerichtet worden, und Kambyses habe selbst Opfer dargebracht wie jeder König vor ihm.

In den Quellen wird Kambyses einmal als sinnloser Wüterich, dann wieder als milder Herrscher geschildert. Die Diskrepanz erklärt sich aus den unterschiedlichen Standpunkten der Verfasser. Im ersten Fall ist das Bild von einem späteren Nationalismus geprägt, der durch die Eingriffe griechischer Geschichtsschreiber noch vergröbert wurde, im zweiten Fall von der apologetischen Geschmeidigkeit eines persischen Parteigängers. Insgesamt aber scheint der Zustand des Landes in dieser ersten Perserzeit nicht unerträglich gewesen zu sein, und so wurden denn auch die Aufstände, die unter dem Eindruck der persischen Niederlagen gegen die Griechen in der ersten Hälfte des 5. Jahrhunderts ausbrachen, nur von den Libyern des Westdeltas getragen; sie blieben auf Unterägypten beschränkt und stellten keine gesamtägyptische Reaktion dar. Während einer der Friedenszeiten von 460 bis 410 hat der von Cicero als »Vater der Geschichtsschreibung« apostrophierte Herodot Ägypten besucht, wie vor und nach ihm viele andere griechische Reisende. Mit ihnen begann eine neue Phase fruchtbarer Wechselwirkungen zwischen den beiden Kulturen.[24]

Beim Tode Darius' II. 404 gelang es Ägypten, die persische Herrschaft abzuschütteln. Wieder war es ein Libyer, Amyrtaios von Saïs, der die Revolte anführte; einige Jahre später konnte er die Perser auch aus Oberägypten vertreiben. Manetho zählt ihn als einzigen König der achtundzwanzigsten Dynastie (404–399). Den Persern waren durch den Zug des jüngeren Kyros und den anschließenden Krieg gegen Sparta in Kleinasien die Hände gebunden. Deshalb konnte sich der Gründer der neunundzwanzigsten Dynastie, Nepherites I. (399–393), dem friedlichen Aufbau des Landes widmen und sogar eine bescheidene Bautätigkeit entfalten. Die meisten der Könige dieser Dynastie verdankten ihre Herrschaft Bündnissen mit Athen oder Sparta und hielten sich jeweils nur wenige Jahre.

Erwähnenswert ist eigentlich nur Hakoris (393–380), der den persischen Versuch einer Rückgewinnung des Landes in einem längeren Krieg abwehren konnte. Für sein Söldnerheer, das der Athener Chabrias befehligte und in dem der über achtzigjährige Spartanerkönig Agesilaos diente, ließ Hakoris die ersten ägyptischen Münzen prägen, für die er die gängigste der damals kursierenden griechischen, die athenische Tetradrachme, als Muster nahm. Den Sohn des Hakoris konnte der Usurpator Nektanebos I. (380–362) aus der Thronfolge drängen, mit dem die dreißigste und letzte einheimische Dynastie begann.

Nektanebos ist durch Denkmäler in beiden Landesteilen bezeugt, zu deren charakteristischsten große monolithische Schreine gehören, die in den Heiligtümern aufgestellt waren (Abb. 69). Links schreitet der Pharao, an der roten Krone und dem doppeltem Königsschurz erkennbar, auf den Gott Thot zu, dem er ein Abbild der Göttin Maat darbringt (vgl. Abb. 15, S. 111). Der Gott hockt in

69. Schrein Nektanebos' I.

Gestalt eines Pavians auf einem hohen Sockel; er hat die Mondsichel und die Sonnenscheibe auf dem Kopf.

Der Herrscher scheint sich damit begnügt zu haben, nochmals eine Reorganisation des Landes zu bewerkstelligen. Wir kennen von ihm einen Erlaß, im dem er dem Neith-Tempel von Saïs die Einfuhrzölle und Steuern der Städte Naukratis und Heraklion überschrieb. Eine solche Zuwendung darf ebensowenig wie vergleichbare Stiftungen, von denen wir in der Spätzeit gelegentlich hören, im Sinne der Stärkung einzelner Priesterschaften aufgefaßt werden – die Priester bildeten zweifellos keinen Machtfaktor mehr, den zu stärken sich gelohnt hätte. Vielmehr sollte dadurch wohl die alte, eigenartige ökonomische Struktur des Landes mit ihren mittelbar staatlichen Wirtschaftseinheiten wiederhergestellt werden.

Es gelang Nektanebos sogar, einen persischen Angriff bei Memphis abzuwehren und die Herrschaft schließlich an seinen Sohn Teos (362–360) zu übergeben. Um die griechischen Söldner zu bezahlen, griff Teos zu einem in der ägyptischen Geschichte bis dahin einmaligen Mittel: Er ließ für ihre Entlohnung in großen Mengen Silbermünzen, deren Rohmaterial importiert werden mußte, prägen, da den griechischen Söldnern mit der alten Form der Bezahlung in Boden und Vieh oder mit anderen Münzen nicht gedient war. So konnte er eine ansehnliche Armee nach Syrien führen. Doch fiel sein Neffe Nektanebos II. (360–343) mit einem Teil des Heeres ab, kehrte nach Ägypten zurück und beschloß als letzter Pharao eine Kette von dreißig Dynastien. Nachdem Ägypten im Jahre 343 von Artaxerxes III. erobert worden und erneut in persische Hand gefallen war, floh Nektanebos II. nach Nubien. Vielleicht hoffte er, von dort mit Hilfe des nubischen Königs zurückkehren zu können; aber er kam nicht wieder – jedenfalls nicht in seiner menschlichen Gestalt.

Spätere Historiker haben Manethos dreißigster Dynastie noch eine einunddreißigste angefügt, die mit dem Perserkönig Darius III.

endete. Seit 332, als Ägypten kampflos an den Makedonenkönig Alexander fiel, war das Land nunmehr Teil der hellenistischen Staatenwelt. In dem Land am Nil berührten sich seit vielen Jahrhunderten Orient und das, was man gemeinhin Abendland oder Europa nennt. Insofern ist Ägypten gleichsam ein Symbol für die anbrechende Entwicklung des Hellenismus, für die Wechselbeziehung zwischen griechischer und orientalischer Kultur.

Bereits Herodot hatte Ägypten im Spannungsfeld der großen griechisch-persischen Auseinandersetzungen gesehen. Die in Ägypten traditionelle antiasiatische Haltung, bei der Asien im Laufe der Jahrhunderte durch Mitanni, Hettiter, Assyrer, Babylonier oder Perser repräsentiert worden war, blieb über Jahrhunderte wach und erleichterte den Übergang in das Alexanderreich, der als Befreiung von den Persern begrüßt wurde. Und für Alexander selbst erfüllte der Zug nach Ägypten eine doppelte Funktion. Einerseits lag es im Zusammenhang mit der Fortsetzung des weiteren Krieges gegen das Perserreich selbstverständlich nahe, sich der Bundesgenossenschaft des Landes zu versichern, das sich in der Vergangenheit als ein – wenn auch unsicherer – Gegner der Perser erwiesen hatte. Andererseits bedeutete die Besetzung des Pharaonenreiches eine notwendige Sicherung der Flanke. Aber Ägypten umfaßte längst mehr als das Niltal; zur Zeit Alexanders gehörte auch Libyen dazu. Und der Marsch nach Siwa mit der Anerkennung der Gottessohnschaft durch den dortigen Orakelgott verband reale Politik mit einer schwer durchschaubaren Übernahme orientalischer Vorstellungen vom Gotteskönigtum.

Über Alexander liefen – wie über alle großen Persönlichkeiten – Wundergeschichten um, etwa die, daß seine Mutter Olympias Verkehr mit einer Kultschlange gehabt haben soll, in der sie vielleicht eine inkarnierte Gottheit sah. Diese Geschichte wurde auch in Ägypten ausgeschlachtet und verändert: Die spätere Legende machte aus Nektanebos II. den – besser gesagt: einen – Vater Alexanders.

Nektanebos habe durch magische Kräfte die Erscheinung des Zeus Ammon angenommen und sich in dieser Gestalt mit Olympias vereinigt. Auf diese Weise versöhnte die Sage die Ägypter mit dem Eroberer Alexander, weil er – als guter Sohn – jene Perser aus dem Land warf, die ›seinen Vater‹ Nektanebos vertrieben hatten.[25]

Epilog: Kleopatra

Wie soll eine Geschichte des alten Ägypten schließen? Man könnte es dabei bewenden lassen, daß sich die Spuren Nektanebos' II., des letzten Pharaos der letzten von Manetho angeführten Dynastie, in der Wüste verloren – gäbe es da nicht eine Herrschergestalt, die das Land noch einmal an einstige Größe hatte heranführen wollen: Kleopatra.[26] Sie war die letzte Herrscherin Ägyptens, die diesen Namen verdient; ihr folgten mit den Statthaltern der römischen Kaiserzeit Beamte, die im Auftrag des jeweils weitab in Rom residierenden Machthabers das Land verwalteten. Kleopatra aber steht sowohl in der Tradition der ptolemäischen Könige nach Alexander als auch in derjenigen der Pharaonen.

Zwar hielt Kleopatra die Macht in Händen, aber in staatsrechtlicher Hinsicht war sie die Frau an der Seite ihrer jeweiligen – bloß formalen – Ehemänner; ohne diese rechtliche Konstruktion wäre ihre Position prekär gewesen, wie das Beispiel der Hatschepsut aus längst vergangener Zeit lehren konnte (S. 243). Sie war zweimal verheiratet, zuerst mit dem älteren ihrer beiden jüngeren Brüder. Ihr 51 verstorbener Vater, Ptolemaios XII. – vom Volksmund wegen seiner Manie, Chöre auf der Flöte zu begleiten, »Auletes« (»der Flötenspieler«) genannt –, hatte in seinem Testament festgelegt, daß seine achtzehnjährige Tochter Kleopatra und sein etwa zehnjähriger Sohn Ptolemaios XIII. sich nach seinem Tod die Herrschaft über Ägypten teilen sollten. Rom, das längst auch die politischen Geschicke des griechischen Ostens kontrollierte, hatte er feierlich beschworen, die Nachfolge seiner Kinder zu garantieren.

Der Heirat der Geschwister Kleopatra und Ptolemaios XIII. folgte ein Bürgerkrieg der beiden Herrscher und ihrer jeweiligen Anhänger um die Macht. Zunächst schien sich Kleopatra durchzusetzen; geschickt verstand sie es, alte Traditionen neu zu beleben: Im ersten Jahr der offiziell gemeinsamen Regierung war in Hermonthis, südlich von Theben, der heilige Buchis-Stier gestorben, in dem die Ägypter die lebende Seele des Amun-Re verehrten. Eine Inschrift aus dem Bucheum beschreibt die Weihe eines neuen Stieres am 22. März 51; sie enthält zunächst den formelhaften Eintrag, daß der Stier durch den König selbst eingeführt wurde.[27] Man hat diese Mitteilung für sich gesehen nicht unbedingt wörtlich zu nehmen, daran schließt sich allerdings der Satz an: »Die Königin, die Herrin der beiden Länder (Ober- und Unterägypten), die Vater-Liebende Göttin, ruderte ihn (den Stier) in der Barke des Amon zusammen mit den königlichen Schiffen im Beisein der Einwohner von Theben und Hermonthis und der Priester.« Hieraus geht hervor, daß Kleopatra (im Gegensatz zu ihren Vorgängern) bei der Zeremonie persönlich anwesend war und ihren Bruder bereits aus dem offiziellen Herrschaftsbereich verdrängt hatte, da er nicht einmal erwähnt wird.

Endgültig zugunsten Kleopatras entschieden wurde die Auseinandersetzung der beiden Herrscher schließlich durch die Weltmacht Rom, repräsentiert in der Person Caesars, der im Herbst 48 in Alexandria eintraf. Kleopatra gelang es, diesen »zuhöchst erotischen Mann«[28] nicht nur politisch für sich zu gewinnen. Das in immer neuen Variationen erzählte Ägypten-Abenteuer Caesars endete im Frühjahr 47 mit dem militärischen Sieg des Römers über Ptolemaios XIII., der mit zahlreichen seiner Soldaten fiel.

Unmittelbar darauf wurde Kleopatra mit ihrem jüngsten Bruder, dem inzwischen zwölfjährigen Ptolemaios XIV., vermählt und

70. Hathor und Ptolemaios XV. Relief am Hathor-Tempel in Dendera

erneut inthronisiert. Caesar war längst abgereist, als sie einen Sohn zur Welt brachte, dessen Name, Ptolemaios Kaisar, sowohl an seinen Vater wie an die ägyptische Tradition erinnerte. Kleopatra regierte Ägypten unter römischer Aufsicht, bevor sie im Jahre 46 nach Rom bestellt wurde, wo sie als Caesars Geliebte in seiner Villa residierte. Nach seiner Ermordung an den Iden des März 44 kehrte sie nach Ägypten zurück. Kurze Zeit später starb Ptolemaios XIV., und sie erhob ihren Sohn, das Kind Caesars, als Ptolemaios XV. mit auf den Thron. Aus dem Hathor-Tempel in Dendera stammt dieses Relief, das Hathor und Ptolemaios Kaisar zeigt. Die Göttin ist hier mit Kuhhörnern dargestellt, zwischen denen die Sonnenscheibe steckt, Ptolemaios trägt die Doppelkrone der ägyptischen Könige.

Seit ihrer Rückkehr war Kleopatra damit beschäftigt, die Schwierigkeiten zu beseitigen, die in Ägypten während ihres Romaufenthaltes aufgetreten waren: Die Nilkanäle waren vernachlässigt und nicht vom Schlamm gereinigt worden, was im Jahr 44/43 zu einer drastischen Verschlechterung der Ernte und zu einer Hungersnot führte; hinzu kamen die beinahe unvermeidlichen Krankheiten. Der alexandrinische Arzt Dioskurides Phakas hat die Symptome einer der damals grassierenden Seuchen detailliert beschrieben: Vereiterung der Lymphdrüsen und das Auftreten häßlicher schwarzer Flekken – die Beulenpest suchte damals weite Teile des Landes heim.

Die Königin war in Ägypten rasch vom Alltag eingeholt worden; es galt, die differenzierte und effiziente Bürokratie zu kontrollieren. Eine Inschrift aus ihrem elften Regierungsjahr, datiert auf den 13. April 41, gibt ein gemeinsam mit Ptolemaios XV. Kaisar erlassenes Dekret wieder.[29] Darin wurden – immer noch in ursächlichem Zusammenhang mit der Hungersnot – die Privilegien jener Alexandriner bestätigt, die außerhalb der Hauptstadt landwirtschaftlich tätig waren. Die lokalen Behörden hatten versucht, diese Leute zu Arbeitsleistungen und Steuerzahlungen heranzuziehen, wovon sie als Einwohner Alexandrias eigentlich befreit waren – das unbefugte

Ausheben zur Zwangsarbeit war offensichtlich so alt wie die ägyptische Verwaltung selbst (S. 221). Eine Delegation der Betroffenen war an den Iden des März 41 bei der Königin erschienen, um ihr die Klagen vorzubringen; die Entscheidung erfolgte einen Monat später: »Königin Kleopatra, Vater-Liebende Gottheit, und König Ptolemaios, der auch Kaisar genannt wird, Vater-Liebende, Mutter-Liebende Gottheit, an den Strategen des Herakleopolitischen Bezirks, Gruß! Laßt das angefügte Dekret zusammen mit dem königlichen Schreiben in die griechische und die einheimische Sprache übertragen und in der Hauptstadt sowie in den wichtigsten Orten des Bezirks öffentlich aufstellen und veranlaßt, daß auch alles übrige nach unseren Befehlen geschieht! Lebt wohl! Jahr 11. Daisios 13, das ist Pharmouthi 13 (13. April 41).

An Theon. Diejenigen aus der Stadt (Alexandria), die Landwirtschaft im Bezirk von Prosopis und Bubastis betreiben, haben sich in einer Audienz mit einer Petition am 15. Phamenoth (15. März) gegen die Beamten der zehn Bezirke (Unterägyptens) an uns gewandt, indem sie vortrugen: Entgegen unserem Willen und den Befehlen, die wiederholt in Übereinstimmung mit unserer Entscheidung verschickt worden sind von denen, die der Verwaltung vorstehen, daß nämlich niemand von diesen (Alexandrinern) mehr fordern darf als die Verpflichtungen, die sie gegenüber dem Herrscher zu leisten haben, versuchen sie (die Beamten der Bezirke) gesetzwidrig zu handeln, und diese (Alexandriner) unter diejenigen einzureihen, die Verpflichtungen gegenüber dem Land und dem Bezirk haben, was aber nicht zutrifft. Wir (Kleopatra und Ptolemaios) sind außerordentlich empört und sehen es für richtig an, daß eine generelle und universelle Anordnung, die ganze Angelegenheit betreffend, ergeht, und wir haben beschlossen: Alle aus dieser Stadt (Alexandria), die landwirtschaftliche Tätigkeiten im Umland ausüben, sollen weder wie andere den Anforderungen für Kranzgeld (Sonderabgabe an den Herrscher) und Steuern für Notfälle unterworfen sein, wie sie von Zeit zu Zeit und zu besonderen Anlässen in den Bezirken erhoben werden können, noch sollen ihre Güter für solche Beiträge beschlagnahmt werden, noch soll irgendeine neue Steuer von ihnen verlangt werden. Wenn sie einmal die von ihnen geforderte Steuer bezahlt haben, in Waren oder in Geld, für die Getreide- oder die Weinanbaufläche, die in der Vergangenheit regelmäßig der königlichen Kasse überwiesen worden ist, dann sollen sie wegen anderer Dinge nicht weiter belästigt werden, gleich unter welchem Vorwand. Sieh zu, daß entsprechend verfahren wird und daß dieser Text öffentlich publiziert wird gemäß dem Gesetz!«

Während Kleopatra die Lage im Inneren ihres Landes stabilisierte, mußte sie stets auch den Blick auf den Bürgerkrieg richten, der in Rom zwischen den Mördern Caesars und deren Gegenspielern tobte – sie stand auf der Seite der letzteren. In dieser Zeit ließ die Herrscherin Münzen prägen, die sie selbst mit Diadem und Szepter zeigen, wie sie einen Säugling an ihre Brust hält. Das symbolisch als Baby dargestellte Kind ist Ptolemaios XV. Kaisar. Kleopatra knüpfte damit an eine ikonographische Tradition an, die uns auch aus Darstellungen auf Stelen vertraut ist (Abb. 14, S. 180), und erwies sich so als Verkörperung der Isis, die ihren Sohn, Horus, stillt. Kleopatra also ist Isis, Ptolemaios Kaisar ist Horus – diese Gleichsetzungen hatten bedeutende Implikationen; sie führen uns in ein altes Heiligtum nach Oberägypten.

Dort, in Hermonthis, stand der »Geburtentempel« der Pharaonen, wo die Könige mit ihren Frauen nach der Geburt ihrer Kinder feierliche Rituale vollzogen. Außerdem wurden hier Reliefs geweiht; eines von ihnen nun zeigt die kniende Kleopatra, umgeben von Göttinnen, und darüber steht in Hieroglyphen ihr neuer Name »Mutter des Re« (des Sonnengottes). Über dem Neugeborenen erkennt der Betrachter den heiligen Skarabäus, Symbol des Sonnengottes, wodurch das Kind als Gott der aufgehenden Sonne identifiziert wird. Auf einem danebenstehenden Ruhebett sitzen zwei kuhköpfige Göttinnen, die zwei Kinder säugen: Die eine stillt Horus, die andere den jungen Kaisar. Der Schlüssel zum Verständnis der Szene liegt in der Rolle des Horus in der ägyptischen Mythologie. Ihr zufolge war Osiris der König von Ägypten, Isis die Königin, und beider Sohn, Horus, war dazu bestimmt, den Platz seines ermordeten Vaters einzunehmen. Die Bezüge sind klar: Auch der Vater des Kaisar starb eines gewaltsamen Todes; beiden Söhnen widerfuhr das gleiche Schicksal, und beiden oblag daher die gleiche Verpflichtung – so wie Horus Vergeltung für den Tod seines Vaters Osiris geübt hatte, so sollte Kaisar den Mord an Caesar rächen. Spätestens seit dieser Zeit trug Ptolemaios XV. Kaisar denn auch den Titel Philopator, der Vater-Liebende.

Der römische Bürgerkrieg endete bekanntlich mit einem Sieg der beiden ›Erben‹ Caesars, Octavian und Marc Anton, um rasch in eine neue Auseinandersetzung der beiden zu münden. Als Kleopatra im Jahre 42 Marc Anton traf, begann – jenseits aller Politik – eine Liebesbeziehung, die nicht zuletzt durch William Shakespeares Theaterstück ›Antonius und Cleopatra‹ unsterblich geworden ist. Marc Anton benötigte die immer noch immensen Ressourcen Ägyptens, und er vergrößerte daher das Reich seiner Geliebten, mit der er drei Kinder hatte.

Den unbestrittenen Höhepunkt im Leben der letzten Königin Ägyptens bildete eine Zeremonie, die 34 in Alexandria stattfand: Auf einem Podium aus Silber thronten Antonius und Kleopatra auf goldenen Herrschersesseln. Sie trug als Göttin Isis äygptische Gewänder, er erschien als römischer Imperator in goldener Rüstung und Purpurtoga. Die vier Kinder der Königin saßen ebenfalls auf Thronen, aber ein wenig tiefer als die beiden Erwachsenen – dem Paar am nächsten Ptolemaios XV. Kaisar, offizieller Mitregent seiner Mutter, dann folgten die Kinder mit Antonius: Alexander Helios in der Robe eines Mederkönigs, mit der Tiara, der hohen persischen Mütze; Ptolemaios Philadelphos in der Tracht eines Makedonenkönigs, mit breitkrempigem Filzhut, Mantel und Stiefeln; und schließlich Kleopatra Selene. Alle Herrscher waren von einer Leibwache in der jeweiligen Landestracht umgeben. In dieser Inszenierung scheint Geschichte Gestalt anzunehmen.

Ein Herold verkündete, Kleopatra trage fortan den Titel »Königin der Könige«, Kaisar, dessen legitime Abstammung von Caesar nochmals öffentlich bestätigt wurde, den Titel »König der Könige«. Alexander Helios, sechs Jahre alt, wurde zum »Großkönig« Armeniens sowie Mediens und allen Landes jenseits des Euphrat proklamiert; damit waren die ehemals zum Reich Alexanders des Großen gehörenden Gebiete bis hin nach Indien gemeint, die freilich noch von den Parthern zu erobern waren. Den zweijährigen Ptolemaios Philadelphos erklärte man zum König über Syrien und Kleinasien, und Kleopatra Selene, wie ihr Zwillingsbruder sechs Jahre alt, zur Königin über Kyrene.

Die Geschichte ließ sich allerdings nicht wiederholen. Spätestens am 2. September 31, am Tag der Schlacht von Actium, zerschlugen sich alle Träume von einem neuen ägyptischen Großreich. Als der Sieger der großen Seeschlacht, Octavian, ein Jahr später in Alexandria eintraf und die nächtliche Musik den neuen Herrscher verkündete (S. 306), beging Kleopatra Selbstmord, und mit ihr fand die Geschichte eines selbständigen Ägypten ihr Ende.

ANHANG

Anmerkungen

EINFÜHRUNG

1 Homer, Odyssee 4, 354–358.
2 E. Hornung, Das esoterische Ägypten. Das geheime Wissen der Ägypter und sein Einfluß auf das Abendland, München 1999, S. 9.
3 Heliodor, Die äthiopischen Abenteuer von Theagenes und Charikleia (Aithiopika) 2, 27, 3.
4 Deuteronomium 26,5.
5 Exodus 15,21.
6 Ammianus Marcellinus, Römische Geschichte 17, 4, 18–23.
7 Ammianus Marcellinus, Römische Geschichte 22, 15, 1.
8 Vgl. den Ausstellungskatalog: Egyptomania. L'Égypte dans l'art occidental 1730–1930, Paris 1994.
9 Description de l'Égypte, ou, Recueil des observations et des recherches qui ont été faites en Égypte pendant l'expedition de l'armée française, publiée par l'ordres de Sa Majesté l'empereur Napoleon le Grand, Paris 1809–1829.
10 F. Steger, Allgemeine Weltgeschichte für das deutsche Volk, Band 1, Leipzig 1843, S. 23.
11 H. Brugsch, Die Aegyptologie. Abriß der Entzifferungen und Forschungen auf dem Gebiete der aegyptischen Schrift, Sprache und Alterthumskunde, Leipzig 1891, S. 44.
12 W. Huss, Die Quellen des Nils, in: Chronique d'Égypte 65, 1990, S. 334–343.
13 Aristoteles, frg. 248: Über den Verlauf des Nil.
14 Herodot 2,5.
15 Al-Masūdī, Bis zu den Grenzen der Erde. Auszüge aus dem ›Buch der Goldwäschen‹, Tübingen 1978, S. 171.

16 Plinius, Naturgeschichte 5,58.
17 Strabo, Geographie 17, 1, 48.

ERSTES KAPITEL

1 D. Wildung, Ägypten vor den Pyramiden, Mainz 1981. – B. Midant-Reynes, The prehistory of Egypt. From the first Egyptians to the first pharaos, Oxford 2000.
2 E. Otto, Ägypten – der Weg des Pharaonenreiches, Stuttgart [5]1979, S. 26.
3 William Golding, The Scorpion God.
4 T. A. H. Wilkinson, Early dynastic Egypt, London 1999.
5 E. Hornung, Grundzüge der ägyptischen Geschichte, Darmstadt [4]1992, S. 11.

ZWEITES KAPITEL

1 P. Barguet, La stèle de la famine à Séhel, Kairo 1953.
2 D. Wildung, Imhotep und Amenhotep. Gottwerdung im alten Ägypten, München 1977.
3 Hornung (Kap. 1, Anm. 5), S. 19.
4 Vgl. O. Neubert, Tut-Ench-Amun, Wien 1972, S. 45–47.
5 U. Eco, Das Foucaultsche Pendel, München/Wien 1989, S. 335–337.
6 Herodot 2, 124–126.
7 R. Stadelmann, Die ägyptischen Pyramiden. Vom Ziegelbau zum Weltwunder, Mainz 1985. – M. Verner, Die Pyramiden, Hamburg 1998.
8 K. Sethe, Übersetzung und Kommentar zu den altägyptischen Pyramidentexten, 6 Bände, Hamburg 1962, hier Bd. 4, S. 259.
9 K. Sethe, Urkunden der 18. Dynastie, Leipzig 1914, S. 55, 60, 74.
10 J. H. Breasted, Geschichte Ägyptens, Zürich 1936, S. 58.
11 W. Wolf, Das alte Ägypten, München 1971, S. 185–187 bietet einen solchen Text.
12 H. Brunner, Altägyptische Weisheit. Lehren für das Leben, Zürich/München 1988, S. 274.
13 S. Morenz, Die Heraufkunft des transzendenten Gottes in Ägypten,

Sitzungsberichte der Sächsischen Akademie der Wissenschaften, Philologisch-Historische Klasse, Band 109, 1964, Heft 2.

14 Vgl. W. Wolf, Kulturgeschichte des Alten Ägypten, Stuttgart ^{2}1977, S. 122–123.

15 Exodus 16,3.

16 Sethe (Kap. 2, Anm. 8).

17 R. O. Faulkner, Egyptian military organization, in: Journal of Egyptian Archaeology 39, 1953, S. 32–47.

18 A. Erman, Ägypten und ägyptisches Leben im Altertum, Tübingen 1923, neu bearbeitet von H. Ranke, Hildesheim 1987, S. 623.

19 J. H. Breasted, Ancient Records of Egypt (= BAR), 5 Bände, Chicago 1906–1907, hier Bd. 1, §§ 317–318.

20 M. Lichtheim, Ancient Egyptian literature. A book of readings, 3 Bände, Berkeley 1975–1980, hier Bd. 1, S. 26–27.

21 Manetho, Aegyptiaca frg. 21.

22 Herodot 2,100. – Hornung (Kap. 1, Anm. 5), S. 42 geht davon aus, daß sie, die aus zeitgenössischen Quellen nicht belegt werden kann, ihr Dasein vielleicht nur einem Abschreibefehler in den Königslisten verdankt.

23 Der komplette Text der »Mahnworte eines ägyptischen Weisen« findet sich bei F. W. von Bissing, Altägyptische Lebensweisheit, Zürich 1955, S. 129–139.

24 Bertolt Brecht, Der kaukasische Kreidekreis, 5. Szene.

25 E. Otto, Der Vorwurf an Gott. Zur Entstehung der ägyptischen Auseinandersetzungsliteratur, Hildesheim 1951.

26 Von Bissing (Kap. 2, Anm. 23), S. 141–145.

27 Von Bissing, ebd., S. 56.

28 R. O. Faulkner, The ancient Egyptian coffin texts, 3 Bände, Warminster 1973.

DRITTES KAPITEL

1 Als weiterführende Lektüre seien empfohlen: S. Morenz, Ägyptische Religion, Stuttgart 1960. – S. Morenz, Gott und Mensch im alten Ägypten, Zürich/München, 1984. – E. Hornung, Der Eine und die Vielen. Ägyptische Gottesvorstellungen, Darmstadt 1971.

2 Hornung (Kap. 3, Anm. 12), vor allem S. 35–50. – E. Hornung, die Schöpfungsmythen, Darmstadt 1980. – S. Quirke, Altägyptische Religion, Stuttgart 1996.

3 J. Assmann, Ägyptische Hymnen und Gebete, Zürich/München 1975, Nr. 78, S. 193.
4 Assmann, ebd., Nr. 51, S. 159.
5 Hornung (Kap. 3, Anm. 3), S. 41–42.
6 E. Hornung, Verfall und Regeneration der Schöpfung, in: Eranos Jahrbuch 46, 1977, S. 411–449.
7 Bei G. Roeder, Die Ägyptische Götterwelt, Zürich 1959, findet man die Götter, nach den einzelnen Bezirken geordnet, besprochen.
8 Faulkner (Kap. 2, Anm. 28), S. 39.
9 H. Brunner, Altägyptische Religion. Grundzüge, Darmstadt, 1989, S. 55–60.
10 J. Assmann, Ma'at. Gerechtigkeit und Unsterblichkeit, München 1990.
11 Assmann (Kap. 3, Anm. 3), Nr. 75, S. 191.
12 E. Hornung, Geist der Pharaonenzeit, Zürich 1989, S. 131.
13 D. Arnold, Die Tempel Ägyptens. Götterwohnungen, Baudenkmäler, Kultstätten, Zürich 1992.
14 Assmann (Kap. 3, Anm. 3), Nr. 115, S. 257.
15 J. Assmann, Ägypten. Theologie und Frömmigkeit einer frühen Hochkultur, Stuttgart [2]1991, S. 47.
16 Lichtheim (Kap. 2, Anm. 20), Bd. 2, S. 52–57, hier S. 56.
17 BAR (Kap. 2, Anm. 19), Bd. 4, §§ 151–412.
18 H. Kees, Totenglaube und Jenseitsvorstellungen der alten Ägypter, Berlin [2]1956. – A. J. Spencer, Death in Ancient Egypt, Harmondsworth 1982. – J. Assmann, Tod und Jenseits im alten Ägypten, München 2001.
19 R. Germer, Das Geheimnis der Mumien, Zürich/München 1991; Reinbek 1994.
20 Herodot 2, 87.
21 E. Hornung, Das Totenbuch der Ägypter, München 1979, Spruch 30b, S. 96.
22 Hornung, ebd., Spruch 92, S. 182–183.
23 W. Helck, Die Lehre für Merikare, Wiesbaden 1977, S. 32.
24 Der vollständige Text findet sich bei von Bissing (Kap. 2, Anm. 23), S. 153–154; Hornung (Kap. 3, Anm. 21), Spruch 125, S. 233–245.
25 E. Hornung, Die Nachtfahrt der Sonne, Zürich/München 1991.
26 Hornung (Kap. 3, Anm. 21), sowie ders., Altägyptische Jenseitsbücher. Ein einführender Überblick, Darmstadt 1997.
27 Hornung (Kap. 3, Anm. 21), Spruch 17, S. 71–74.

28 E. Hornung, Ägyptische Unterweltsbücher, Zürich/München ²1984, S. 272.
29 Hornung (Kap. 3, Anm. 26), S. 248.
30 G. Roeder, Volksglaube im Pharaonenreich, Stuttgart 1952.
31 Zu diesen und den folgenden Beispielen: Roeder, ebd., S. 187.
32 G. Roeder, Kulte, Orakel und Naturverehrung im Alten Ägypten, Zürich/München 1960.
33 J. Hengstl, Griechische Papyri aus Ägypten als Zeugnisse des öffentlichen und privaten Lebens, Darmstadt 1978, Nr. 65, S. 163.
34 K. Brackertz, Das Traumbuch des Achmet ben Sirin, München 1986.
35 L. Kákosy, Zauberei im alten Ägypten, Leipzig 1989.
36 K. Sethe, Die Ächtung feindlicher Fürsten, Völker und Dinge auf altägyptischen Tongefäßscherben des Mittleren Reiches, Abhandlung der Preußischen Akademie der Wissenschaften, Phil.-hist. Klasse Nr. 5, Berlin 1926.
37 L. Manniche, Liebe und Sexualität im alten Ägypten, Zürich/München 1988.
38 Manniche, ebd., S. 164.
39 Faulkner (Kap. 2, Anm. 28), Bd. 3, S. 191.
40 Manniche (Kap. 3, Anm. 37), S. 165–166.
41 E. S. Gifford, Liebeszauber, Stuttgart 1964.
42 Hengstl (Kap. 3, Anm. 33), Nr. 71, S. 175.

VIERTES KAPITEL

1 Hornung (Kap. 1, Anm. 5), S. 49.
2 Von Bissing (Kap. 2, Anm. 23), S. 140.
3 BAR (Kap. 2, Anm. 19), Bd. 1, §§ 619–639, hier § 632.
4 Helck (Kap. 3, Anm. 23), S. 54–55.
5 Helck, ebd.
6 Von Bissing (Kap. 2, Anm. 23), S. 140.
7 Von Bissing, ebd., S. 61.
8 Den Text bietet K. Galling, Textbuch zur Geschichte Israels, Tübingen ³1979, Nr. 1, S. 12.
9 BAR (Kap. 2, Anm. 19), Bd. 1, § 503.
10 Hornung (Kap. 1, Anm. 5), S. 51.
11 BAR (Kap. 2, Anm. 19), Bd. 1, § 523.
12 F. Bisson de la Roque, Le trésor de Tod, Kairo 1950 und 1952.

13 Zum Text: P. E. Newberry, Beni-Hasan, 4 Bde., London 1893–1900, Bd. 1, S. 64.
14 Herodot 2,149.
15 BAR (Kap. 2, Anm. 19), Bd. 1, § 652.
16 BAR, ebd., Bd. 1, §§ 656–660, hier § 659.
17 Breasted (Kap. 2, Anm. 10), S. 142.
18 BAR (Kap. 2, Anm. 19), Bd. 1, § 747.
19 Herodot 2,148.
20 Strabo 17, 1, 37.
21 Manetho, frg. 38–41.
22 A. Scharff, Ein Rechnungsbuch des königlichen Hofes aus der 13. Dynastie, in: Zeitschrift für ägyptische Sprache und Altertumskunde 57, 1922, S. 51–68.
23 Flavius Josephus, Gegen Apion 1,14.
24 E. Blumenthal/J. Müller/W. F. Reineke, Urkunden der 18. Dynastie. Übersetzung zu den Heften 5–16, Berlin 1984, S. 47.
25 Wolf (Kap. 1, Anm. 2), S. 91.
26 Breasted (Kap. 2, Anm. 10), S. 147.
27 Texte aus der Umwelt des Alten Testaments (= TUAT), hrsg. von O. Kaiser, Gütersloh 1982 ff., hier Bd. 1, Lieferung 6, S. 525–534.
28 1 Könige 10,28.

FÜNFTES KAPITEL

1 M. A. Bonhême/A. Forgeau, Pharao, Sohn der Sonne. Die Symbolik des ägyptischen Herrschers, Zürich 1989.
2 BAR (Kap. 2, Anm. 19), Bd. 4 § 46.
3 Bonhême/Forgeau (Kap. 5, Anm. 1), S. 179. – Vgl. generell D. Keßler, Die heiligen Tiere und der König, Wiesbaden 1989.
4 T. Schneider, Lexikon der Pharaonen. Die altägyptischen Könige von der Frühzeit bis zur Römerherrschaft, Zürich 1994, S. 249.
5 Blumenthal (Kap. 4, Anm. 24), S. 428.
6 Papyrus Lansing 7.
7 Papyrus Tebtunis 703, Zeile 230–232.
8 Blumenthal (Kap. 4, Anm. 24), S. 421–422.
9 Von Bissing (Kap. 2, Anm. 23), S. 80.
10 Genesis 47,23–27.
11 Breasted (Kap. 2, Anm. 10), S. 159–160.

12 Blumenthal (Kap. 4, Anm. 24), S. 429.
13 Lichtheim (Kap. 2, Anm. 20), Bd. 2, S. 67.
14 Blumenthal (Kap. 4, Anm. 24), S. 424–425.
15 W. Spiegelberg, Studien und Materialien zum Rechtswesen des Pharaonenreichs der Dynastien 18–21, Hannover 1892, S. 27.
16 Blumenthal (Kap. 4, Anm. 24), S. 435–440, hier S. 440.
17 Helck (Kap. 3, Anm. 23), S. 37.
18 Die Geschichte ist aus mehreren Papyrustexten bekannt, von denen keiner vollständig ist. Eine Übersetzung bieten Brunner (Kap. 2, Anm. 12), 234–256 und von Bissing (Kap. 2, Anm. 23), S. 155–170.
19 W. Helck, Urkunden der 18. Dynastie. Übersetzung zu den Heften 17–22, Berlin 1961, S. 419.
20 Brunner (Kap. 2, Anm. 12), S. 127.
21 T. G. H. James, Pharaos Volk. Leben im alten Ägypten, Zürich 1988, S. 87.
22 W. F. Edgerton, The Nauri decree of Seti I. A translation and analysis of the legal portion, in: Journal of Near Eastern Studies 6, 1947, S. 219–230, hier S. 221–222.
23 James (Kap. 5, Anm. 21), S. 91.
24 W. Helck, Der Einfluß der Militärführer in der 18. ägyptischen Dynastie, Leipzig 1939.
25 R. A. Caminos, Late-Egyptian Miscellanies, London 1954, S. 169.

SECHSTES KAPITEL

1 Sethe (Kap. 2, Anm. 9), S. 1–6, hier S. 1.
2 Sethe, ebd., S. 15.
3 Sethe, ebd., S. 8-12, hier S. 12.
4 Hornung (Kap. 3, Anm. 26), S. 57–194.
5 Hornung (Kap. 2, Anm. 5), S. 75–76.
6 E. Hornung, Politische Planung und Realitäten im alten Ägypten, Saeculum 22, 1971, S. 48–58.
7 Sethe (Kap. 2, Anm. 9), S. 44.
8 W. Helck, Die Beziehungen Ägyptens zu Vorderasien im 3. und 2. Jahrtausend v. Chr., Wiesbaden ^{2}1971.
9 E. Hornung, Tal der Könige. Die Ruhestätte der Pharaonen, Zürich ^{4}1988.
10 Sethe (Kap. 2, Anm. 9), S. 31.
11 Sethe, ebd., S. 67–69, hier S. 68.

12 Blumenthal (Kap. 4, Anm. 24), S. 54–55, S. 58.
13 BAR (Kap. 2, Anm. 19), Bd. 2, § 303.
14 Wolf (Kap. 2, Anm. 11), S. 105.
15 Blumenthal (Kap. 4, Anm. 24), S. 19.
16 Eine methodische Zwischenbemerkung ist an dieser Stelle vonnöten. Der Ablauf der Thronwirren, die mit dem Tod Thutmosis' I. einsetzten und langfristig erst mit dem Herrschaftsantritt Thutmosis' III. endeten, ist eines der umstrittensten Probleme der ägyptischen Geschichte gewesen. Die ältere Forschungsmeinung findet man in der »Geschichte Ägyptens« von J. H. Breasted. Der Hauptgrund für die Kontroversen lag darin, daß der Name der Hatschepsut nicht nur durchweg ausgelöscht, sondern durch andere Namen, vorwiegend durch die Thutmosis' I. und II., ersetzt worden ist. Dabei bleibt die Frage offen, wer diese Namen eingesetzt hat. Heute ist allgemein anerkannt, daß dies durch Thutmosis III. geschah; eine methodische Entscheidung, die eine ›einfache‹ Geschichtsdarstellung ermöglicht, wie sie im Text geboten wurde.
17 Offenbarung Johannes 16, 16.
18 Galling (Kap. 4, Anm. 8), Nr. 4, S. 14–20.
19 Wer sich über den Bericht informieren will und über die Probleme, die aus seiner Lückenhaftigkeit folgen, für den sei verwiesen auf A. H. Gardiner, Geschichte des Alten Ägypten. Eine Einführung, Stuttgart 1964, S. 208–212.
20 Vgl. M. Clauss, Geschichte Israels. Von der Frühzeit bis zur Zerstörung Jerusalems (587 v. Chr.), München 1986, S. 14.
21 Blumenthal (Kap. 4, Anm. 24), S. 175.
22 Helck (Kap. 5, Anm. 19), S. 24–28, hier S. 26.
23 H. Schäfer, König Amenophis II. als Meisterschütz, in: Orientalische Literatur-Zeitung 32, 1929, S. 233–244.
24 Hornung (Kap. 1, Anm. 5), S. 88.
25 M. Clauss, Sparta. Eine Einführung in seine Geschichte und Zivilisation, München 1983, S. 179.
26 Hornung (Kap. 1, Anm. 5), S. 90.
27 J. A. Knudtzon, Die El-Amarna-Tafeln, 2 Bde., Leipzig 1915 (ND Aalen 1964), Bd. 1, S. 271–273.
28 Knudtzon, ebd., Bd. 1, S. 141.
29 Knudtzon, ebd., Bd. 1, S. 154–163.
30 Teschop war der oberste Gott von Mitanni.
31 Knudtzon, ebd., Bd. 1, S. 137.
32 Helck (Kap. 5, Anm. 19), S. 273.
33 Assmann (Kap. 3, Anm. 3), Nr. 89, S. 208–212.

SIEBTES KAPITEL

1 Sethe (Kap. 2, Anm. 9), S. 131.
2 1 Könige 5,10–13.
3 H. O. Lange, Das Weisheitsbuch des Amenemope aus dem Papyrus 10.474 des British Museum, Kopenhagen 1925.
4 Von Bissing (Kap. 2, Anm. 23), S. 79–90.
5 Von Bissing, ebd., S. 112.
6 Von Bissing, ebd., S. 54.
7 Von Bissing, ebd., S. 89.
8 Von Bissing, ebd., S. 96–97.
9 Brunner (Kap. 2, Anm. 12), S. 275–276.
10 Von Bissing (Kap. 2, Anm. 23), S. 111.
11 B. Gunn, Some middle Egyptian proverbs, in: Journal of Egyptian Archaeology 12, 1926, S. 282–284.
12 Erman (Kap. 2, Anm. 18), S. 64–70. – E. Brunner-Traut, Altägyptische Tiergeschichte und Fabel. Gestalt und Strahlkraft, Darmstadt ²1968.
13 E. Brunner-Traut, Altägyptische Märchen, Düsseldorf/Köln ¹¹1997, S. 43–55. – S. Schott, Altägyptische Liebeslieder. Mit Märchen und Liebesgeschichten, Zürich 1950, S. 176–187.
14 Plutarch, Leben des Antonius 75, 3.
15 Brunner-Traut (Kap. 7, Anm. 12), S. 197–198.
16 H. Goedicke, Die Geschichte vom Schiffbrüchigen, Wiesbaden 1974.

ACHTES KAPITEL

1 Berliner Morgenpost vom 10. April 1976.
2 Das Problem der Mitregentschaft Amenophis' III. und IV. will ich nicht diskutieren; es spaltet die Forschung endlos. Offenbar ist die hier gewählte Lösung manchem verdächtig, weil sie einfach ist; mir sind es die komplizierten Erklärungen.
3 Knudtzon (Kap. 6, Anm. 27) Bd. 1, S. 243–245.
4 Otto (Kap. 1, Anm. 2), S. 157.
5 Assmann (Kap. 3, Anm. 3), Nr. 92, S. 216.
6 Helck (Kap. 5, Anm. 19), S. 358.
7 Assmann (Kap. 3, Anm. 3), Nr. 92, S. 215–221.
8 Hornung (Kap. 1, Anm. 5) S. 97.
9 Helck (Kap. 5, Anm. 19), S. 365–366.

10 Vgl. hierzu die aufwendige Publikation von A. M. Calverly/M. F. Broome, The Temple of King Sethos I. at Abydos, 4 Bände, London/Chicago 1933–1958.
11 Edgerton (Kap. 5, Anm. 22), S. 221–222.
12 Vgl. D. Arnold, El-Lischt. Nachuntersuchungen an einem alten Grabungsort, Antike Welt 22,3, 1991, S. 154–160.
13 J. B. Pritchard, Ancient near eastern texts relating to the old testament (= ANET), Princeton [2]1955, S. 470.
14 Galling (Kap. 4, Anm. 8), Nr. 16, S. 40.
15 BAR (Kap. 2, Anm. 19), Bd. 4, § 267.
16 BAR, ebd., Bd. 4, § 410.
17 BAR, ebd., Bd. 3, §§ 298–351.
18 Die ersten drei sind die Namen von südwestlich des Hettiter-Reiches gelegenen Ländern, ebenso der letzte, Luka = Lykia. Die Keschkesch sind die Gaschgasch der Keilschrifttafeln im Nordosten. Arwen läßt sich nicht identifizieren. Kizzuwadna entspricht etwa Kilikien.
19 Lichtheim (Kap. 2, Anm. 20), Bd. 2, S. 64–65.
20 J. Assmann, Krieg und Frieden im alten Ägypten. Ramses II. und die Schlacht bei Kadesch, Mannheimer Forum 1983/84, Mannheim 1984, S. 175–179; übernommen von A. Schott, Schrift und Schreiber im Alten Ägypten, München 1989, S. 237–244.
21 Den Text bietet TUAT (Kap. 4, Anm. 27), Bd. 1 Lieferung 2, S. 135–153.
22 K. S. Kolta/D. Schwarzmann-Schafhauser, Die Heilkunde im alten Ägypten, Stuttgart 2000.
23 Schott (Kap. 7, Anm. 13), S. 96–99, hier 98.
24 Schott, ebd., S. 96.
25 J. v. Beckerath, Tanis und Theben. Historische Grundlagen der Ramessidenzeit in Ägypten, Glückstadt 1951.
26 Breasted (Kap. 2, Anm. 10), S. 259.
27 G. A. Lehmann, Zum Auftreten von ›Seevölker‹-Gruppen im östlichen Mittelmeerraum – eine Zwischenbilanz, in: Griechenland, die Ägäis und die Levante während der ›Dark ages‹ vom 12. bis zum 9. Jh. v. Chr., Wien 1983, S. 79–97.
28 Es ist dies jene Herrschaft, die immer noch zu den Kontroversen innerhalb der Chronologie der neunzehnten Dynastie beiträgt.
29 Für die Zeit nach ihm stimmen die Herrscherdaten der allermeisten heutigen ägyptologischen Darstellungen untereinander überein.
30 R. Stadelmann, Die Abwehr der Seevölker unter Ramses III., Freiburg/München 1966.
31 BAR (Kap. 2, Anm. 19), Bd. 4, § 410.

32 W. Spiegelberg, Arbeiter und Arbeiterbewegung im Pharaonenreich unter den Ramessiden (ca. 1400–1100 v. Chr.). Eine kulturgeschichtliche Skizze, Straßburg 1895.
33 M. Römer, Gottes- und Priesterherrschaft in Ägypten am Ende des Neuen Reiches. Ein religionsgeschichtliches Phänomen und seine sozialen Grundlagen, Wiesbaden 1994.
34 Übersetzung bei Galling (Kap. 4, Anm. 8), Nr. 17, S. 41–48.

NEUNTES KAPITEL

1 Genesis 12,10.
2 Genesis 42,2.
3 Einen Text, in dem die Mühen zahlreicher Berufe aufgezählt werden, um denjenigen des Schreibers davon abzusetzen, bietet von Bissing (Kap. 2, Anm. 23), S. 57–60.
4 Lichtheim (Kap. 2, Anm. 20), Bd. 2, S. 169–171.
5 Eine ausführliche Darstellung der Grabmalereien sowie die Zusammenstellung der wörtlich zitierten Texte findet sich bei James (Kap. 5, Anm. 21), S. 110–138.
6 Vgl. die Abbildung bei M. Gutgesell, Arbeiter und Pharaonen. Wirtschafts- und Sozialgeschichte im alten Ägypten, Hildesheim 1989, S. 203.
7 W. Helck/E. Otto, Lexikon der Ägyptologie 1975, Bd. 1, S. 382.
8 James (Kap. 5, Anm. 21), S. 134.
9 Hornung (Kap. 3, Anm. 21), Spruch Nr. 110, S. 210.
10 Hornung, ebd., Spruch Nr. 125, S. 235.
11 A. Endruweit, Städtischer Wohnbau in Ägypten, Berlin 1994.
12 Der Fall wird ausführlich behandelt von James (Kap. 5, Anm. 21), S. 98–102.
13 L. Borchardt/H. Ricke, Die Wohnhäuser in Tell el-Amarna, Berlin 1980.
14 Vgl. S. R. K. Glanville, Catalogue of demotic papyri in the British Museum, Bd. 1, London 1939, S. 19–22.
15 T. E. Peet, Great tomb-robberies of the 20th Egyptian dynasty, Oxford 1930 (ND Hildesheim 1977), S. 93–98.
16 R. Drenkhahn, Die Handwerker und ihre Tätigkeiten im alten Ägypten, Wiesbaden 1976.
17 J. Romer, Sie schufen die Königsgräber. Die Geschichte einer altägyptischen Arbeitersiedlung, Ismaning 1986. – Gutgesell (Kap. 9, Anm. 6).

18 J. Černý, A community of workmen at Thebes in the Ramesside period, Kairo 1973, S. 282–283.
19 Über die einzelnen Arbeitsvorgänge bei der Anlage eines Königsgrabes informiert Hornung (Kap. 6, Anm. 9), S. 69–74.
20 S. Allam, Hieratische Ostraka und Papyri aus der Ramessidenzeit, Tübingen 1973, Nr. 91, S. 114.
21 Allam, ebd., Nr. 71, S. 76.
22 W. F. Edgerton, The strikes in Ramses III's twenty-ninth year, in: Journal of Near Eastern Studies 10, 1951, S. 137–145.
23 B. Kamp, Ancient Egypt. Anatomy of a civilisation, London/New York 1989, S. 191–197.
24 Erman (Kap. 2, Anm. 18), S. 149.
25 Zur Geschichte und Übersetzung des Textes: J. Capart/H. H. Gardiner/ B. Vandewalle, New light on the Ramesside tomb-robberies, in: Journal of Egyptian Archaeology 22, 1936, S. 169–193, besonders S. 170–173.
26 S. Wenig, Die Frau im Alten Äypten, Leipzig 1969. – E. Feucht, Frauen, in: S. Donadoni (Hrsg.), Der Mensch des Alten Ägypten, Frankfurt u. a. 1992, S. 361–394.
27 D. Wildung, Die Stellung der Frau in der altägyptischen Gesellschaft, in: Die Braut. Geliebt, verkauft, getauscht, geraubt. Zur Rolle der Frau im Kulturvergleich, Bd. 1, Köln 1985, S. 218–222.
28 H. A. Schlögl, Gärten der Liebe. Lyrik aus der Zeit der Pharaonen, Düsseldorf/Zürich 2000, S. 36.
29 S. Grunert, Zum Eherecht im ptolemäischen Ägypten, in: Das Altertum 21, 1975, S. 87–91. – S. Allam, Eheschließung und Scheidung in Altägypten, in: Das Altertum 29, 1983, S. 117–123.
30 Wolf (Kap. 2, Anm. 14), S. 429–430.
31 Diodor 1, 27, 2.
32 Zu diesem und dem folgenden Spruch vgl. Brunner (Kap. 2, Anm. 12), S. 287.

ZEHNTES KAPITEL

1 Hornung (Kap. 1, Anm. 5), S. 115.
2 G. Daressy, Cercueils des cachettes royales, Kairo 1909. – Es fanden sich unter anderem Sarg und Mumie Ahmoses I. (1551/40[?]–1515), Amenophis' I. (1515–1494), Thutmosis' II. (1482–1479), Thutmosis' III. (1479–1425), Sethos' I. (1293–1279), Ramses' II. (1279–1213) sowie von Herrschern der zwanzigsten und einundzwanzigsten Dynastie.

3 Herodot 2,169.
4 Clauss (Kap. 6, Anm. 20), und ders., Das Alte Israel. Geschichte, Gesellschaft, Kultur, München 1999.
5 R.A. Caminos, The Chronicle of Prince Osorkon, Rom 1958.
6 R.G. Morkot, The black pharaos. Egypt's Nubian rulers, London 2000.
7 TUAT (Kap. 4, Anm. 27), Bd. 1, Lieferung 6, S. 557–585.
8 Jesaja 19,1–15.
9 Jesaja 18,2.
10 2 Könige 18, 21.
11 J. Leclant/J. Yoyotte, Nouveaux documents relatifs à l'an VI de Taharqa, Kêmi 10, 1949, S. 28–42.
12 Herodot 2,147.
13 Über die Adoptionsurkunde berichtet uns eine Stele der Nitokris. Vgl. TUAT (Kap. 4, Anm. 27), Bd. 1, Lieferung 6, S. 594–602.
14 Herodot 2,30.
15 F.K. Kienitz, Die politische Geschichte Ägyptens vom 7. bis zum 4. Jahrhundert vor der Zeitenwende, Berlin 1953, S. 41–42.
16 2 Könige 24, 7.
17 A. Bernand/O. Masson, Les inscriptions grecques d'Abou-Simbel, in: Revue des Études Grecques 70, 1957, S. 1–46.
18 Herodot 2, 178.
19 Herodot 3, 41–43.
20 Otto (Kap. 1, Anm. 2), S. 240.
21 Manetho, frg. 70.
22 Diodor 1, 95.
23 TUAT (Kap. 4, Anm. 27), Bd. 1 Lieferung 6, S. 603–608.
24 W. Burkert, Die orientalisierende Epoche in der griechischen Religion und Literatur, Heidelberg 1984.
25 Eine ausgezeichnete Zusammenfassung der hier übergangenen Ptolemäerzeit bieten G. Hölbl, Geschichte des Ptolemäerreiches. Politik, Ideologie und religiöse Kultur von Alexander dem Großen bis zur römischen Eroberung, Darmstadt 1994, sowie W. Huß, Ägypten in hellenistischer Zeit, München 2001.
26 M. Clauss, Kleopatra, München [2]2000.
27 R. Mond/O.H. Myers, The Bucheum, London 1934, Bd. 2 Nr. 13.
28 Cassius Dio 42, 34, 3–4.
29 G. Lefebvre, Le dernier décret des Lagides, Mélanges Holleaux, Paris 1913, S. 103–108.

Zur Chronologie

Bei unseren Darstellungen der ägyptischen Geschichte beziehen wir wie selbstverständlich den Gang der Ereignisse auf unsere eigene Zeitrechnung; so etwa bei der Dynastienübersicht (S. 484). Solche exakten Datierungen in einem Zeitraum, in dem wir beispielsweise in Griechenland oder in Italien in ganz anderen, weniger präzisen Kategorien denken, legen die Frage nahe, wie wir an solche Daten kommen und wie verläßlich sie sind. Die Zeitrechnung der Ägypter ist nicht nur für die Behandlung ihrer eigenen Geschichte wichtig, sondern auch für viele andere Bereiche der Antike; denn in anderen Gebieten – beispielsweise bei der Datierung der kretischen Geschichte – sind ägyptische Importartikel häufig genug Terminus post quem.

Die Hauptschwierigkeit besteht darin, daß die Ägypter nie eine Ära gekannt haben wie etwa die Römer. Letztere datierten zumeist nach der Gründung der Stadt Rom – ab urbe condita –, nach dem Jahr 753 also, das man noch gelegentlich in Versform in der Schule lernt. Wir selbst richten uns ebenfalls nach einer Ära, bei der wir den fiktiven Zeitpunkt als Anfang nehmen, den wir die Geburt Christi nennen.

Die Ägypter haben sich zu Beginn ihrer Geschichte schlicht auf bedeutende Ereignisse bezogen; zum Beispiel fand etwas im »Jahr des Schlagens der Nordvölker« statt.[1] Seit Mitte der zweiten Dynastie waren regelmäßige amtliche Zählungen des gesamten ägyptischen Rinderbestandes ein solch hervorstechendes Ereignis (siehe Abb. 21, S. 138), und da sie sich alle zwei Jahre wiederholten, mußte man angeben, um die wievielte es sich jeweils handelte. Das achte Regierungsjahr des Königs Ninetjer (2726–2680) wird etwa mit »viertes Mal der Zählung« bezeichnet, und die Angabe »Jahr des vierzehnten Mals der Zählung aller Ochsen und allen Kleinviehs« aus der Zeit des Neferirkare (2446–2427) bezieht sich auf dessen 28. Jahr.

Wenn wir also hören, daß ein Ereignis im Jahr des zehnten Mals der Zählung stattgefunden hat, dann dürfte der betreffende König eine Regierungszeit von mindestens neunzehn Jahren erreicht haben; damit wissen wir freilich immer noch nicht, wie lange er tatsächlich geherrscht hat. Eine weitere Unsicherheit liegt darin, daß die Zählungen zu manchen Zeiten alljährlich stattgefunden haben. Unter Snofru (2575–2551) sind beispielsweise 16 oder 17 Zählungen überliefert, obwohl er, wie wir aus anderen Quellen wissen, nur 24 Jahre regiert hat. Und auch daß man während der elften Dynastie dazu überging, die Regierungsjahre jedes Königs zu zählen, hilft nur, soweit datierte Denkmäler vorliegen, wobei wir aber nie wissen können, ob es nicht noch andere gibt, die ein späteres Jahr belegen. Wir sind auf vollständige Königslisten angewiesen, die die jeweilige Dauer jeder Regierung vermerken (S. 479).

Wie sah das Jahr der Ägypter aus? Bei vielen Naturvölkern läßt sich beobachten, daß sie den Anfang eines Jahres an mehr oder weniger regelmäßig sich wiederholenden Naturerscheinungen festmachen: etwa an dem Beginn der Regenzeit, dem ersten Schneefall oder dergleichen. Für die ägyptischen Bauern lag es nahe, sich an das Einsetzen der Nilschwelle zu halten, die den Ablauf des Jahres bestimmte. Zählte man von einem Nilschwellenbeginn die Tage bis zum nächsten, so erhielt man zwar nicht für jedes Jahr die gleiche

Zahl, doch schon etwa nach einem Jahrzehnt konnte man einen Durchschnittswert von 365 Tagen ermitteln. Damit kamen die Ägypter auch ohne astronomische Berechnungen auf sehr einfache Weise und sehr früh zu ihrem Nil-Jahr.

Sie gliederten es in die drei Perioden, nach denen ihr Leben strukturiert war: Überschwemmung, Winter (die Zeit, in der das Wasser zurückging und die Felder auftauchten) und Sommer (die wasserlose Zeit). Die Rücksichtnahme auf Mond-Monate führte dann dazu, daß man diese drei Jahreszeiten in jeweils vier Monate zu dreißig Tagen teilte (3 x 4 x 30 = 360). Um auf die durch das Niljahr beobachteten 365 Tage zu kommen, wurden am Jahresende fünf Schalttage (»die Fünf auf dem Jahre befindlichen«) hinzugefügt; es waren Tage des Innehaltens, ehe der Kreislauf des Jahres wieder begann.

Die Sache wird allerdings noch ein wenig komplizierter: Denn auch die Thronbesteigung war für den Kalender von Bedeutung, ein Problem, das so ähnlich für die Chronologie der hebräischen Könige besteht. Während der längsten Zeit der ägyptischen Geschichte begann jedes Regierungsjahr am Neujahrstag, das heißt am ersten Tag des ersten Monats der Überschwemmungszeit. Da jedoch der Vorgänger auf dem Thron selten pünktlich zu diesem Datum starb, sondern meist einige Monate und Tage über den Beginn seines letzten Regierungsjahres hinaus lebte, bestand das erste Jahr des Nachfolgers nur aus dem von dem letzten des Vorgängers noch herrührenden Rest.

Nimmt man beispielsweise an, ein Pharao sei am 25. Tag des vierten Monats der Sommerzeit seines 32. Regierungsjahres gestorben – der Sommer war, wie eben erwähnt, die dritte und damit letzte Jahreszeit –, so umfaßte das erste Regierungsjahr seines Sohnes faktisch nur die fünf Tage bis zum Monatsende und die fünf Schalttage, insgesamt also zehn Tage. Man kann diesen Sachverhalt auch so kennzeichnen, daß jeder König bei seiner Datierung die bereits verstrichene Zeit des letzten Regierungsjahres seines Vorgängers für sich verwendete, so daß wir in der Chronologie des eben genannten Beispiels 31 Regierungsjahre ansetzen müssen. Irgendwann während der achtzehnten bis zwanzigsten Dynastie trat eine Änderung ein: Jeder König zählte nun seine Regierungsjahre vom Kalendertag seiner Thronbesteigung an.

Doch kehren wir zu dem Jahr von 365 Tagen zurück. Wann es offiziell eingeführt worden ist, wissen wir nicht; wir können nur vermuten, daß es um die Zeit des Königs Djoser (2624–2605) geschah. Nicht viel später dürften die Ägypter ihren Neujahrstag mit einem astronomischen Datum verbunden haben. Denn folgendes mußte auffallen, zumal sich Bauern in aller Welt nach dem Himmel orientieren: Der hellste aller Fixsterne, der Sirius oder die Sothis, wie die Ägypter sagten – der »Hundsstern«, doppelt so groß wie die Sonne, die damals, wie in der gesamten Antike, als Planet galt –, geht wie alle Fixsterne von Tag zu Tag etwa vier Minuten eher auf und unter. Infolgedessen bleibt er einen bestimmten Teil des Jahres unsichtbar, weil Auf- und Untergang in die Tageszeit fallen. Wenn das Gestirn in der Morgendämmerung, kurz vor Sonnenaufgang, zum ersten Male wieder auftaucht, dann ist das für einen Menschen, der gewohnt ist, den Blick zum Himmel zu richten, ein höchst auffälliges Phänomen, und da es sich um einen Fixstern handelt, genügte der Blick auf immer die gleiche Stelle.

Diese Erscheinung wiederholt sich nach genau einem Jahr. Da der Frühaufgang der Sothis in der geographischen Breite von Memphis am 19. Juli und damit zu einem Zeitpunkt erfolgte, um den herum auch die Nilschwelle einzusetzen pflegte, wurde die Sothis zur »Bringerin des Nil« und damit zur »Herrin des Neujahrs«. Die Ägypter hatten einen astronomischen Jahresanfang gefunden.

Dies ist der eine Teil der Chronologie – gleichsam der innerägyptische. Wenden wir uns nun den Hilfsmitteln zur Datierung der ägyptischen Könige zu und beginnen mit den Königslisten, an deren

Spitze der immer wieder zitierte Manetho gestellt werden muß. Manetho, ein ägyptischer Priester aus dem Delta, hat unter Ptolemaios II. (285–246) eine ägyptische Geschichte in drei Bänden geschrieben, die in der Hauptsache auf mündlicher Überlieferung beruhte. Ihr besonderer Wert bestand darin, daß er Zugang zu einer Königsliste gehabt haben muß, in der sämtliche Herrscher mit der Anzahl ihrer Regierungsjahre aufgeführt waren. Die Griechen hatten an Manethos Werk nur geringes Interesse; anders die Juden von Alexandria, die bei ihm eine Bestätigung für die Geschichte ihres eigenen Volkes suchten. So gelangten im ersten nachchristlichen Jahrhundert Passagen des Textes in die Streitschrift ›Gegen Apion‹ des jüdischen Geschichtsschreibers Flavius Josephus. Obwohl ihm nur spätere Abschriften zu Verfügung standen, bietet er doch die beste Überlieferung, die wir haben – leider nur in bezug auf die fünfzehnte bis achtzehnte und einen Teil der neunzehnten Dynastie, die für sein Werk von Bedeutung waren.

Daneben hat man, wohl schon um 200, aus dem Werk Manethos eine Herrscherliste – die sogenannte Epitome (»Auszug«) – exzerpiert, welche die Namen der Könige, die Dynastien und die Jahreszahlen enthielt. Auf sie geht alles zurück, was wir außer Josephus an Manetho-Abschriften besitzen. Für diese wiederum interessierten sich jene christlichen Schriftsteller, denen es um einen Abgleich der Chronologie der orientalischen Völker mit der Bibel zu tun war und die darum ihrerseits Auszüge aus dem Auszug herstellten. Daß bei diesen immer neuen Exzerpten zahlreiche Fehler entstanden, versteht sich von selbst, zumal in Abschriften die häufig nur aus einzelnen Buchstaben oder Kürzeln bestehenden Zahlen die meisten Probleme bereiten.

Am wenigsten entstellt ist das Exzerpt des Julius Africanus aus dem dritten nachchristlichen Jahrhundert, das uns durch Synkelos Georgios – einen um 800 n. Chr. in Konstantinopel tätigen Chronisten – bekannt ist. Einen weiteren, noch fehlerhafteren Auszug hat uns die Chronik des Bischofs Eusebius von Caesarea aus dem vierten Jahrhundert bewahrt, die wir durch eine armenische Übersetzung aus dem fünften Jahrhundert und durch Synkelos kennen.

Neben Synkelos kommt dem Turiner Königspapyrus besondere Bedeutung zu. Es handelt sich dabei um das einzige überlieferte Exemplar einer offiziellen Herrscherliste, wie sie Manetho vorlag. Der Papyrus ist in der neunzehnten Dynastie geschrieben worden, endet mit Ramses II. (1279–1213) und enthält – nach Gruppen geordnet, die teilweise mit Manethos Dynastien übereinstimmen – die Königsnamen von Menes an (S. 37). Außerdem bietet er die Regierungsdauer jedes Herrschers und summiert die Jahre der Dynastien – er würde also genau das bieten, was wir brauchen, wenn er nur nicht in so hoffnungslos zerstörtem Zustand auf uns gekommen wäre. Königstafeln, die als Opferlisten zu verstehen sind, das heißt Listen früherer Könige, denen der regierende Pharao oder ein Privatmann ein Opfer darbringt, sind meist unvollständig, willkürlich und regionalen Traditionen unterworfen; die wenigen erhaltenen sind daher nur von bedingtem Wert.

Zuweilen ist in den modernen Darstellungen von Annalen die Rede. Davon besitzen wir ein Bruchstück in Gestalt des sogenannten Palermo-Steins, der sich seit 1877 in Palermo befindet, ohne daß man weiß, woher er stammt. Es handelt sich um einen zweiseitig beschriebenen Block von 44 Zentimeter Höhe und 25 Zentimeter Breite. In der oberen Reihe der Vorderseite stehen die Namen vorgeschichtlicher Herrscher. Sie tragen jeweils die ober- oder unterägyptische Krone oder auch die Doppelkrone eines schon vor Menes einmal geeint gewesenen Reiches. Von ihnen kannte man offenbar nur die mündlich überlieferten Namen. Erst mit den Königen der ersten Dynastie beginnen genauere Einträge in senkrechten Feldern, die durch das Schriftzeichen für »Jahr« abgeteilt sind. Der letzte erhaltene Name ist der des Snofru (2575–2551) zu Beginn der vierten Dynastie. Die Rückseite reicht von Schepseskaf (2471 bis

2467) bis Neferirkare (2446–2427), zu dessen Zeit der Stein beschriftet worden ist. Gerade die Zeit der Pyramidenerbauer fehlt.

Dies sind die dem Historiker geläufigen Quellen und Hilfsmittel. Um die historischen Daten der ägyptischen Könige endgültig abzusichern, braucht man die Unterstützung der Astronomie. Entscheidend ist, daß kosmische Ereignisse sich zyklisch zu wiederholen pflegen und daß das astronomische Sternenjahr nicht genau 365 Tage umfaßt, sondern 365¼ Tage. Hierzu schreibt der römische Grammatiker Censorinus in seiner Schrift ›Der Geburtstag‹, die er im Jahre 238 n. Chr. einem Bekannten als Geburtstagsgeschenk widmete: »Denn das bürgerliche Kalenderjahr der Ägypter zählt komplett 365 Tage ohne jede Schaltung. So kommt es, daß bei ihnen ein Zeitraum von vier Jahren etwa um einen Tag kürzer ist als das natürliche Jahrviert, und daraus folgt, daß beide Systeme erst nach 1461 Jahren wieder zum gleichen Jahresanfang zurückfinden.«[2] Gemeint sind 1461 bürgerliche, diesen entsprechen 1460 astronomische Jahre. Also: Fallen bürgerliches Jahr und astronomisches Jahr zusammen, dann geschieht das zum nächsten Mal erst wieder nach 1460 Jahren, der sogenannten Sothis-Periode. Das Zusammentreffen nennen die Griechen Apokatastasis (»Wiederherstellung«, »Wiederkehr«).

Wir müssen eine antike Quelle finden, die uns berichtet, wann in einem bestimmten Jahr ein Frühaufgang der Sothis stattgefunden hat. Dies ist bei dem soeben zitierten Censorinus der Fall. Es geht dem Autor um Jahresanfänge. »Die Jahresanfänge dieser Zählungen (gemeint sind mehrere vorher genannte Ären) liegen stets beim ersten Tage des Monats, der bei den Ägyptern den Namen Thouth führt, und er fällt in diesem Jahr (an dem er sein Geburtstagsgeschenk überreicht) auf den 25. Juni, während vor nunmehr 100 Jahren, unter dem zweiten Konsulat des Kaisers Antoninus Pius und dem des Bruttius Praesens (139 n. Chr.), ebendieser auf den 20. Juli fiel, den normalen Aufgangstag des Hundssterns in Ägypten.«[3]

So merkwürdig es klingt: Aus dieser Quelle datiert die Welt. Im Jahre 139 n. Chr. ereignete sich der Frühaufgang der Sothis genau am ägyptischen Neujahrstag. Damals sind in Alexandria Münzen geprägt worden, die einen Phönix (Sothis) mit der Beischrift »Aion« (Neujahr) zeigen. Man braucht nun von dieser Apokatastasis nur jeweils 1460 Jahre zurückzurechnen, um weitere Apokatastasen zu erhalten.

Da der durch den Frühaufgang des Sirius festgelegte astronomische Neujahrstag durch alle Jahreszeiten wanderte, setzten die Ägypter in ihren Texten gelegentlich den Frühaufgang der Sothis zu ihrem bürgerlichen Jahr in Beziehung und gaben an, auf welchen Tag des bürgerlichen Kalenders in einem bestimmten Jahr der Frühaufgang fiel. Aus der Verschiebung des bürgerlichen Neujahrs gegenüber dem astronomischen – ein Tag in vier Jahren – vermögen wir dann mit einem Spielraum von eben vier Jahren zu errechnen, wieviel Jahre zum Zeitpunkt des vorliegenden Sothis-Datums seit der letzten Apokatastasis verflossen waren.

Ich möchte hier nur ein für die ägyptische Chronologie wichtiges Sothis-Datum nennen. In einem Papyrus aus dem Tempel von El-Lahun im Fayûm findet sich die Mitteilung, daß der Frühaufgang der Sothis im siebten Jahr Sesostris' III. (1878–1841) am 16. Tag des achten Monats erfolgte. Wenn wir von diesem Datum bis zur nächsten Apokatastasis zurückrechnen und die Angaben des Turiner Papyrus für die zwölfte Dynastie einsetzen – überdies steht uns eine große Zahl datierter Urkunden aus dieser Zeit zur Verfügung –, dann können wir das Jahr ermitteln, in dem der Dynastiegründer Amenemhat I. (1991–1962) die Regierung übernahm. Jenes Sothis-Datum von El-Lahun ist bisher das älteste, das wir kennen. Das bedeutet aber, daß alle Daten, die sich auf die Zeit vor der zwölften Dynastie beziehen, nicht den gleichen Genauigkeitsgrad besitzen wie die späteren.[4]

1 Zu weiteren Einzelheiten vgl. Wolf (Kap. 2, Anm. 11), S. 217–231.
2 Censorinus, Der Geburtstag 18, 10.
3 Censorinus, Der Geburtstag 21, 10.
4 Eine wichtige Veränderung gegenüber manchen älteren Darstellungen betrifft die Regierungszeit Ramses' II. (1279–1213). Es gibt überzeugende Argumente dafür, daß sein Nachfolger Merenptah (1213–1203) nur zehn Jahre regierte und daß Amenmesse Mitregent war, für ihn also keine eigene Regierungszeit anzusetzen ist. – Für die schnelle zuverlässige Information: O. Keel/M. Küchler/C. Uehlinger, Orte und Landschaften der Bibel. Ein Handbuch und Studienreiseführer zum Heiligen Land. Band 1: Geographisch-geschichtliche Landeskunde, Zürich/Göttingen 1984; ein Handbuch und Studienreiseführer von einer Qualität, wie sie kein vergleichbares Werk aufweisen kann. Ferner: High, Middle or Low? Acts of an international colloquium on absolute chronology, Gothenburg 1987.

Dynastienliste

Es handelt sich hierbei nicht um eine vollständige Königsliste, sondern um ein Verzeichnis der wichtigeren Herrscher.

Vordynastisch um 3000

›Skorpion‹
Ka
Narmer

1. Dynastie um 2950–2770

Aha 2900–2870
Djer 2870/50
Uadji um 2840
Dewen 2836–2794
Semerchet
Qaa

2. Dynastie um 2770–2640

Hetepsechemui
Raneb
Ninetjer 2726–2680
Peribsen 2680–2666
Chasechemui 2655–2628

ALTES REICH

3. Dynastie um 2640–2575

Nebka 2640–2624
Djoser 2624–2605
Sechemchet 2590–2583
Huni 2583–2575

4. Dynastie um 2575–2465

Snofru 2575–2551
Cheops 2551–2528
Djedefre 2528–2520
Chephren 2520–2494
Mykerinos 2490–2471
Schepseskaf 2471–2467

5. Dynastie um 2465–2325

Userkaf 2465–2458
Sahure 2458–2446
Neferirkare 2446–2427
Niusere 2420–2396
Menkauhor 2396–2388
Djedkare/Asosi 2388–2355
Unas 2355–2325

6. Dynastie um 2325–2155

Teti 2325–2300
Userkare
Merire Phiops (Pepi) I. 2300–2268
Merenre I. 2268–2254
Neferikare Phiops (Pepi) II. 2254–2160
Merenre II. Antiemsaf
Nitokris

7./8. Dynastie um 2155–2134

zahlreiche unbedeutende Herrscher

9./10. Dynastie 2134–2040

Cheti III.
Merikare um 2050

MITTLERES REICH

11. Dynastie 2134–1991

Antef I. 2134–2118
Antef II. 2118–2069
Antef III. 2069–2061
Montuhotep I. 2061–2010
Montuhotep II. 2010–1998
Montuhotep III. 1998–1991

12. Dynastie 1991–1785
(Überschneidungen wegen Mitregentschaften)

Amenemhat I. 1991–1962
Sesostris I. 1971–1926
Amenemhat II. 1929–1892
Sesostris II. 1897–1878
Sesostris III. 1878–1841
Amenemhat III. 1844–1797
Amenemhat IV. 1798–1789
Sobeknofru 1789–1785

13. Dynastie um 1785–1650
(Liste in Auszügen)

(1) Ugaf 1785–1783
(12) Sobekhotep I. um 1765
(14) Hor
(16) Sobekhotep II. um 1750
(17) Chendjer
(21) Sobekhotep III. 1750/40
(22) Neferhotep I. 1741–1730
(24) Sobekhotep IV. 1730/20
(27) Aja um 1705

14. Dynastie um 1712–1650

Nehsi und weitere Kleinkönige im Delta

15./16. Dynastie (Hyksos) um 1650–1540

Salitis 1650/40
Scheschi
Yakobher
Chian 1620/10
Apopi 1595–1550
Chamudi 1550–1540

17. Dynastie um 1650–1551

Antef um 1640
Taa I. um 1580
Taa II. 1570/60
Kamose 1555–1551

NEUES REICH

18. Dynastie 1540–1295

Ahmose 1551/40(?)–1515
Amenophis I. 1515–1494
Thutmosis I. 1494–1482
Thutmosis II. 1482–1479
Hatschepsut 1479–1457
Thutmosis III. 1479–1425
Amenophis II. 1427–1401
Thutmosis IV. 1401–1391
Amenophis III. 1391–1353
Amenophis IV./Echnaton 1353–1336
Semenchkare 1336–1334
Tutanchamun 1334–1327
Aja 1326–1322
Haremhab 1322–1295

19. Dynastie 1295–1188

Ramses I. 1295–1293
Sethos I. 1293–1279
Ramses II. 1279–1213
Merenptah 1213–1203
Sethos II. 1203–1196
Amenmesse
Siptah 1196–1188
Tausret 1190–1188

20. Dynastie 1186–1070

Sethnacht 1186–1184
Ramses III. 1184–1153
Ramses IV. 1153–1146
Ramses V. 1146–1142
Ramses VI. 1142–1135
Ramses VII. 1135–1129
Ramses VIII. 1129–1127
Ramses IX. 1127–1109
Ramses X. 1109–1099
Ramses XI. 1099–1070

SPÄTZEIT

21. Dynastie 1070–945

Smendes 1070–1044
Psusennes I. 1040–990
Amenemope 993–984
Siamun 978–960
Psusennes II. 960–945

22. Dynastie (Bubastiden) 945–722

Scheschonk I. 945–924
Osorkon I. 924–887
Osorkon II. 862–833
Takeloth II. 839–814
Scheschonk III. 814–763
Pimui 763–758
Scheschonk V. 758–722

23. Dynastie 808–715

Petubastis 808–783
Osorkon III. 760/50
Takeloth III. um 740
Rudjamun um 730

24. Dynastie 725–712

Tefnacht 725–718
Bocchoris 717–711

25. Dynastie (Äthiopen) 712–664

Kaschta ?–740
Pianchi 740–713
Schabaka 712–698
Schebitku 698–690
Taharka 690–664
Assyrische Besetzung 671–664
Tanutamun 664–656

26. Dynastie (Saïten) 664–525

Necho I. 672–664
Psammetich I. 664–610
Necho II. 610–595
Psammetich II. 595–589
Apries 589–570
Amasis 570–526
Psammetich III. 526–525

27. Dynastie (Persische Herrschaft) 525–404

28. Dynastie 404–399

Amyrtaios

29. Dynastie 399–380

Nepherites I. 399–393
Psammuthis 393
Hakoris 393–380
Nepherites II. 380

30. Dynastie 380–343

Nektanebos I. 380–362
Teos 362–360
Nektanebos II. 360–343

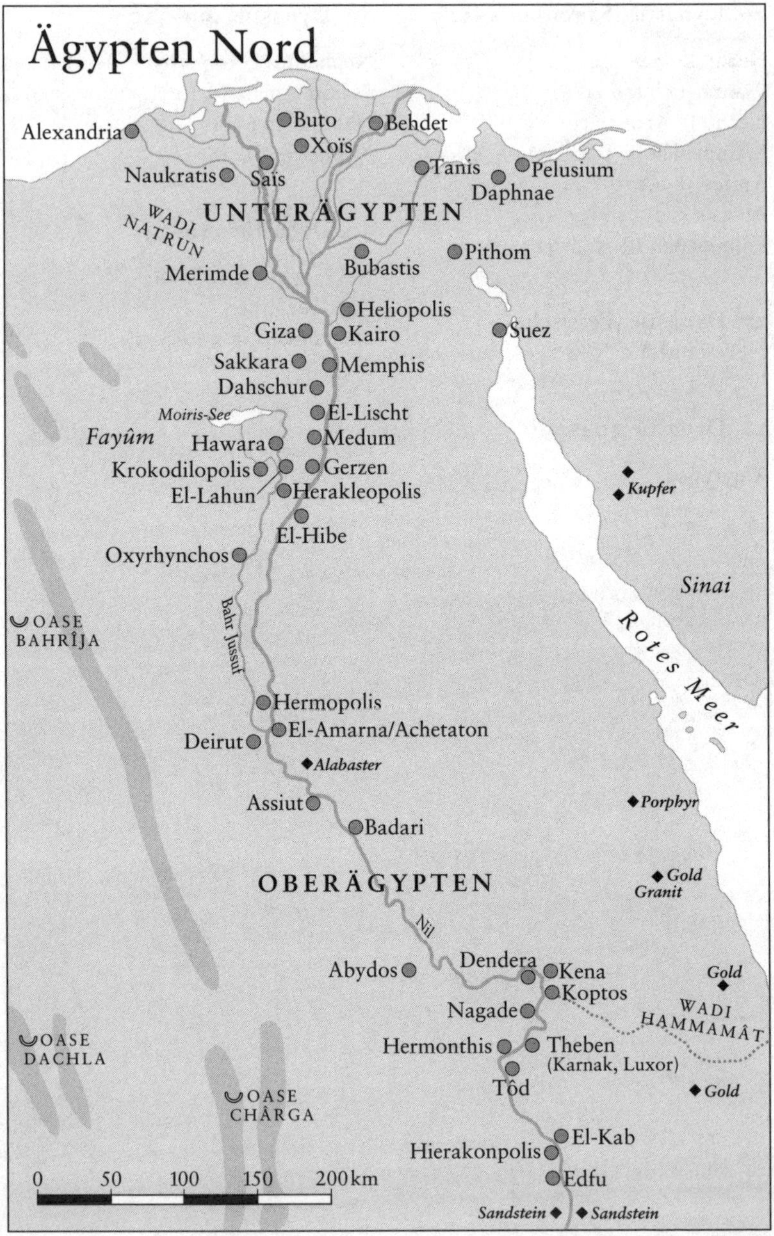
Ägypten Nord
Alexandria
Buto
Behdet
Xoïs
Naukratis
Saïs
Tanis
Pelusium
Daphnae
UNTERÄGYPTEN
WADI NATRUN
Merimde
Bubastis
Pithom
Heliopolis
Giza
Kairo
Suez
Sakkara
Memphis
Dahschur
Moiris-See
El-Lischt
Fayûm
Hawara
Medum
Krokodilopolis
Gerzen
El-Lahun
Herakleopolis
El-Hibe
Oxyrhynchos
Kupfer
Sinai
OASE BAHRÎJA
Bahr Jussuf
Rotes Meer
Hermopolis
El-Amarna/Achetaton
Deirut
Alabaster
Assiut
Porphyr
Badari
OBERÄGYPTEN
Gold
Granit
Nil
Abydos
Dendera
Kena
Gold
Koptos
Nagade
WADI HAMMAMÂT
OASE DACHLA
Hermonthis
Theben
(Karnak, Luxor)
Tôd
Gold
OASE CHÂRGA
El-Kab
Hierakonpolis
0 50 100 150 200 km
Edfu
Sandstein
Sandstein

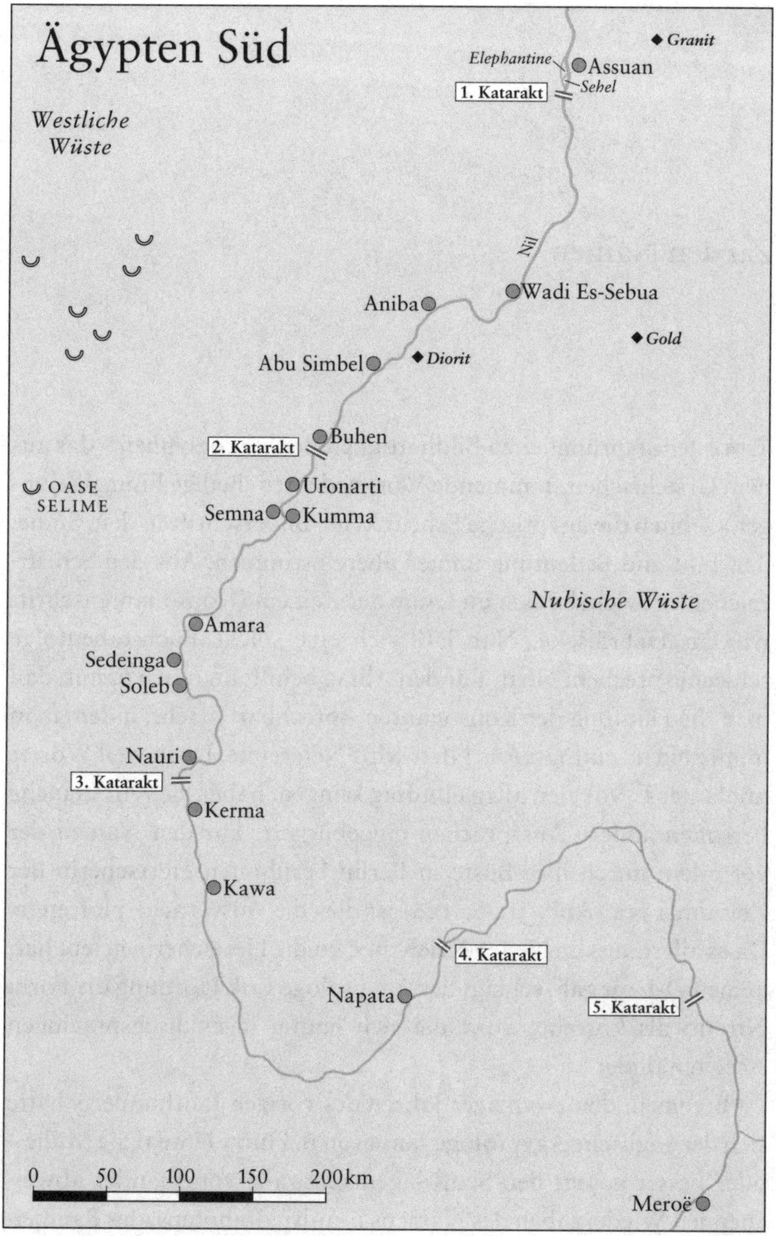

Ägypten Süd
Granit
Elephantine
Assuan
1. Katarakt
Sehel
Westliche Wüste
Nil
Wadi Es-Sebua
Aniba
Gold
Diorit
Abu Simbel
Buhen
2. Katarakt
Uronarti
OASE SELIME
Semna
Kumma
Nubische Wüste
Amara
Sedeinga
Soleb
Nauri
3. Katarakt
Kerma
Kawa
4. Katarakt
Napata
5. Katarakt
0 50 100 150 200 km
Meroë

Zu den Namen

Trotz der ursprünglichen Bildhaftigkeit der Hieroglyphen – das aus dem Griechischen stammende Wort bedeutet »heilige Einmeißelungen« – blieb die ägyptische Schrift keine Bilderschrift in dem Sinne, daß Bild und Bedeutung immer übereinstimmen. Aus den Schriftzeichen entwickelte sich im Laufe der Zeit eine Konsonantenschrift wie das Hebräische. Nun läßt sich eine solche Buchstabenfolge schlecht sprechen: Nfrtt. Für den Alltag behilft man sich damit, daß man die Häufung der Konsonanten ›sprechbar‹ macht, indem man immer ein ›e‹ einfügt: Aus Nfrtt wird Neferetete. Doch weil Wörter mit lauter E-Vokalen allzu eintönig klingen, haben sich für manche Personen andere Aussprachen eingebürgert. Für den Namen der vor allem durch ihre Büste in Berlin berühmten Herrscherin der Zeit um 1350 (Abb. 50, S. 326) ist dies die Aussprache Nofretete. Da es allerdings im Neuen Reich, in dem die Herrscherin gelebt hat, keinen O-Laut gab, schlägt der Ägyptologe Erik Hornung die Form Nfretiti als korrekte vor,[1] die sich häufig in englischsprachigen Arbeiten findet.

Bereits in den zwanziger Jahren des vorigen Jahrhunderts hatte sich der englische Ägyptologe Jamieson B. Hurry einmal die Mühe – oder besser gesagt den Spaß – gemacht, alle voneinander abweichenden Wiedergaben des Namens ij-m-ḥtp, Imhoteps, des Baumeisters des Königs Djoser (2624–2605), zu zählen, die sich im modernen Schrifttum finden: Er kam auf 34 verschiedene Variationen.[2] Und um die Verwirrung komplett zu machen: Einige Namen ägyptischer Könige sind von griechischen Schriftstellern in anderer Form überliefert. Amenhotep beispielsweise heißt dort Amenophis, und so schreibe auch ich es. Ich möchte in dieser Hinsicht den Ägyptologen, Assyrologen, den Erforschern der Geschichte der Hebräer, aber ebenso denjenigen, die sich mit der ältesten griechischen Geschichte befassen, zu einer generell konservativen Haltung raten. Lassen wir es aus Gründen der besseren Lesbarkeit bei Nofretete, Nebukadnezar, Salomo oder Hektor!

1 Hornung (Kap. 1, Anm. 5), Darmstadt [4]1992, S. 98.
2 J.B. Hurry, Imhotep. The Egyptian god of medicine, Oxford 1926 (ND 1987), S. 190–191.

Namenregister

Sachregister

Bildnachweis

1. ›Vater Nil‹ und seine 16 Kinder. Marmor (Höhe 165 cm, Breite 310 cm, Tiefe 147 cm); Rom. Vatikanmuseum, Museo del Braccio Nuovo, Inv. nr. 109. © Fratelli Alinari, Florenz
2. Königsliste aus dem Tempel Sethos' I.; Abydos. © Archiv für Kunst und Geschichte, Berlin
3. Kopf. Terrakotta (Höhe 10,3 cm, Breite 6,7 cm); Merimde. Ägyptisches Museum Kairo, JE 97 472. © Jürgen Liepe, Berlin
4. ›Tänzerin‹. Elfenbein (Höhe 20 cm). Privatsammlung Frankreich. © Archiv für Kunst und Geschichte, Berlin
5. Stele des Königs ›Schlange‹. Kalkstein (Höhe des abgebildeten Teils 145 cm, Breite 65 cm); Abydos. Louvre, E 11 007. © Archiv für Kunst und Geschichte, Berlin
6. Grabbezirk Djosers; Sakkara. E. Brunner-Traut/V. Hell, Aegypten. Studienreiseführer mit Landeskunde, Stuttgart [2]1966, S. 458
7. Statue Djosers. Bemalter Kalkstein (Höhe 142 cm); Sakkara. Ägyptisches Museum Kairo, JE 49 158. © Jürgen Liepe, Berlin
8. Der große Sphinx von Giza. Anstehender Kalkstein (Höhe 20 m, Länge 73 m). © Archiv für Kunst und Geschichte, Berlin
9. Pyramidentexte aus der Grabkammer des Unas; Sakkara. © Manfred Clauss, Frankfurt am Main
10. Statue Phiops' I. Kupfer (Höhe 177 cm); Hierakonpolis. Ägyptisches Museum Kairo, JE 33 034. © Jürgen Liepe, Berlin
11. Der Gott Atum erzeugt den ersten Samen. Papyrus British Museum, 10018
12. Das Stützen der Himmelskuh. Nachzeichnung aus dem Grab Sethos' I. (Höhe 120 cm, Breite 140 cm); Tal der Könige. A. Piankoff, The shrines of Tut-Ankh-Amon, New York 1955, S. 142, fig. 46
13. Ex voto des Osiris. Ton (Höhe 24 cm, Breite 13 cm, Tiefe 7 cm); Theben. Dagon Agricultural Collection, Haifa. © Archiv für Kunst und Geschichte, Berlin
14. Isis und Horus. Vergoldete Bronze (Höhe 22 cm); Sakkara. Ägyptisches Museum Kairo, JE 91 327. © Archiv für Kunst und Geschichte, Berlin
15. Sethos I. bringt die Maat dar. Nachzeichnung aus seinem Tempel

(Höhe 120 cm); Abydos. A. M. Calverley, The temple of king Sethos I. at Abydos IV, London 1958, pl. 10

16. Tempel Ramses' III.; Medinet Habu. W. S. Smith, Art and architecture of ancient Egypt, London 1958, S. 218, fig. 71.
17. Chons-Tempel; Karnak. K. Michalowski, Ägypten, Freiburg 1969, S. 571
18. Anubis versorgt eine Mumie. Sarkophag des Chonsu (Höhe des abgebildeten Teils 30 cm, Breite 30 cm); Deir El-Medine. Ägyptisches Museum Kairo, JE 27308. © Archiv für Kunst und Geschichte, Berlin
19. Der Ka des Königs Hor. Holz (Höhe der Statue 170 cm, des Schreins 207 cm); Dahschur. Ägyptisches Museum Kairo, JE 30948 = CG 259. © Jürgen Liepe, Berlin
20. Totenbuch des Maiherperi. Papyrus (Länge des abgebildeten Teils 20 cm, Höhe 35 cm); Tal der Könige. Ägyptisches Museum Kairo, CG 24095. © Jürgen Liepe, Berlin
21. Holzmodell einer Viehzählung. (Höhe 55 cm, Breite 72 cm, Länge 173 cm); Medinet Habu. Ägyptisches Museum Kairo, JE 46724. © Archiv für Kunst und Geschichte, Berlin
22. »Ohrenstele« des Bai. Kalkstein (Höhe 24,5 cm, Breite 14 cm); Deir El-Medine. Ägyptisches Museum Kairo, JE 43566. © Jürgen Liepe, Berlin
23. Priester tragen die Amun-Barke. Nachzeichnung (Höhe 80 cm, Breite 120 cm); Karnak. Roeder (Kap. 3, Anm. 32), S. 199, Abb. 42
24. Zauberstab mit Schutzsymbolen. Elfenbein, Nachzeichnung (Länge 15 cm). Roeder (Kap. 3, Anm. 30), S. 190, Abb. 60
25. Gefangene. Bemalte Fayence (Höhe 26 cm, Breite 7 cm); Karnak. Ägyptisches Museum Kairo, JE 36457. © Jürgen Liepe, Berlin
26. Zaubertafel. Ton, Nachzeichnung (Höhe 12 cm, Breite 6 cm). Roeder (Kap. 3, Anm. 30), S. 196, Abb. 62
27. Statue Montuhoteps I. Bemalter Sandstein (138 cm Höhe); Deir El-Bahari. Ägyptisches Museum Kairo, JE 36195. © Archiv für Kunst und Geschichte, Berlin
28. Tempel Montuhoteps I.; Deir El-Bahari. Arnold (Kap. 3, Anm. 13), S. 141
29. Pyramidenbezirk Sesostris' I.; El-Lischt. D. Arnold, El-Lischt. Nachuntersuchungen an einem alten Grabungsort, Antike Welt 22,3, 1991, S. 154–160, hier 155, Abb. 5
30. Schmuck der Prinzessin Chnumit. Gold, Karneol, Lapislazuli, Türkis (Länge 35 cm); Dahschur. Ägyptisches Museum Kairo, JE 31116 = CG 53018. © Jürgen Liepe, Berlin
31. Streitwagen Tutanchamuns. Bemaltes Holz (Höhe 44 cm, Breite 61 cm); Tal der Könige. Ägyptisches Museum Kairo, JE 61467. © Jürgen Liepe, Berlin
32. Chephren, beschützt vom Horusfalken. Diorit (Höhe 168 cm); Giza. Ägyptisches Museum Kairo, JE 10062 = CG 14. © Archiv für Kunst und Geschichte, Berlin
33. Goldtransport. Malerei auf Stuck aus dem Grab Rechmires; Theben. © Archiv für Kunst und Geschichte, Berlin
34. Nubische Bogenschützen. Bemaltes Holz (Länge 190 cm, Breite 72 cm); Assiut. Ägyptisches Museum Kairo, JE 30969 = CG 257. © Jürgen Liepe, Berlin

35. Grab Thutmosis' I.; Tal der Könige. S. Schott, Die Schrift der verborgenen Kammer, Nachrichten der Akademie der Wissenschaften in Göttingen I, Phil.-hist. Klasse 1958, S. 321, Abb. 5
36. Senenmut mit der Prinzessin Nofrure. Schwarzer Granit (Höhe 60 cm); Karnak. Ägyptisches Museum Kairo, JE 36923 = CG 42116. © Jürgen Liepe, Berlin
37. Der Fürst von Punt mit seiner Gattin. Bemalter Kalkstein (Höhe 49 cm, Breite 45 cm); Deir El-Bahari. Ägyptisches Museum Kairo, JE 14276. © Archiv für Kunst und Geschichte, Berlin
38. Hatschepsut. Bemalter Kalkstein (Höhe 61 cm, Breite 55 cm); Deir El-Bahari. Ägyptisches Museum Kairo, JE 56259a und 56262. © Jürgen Liepe, Berlin
39. Amenophis II. als Bogenschütze. Roter Granit (Höhe 170 cm, Breite 234 cm); Luxor. Museum für altägyptische Kunst in Luxor, J 129. © Scala, Florenz
40. Königin Teje. Taxus- und Akazienholz, Gold, Silber, Glas und Leinen (Höhe 22,5 cm); Tal der Königinnen. Ägyptisches Museum und Papyrussammlung, 21834 (Kopf), 17852 (Krone). © Margarete Büsing / Bildarchiv Preußischer Kulturbesitz, Berlin
41. Amenophis, Sohn des Hapu. Grauer Granit (Höhe 128 cm, Breite 81 cm, Tiefe 72 cm); Karnak. Ägyptisches Museum Kairo, JE 44861. © Jürgen Liepe, Berlin
42. Rahotep und Nofretete. Bemalter Kalkstein (Höhe 120 cm); Medum. Ägyptisches Museum Kairo, CG3 und CG4. © Jürgen Liepe, Berlin
43. Der Zwerg Seneb und seine Familie. Bemalter Kalkstein (Höhe 33 cm); Giza. Ägyptisches Museum Kairo, JE 51280. © Jürgen Liepe, Berlin
44. Schreiber. Bemalter Kalkstein (Höhe 51 cm); Sakkara. Ägyptisches Museum Kairo, JE 30272 = CG 36. © Jürgen Liepe, Berlin
45. Statue des Kaaper. Sykomorenholz (Höhe 110 cm); Sakkara. Ägyptisches Museum Kairo, CG 34. © Jürgen Liepe, Berlin
46. Mykerinos und seine Gemahlin. Schist (Höhe 139 cm); Giza. Boston, Museum of Fine Arts, Fund Harvard Museum of Fine Arts Excavations. © Archiv für Kunst und Geschichte, Berlin
47. Konzertszene. Bemalter Kalkstein (70 cm Höhe, 111 cm Breite); Sakkara. Ägyptisches Museum Kairo, JE 28504 = CG 1533. © Jürgen Liepe, Berlin
48. Sarkophag der Kawit. Kalkstein (Maße des abgebildeten Teils: Höhe 50 cm, Breite 90 cm); Deir El-Bahari. Ägyptisches Museum Kairo, JE 47397. © Jürgen Liepe, Berlin
49. Echnaton verteilt Auszeichnungen; El-Amarna. G. Davies, The rock tombs of el Amarna, London 1896, 6, pl. XXIX
50. Büste der Nofretete. Bemalter Kalkstein (Höhe 50 cm); El-Amarna. Ägyptisches Museum und Papyrussammlung, 21300. © Margarete Büsing / Bildarchiv Preußischer Kulturbesitz, Berlin
51. Grab Sethos' I.; Tal der Könige. G. Steindorff/W. Wolf, Die Thebanische Gräberwelt, Leipziger Ägyptologische Studien 4, 1936, S. 85, Abb. 32
52. Tempel Ramses' II.; Abu Simbel. © Archiv für Kunst und Geschichte, Berlin
53. Ramses II. als Kind. Grauer Granit und Kalkstein (Gesicht des Falken; Höhe 231 cm, Länge 133 cm, Breite 64 cm); Tanis. Ägyptisches Museum Kairo, JE 64735. © Jürgen Liepe, Berlin

54. Schlacht bei Kadesch. M. Pieper, Die ägyptische Literatur, Potsdam 1927, Taf. IV (77)
55. Seevölkerschlacht Ramses' III.; Medinet Habu. H. Nelson, The naval battle pictured at Medinet Habu, Journal of Near East Studies 2, 1943, S. 41, Abb. 1
56. Landwirtschaft; El-Kab. J. J. Tylor/F. L. Griffith, The tomb of Paheri at el Kab, London 1894
57. Skizze eines Bauplans
58. Hausgrundriß; Deir El-Medine. Gutgesell (Kap. 9, Anm. 6), S. 45
59. Haus Dschehutinefers. G. Davies, The town house in ancient Egypt 1, London 1894, S. 234–235
60. Arbeitersiedlung Deir El-Medine. B. Bruyère, Fouilles de l'institut français du Caire, 16, 1939, pl. VII
61. Erotische Zeichnungen auf Ostraka; Deir El-Medine. Manniche (Kap. 3, Anm. 37), S. 84
62. Grab im Tempelhof. P. Montet, Fouilles des Tanis, Annales du service des antiquités de l'Égypte 46, 1947, pl. LXXX
63. Totenbuch Pinudjems I. Papyrus (Maße des abgebildeten Teils: Länge 50 cm, Breite 37 cm); Deir El-Bahari. Ägyptisches Museum Kairo, SR 11 488. © Jürgen Liepe, Berlin
64. Eroberte Orte als Gefangene. Nachzeichnung aus dem Amun-Tempel in Karnak. Lexikon zur Bibel, Wuppertal ^{4}1962, S. 1311
65. Würfelhocker des Anchpachered. Schiefer (Höhe 25 cm); Karnak. Ägyptisches Museum Kairo, JE 36 993. © Jürgen Liepe, Berlin
66. Kopf Taharkas. Grauer Granit (Höhe 36 cm); wohl Theben. Ägyptisches Museum Kairo, CG 560. © Jürgen Liepe, Berlin
67. Göttin Taweret. Grüner Schiefer (Höhe 96 cm); Karnak. Ägyptisches Museum Kairo, CG 39 194. © Jürgen Liepe, Berlin
68. Mumienverkleidung. Gold, Halbedelsteine, Fayence (Höhe 145 cm, Breite 46 cm); Sakkara. Ägyptisches Museum Kairo, JE 35 329 = CG 53 668. © Jürgen Liepe, Berlin
69. Schrein Nektanebos' I. Rosengranit (Höhe 88 cm); Abydos. Ägyptisches Museum Kairo, JE 32 018 = CG 70 018. © Jürgen Liepe, Berlin
70. Hathor und Ptolemaios XV. Relief am Hathor-Tempel; Dendera. © Archiv für Kunst und Geschichte, Berlin

Umschlag: Pektoral Tutanchamuns. – Gold, Karneol, Türkis, Lapislazuli, grüner Feldspat, Kalzit (Höhe 9 cm, Breite 10,5 cm); Tal der Könige. – Ägyptisches Museum Kairo, JE 61886.

Danksagung

Zum Schluß gilt es, Dank zu sagen: an erster Stelle dem Lektor, Herrn Bernhard Klöckener, für seine umsichtige und konstruktive Lektüre des Manuskriptes; dieser Aufgabe unterzogen sich auch Marthe und Martin Clauss, Dr. Kirsten Groß-Albenhausen sowie Dr. Dorothee Hoppe, denen ich für viele Anregungen danke. Im Alexander Fest Verlag hat Marion Kohler mir bei der Beschaffung der Bildvorlagen geholfen; Gunnar Schmidt hat die Entwicklung des Themas geduldig begleitet.

Redaktion: Bernhard Klöckener, Berlin
Bebilderung: Marion Kohler, Berlin
Karten: Ditta Ahmadi und Peter Palm, Berlin
Umschlaggestaltung: Ott + Stein, Berlin
Umschlagreproduktion und Reproduktionen: Mega-Satz-Service, Berlin
Gesetzt aus der Sabon
Buchgestaltung: (s) sans serif, Berlin
Druck und Bindung: Clausen & Bosse, Leck
Printed in Germany 2001
ISBN 3-8286-0141-3